本成果受到中国人民大学中央高校建设世界一流大学（学科）和特色发展引导专项资金支持

马克思主义哲学的时代探索丛书

中国人民大学哲学院 编 臧峰宇 主编

颠覆形而上学

马克思与海德格尔之论

张文喜 ◎ 著

人民出版社

责任编辑:毕于慧
封面设计:姚　菲
版式设计:东昌文化

图书在版编目(CIP)数据

颠覆形而上学:马克思与海德格尔之论/张文喜 著. —北京:
　人民出版社,2024.12
ISBN 978－7－01－025929－1

I.①颠…　II.①张…　III.①马克思主义哲学-研究②海德格尔
(Heidegger,Martin 1889—1976)-形而上学-哲学思想-研究
IV.①B0－0②B516.54

中国国家版本馆 CIP 数据核字(2023)第 169625 号

颠覆形而上学:马克思与海德格尔之论

DIANFU XING'ER SHANGXUE MAKESI YU HAIDEGEER ZHI LUN

张文喜　著

人民出版社 出版发行
(100706　北京市东城区隆福寺街 99 号)

北京中科印刷有限公司印刷　新华书店经销

2024 年 12 月第 1 版　2024 年 12 月北京第 1 次印刷
开本:710 毫米×1000 毫米 1/16　印张:23
字数:328 千字

ISBN 978－7－01－025929－1　定价:105.00 元

邮购地址 100706　北京市东城区隆福寺街 99 号
人民东方图书销售中心　电话 (010)65250042　65289539

作 者 简 介

　　张文喜，中国人民大学哲学院吴玉章高级讲席教授，教育部长江学者奖励计划特聘教授，国务院津贴专家。主要研究方向是马克思主义政治哲学、历史唯物主义、人的问题、哲学基础理论。主要著作 12 部，在《中国社会科学》《哲学研究》《马克思主义研究》《教育研究》等刊物发表学术论文 300 余篇。

编者前言

近年来，与很多校友见面时，谈起人大哲学学科的发展历程，都会想起创建并推动学科发展的关键人物和重要时刻，关于人大马克思主义哲学学派的图景愈益清晰，我们在思考如何弘扬人大哲学传统，更好提高哲学研究和人才培养质量时，总会从中汲取精神力量。在此过程中，我们举办的"马克思主义哲学与中国式现代化——纪念萧前先生百年诞辰学术研讨会""走向历史的深处——陈先达教授从教五十五周年学术研讨会""新中国哲学教育与马克思主义哲学中国化时代化专题研讨会"等成为讨论此议题的重要场域，很多历史资料的呈现和很多校友的回忆丰富了人大哲学学科发展史的细节，成为我们出版这套丛书的最初动因。

在主编《我们的哲学年轮》与《人大哲学学科发展史》时，我时常将目光投向人大哲学学科发展的历史画卷，站在她的精神故乡，努力读懂她的思想年轮何以与中华民族的现代化进程相伴偕行。鉴往知今，我们方能理解人大哲学学人在多年执着探索中映现和生成的历史逻辑。自人大哲学学科创立以来，马克思主义哲学教学与研究团队逐渐形成了一个学术共同体，在教材编写、人才培养、学术研究等方面对国内学界产生了深远影响。毕业于这里的很多马克思主义哲学学者在国内知名高校和科研机构筚路蓝缕，不断促进我国马克思主义哲学教学与研究彰显时代精神气象，铭刻了人大马克思主义哲学学派的思想印记。

自中国人民大学命名组建伊始，就开设了面向全国高校的马克思主

1

义研究生班，马克思主义哲学教学与研究开始发挥"工作母机"的作用。1956年，首任哲学系主任何思敬教授在《光明日报》发表《祖国为什么需要哲学干部》一文，介绍哲学系的教学规划。1960年，中国人民大学哲学系组织编写了《马克思主义哲学教科书》（内部使用），该教材部分编写人员同时参编了《辩证唯物主义　历史唯物主义》这部次年公开出版发行的哲学教科书。1963年，肖前先生在《人民日报》发表《把哲学变成群众手中的锐利武器》一文，受到毛泽东主席和周恩来总理的赞赏，周恩来总理还将这篇文章推荐给应届大学毕业生。可以说，站在新中国哲学发展前沿，人大哲学学者以思想的方式见证和创造历史，定格了新中国马克思主义哲学教学与研究演进的缩影。

改革开放以来，肖前、李秀林、汪永祥主编的《辩证唯物主义原理》和《历史唯物主义原理》（1983）、李秀林等主编的《辩证唯物主义和历史唯物主义原理》、肖前等主编的《马克思主义哲学原理》、陈先达等编著的《马克思主义哲学原理》先后出版并不断修订，发行逾千万册，哺育了几代大学生的心灵世界。在哲学原理教学与研究取得显著成绩的同时，马克思主义哲学史和经典著作教学与研究稳步开展，乐燕平的《〈路德维希·费尔巴哈和德国古典哲学的终结〉解说》、陈先达等的《马克思早期思想研究》、汪永祥等的《〈家庭、私有制和国家的起源〉讲解》、杨焕章的《〈唯物主义和经验批判主义〉讲义》、安启念的《新编马克思主义哲学发展史》等都给很多读者留下深刻印象，并流传至今。

马克思主义哲学是时代精神的精华与文明活的灵魂，人大马克思主义哲学学派之所以成为为学界认可乃至效仿的思想群像，关键在于对时代问题及其文明内涵的深刻洞察。1978年，马克思主义研究生班哲学分班毕业生胡福明撰写初稿，以《光明日报》"特约评论员"名义发表了《实践是检验真理的唯一标准》，为推动思想解放发挥了重要作用。改革开放以来，人大哲学学者在马克思主义哲学中国化时代化、历史观、认识论、价值论、实践唯物主义、马克思主义哲学体系改革、主体性哲学、公共性哲学、政治哲学、文化哲学、国外马克思主义等研究领域成果颇丰，其中涌现了萧前主编的《马克思主义认识论研究与我国社会主义现代化建设》、李秀林等主编的《中国现代化之哲学探讨》、夏甄陶等主编的《思维世界导论——关于思维的认识论考察》、陈先达的《走向历史的深处》、李德顺的《价值论——一种主体性研究》、郭湛主编的《社会公共性研究》等百余部产生重要影响的力作。

上述成果多年来为人们所津津乐道，在一定程度上代表了人大马克思主义哲学学派不胜枚举的学术著述，这些著述伴随着中国经济社会发展的历史走向。爱智求是，守正创新，以昂扬进取的精神姿态与时代同呼吸共命运，努力实现哲学的改革，不断探究改革的哲学，实现哲学中的问题与问题中的哲学的视域转换，这种锐意改革的精神境界和锲而不舍的执着探索使之迎来欣欣向荣的学术局面。在学术高地上"本于思""造于道"，几代学人共同塑就了人大马克思主义哲学学派的精神品格。今年，我们明确将建设人大马克思主义哲学学派作为学院发展和学科建设的重点，得到很多领导和校友们的肯定与支持，我们知道达此宏愿所要付出的学术艰辛，但也深知这是一种立足现实、告慰历史、面向未来的选择。

新时代新征程，弘扬人大马克思主义哲学学派的优良传统，呈现马克思主义哲学审思现实问题的时代表达，我们努力薪火相传、继往开来，面对世界百年未有之大变局和中华民族伟大复兴战略全局，坚持马克思主义立场、观点和方法，深入探究马克思主义哲学同中国具体实际、同中华优秀传统文化相结合的内在机理，对当代中国马克思主义哲学作出深刻的学理阐释。为此不断拓展理论视野，切实关注时代问题，基于对马克思主义哲学原理、马克思主义哲学经典著作、马克思主义哲学史的深入探赜，以人大马克思主义哲学学派的精神品格提出解析时代问题的哲学思想的内在主张。

首先，回答中国之问、世界之问、人民之问、时代之问，以思想对象化的方式探究我们时代重大的现实问题。2022 年 4 月 25 日，习近平总书记在中国人民大学考察调研时指出，"哲学社会科学工作者要做到方向明、主义真、学问高、德行正，自觉以回答中国之问、世界之问、人民之问、时代之问为学术己任，以彰显中国之路、中国之治、中国之理为思想追求，在研究解决事关党和国家全局性、根本性、关键性的重大问题上拿出真本事、取得好成果。"今天，马克思主义哲学研究要以此为根本遵循，深入思考中国式现代化进程中的哲学问题，探究建设中华民族现代文明与创造人类文明新形态的内在逻辑。回应时代对哲学研究的现实需要，从思想深处研究我们时代的主要矛盾，将其具体化为时代发展进程中的重大问题，将现实中的问题转化为哲学中的问题，将哲学中的问题转化为问题中的哲学，提出有效解析问题的思路与方法。这反映了人大马克思主义哲学学派的传统，是我们进一步努力秉持的文化态度。

其次，在深入的学术研究中完善马克思主义哲学学科的基本结构，彰显中国马克思主义哲学的风格和气派。在夯实马克思主义哲学基础理论研究的同时，在跨学科对话中深化马克思主义应用哲学研究，呈现一种总体性的学术面向。具言之，要将马克思主义哲学原理研究、马克思主义哲学经典著作研究、马克思主义哲学史研究、马克思主义哲学中国化时代化研究、马克思主义哲学方法论研究、马克思主义政治哲学研究、马克思主义经济哲学研究、马克思主义文化哲学研究、国外马克思主义哲学研究等整合为一个"艺术整体"，以一种体现时代发展的整体性图景"回到马克思"，并不断丰富和发展马克思主义哲学。

再次，研究百余年来马克思主义哲学中国化时代化的探索历程，努力建构中国自主的马克思主义哲学知识体系。马克思主义哲学在中国百年传播，是随其同中国具体实际、同中华优秀传统文化相结合实现的，由此形成了中国马克思主义哲学的基本理论形态。我们知道，一切划时代的体系的真正内容都是由于产生这些体系的时期的需要而形成的。在以中国式现代化全面推进中华民族伟大复兴的历史进程中，马克思主义哲学作为理论先导，必将在"两个结合"的过程中进一步发挥思想的力量。为此，要聚焦马克思主义哲学理论的当代中国建构，深入研究习近平新时代中国特色社会主义思想的世界观和方法论，研究习近平文化思想的哲学境界，对其中的哲理做深入的学理阐释。开展立足中国式现代化的实践经验，面向现代化、面向世界、面向未来的马克思主义哲学研究，形成中国自主的马克思主义哲学学科体系、学术体系、话语体系，彰显中华民族的哲学自我，为世界现代化发展贡献中国方案。这是人大马克思主义哲学学派的自觉追求，也是今天我们传承和弘扬的哲学精神之所系。

摆在读者面前的这套丛书，既有陈先达先生等前辈学人的代表作，亦有张文喜教授等中年学人对前沿问题的沉思，也有青年学者的创新之作，由此呈现了人大马克思主义哲学学派中不同年龄作者的学术书写。而且，这套丛书的作者以马克思主义哲学学者为主体，包括从事马克思主义伦理学、马克思主义科技哲学、国外马克思主义研究的同人，实际彰显了人大马克思主义哲学学派的开阔视域。这套丛书处于丰富和完善的途中，希望她唤起我们的校友和关注人大马克思主义哲学学科建设的同人的一些学术记忆，为促进新时代马克思主义哲学研究贡献人大力量，令广大读者朋友们感到开卷有益。

臧峰宇

2024 年深秋

于中国人民大学人文楼

再版序言

几十年来，围绕马克思和海德格尔的讨论，已是汗漫无际。在其中，把海德格尔的问题变成马克思的问题产生了引人注目的创新成果。然而，我们所知道的海德格尔对马克思的解读，是当前我们理解马克思哲学的现实性的最大障碍。或者，更准确地说，倘若我们还想特意"以海释马"或"以马释海"，肯定是因为我们认为自己的思索还处于半途中。一方面，通过马克思理解海德格尔，或相反通过海德格尔理解马克思，可以说都是分割了众多文本事实之片段之举，并由此得出片段意义上转叙的结论，其在马克思与海德格尔之间建立起隐匿对话虽然不乏逻辑与客观事实，照理说应适用于普遍的或一般的看法，但一个不争的事实是，这二人并没有讲清楚，至少在世人眼里，二人并没有讲清楚，世人对存在的普遍认知为何与他们的结论不尽相同。而另一方面，马克思这边，饶有趣味的是，他对晚生的海德格尔任何著作当然不可能先知般地清楚，不过，这样一个事实不无暧昧。在这一暧昧表述中总是一再出现一些对海德格尔《关于人道主义的书信》以及其他文本判据的提前反击之可能性。我们应知之甚深的是，马克思从普遍实践交往语言中的有点用滥了的"生产"中抉发出富于辩证表现力的历史决定概念，这一方式是他真正反拨海德格尔的存在之问的许多证明之一，值得加以注意。在历史唯物主义中，理解社会存在或定在之最根本的圭臬是生产本身，而不是假定事先存在而后为人触犯或遗忘的某一部存在史。要返归古希腊社会的时间节点和社会全景自然是难乎其难，但须斟酌，在产品和自然存在物涌现方式被混为一谈的古代社会，如要控制主体的行为，存在之统治者需要的不是与新时代的物质化、谋算、对象化等联系起来的生产，而是其自身"喜怒无常的性情"，即自然。据此，在海德格尔的著作中，在完成和制造的意义上的事物生产完全与这个新时代的生产概念不同。马克思的文献是通过劳动异化和商品生产等词汇的内蕴共同为世人揭示了各种不同生产方式的存在论根源。我们相信，这样的讨论却罕见地将这二人的思想交集在一起。现在，将我们当前的生产论的不同方式（即历史唯物主义与形而上学）与这二人之间隐匿的对话联系起来，更有助于我们看清楚这二人这般思想对人类的知与行所施加的影响力比世人所普遍料想的要广袤得多，也深刻得多。

一、 手工制作的形而上学的基础

西方哲学作为一种生活方式的理论是在阐明人类实践活动之所本中锻造和形成的。在这个意义上，亚里士多德创建三分化的知识体系（即理论科学、实践科学和创制科学）的真正含义是它在真实、真理或所谓没有隐藏地存在中的意义。一般而言，在西方知识体系中僭取至高无上位置的哲学被称之为形而上学。但形而上学被此位置卡死在有关善的生活中看出所谓本真的善的问题上。从西方复杂的知识体系来看，哲学的进退失据是由其他学科对它的不断取代和移置造成的。在一种占据主导的真理模式中，形成了西方哲学的诸如主观主义和客观主义、唯心主义和唯物主义的对立。以海德格尔看来，这是西方概念或观念形而上学最基本的结构使然。它们都没有去追寻存在的意义，并且没有把弄清楚存在的意义作为自己的任务。由于它们都把存在问题当作"现成存在"（即事物作为纯粹被观察的对象呈现出来的样子）来讲，因而遗忘了那种在所有对立产生"之前"的那个维度，就是说，根本上遗忘了真正的存在。

然而，在某种重要意义上，人们也把海德格尔基础存在论视为一种特殊的"形而上学"（此在形而上学）。这是一种此在生存论分析，它致力于实际的具体经验的强调。但这里，海德格尔对重要的数学、物理学等基础科学的发展持严重轻视的态度。我们注意到，《存在与时间》所使用的语汇是并非专业技术性的语言。它只是满足于某种高扬的语言。此种语言意在唤醒一种熟悉的事物和日常生存的感受力。它受到了以手工制作为基础的动词性的存在观的深刻影响。诚如斯坦纳指出，"德语 Sein 的句法基础是一个过程、一种活动、一种'此处存在'（being-there）"，"Sein 作为名词的意义在于，它意味着某一活动的瞬间停顿或结构状态。因此，这个名词与这种活动具有同一种语言形式，换句话说，活动只有在这个名词中才能够被全部把握"。① 这意味着人们可以更形式化地去动词的存在。同样，这也意味着为西方手工制作形而上学理论建基。海德格尔认为，只有松动传统行为理论或实践哲学迄今为止的形而上学基础（精神、逻各斯、理性），才能将现代人另一种生活方式引入到知识的世界中来，这种生活方式像是与某种理想化的农人世界的遇合。这里的主要问题在于认识论上的，即西方形而上学的发展，就是源自所谓存在的"遗忘"。用马克思的观点说，也就是"把自然界和人类生活的各个环节看做自我意识的而且是抽象的自我意识的环节"。② 在这之中，诸多哲学项目规划了种种可能性空间，诸如新康德主义、现象学。海德格尔从中借取了这些哲学项目的成就，并将形而上学经典陌生化、回归熟悉的东西和日常生存。他对于自然产品和地域性服饰的心仪，也意味着对"人无自然，而有历史"这个被称之为现代自我意识的公式更原初发生的关切。

如所周知，海德格尔所谓实践上"在手的"模式，实际上是一种以狭隘的技术为基础的对事物自身之视觉反思、映现。海德格尔正面提及的"劳动"意味着以农民为主的民族存在之根，这里，根本谈不上对生产过程的科学分解。在海德格尔的浪漫主义思想中，无法抑制工匠制作经验所描述的一些视角。因此，它所要布展的意识形态混合体与西方思想对视觉上产生的同一性批评具有相当的一致性。一般来说，西方哲学试图掌握这种视觉反

---

① 参见乔治·斯坦纳：《海德格尔》，李河等译，浙江大学出版社 2012 年版，第 96 页。
② 《马克思恩格斯文集》第 1 卷，人民出版社 2009 年版，第 206 页。

思的经验，追寻一种真正的存在。希腊时代的语法以及人类直觉有所意识首先是，一种工匠式制作经验的存在。对那时的人来说，"存在"并未超出直接性。在这一追寻存在的线索下，人把实践活动既看成主动的，又看成被动的；而这两者之间的区别对应着的是"异化"和"非异化"这两种活动形态。在异化活动中行动的不是我，而是内在或外在力量通过我来行动。舒曼指出，"神创论的传统将总体的事物划分成能够被人的手所推动的部分与自行运动的部分"。① 这种传统的目的—本原关系反映到知识领域内，则关键在于对视觉霸权或视觉中心主义的运用。这里需要提及的是，在希腊精神中，"戏剧（theater）这个词和理论（theory，theoria）这个词分享着同样的词根，后者意味着聚精会神地观看和注视"。② 在近代语言中表示理论的原义也是观察或关照。值得一提的是，尼采的价值重估和价值评价的方式无非是对我们谈到"观点"和"观看的视点"③ 的选择。

于是，一边是观看，另一边是在观看中此在发现自身的本质。这里，人的行为所指就是"看到"或"知道""存在者之解蔽"，就是"知道""存在者之生产"。④ 海德格尔告诉我们的是一个人尽皆知的事实：即，我们可以在某个层面上（比如，物理学）区分实际的时空事物的存在与一种完全不同于实际的时空事物的存在。然而，对立于这种占优势的直观的区分，它们实际上是不可分离的整体面相（而非部分）。西方形而上学的历史，也是在认识的各环节中直观占优势而隐蔽或忘却存在的历史。或者用马克思的术语来说，观念优先于实践必须被视为能动的唯心主义的主要来源。马克思实践哲学意义上的"能动"仅仅是指自主活动、生活，在资本主义生产方式中，人的自主活动瘫痪了。一旦明确这一点，西方哲学就极其适合被作为手

---

① Reiner Schürmann, *Heidegger on Being and Acting: From Principles to Anarchy*, Indiana University Press, Bloomington, 1987, p. 101.

② 马丁·杰伊：《低垂之眼：20 世纪法国思想对视觉的贬损》，孔锐才译，重庆大学出版社 2021 年版，第 4 页。

③ 参见马丁·海德格尔：《林中路》，孙周兴译，上海译文出版社 1997 年版，第 233 页。

④ 参见马丁·海德格尔：《林中路》，孙周兴译，上海译文出版社 1997 年版，第 43 页。

工艺形而上学来理解。这也印证了海德格尔将德语词"概念"（*Begriff*）以及它的词根"把握"（*Griff*，意为抓住某物）这些范畴称为 *Existenzialien*① 不是一个语言游戏。若以海德格尔特殊的形而上学的方式所说明的，我们就会产生某种非凡的、不可思议的那种感觉：人在追寻远方的事物，只是为了在其"外观的无蔽状态"中把它带近前来。要了解何以可能，我们只能将海德格尔的语言移译到当代语言空间，在此空间中，就一个制作者、一个行为发起者的"眼睛"（或者，更准确地说，一个抽象的点）而言，所看范围越小，就看得越清楚。

除此之外，如果观看者现在是透视法视觉的特权中心，那么，更重要的是，艺术实践活动的开创者们擘画出一幅审美主义的世界伟大历史进程的漫画，世界历史仿佛就是经由一个单一的主体、一个制作者、一个工匠、一个制作行为被发现的。这一发现的本质，是一种广义上的观看、一种联系着触摸能力的视觉。只有认识到这一点，才能充分理解柏拉图的理型、笛卡尔的透视主义、海德格尔的观点中"此在如何存在"，这些思想并不是什么"大道无形"的。对西方手工的形而上学而言，触觉般的视觉给予言谈以生命和意义，它才是最高贵而平凡的混合体的感觉。同样，对于西方各种形而上学而言，目的概念中心地位并非偶然，因为人的尊严所在，正是他有目的。与此相联系的是，形相（eidos）的完成亦即是追寻制作行为完成时的至上存在（柏拉图哲学所谓的理念 Eidos）。任何一个称得上艺术家、手艺人的都知道恰当的使用、操作和手工活动拥有他自己的"视觉"。训练有素的"手"加上视觉之优越地位经由希腊人遗留给西方文化。西方哲学"平民化"了的这个面相中所表现出的所有这些，就意味着思之任务是一件非常值得赞美的手工活动。立足于这个思想的前期准备，海德格尔将它列入真理或存在论历史解构的论题之中。于是，"思考"大体上就是"去看""去观察"。以舒曼看来，"西方哲学的要义因此就成了一种手工艺制作（从字面

---

① 参见乔治·斯坦纳：《海德格尔》，李河等译，浙江大学出版社 2012 年版，第 142 页。

上说，也就是手工制作［拉丁语］，亦即用手制作）的形而上学，追溯这种形而上学可以描绘出西方思想移位的轨迹"。①

如果我们沿着"存在"与"人的行为—技艺"问题继续追寻这个线索，那将会非常有趣。但是，或许人们会怀疑，我们能否找到一些更具有阐释力的"例子"来证明手工制作的形而上学乃西方哲学的总体性结构来源之一。这里，我们权且举出些"例子"，这些"例子"以其简洁揭示出，人的实践活动和行为的形而上学基础。从海德格尔由存在追寻而来的决定问题出发观之，十分明显，人之行为之根本原是无根本、无根据。因而对于海德格尔来说，传统形而上学因素也就跟眼瞎者一样使人变成存在之意义盲患者。明确这一点，首先让我们注意到，人们的实存要涉及作为在表象状态的存在状态之中的主客体关系。在主客体关系中，人们才会理解存在之意义。盲患者不像"人"，他们倒像是作为人和世界分离的结果的机器人。其次，在"哪里也找不到对存在整体的经验"主体哲学平面上，若人们尚未原初地、自然地理解人的行为，他们就根本无法去思考伦理学、逻辑学和物理学之类的专业科学（海德格尔所谓"存在者层次科学"）。相反，在所有对自然操控和计划中，自己被操控、被计划，在所谓自己的责任中总是已经被托付给异己的权力。有此理解在先，才有海德格尔的存在探问，也才有海德格尔超越西方形而上学的思绪"之后"。

海德格尔之所以那么频繁地谈论艺术以及艺术作品的起源，理由之一就是这个。他将这种语言赋予哲学意义的神圣性，用如下观点引入相关讨论："依最切近的印象，我们在陶匠和雕塑家的活动中，在木工和画家的活动中，发现了相同的行为。作品创作本身需要手工艺行为。伟大的艺术家最为推崇手工艺才能了"。② 但或许有人会问，为什么艺术实践活动应从手工艺

---

① Reiner Schürmann, *Heidegger on Being and Acting*：*From Principles to Anarchy*, p. 104.

② 德文的"手工艺"（das Handwerk）这个词为"手"（Hand）和"作品"（werk）合成。海德格尔利用语言游戏说，"手工艺并不创造作品"。参见马丁·海德格尔：《林中路》，孙周兴译，上海译文出版社 1997 年版，第 42 页。

的角度来领会？这话是否说的太费解了？或者，如果海德格尔宣称物理学家"注视"原子的方式是个遗忘存在的玩笑，并且，会有很多当代哲学批判做出响应并且发现这是智慧，那么，这个玩笑不就等于把人类心智领域的很多伟大杰作判为"愚蠢"？现代的人们之所以有这样一些疑虑，是因为倘若没有对手工业经验的基本和原始的层次（对马克思而言，主要是工业这本书的层次）作出非常富有启发的分析，那么手工艺行为一定会是一个局限的、特定的行为，实际上只是一种异化的主动（活动），但海德格尔存在论却是要表明，工业是沿着对象性思维所特有的、普遍有效的和无时间性真理的方向"被动"的。今天让人们理解这一点特别困难，因为大工业的科学要素和技术要素是在手工业时期发展起来的。在这种情况下，主动就是异化的被动，而那种不一定要创造某种有用东西之生产性的活动（主动）则是很难体验到的。于是，海德格尔强调我们与工具性的工具使用相关联的所谓"实用空间"。因为它让这些借用之物（概念、逻各斯、理性）嵌入于"上手"和空间性维度。当然，现代人不会认为，为了后世人能够用肉眼看到希腊人存在经验之解蔽，因而针对形而上学空间性层次的斗争就是思想之首要任务。但这同样难以理解，如果现代人只是用与无时间性的真理相关的无时间的存在去理解那些应被理解的东西（比如，自然）的话。别忘了，从人将自身领会为一个制作者开始，就一直存在着手工艺与工巧技术（机术）之哲学解蔽的斗争。而形而上学倾向于与人的机运相脱离的技术活动。因此，海德格尔将理论沉思置于手艺人、手工劳动者和艺术家之上的价值秩序，以颠覆柏拉图主义。

　　这正是对当今思想解蔽最深刻之处。生存论存在论的哲学性质令人联想到英国人对经验的重视。在海德格尔之前，洛克就说，"我们在这个时代""只当小工，来扫除地基，来清理知识之路上所堆的垃圾"。在所有体系的打工族看来一文不值，洛克却以"当小工"为满足。① 这里，不妨说，洛克

---

① 参见洛克：《人类理解论》（上册），关文运译，商务印书馆1959年版，第13—14页。

要我们提防的观念优先于实践的错误（在某种意义上，"天赋观念"难以免受"天真"的指责）。对其同时代人休谟而言，我们存在于一个其上惟有"感觉经验"的水平线上。"人"之于现代哲学是最成问题的东西。他在《人性论》中指出，人的行为之本就是经验。哲学家要说清楚人性，不像自然科学有目的收集材料进行种种实验并观察发生的结果那么简单。我们不应认为我们能够超越经验形成对人性科学的把握。因此，在那个其他方面都已然相当详尽的知识范畴表中，却根本找不到叫做"人"的范畴，以致休谟将现代哲学视为一门"不能说明最终原则的"学艺。学艺贵在"学"，又贵在信守"工匠作坊中所实践的"经验。① 在休谟的人类理解版本中，人性的发展形成一种奇怪的倒退：人类的童年挖空心思去理解那些后来发展之整全而最困难的东西，而现代人恰恰又无法理解最纯朴、最先的事物。至于说到行动主体实践，在指明某一个体应当遵从何种因果法则时必产生歧义，这些歧义又会再现于集体层面（或者说，伦理学层面）上。此外，在大工业的发源地英国，讲究有用，在工场手工业时期就已经占有优势。因此，这种遵从因果法则和听从机运支配的歧义，必定会发生在每一个个体指明他遵从何种工匠经验所通达的"自然"当中，也发生在集体做出的行为之无穷多种可能的实践中。此处恐怕就是我们破译存在问题之"前海德格尔"的思想史线索。

回到海德格尔。现在，似乎可以把海德格尔关于"手"的描写和前面的述说联系起来。在《存在与时间》里有所谓"上手性""在手性"的说法。就海德格尔来说，"上手性"意指工具用起来非常顺手，顺手就会产生工具跟使用工具者融为一体一样，感觉不到工具的存在。那些从事田地耕作的农民或车间里的师傅通常便会产生这种感觉。但与此相对照，"生手"还不能得心应手地使用工具，工具还在他手上（即他将它放到面前观看、注视），他不能体验到使用工具与使用工具者浑然一体。这里，一般认为，海

---

① 参见休谟：《人性论》（上册），关文运译，商务印书馆1980年版，第8—10页。

德格尔把主客体分裂记为此在疏远存在的经验。这种经验其实对应着马克思所感受的资本主义社会生产方式下劳动力的价值被降低，并与工人被简单地分为熟练工和非熟练工等级制度的阶梯相并列。但是，海德格尔并不认为，这种经验与价值和价值关联的某种观念化存在相关，而只能是与本然（本真）的行动相关，与存在问题发问的形式指引结构有关。因是之故，对于海德格尔来说，工人阶级炸毁机器不过就是把平常的事情弄成一个谜团、并在驱散第一个谜团的徒劳尝试中产生更多谜团的行为。马克思对资本主义机器大生产的研究当然不会停留在这一"上手"层次，而是提出超越于它的问题，"从而承认工人尽可能多方面的发展是社会生产的普遍规律，并且使各种关系适应于这个规律的正常实现。大工业还使下面这一点成为生死攸关的问题：用适应于不断变动的劳动需求而可以随意支配的人，来代替那些适应于资本的不断变动的剥削需要而处于后备状态的、可供支配的、大量的贫穷工人人口；用那种把不同社会职能当做互相交替的活动方式的全面发展的个人，来代替只是承担一种社会局部职能的局部个人"。① 改变工人阶级生产的资本主义形式和与之相适应的工人的经济关系，是马克思存在问题的核心。

在这个方面，联想到海德格尔试图把形而上学奠基在所谓既不是传统存在论也不是伦理学之"第三领域"中就是能够做到的。因为从主客体分裂之前的角度观之，存在问题与其说是什么关于制作品存在的起源问题，倒不如说是关于使用原初材料和熟悉工具的问题。在实践过程中，所涉及的不是从认识论者对不容置疑、自我证明的知识基础的寻求，而是对一种物之为物的东西、一种存在的寻求；这是海德格尔不断强调的意思：因此，哲学不能屈服于某些理论上假说的事物，而应当在更手工艺的、更平常的意义上被嵌入我们的生活结构之中。不可否认，海德格尔关于人类实存的"上手"的解说给予人们深刻的印象。按照海德格尔，"一个细木工学徒，也就是制作

---

① 《马克思恩格斯文集》第 5 卷，人民出版社 2009 年版，第 561 页。

衣柜之类家具的人，在学习时不光光是要练习使用工具的技能。他也不光光是要熟悉他要制作的流行样式。假如他要成为一个真正的细木工，他首先得让自己去应合各种不同的木料，他要去应合木料中蛰伏的形象……这种对木料的关切甚至支撑着整个技能活动。没有这种关切，这门手艺就不过是瞎干"。① 按此，海德格尔的"手"可以赋予他所接触到的任何东西以生命。他赋予某个孤独沉思者的官能以生命，也赋予历史自然以生命。他接着说："我们试着去学会思。说不定思恰可以与制作一个衣柜比较。不管怎么说，思也是一项手工活，因而它与手有密切的亲缘关系。在常识看来，手是我们有机肉体的一部分。然而，手的本质却绝对不能界说或解释为肉体的抓握器官。类人猿也有能抓握的器官，但它们却没有手。手必定不同于所有能把握的器官……手所能具有的本质是一会言说、会思的本质，并能在活动中把它体现在手的劳作上……手的每一劳作都植根于思。因此，要是思有朝一日会完成自身的话，思本身就是人的最简单因而也是最艰难的手工活……我们必须学会思，因为虽然我们有思的能力，或甚至是有天生秉赋，但这并没有保证我们能思"。②

这里，海德格尔也表现出对主动概念的理解与今天相反。而就与主体性在这里得到强化的思想关系而言，人们会提出疑问，因为实际上对海德格尔来说形而上学通过对主体性删除而被克服。我们的意思是说，假如海德格尔是谈思的本质，而不是谈论终结形而上学的形而上学，那人们就会批评海德格尔的工作只是富有想象力而已。阿多诺曾顺理成章地认为，海德格尔关于人类实存"上手性"这个说法是完全可能令人困扰的。从他分析的背后，仅仅隐藏了一个事实："此在即意识"——海德格尔所谓"上手性"与"在手性"的对立，是他的行话、黑话。它"误导"了当时一大批知识分子，例如，青年艺术运动的音乐爱好者。可是，阿多诺也知道，这些青年不会轻

---

① 参见孙周兴选编：《海德格尔选集》下卷，上海三联书店 1996 年版，第 1217 页。
② 参见孙周兴选编：《海德格尔选集》下卷，上海三联书店 1996 年版，第 1218 页。

易地说他们受制于海德格尔关于"上手性"的意识形态。他们不会甘愿成为非历史地阐释异化/物化的牺牲品。值得注意的是,阿多诺知道海德格尔"思"的悖论。在阿多诺看来,此在行动遵从规则,但完全不足以被其行动和思想中的任何东西所规定。所以,透过青年艺术实践,阿多诺说,海德格尔的行话、黑话不是被直接阐明的。这些青年都知道,"合适的小提琴应该由小提琴手亲自手工制作。既然手工艺的生产形式被技术所取代,并成为多余,那么伴随着它们的切近性也就像亲自动手运动一样毫无价值了"。① 这里,要点并不是说,存在的意义问题神秘莫测,毋宁说,一件合意事项怎样在实践中得到表达。可是,对于阿多诺来说,当哲学把农业的若干历史事相和手工业奉为解放的神明,像盖斯勒的帽子,所有历史过往的行人都要冲着它脱帽致敬时,它(比如,《存在与时间》)只能是社会、文化和政治观念史斗争的一部代表作。故此,对存在问题的理解庶几也是一种作为历史显示的乡愁情绪。反过来说,存在的遗忘似乎是我们日常生活的重要的组成部分,但它同时成为《存在与时间》对思想的命运般的要求,所以,这不牵涉面对一本书的疏忽、误解、遗忘,而是牵涉到我们被存在遗忘、疏忽。故此,不该以"多种多样的表象"的观点得到贯彻,事情就怪了。这里显示的矛盾,也许能为"某位哲学教授的健忘才使其遗落在某处的""伞"——即把遗忘理解为"人的所作所为"② 的做法辩护,而它导致以后的海德格尔对他自己先前的观点另作解释。现在,很清楚,存在问题依然伫立在整个西方知识体系中,而海德格尔只是让它进入解释学的循环。

二、 劳动和劳动者的意义从何而来?

从知识方式上看,海德格尔并未超越西方思想规定的束缚:海德格尔其实是把思维的遗忘变成存在的遗忘。他的《存在与时间》的主题是此在的

---

① 特奥多·阿多诺:《本真性的黑话》,夏凡译,浙江大学出版社 2021 年版,第 75 页。

② 参见马丁·海德格尔:《面向存在问题》,载君特·菲加尔编:《海德格尔与荣格通信集》,张柯译,南京大学出版社 2017 年版,第 251 页。

"生存"，它不是以命题体系而呈现，而是以允诺存在的东西作出断然的知识决断。对于海德格尔而言，"生存"这一范畴是从历史出发实现自己。为了强调这一点，海德格尔采用克尔凯郭尔生存概念，并区分了具体的生存个体与纯形式的（"存在论的"）个人生存结构，对前者的个体生命，哲学必须永远保持缄默，正如克尔凯郭尔所描述一种宗教性的"单一个体"的概念；而对后者的描述，则是生存论存在论的最显著的任务。于此，人们一般认为，基于超越性的东西之上的形而上学的内在形式就起了变化，就是与以往那种基于形而上学的表象活动不同，这种超越性不是由生产者所规范的各个特殊的劳动特征来获得，而是从前概念的、非常特殊的经验表现的手工劳作出发来面向存在的超越。他始终在沉思的存在问题，不是将存在作为观念、而是作为一个生存问题加以设想的。可以说，它是个别化的。但是，为了一般地提出"劳动和劳动者的意义从何而来？"的问题，这种个别化便出现迷失。因为一切"存在"只向"决心"展示自己，"此在在下决心之际是向什么方向作决定？此在应为何而作决定，只有决定本身能提供回答"。①对此"每一共他人同在都是无能为力的"。② 而这同时意味着：在涉及历史性、决定、历史性本质中的主观和客观的关系等问题上，海德格尔本人正受它们的折磨：一方面，他把人满足当今现实的要求视为一种沉沦、一种把最本己的生存献给"诸种强制"；另一方面，他以源始或本真伦理学对马克思主义的生产理论作出尖刻的批评。海德格尔认为，由于马克思主义不能放弃人自己作为"生产者的规定"这个前提。③ 在表达自由和必然性的关系时，就只能局限于人的历史和社会的领域。

　　不管这种批评的意图有多么深刻。它所主张的"实际性"和"意义的

---

① 马丁·海德格尔：《存在与时间》，陈嘉映等译，生活·读书·新知三联书店 2006 年版，第 340 页。

② 马丁·海德格尔：《存在与时间》，陈嘉映等译，生活·读书·新知三联书店 2006 年版，第 302 页。

③ 参见孙周兴等主编：《海德格尔文集·讨论班》，商务印书馆 2018 年版，第 466—469 页。

筹划"有多么本质的或重要的，海德格尔的生存论批评，处于对历史相对性意识的开启中。不过事情也显示，这种所涉决定的历史制约性的瓦解，都不得不重新在"可能性"和"实现"、"筹划"和"工作"的人类学关联中得到证明。值得注意的是，海德格尔从一种单单是历史学的视角所采取的立场，是具有准宗教性质的：从人作为社会存在物的视角看，海德格尔言辞方式中那种"存在存在的"肯定语气和宗教的念诵风格如出一辙。当他说到人们特别是黑格尔从来没有探讨过辩证法之否定性（海德格尔的话说是"躲避到否定性中"）的存在论起源问题，而且说到他要真正从辩证法的"哲学困境"中摆脱出来时，他的话语甚至带上了一种迷醉的色调。① 在此意义上，就是据此行动而生存的人恰恰从来不是仅"在其中"，而是保持有距离。这种情况对那种把存在表象为一个对立面、一个只是偶尔才朝向人的对立面的思维方式而言，具有引出"不"（一般的否定性）以及向一个全新的存在转向的意义。这在思维或者语言中特别清楚地呈现出，海德格尔哲学及拥趸们以"'上手'的名为圣"，将"上手状态"作为此在与其他存在者在一起的关系存在。②

在前述存在问题的探讨中，海德格尔虽然有着超人的思想，但他只是从思辨性的诠释和掩盖真正的辩证难点的生存论存在论的角度来思考存在论差异。在这个方向的选择中，海德格尔不知疲倦地研究，对存在论差异的思索一直保持不变。从这个角度，我们可以这样疏解他的存在问题：自古希腊以来，"存在"就意味着"在场"。劳动者的形象（型）本身从"劳动"中获得意义。或者说，人的本质结构使"'劳动'是与'存在'同一的"。③ 这就使劳动的本质和人（劳动者）的本质发生了关系，并因此把人框架在本

---

① 参见孙周兴等主编：《海德格尔文集·讨论班》，商务印书馆 2018 年版，第 482 页。马丁·海德格尔：《存在与时间》，陈嘉映等译，生活·读书·新知三联书店 2006 年版，第 327 页。

② 特奥多·阿多诺：《本真性的黑话》，夏凡译，浙江大学出版社 2021 年版，第 76 页。

③ 参见君特·菲加尔编：《海德格尔与荣格通信集》，张柯译，南京大学出版社 2017 年版，第 225 页。

质的秩序或存在的等级中。面对它，人只有无条件的适应、极端的联合或者背离，一句话，人将异化作为历史负担来选择。海德格尔认为，在人的本质与存在的本质发生了的这种关系中，"人类与社会的自身制造就起着支配作用"。① 由此，思想陷入现代性历史意识，即人有历史却无自然。不过，海德格尔如是说，要是人无自然，人其实在自然的意义上就无"本质"或"实体"。或者，人首先就是证明自己不具备"本质"或"实体"。于此（《关于人道主义的书信》），海德格尔认为，"在马克思看来，'社会的'人就是'自然的'人。在'社会'里，人的'自然本性'，这就是说'自然需要'（食、衣、繁殖、经济生活）的整体都同样地得到保证"。② 马克思历史观因此仍然还是根据人类表象活动为基础理解存在之本质，因为它有强烈的愿望，要把左右人类成为什么的尺规交给人类自己，因而有个虚无主义的或形而上学的面相，但是在具体层面上理解具有激烈的政治色彩。③ 也就是说，海德格尔把马克思历史观以及人的本质观视为主体的哲学——人道主义之历史性的隐蔽的根基，这才是今日出于对象性思维方式把握存在的方式乃是西方世界中存在着的我们的基础的标志。

在此，我们必须看到，海德格尔显然是熟悉马克思早期作品的基本倾向。由西格弗里德·兰茨胡特促成《1844 年经济学哲学手稿》首次出版，我们万不可忽略海德格尔的这个学生出版这部著作的分量，正因为如此，海德格尔对此著作有直接的认识。但就事情本身来说，将《1844 年经济学哲学手稿》或《黑格尔法哲学批判导言》作为理解马克思思想的权威文本就是成问题的。至少，如果海德格尔真的认为"人类的自身制造带来了毁灭自身的危险"④ 的话，那么，在新思想成形的过程中，海德格尔对加上引号的"社会的""自然的""社会""自然本性"和"自然需要"这个词汇群

---

① 参见孙周兴等主编：《海德格尔文集·讨论班》，商务印书馆 2018 年版，第 467 页。
② 参见孙周兴选编：《海德格尔选集》上卷，上海三联书店 1996 年版，第 364 页。
③ 参见孙周兴等主编：《海德格尔文集·讨论班》，商务印书馆 2018 年版，第 474 页。
④ 孙周兴等主编：《海德格尔文集·讨论班》，商务印书馆 2018 年版，第 467 页。

的严格字面意义心存疑虑甚或否定；但结果呢？我们并不准确地知道，我们应当如何思想这个词汇群适用于历史可能发生的情形。由此也表明工业成为生产性的我思主体就是似是而非的，或者说只是一种居间（反对对主观的可能性和客观必然性的绝对化）的思想，而这个说法的根源，恰恰是与其说是因为海德格尔对马克思的文本分析本质上不完整，毋宁说，他那蕴含在"存在之本旨中的指派"是成问题的。海德格尔不得不承认说："我们必须彻底承认：同一反复是唯一的可能性，让我们得以去思想那种辩证法只能将其掩盖起来的东西"。① 本质上说，海德格尔的"实际性"和存在的意义"筹划"是进入一种循环论证，对他来说，是因为个体无力改变自身，可以说它是在佯装改变世界中改变自身。但是，这种理解，如果跳过马克思辩证法，结果会怎样呢？结果，海德格尔唯一关心的是敦促人们注意谈论世界关系的动机。换言之，生存者在世界关系的假设下在人生中苦苦挣扎，因为"他们必须在理解之际进入凡人的死亡之中"。海德格尔自许自己的哲学是极大的解脱，因为它从不说"世界的""宇宙学的"，而说"存在者状态的"和"存在学的"，② 并且，比起传统形而上学和形而上学人类学的生存概念，此在这个概念如此沉醉于对存在的理解，如同隔绝生物性、生理性或人类学的种种内容那般超然，这一点看起来已是相当艰巨。

若将事情普遍化，可以这么说，生产者的规定中最困难的就是有个中间人（海德格尔称之为人类学的人）！对海德格尔存在问题的解说大概由此可以收束。倘若我们指出，关于存在，虽然不让人说，它是什么，但作为正确的规定性它还是可以做出坚决地触动并打破这些前提条件的陈述。第一和基本的陈述是，尽管马克思会将劳动和技术二者间的关系置于生产、制作等活动中，但马克思的劳动范畴必须在区分"劳动"与"工作"的前提下被理解。马克思认为，"工作"就其本质来说，看起来总是针对具体目标，而它

---

① 孙周兴等主编：《海德格尔文集·讨论班》，商务印书馆 2018 年版，第 482 页。
② 参见孙周兴等主编：《海德格尔文集·讨论班》，商务印书馆 2018 年版，第 210—215 页。

的"意义"在于，在目标的实现中让自己成为多余。这里重要的是，随着对历史的存在之盲目必然性的清除，那个在一切历史变迁中的留存者，简言之即人的自由自觉活动，也必须是同生产活动相关的。在人的社会历史领域，"劳动"和"工作"一样显示为非独立的范畴，但是"劳动"同"工作"一样会变得独立，与一切具体的目标设定分离，从手段提升为自身的目的。关于"劳动"，在海德格尔看来，它被马克思化用在创造人的规定中，事实上就是技术之规定性之现成性问题的源初形态。可是，我们知道，这不是海德格尔的技术问题，而是马克思的社会批判问题：一个源自生产力与生产关系的问题。而海德格尔又失败于这样的事实，即他无法克服劳动的技术关系和权力关系的双刃性问题。当然，海德格尔可以提出这样的要求，即他通过指出"存在之本旨中的指派"之绝对的无关涉性，制服了历史的主体性问题。但如此看来，海德格尔生存论存在论必须将马克思的劳动观点抽象化。由此出发海德格尔趁机，提到了现代意识的"进步强制"，提到了怎样成功实现"诸种强制"的历史和主体主义根源，还提到了在"诸种强制"中从开端就已经放弃了人自己打破作为生产者规定的可能性等观点。除了可能性的范畴面对现实所具有的优势，就海德格尔看来，主张无限生产的思想就是马克思主义的本质即一个事物持存不变的思维。言下之意是他自己是真正的、说真话的思想者，而他人如马克思的思想只不过是让人畏惧而结束于一个终极问题的形而上学的 X 罢了。

从本质上说，为了把他本己激烈的文字抬得更高，海德格尔划了一条线。我们这里引述马克思，也是为了尽可能地彰显他的词句的真理性：无论是在哲学上将人规定为意识还是从此在出发来思考人，都没有获得一种根本的探究。或者说，根本不能被理解为人与存在之关联，由此不能在历史决定的提问意义上被理解为客观真实性。所以，返归哲学家关于存在的争论恰恰只能是导向另一个误解：即，对毫无关涉的和内容空洞的存在的称颂。为了理解这一点，我们有必要认识到，海德格尔既设计了历史性的概念，也设计了存在概念。正如海德格尔本人所说，他认为人们首先就不清楚存在问题要问什么、为什么要问、如何问。此话的反讽之彰明昭著暂且不论。重要的是，在这个关联中，海德格尔认为，马克思早期在依据从前的用法来使用"存在"这个词时是从先验东西中来领会——这一点与多数至今已有评论相符，却同时辜负了马克思所看到的资本主义的基本困难。当然，海德格尔并不是陡然地下此断语。在 1973 年策林根讨论班中有这样的观点：马克思采取的第一个步骤是抓住人本身，即工人阶级（当时的城市的人口）。海德格尔认为，倘若事关马克思历史观的实体性力量和内容，事关一种总是已经现有的和超个人的秩序，那么事实上它就几乎不可能是别样；海德格尔提出应该将马克思的命题看作形而上学命题。他强调说，从生产者的时代规定方面来看，劳动者的形象（型）不可能通达人与存在之关联。它是作为一种存在者的存在，其存在自身无法从诸种强制中解脱。换言之，在我们时代，工人与马克思宣布的"实际可能的解放"的隔离业已形成。在这个框架中，海德格尔解释马克思的观点中，有这样的观点：在"向着存在而思想，向着存在发送自身的方式而思想"① 中，人们自然要问，这种按照生产模式来设想的劳动者的形象，有可能在任何独立的、自己负责的意义关联的世界历史中寻找得到吗？海德格尔说，没有了！"有的是工业化产品，而不再有家了"。② 依这种理解，倘若无家可归的现代状况有可能结束，作为存在论问题的历史性会与历史决定论一起重新消失。

就马克思看来，理解存在问题的关键不是让存在成为存在的形式化决断或断然，而是历史行动者进行的社会生活的生产和再生产活动的深远变化。如果是这样的话，海德格尔所说的把"生产"置于古希腊存在的光景，还是使"尚未在场的东西在场"无蔽真理，似乎都忽视了马克思著作中神话性的东西的内在历史。照马克思的说法，海德格尔式的返归希腊的步伐就相当于过度诠释。希腊艺术是同一定的社会生产发展形式结合在一起的。岂只

---

① 孙周兴等主编：《海德格尔文集·讨论班》，商务印书馆 2018 年版，第 473 页。
② 孙周兴等主编：《海德格尔文集·讨论班》，商务印书馆 2018 年版，第 469 页。

是艺术领域，或许那里原本就是连现代人向往古希腊的踏脚板也不复存在的地带，是现代人不得不重新发现却不能停留于此的异乡的地方。这就是马克思所谓的"希腊艺术同现代的关系"。从历史唯物主义观点看，随着对于自然的神话之不同时期不同形象的扬弃，存在的原来的光景或特定时代、事物和场所，是马克思对之不以为然的，甚至是忌惮诗人捏造杜撰（马克思反问：比如，"在罗伯茨公司面前，武尔坎又在哪里？在避雷针面前，丘必特又在哪里？"）。①

　　依马克思的描述，从人类生存的一定的物质环境的再生产出发，应该看到的是，西方历史完全不同的存在史，即从"非存在"到"存在"或者说从"不在场"到"在场"，也就是一个创造和生产的存在史，而不是一个已经存在却被遮蔽的东西到解蔽的存在史，这使海德格尔显得格外忧心。按照海德格尔，人类及其世界严重的理性主义对象化，没有为人的存在问题提供立足点。而人生存之境界性问题比他想象的要困难得多。一方面，在海德格尔看来，一旦人们让存在加上范畴例如，质、量、状态或关系范畴，人们就是在有数有量的动或动性中把握存在了。因此，在与各个存在者相互关联时，人们再认为所讨论的"世界"、场所的固有名词发挥着对历史的人类世界的诠释机能，也就鲜有存在本身的意义。在这里马克思辩证法只能取得完全抽象的、时而消极的结果。对于未必领会境界问题的人，可以说，存在是一种具体事物以及具体事物的范畴，而不是一种意义关联。也可以说，人们经常被由人的表象活动而可见到的那种光景迷住。但是，另一方面，海德格尔跳过马克思辩证法，而神话性的东西便具有了大得多的潜力。我们如果要问神话性的东西到底是什么，那么答案就在于：它是理念之漫游他乡。用海德格尔的话说是，整个表象活动之前已经有了一种实践行为和意识行为的共同的根。倘若未曾深入这种共同的根，就贸然提出存在的意义应该如何如何，那么追寻存在最终就会被萨特那样的哲学家带入许许多多无根"行

---

①　参见《马克思恩格斯选集》第 2 卷，人民出版社 2012 年版，第 711 页。

动"中。

三、 对占有和存在进行区分的意义

众所周知,当海德格尔将马克思的生产理论纳入遗忘存在的讨论时,他是把形而上学史的发展投射到马克思的文本解释中。因此,他把马克思主义哲学当作归属于对存在者的生产性思考,从而归属于难以把握存在本质或敞开可能性的那些失败的一个例证。这里对马克思的思想评断的基本概念都是关于海德格尔所指认的集—置(Gestell)、摆置、促逼、把握、确定、可见或统一起来。[1] 而实际上,马克思在进入他的政治经济学批判之后,在我们对马克思关于存在作为生产论的解读中,存在发生了根本大变:马克思并非要追问"什么是存在"。对马克思而言,"摆在面前的对象,首先是物质生产"。[2] 这个对象概念同马克思的先驱者的政治经济学的对象相比是一个全新的对象。古典政治经济学和马克思之间术语的区别归结为对象的概念的区别,就是"把现代资本主义生产只看做是人类经济史上一个暂时阶段的理论所使用的术语,和把这种生产形式看做是永恒的、最终的阶段的那些作者所惯用的术语,必然是不同的"。[3] 但是,据海德格尔拟制为研究作为存在的存在的形而上学观念来说,马克思指出的政治经济学的存在本身却是纹丝不动的、持存的。这意思就是说,物质生产这一术语是留给对象以及概念的,海德格尔与古典政治经济学家一样认为,这个对象概念是虚幻的,或者说,概念就是非物质性的、抽象的;故此,物质生产存在概念自身必须表现为非物质性的。这种概念同一的图景出现在海德格尔的思想中,于是,他把马克思主义看做和自然主义、人道主义、社会主义谋求同样的东西。从这个角度看,我们可以说,海德格尔关于人类本质以何种方式归属于存在之真理的发问与对象性的思维以及对自然和人类自己的促逼的基本假设是紧密联系

---

① 孙周兴等主编:《海德格尔文集·讨论班》,商务印书馆 2018 年版,第 470—471 页。
② 《马克思恩格斯选集》第 2 卷,人民出版社 2012 年版,第 683 页。
③ 《马克思恩格斯文集》第 5 卷,人民出版社 2009 年版,第 33 页。

着的。而同时，海德格尔对存在——存在在任何时候都在场——心生厌倦之情。存在问题中"此在"的拟制满足了海德格尔改写人类"生产性模式"的意愿。

在一定程度上，海德格尔确实认识到马克思对人与存在关系的思考未至臻境。一是，因为这里涉及马克思有关深入人类的劳动异化之历史本质性维度；二是，也许还涉及历史的人类应当能够如海德格尔拟制那样聆听存在以及真理，以期确保将来不再纠缠于一个虚无主义克服问题、并能够找到其拟建的"家园"（Heimat）；从马克思历史观看，这是人类漂流一类的故事。由这类故事来填补存在之空虚（Leere）。或者说，在哲学中常常是以流变与事物之所是、之所能够是的关系来说明的。这样看来，对于一个海德格尔（或者形而上学家）来说，把生产和消费、资本力量和限制或指导这种力量朝向一种被假定的正确使用（或者"海德格尔宁愿走的林中路"）等同起来，是最简单不过的事情。换句话说，我们绝不可以受到海德格尔存在问题的感染，一提起海德格尔拟制存在问题就禁不住按照存在论差异学说来设想马克思的生产理论。

当下，在马克思那里寻找与海德格尔所言的"存在"直接或间接啮合的术语的要求已经给我们带来诸多困扰，其最大的困扰是，我们不明白，为何不能把"人是人的最高本质"这样一个命题应用于某种基础更为广泛而确保人类生存的"存在"概念，最终又表现在一种具有重要意义和被历史唯物主义的物质生产允诺的存在概念。我们应当十分有必要厘清这之间的差别，因为海德格尔的某一位拥趸极有可能把从观念帽子里变出兔子或是影像被造出的意义上谈论的"生产"与商品生产或是一定社会性质意义上谈论的"生产"混淆起来，一概算在"劳动的新时代的形而上学"头上。他也许要讲，海德格尔的此在"Dasien"、历史唯物主义语境中的社会存在"gesellschaftliches

Sein"都有不在场的在场之意呀，只是"思想构建的"机制不同。① 这个人或许言之有理，我们不应忽视；可是，他也只给出"思想构建"（实际是话语理性）的理由，我们为何要自我剥夺"社会存在"这一俗成的用语？在众多马克思主义学者心中，以及在绝大多数海德格尔迷心中，"社会存在"即便翻译为"社会定在"，也与"此在"是相区别的概念。因为无人斗胆公开坦承说，如果拿马克思主义的自由劳动者与海德格尔存在论分析工作中被"中立性对待"② 的此在进行对照，其解答仍是理事无碍的。无论一个人有多么激进，他都不应忽略二者的区别，尤其是他应看到海德格尔之存在（或西方）的天命接受性思考与马克思对存在者的生产性思考的区别为实践结出了重大而真切的果实。

在今天，要想明确把海德格尔存在即"所造物品的生产"的说法分派给马克思的学说，就必须认识"占有"与"存在"两种生产性的存在说的区别。马克思没有想到要对存在与存在者区分。这种区分是否合宜？要研究这个问题，首先需要回到马克思，回到马克思对基于财产不同之两种生存模式的分析，回到社会历史领域中人的主体性存在所亏欠之物——历史性和历史性限制：譬如说，马克思认为，在任何现实的状况中，人的主体性取决于社会财产的生产与占有方式。"生产不仅为主体生产对象，而且也为对象生产主体"。③ 这也解释了为什么马克思著作中表现出了关系存在论或辩证决定论的道路。无疑，倘若涉及历史决定的问题，对于马克思来说极为关键。就是对于马克思的话，物质生产也绝非是"永恒真理"。正因为如此，如果按照海德格尔说法，既然不是把生产而是把消费、分配说成这一时代人的本题，至少在这个意义上消费、分配先于生产而受到历史限制，那么马克思就会答复他说，"生产实际上有它的条件和前提，这些条件和前提构成生产的

---

① 参见张一兵：《定在概念：马克思早期思想构境的历史线索》，《中国社会科学》2019年第9期。

② 参见孙周兴选编：《海德格尔选集》上卷，上海三联书店1996年版，第192页。

③ 《马克思恩格斯选集》第2卷，人民出版社2012年版，第692页。

要素。这些要素最初可能表现为自然发生的东西。通过生产过程本身，它们就从自然发生的东西变成历史的东西，并且对于这一个时期表现为生产的自然前提，对于前一个时期就是生产的历史结果"。① 我们不难发现，生产过程中实在是找不到一个真正唤作自然的事物。实际是，不断填补自然之领地的是历史的事物。

其实，我们可以怀疑，海德格尔不把现代技术意义上的工具当作工具与马克思强调历史性的历史的制约性应大为迥异。对于马克思来说，假如生产必须从生产工具的一定占有出发，那么对生产工具的占有必使生产有了一种现代的性质。或者，实际是，它们就是塑造现代社会和阶级意识相关的生产主体理论的核心原动力。此外，马克思认为，随着生产方式的变革，用于不同目的的工具以及形式就"必然发生变化"。它的变化方向是"根据从工具原来形式带来的特殊困难中得出的经验决定的"。② 如果劳动工具取得机器这种物质存在方式，必然要求以自然力来代替人力，那么大工业要求自然力和自然科学并入生产过程，这一点是一目了然的。如果这样看的话，在对存在的接受性而非生产性的思考中，特别是在海德格尔有关劳动者形而上学世界解释部分中，社会劳动过程纯粹是主观性的。马克思拒绝承认的是，并非一个有关作为存在的存在的形而上学认识痼疾使得生产、消费、分配诸理论对立产生；恰恰相反，诸理论的对立是在理论定义范围内发生的事情。这种定义有一个反实践的企图，是要把理论拽到一种还独立的状态中来与行动和实践相对立。而"这种对立的解决绝对不只是认识的任务，而是现实生活的任务，而哲学未能解决这个任务，正是因为哲学把这仅仅看作理论的任务"。③

马克思生活在资本主义迅速发展的时期，这导致在人类的各种行为或与存在者的联系中，马克思尤其注意到一种最基础的制作行为。他所说的

---

① 参见《马克思恩格斯选集》第 2 卷，人民出版社 2012 年版，第 697 页。
② 《马克思恩格斯文集》第 5 卷，人民出版社 2009 年版，第 396 页。
③ 《马克思恩格斯全集》第 3 卷，人民出版社 2002 年版，第 306 页。

"实践"指的就是生产、劳动。对存在与诸存在者的区分与选择也必定在我们的生产实践的平常意识之内,这无非是说马克思的思索在实际上没有被存在解释循环弄得团团转。因为,马克思积极评价了那种把人们每天不息的行为和活动作为历史最基础的动性的存在把握。由此,他洞穿了西方这一特殊世界中有关存在问题的普遍的理解方式的问题提法。可以说,马克思是存在问题真实不虚的发问者。这里要提出的问题是:在何种意义上人类应该持续地拥有某种本真感受没有隐蔽地存在的问题意识,还是说或许像海德格尔那样的哲学家一劳永逸地思考一次就足够了?无疑,答案是否定的。马克思不断地批判观念的方式,强调概念和范畴"存在",这总是附属于西方哲学工厂发送的现成货色;马克思认为,西方形而上学直观一个"存在"范畴,冠冕堂皇却空无一物。问题正是产生于商品经济、自由贸易和技术科学屈从于精神意识的接受性存在学说,这也就是说马克思哲学的论战所苦苦争夺的一种可能性:即以实践的唯物主义抵抗提出"什么是存在"这个问题的可能性。

从马克思的立场看,我们处于资本主义社会攫取财富的顶点,而我们却很少看到生存论存在论的现代性基础,因为现在,人们面对的不是"生存和毁灭"这样的选择,而是拒不承认在生产和生存中提出一些共同规定。我们一直在同义反复说"在任何财产形式都不存在的地方,就谈不到任何生产";因此,我们认为我们只是会"生产的人",我们不会把自己和资产者(例如,靠贡赋生活的征服者,靠税收生活的官吏,靠地租生活的土地所有者,等等)混为一谈。① 而马克思却不会装作没有看到,在现代司法、警察制度下,占有型生存模式被当作最合乎人世间中的实践活动目的的模式,这种模式之根源就在于资本主义社会的生产方式具有败坏的形而上学的至深的鸿沟。这的确称得上是一条鸿沟。当存在问题在 19 世纪以占有和存在这样两种根本的体验模式的区分被马克思提起时,海德格尔的存在问题出

---

① 参见《马克思恩格斯选集》第 2 卷,人民出版社 2012 年版,第 687—688 页。

场已经为时过晚、变得暗淡无光。

马克思是在对旧哲学的批判中产生了一种新的哲学，即关于立足于社会化人类或人类化社会的哲学。我们从马克思说的"凡是有某种关系存在的地方，这种关系都是为我而存在的"① 从这句话可以看到，这是一句海德格尔哲学意义上普通的存在者层面的陈述，但它清楚解说了马克思实践存在论基础。在马克思看来，自我是一种自己把自己联系起来的实践关系。任何关系都有相关的两个要素（比如，个人和周围的个人）和关系本身（比如，这里人们是否感受到生产什么这样的肯定或否定，进而人们如何生产、采取、制作、实施和执行）。人有作为关系存在的周围世界。这个"有"的存在论意义无非是"人总是生活在社会中"② 这个事实。从洪荒之开局，任何一个梦想家也很难想象出没有社会的生活，正如亚里士多德很难想象没有奴隶的生活。当然，马克思绝非要像海德格尔那样透过常人对个体约束力的抉发，以阻止个体在现实中的沉沦。恰恰相反。如果"生活在社会中"是人的具"有"先天般的规定，那么这个"有"就不是"占有"和"拥有"的意思。重要的是不是被生存占有性个人主义所迷惑。所以，真正令人惊异的事情不是资本主义在好几百年的时间里都认为私有财产占有是理所当然的。《德意志意识形态》说：这种占有首先"受所要占有的对象的制约"，受有局限性的工具制约；"其次，占有还受实现占有所必须采取的方式的制约。占有只有通过联合才能实现"。③

因此，仅仅由于这一点，从存在者层面上看并不费解的"凡是有某种关系存在的地方，这种关系都是为我而存在的"说法，在海德格尔存在论上（或存在的统一上）却似乎须大费周章才能充分论述。这对海德格尔和马克思都至关重要。但马克思并不认为只有在存在论上源始规定人的基本存在方式，才能解释清楚这里的"有"的意思。对马克思来说，必须先证明

---

① 《马克思恩格斯选集》第 1 卷，人民出版社 2012 年版，第 161 页。
② 《马克思恩格斯选集》第 1 卷，人民出版社 2012 年版，第 161 页。
③ 参见《马克思恩格斯选集》第 1 卷，人民出版社 2012 年版，第 209—210 页。

"人总是生活在社会中"是人的基本存在状况，才能弄懂"有"的意思，恰恰证明不了什么，除非它证明了相反的情况；因为否认自己处于社会之中，或者当自己处于社会时没有意识到自己处于社会之中，都是一种由社会存在决定的社会意识之存在状况。一个人通过一般意义上"拥有"和"占有"来克服"虚无"，这意味着他具有的那种充分存在实际上是存在者的感觉被压抑的"虚无"的投射。最简单的例子是，对一个"身价百万"却不能在"占有"和"存在"这两种生存方式之间抉择的人来说，是一种最深刻的危机。由此就出现了这样一个问题：对于未来人类思想而言，自由（劳动）是否还有可能在占有和存在这两种生存方式之间做出选择？马克思回答说，自由（劳动）肯定不是通过意识到占有和存在的区分与选择而被给予的——首先不是通过那种对存在进行空洞（海德格尔意义上形式指示）的哲学赋义或回忆，这种回忆只能是树起了一个幻影，即把在社会关系中生活的人都给形式化了。事实是，海德格尔所谓足够原本、混沌未开的生活经验解释学形势趋向虚无之物。

在马克思、海德格尔的思想中，我们可以看到明显共通之处：他们都要求人们放弃想要去占有的倾向。然而，对马克思而言，这两种存在意义模式的消长表现为"每个事物本身都是不同于它本身的另一个东西"。① 这意味着工业的历史扮演着一个重要的角色，但仅仅是一个角色。也就是说，如果马克思被问及人的活动之最主要的对象化，他会毫不犹豫地指向大工业的历史，而非指向海德格尔所谓把手工业者工作的世界所代表的那种人们每天不息地被以工具为主的周围世界以及与其联系在一起的生活；这样，同手工业相比，以工业为舞台产生的存在经验和存在观的变化便在唯物史观的阐释空间中得到落实。而存在的意义问题实际上是生产或劳动实践的问题。因此，不要再认为存在是一个马克思哲学的存在论谜题。但更本质的是，与海德格尔哲学的因循守旧不同，马克思强调存在之过程、冲突和变迁。因而，我们

---

① 《马克思恩格斯全集》第 3 卷，人民出版社 2002 年版，第 349 页。

立刻发现，如果马克思把存在的问题变成一个客观的哲学问题，他最终不得不发明新的范畴。然而，马克思决非没有意识到传统哲学探究的虚与委蛇。我们的感受是，读马克思不外乎是探索人类社会历史的基础，而非对存在本身发表意见。区别于理论的看或听，马克思注重在现实世界中做、看或听所需要的丰饶而非贫困的存在经验。在与这种丰饶的存在经验对比中，马克思有一种强烈的发现的欲望。他给自己定下的任务不是要去系统分析或阐述"实践"这一基本概念。

人们总是称历史唯物主义为"历史科学"，但马克思也称得上是认识存在的两种不同模式的开创者。我指的是两种根本的生存模式，是对待自我和世界的两种不同取向，是两种不同的实在观。例如，我们在这里可以找到这样的阐释："语言是一种实践的、既为别人存在因而也为我自身而存在的、现实的意识。语言也和意识一样，只是由于需要，由于和他人交往的迫切需要才产生的"。① 严格说来，用占有型模式来对语言进行思考，典型的方式就是用视觉和语言固化某种存在的东西，比如，看照片。对马克思来说，语言变成了"振动着的空气层、声音"，② 变成了异化的记忆。任何夸大存在问题语言意义发掘的人，是另一种异化的记忆。它们都将落入一种把词语当成了现实可以交换的筹码的形而上学。正是在这一意义上，语言是令人尴尬的财富。马克思警告说："我们彼此进行交谈时所用的唯一可以了解的语言，是我们的彼此发生关系的物品。我们不懂得人的语言了，而且它已经无效了……我们彼此同人的本质相异化已经到了这种程度，以致这种本质的直接语言在我们看来成了对人类尊严的侮辱，相反，物的价值的异化语言倒成了完全符合于理所当然的、自信的和自我认可的人类尊严的东西。"③ 任何人都不能屈服于形而上学的微妙表象，正如马克思在探究资本主义生产方式的限度时所指出的那样，探究一个真实回到存在问题开端的思想。或者今天

---

① 《马克思恩格斯选集》第 1 卷，人民出版社 2012 年版，第 161 页。
② 参见《马克思恩格斯选集》第 1 卷，人民出版社 2012 年版，第 161 页。
③ 《马克思恩格斯全集》第 42 卷，人民出版社 1979 年版，第 36 页。

我们称之为马克思哲学的存在论革命。

马克思生活在工业大革命时代的初期，在他的时代，伟大的哲人们不是困惑于对存在与存在者的区分，而是困惑于对占有与存在进行区分，这一问题构成了历史唯物主义视野中的政治、经济等各种理论的核心。既然如此，那么能不能有一个如"存在的牧师"海德格尔那样的生存论存在论呢？不能！因为，现今时代没有从根本上改变事物，而是通过海德格尔所说的唯智论的真理的客观表象让事物屹立不倒，看上去像是采取了行动，而实际上并没有革命改变。资本主义生产方式不但遮掩"打开了的关于人的本质力量的书"，而且用"离奇的幻想"和抽象的"启蒙"盖起这本由"工业的历史和工业的已经生成的对象性的存在"打开的书，并假惺惺地宣称任何"直接地使非人化充分发展"① 都是轻率和鲁莽的。最后，现今时代竭力平抑或压制被划分到各种阶级中去的声音，令人不安的剥削和压迫问题似乎是过时的。对海德格尔式的这种生存论、存在论人们至今还没有从它同人的本质力量联系方面进行批评，而总是仅仅从"抽象物质的方向或者不如说是唯心主义的方向"来理解，这乃是海德格尔存在论，他对于存在与时间、自由与虚无的观点的本质使然。如果以往的哲人遗忘了存在，那么我们完全可以怀疑海德格尔并不真的明白他在做什么或他能说什么，甚至没有达到他对科学技术通过工业日益在实践上进入人的生活及结果的理解。

马克思在很多问题上走在时代的前面。他告诉我们的事情是，人们要自己去寻找存在的真理，而不是在他的书中寻找真理。如果存在意义追寻得不好，关于事物本身的知识恰恰成为思想与存在统一的障碍。从马克思出发，针对《存在与时间》这样的书可以这么说，海德格尔写着写着就自相矛盾了！倘若海德格尔通过存在论历史的结构，以获得对于西方历史时代某种迷失方向感到必要的担当，那么在这个问题上也没有跟上马克思的脚步，甚至仿佛马克思（以及在存在与占有之间的区分）从未存在过一样。换言之，

---

① 参见《马克思恩格斯全集》第 3 卷，人民出版社 2002 年版，第 306—307 页。

从马克思的角度看，这只能被解释为对整个文化和文明的世界的抽象否定。从比较来看，海德格尔的兴趣可以说是积极自由地产生兴趣并努力追求。海德格尔的寓于仅保留了兴趣这个词的否定意义。比如说，马克思从来没有悬置对科学技术信念，但这种悬置却界定了海德格尔对存在问题的索解。尽管如此，有迹象表明马克思曾经为这个问题所困扰。他说，工场手工业的资本主义性质不可抗拒地牺牲劳动者的"完整的劳动能力使非常片面的专长发展成技艺"。马克思描述"社会上现存的各种手工业的自然形成的分立"以后继续说："以前社会的如下倾向：使手工业变成世袭职业，使它固定为种姓，或当一定历史条件产生与种姓制度相矛盾的个人变化时，使它硬化为行会。种姓和行会由以产生的自然规律，就是调节动植物分化为种和亚种的那个自然规律。不同的只是，种姓的世袭性和行会的排他性发展到一定程度会当做社会法令来颁布"。① 这意味着人的自然受历史规定，不过这一切并非决定的历史性，而在某种程度上仅仅是相对的。历史总是相对于自然。在此，马克思的思想到达了海德格尔无法企及的高度。马克思用具有人的本质力量的工人，取代受缚于日常之质朴中的手工制作者。马克思在著作中，不是谈劳动者和牵涉社会阶层的关系，而是谈作为工人阶级形象及其意义而显现的世界历史舞台。马克思不断与一种"在丧失地位"的落在世界之后的形象拉开距离，即使工人阶级的形象（型）受制于社会发展史、主体性形态的展开。从这个角度来说，工人阶级形象（型）与一般指称工匠世界所认可的庞大的技术支配中原因和效果的规律形成戏剧冲突，因为在形象领域工人阶级不是由机器技术的规律，而由"社会的急剧解体"之基本上属于另一规律所决定的。由此，海德格尔说的寻找源始性的生存概念，虽然让人敬畏，但还是把它放在他的书里比较稳妥。或者说，可以拿存在问题作为理论充饥。

---

① 《马克思恩格斯文集》第 5 卷，人民出版社 2009 年版，第 394 页。

四、 结语

对存在问题的观察至此大概可以收束。但批判性观察却应该在两个特殊问题上进一步阐明。第一个问题涉及马克思对"技术—合作关系的"和"权力—支配关系的"的劳动概念的区分。就是在我们的表述中也已显露出这样一种区别。因为，一方面，从超越一切纯粹的生存的意义筹划出发，劳动的不同存在形式应根据物质内容和人的劳动过程形成的支配关系以及重要性的观点划分自身。就其本质来说，意义筹划是"物质的"划分。而另一方面，实际的，着眼于"实现"的劳动必须始终具有创造性；第二个问题是"存在问题"的知识性质问题。一如前述，我们天真地以为，马克思哲学和海德格尔哲学就是这样存在着的，它们都要求一种概念形式。我们没有意识到，是它们教会我们把哲学转变为一种无财产/负担的自由生活。若将马克思的社会批判和海德格尔存在史的解释的立场进行比较，就会清楚它们的共同点是对社会普遍接受的思维模式进行批判，对马克思而言，理论不能超越其实践的社会历史的生产关系制约性，而只能是这种生产关系的表达；对海德格尔来讲，重要的，不是我们为了什么存在，而是我们怎样存在。海德格尔为追寻存在找的是一条非现实的出路，在其历史主义产生出对连续的现实性、对一切形式和理念的历史制约性的洞见的同时，已经被马克思认识到的社会现实超越了。规划人类社会发展路径，为淬炼我们对于生活本质的思考。

张文喜
2023 年 8 月

目　　录

引　言　通往黑格尔的当代途径

马克思的诠释者通常都会认为，马克思是一个彻底的开启者，这不仅体现为他关于黑格尔的思辨逻辑和自然哲学已经死亡的断言，及其他对黑格尔式的传统形而上学的倒转，而且在理论的深处，他也颠覆了海德格尔式的当代形而上学。据信以此可证明马克思与一个 21 世纪的读者有关系。并且人们还会说，作为一种崭新的科学的世界观和方法论，马克思主义哲学形成的标志不能只是它的个别观点或个别原理的出现，也不应是它的完整体系的建成，而是指它区别于一切旧哲学的基本范畴和基本原则的确立。或许，这样一种说法还会诱发人们确信，大凡不是出于马克思——实际上是他们自己解释的马克思——之手的东西都不会是有价值的，即使有价值，也一定是次于他们自己所解释和制造的东西。

毫无疑问，人们至此在所谓的比较研究中忽视了这样一个问题：穿越了两千多年的西方哲学思想进程，它所带有的在希腊人那里获得起源而包含的原祈向，是否在马克思那里得到了合乎哲学史的可靠阐释。难道为了强调马克思与众不同，就非得将他的用语、他的表述方式及思想脉络说成是非西方的；难道为了把"人"从德国传统哲学的种种词句的统治下解放出来，只需去说一说马克思把解决哲学的任务已经交给了实践，或只需把马克思哲学与传统形而上学的界限作无以复加的强调，以至成"独此一家"就行；即使这种担忧早被证实是无稽之谈，在国外马克思主义研究中以相反的面目出现，仍然会被看做是思想的仓促，所谓"在马克思的学说中几乎所有的观点都可以追溯到以前的某个思想家"，却"不承认提供思想来源者就是先驱

1

者"① 之类的说法是既缺乏明察又索然无味的。在对马克思所解释的如上观点中，可能包含着梅洛－庞蒂所谓的"辩证法冒险"，这种冒险基于"将整个否定性集中于现存的历史组织即无产阶级中"。似乎马克思把最终解决哲学问题的任务不仅交给了实践，而且还把它交给了一个阶级——无产阶级，并且还是一个神圣化、实体化了的一个阶级，一旦无产阶级把"过去传下来的所有制关系"打破以后，哲学就和这个阶级都终结了。在此，不属于信仰马克思主义者当然会问："马克思除了为到达终点之前的最后一个阶段，即无产阶级阶段作了标记之外，还做了什么？"② 马克思主义能够照亮除"阶级主义"之外的其他各种"主义"吗？马克思对资本主义的批判和共产主义的前瞻能应用到对全球经济趋势的一种更为敏锐的理解吗？③

　　不言而喻，这些对马克思及其"主义"的僵持对立的了解，助长了哲学的"走火入魔"的倾向，亦即不断地一味"批判"的冲动，因此它担有风险。在此唯因一切理论的僵持对立的解决，决不仅仅是理论的任务，就应该阻止一切理论专断。

　　然而，现实的情况是，在马克思之后，德国哲学的确就不再有真实的发展了（尽管涌现了不少的思想家），当代德国哲学的发展呈现了一种徘徊的样子，海德格尔的生存论、存在论的出现，打破了这种僵死，使现象学运动凸显为当代的"显学"，为我们带来了新的思维工具，它还开启了伽达默尔的哲学诠释学这样的当代重要学科，伽达默尔从海德格尔身上认识到"在黑格尔所写的、由新康德主义的问题史所详尽描述的哲学史失去了它的牢固的基础之后，我们现在才开始能够重新学习希腊人的哲学思维"，而"一些人从海德格尔那儿理解了马克思是怎么回事，另一些人从他那儿理解弗洛伊德是怎么回事"，④ 如此等等。本书的目的并不是想用海德格尔去发展马克

① 拉明·贾汉贝格鲁：《伯林谈话录》，扬祯钦译，译林出版社 2002 年版，第 116 页。
② 吉尔·德勒兹：《尼采与哲学》，周颖等译，社会科学文献出版社 2001 年版，第 238—239 页。
③ 参见温迪·林恩·李：《马克思》，陈文庆译，中华书局 2002 年版，第 3 页。
④ 伽达默尔：《真理与方法》，洪汉鼎译，上海译文出版社 1999 年版，第 773 页。

思主义，或反过来用马克思主义去充实海德格尔的生存论存在论，而是出于另一番考虑，那就是：在何种程度上，以何种方式，马克思实现了对形而上学的颠覆，如果诸多的误解包围着马克思，我们相信，这里借着马克思与海德格尔之间的对话所作出的每一句辩护的话只有一个意义——那就是维护马克思主义。

一、一种非形而上学思想的可能性

海德格尔注意到，自黑格尔、谢林以后，德意志思想的活力在学院哲学传统之外——费尔巴哈、马克思、尼采。因此，海德格尔非常关注同时代的学院哲学之外的思想灵感。海德格尔把尼采和马克思通常并列起来加以考察。他认为，自希腊直到尼采的全部西方思想都是形而上学的思想。西方历史的每一个时代都根植于当时的形而上学中。而"形而上学就是柏拉图主义。尼采把自己的哲学称为颠倒了的柏拉图主义。随着这一已经由卡尔·马克思完成了的对形而上学的颠倒，哲学达到了最极端的可能性。哲学进入其终结阶段了。"①

在这里，海德格尔所谓"终结"在"哲学的终结"亦即"形而上学的终结"这个现今经常使用的语汇中并不意味着"结论"，或者是一个众所周知的东西的"单纯终止"，海德格尔说，"一个时代在形而上学意义上的完成"是"那个出乎意料的、而且也决不能预料的东西的首次无条件"的开辟（Anlage），"这种完成相对于以往之物就是全新的东西。因此，它是决不能为一切只会回头算计过去的人们所认识和把握的。"② 这意味着马克思主义挑战形而上学思想的意义并不是在于他们用一种"不可预料后果"——"癫狂的哲学"——的抗拒，颠倒了现实世界与理念世界的传统关系，而是在于他们形成了一种非形而上学的思想可能性。对这种观点如果用一种人人皆知的常识来表达的话，那就是：马克思哲学和海德格尔的存在哲学的出发点是鲜明地反形而上学的。正是在这一意义上，马克思与黑格尔

---

① 孙周兴选编：《海德格尔选集》下卷，上海三联书店 1996 年版，第 1244 页。
② 海德格尔：《尼采》上卷，孙周兴译，商务印书馆 2002 年版，第 469 页。

的"争辩"之核心就不在于类似于对某个"观点"提出另一个相反的"观点"，或者用某种"立场"来驳斥另一种"立场"，倘若这样，马克思就仅仅是一个名副其实的颠倒了黑格尔的"唯心主义"的"唯物主义者"，他的学说的命运也就如同他同时代的唯物主义一样，影响短暂且仅仅局限在学院中。恰恰相反，马克思不同于其他受益于黑格尔的人，他已决定性地开辟了通往黑格尔的当代性解释视野的途径。

如果我们注意了上述情况，我们就抓得住马克思在面对形而上学整体时，他所能做的"事情"：就是与一切立场和观念之类的东西决裂，告别一切流行的意见和观点，以便投身于"前意识形态"的维度中，这样的解释在逻辑上应该把马克思哲学及其境域当作"进一步研究的出发点"，而"不是现成的教条"和"按照黑格尔学派的方式构造体系的方法"。

马克思深知，对于传统的批判以及对柏拉图主义集大成者黑格尔的批判，必须拒绝那种把"思想"看做是人与动物之区别的关键的观点，这里正潜藏着黑格尔之现代性的意识形态，及其颠倒存在和判断之关系的秘密。黑格尔断定，正是现代性使时代引以为豪且形成了自我意识，在这里，哲学才可以说到了自己的家园，即已经证明了物质与观念之间的本体论的同一性。因而，对于黑格尔来说，从意识出发，展开其"物质化"的运动，还是从物质的起点出发，朝着"精神化"的方向获得对于自身的意识的运动，都是同一回事。这种对于"孕育"真理的所谓形而上学本体论同一哲学的策略是这样的：黑格尔把认识论上禁止我们接近康德"自在之物"上的无能为力，通过大而化之、不着边际的玄谈，"调换为一种本体论上的不可能性（调换成用来界定客体的对抗），这种调换策略暗含着一种扭曲：当初显现为障碍的事物，最后证明是解决问题的答案——就在真理逃避我们的那一瞬间，我们已经加入到真理中去了"。①

---

① 斯拉沃热·齐泽克：《意识形态的崇高客体》，季广茂译，中央编译出版社 2002 年版，第 243 页。

从马克思的视角来看，黑格尔哲学不仅局限于认识世界，而且依然是寄身于古典的意识形态幻象（在这样的幻象中，意识形态被定位于"知"）中："黑格尔陷入幻觉，把实在理解为自我综合、自我深化和自我运动的思维的结果"，① 黑格尔的思辨唯心主义仍然是先验哲学的一个形式。与此相反，马克思认为，观念的东西不外是移入人的头脑并在人的头脑中改造过的物质的东西而已。马克思说："意识并非一开始就是'纯粹的'意识。'精神'从一开始就很倒霉，受到物质的'纠缠'，物质在这里表现为振动着的空气层、声音，简言之，即语言。语言和意识具有同样长久的历史。"② 显然这里的"物质"不符合形而上学的唯物论的经典性哲学定义，也不符合感性和知性的对立所涉及的物质之感性表现（如当下所见）和形象，它较之人们常常将物质概念和诸唯物论理论纳入其中的各种形而上学对立更"古老"，可以说它在"纪念"先于这些对立的东西。这里的"物质"，无须保留地说，乃是"存在"，在这一解释学维度上，马克思讲到精神与物质的关系，实际上就是探讨存在与语言的关系。在这里关于生存实践的逻辑已经出现；同时，这还意味着这种可以冠之为"新"唯物主义的马克思主义哲学已经开始描述人类与作为"家园"的"自然"的关系。

按照这里所说的来看，马克思还特别把"实在"作为历史存在论问题处理，黑格尔的绝对哲学，由于它是以它的思辨逻辑为根据的，忽视了"现实的存在"，在某个重要意义上，传统形而上学以思辨方式表达的世界实在性问题，在本质上转换为"历史"唯物主义问题，这是所有后黑格尔哲学去处理实存、实在和物质的诸多方式中最有影响的形式。

我们相信，马克思把历史理解为物质—存在的运动，与海德格尔认为历史是存在的发生史，应当视为他们在一个从未有过的深度上，对黑格尔主义的共同批判。海德格尔和马克思以各自的方式，提供了一种看待终极（存

---

① 《马克思恩格斯选集》第 2 卷，人民出版社 2012 年版，第 701 页。
② 《马克思恩格斯选集》第 1 卷，人民出版社 2012 年版，第 160—161 页。

在）问题的非现成化的思路，"人们可以在海德格尔关于'存在'的思想和马克思关于社会生存的'存在'本体的思想之间发现某种相似性，即它们都具有强大的现实物质性能和动态特征"。① 在历史问题上，人们甚至也许能证明，海德格尔所谓"存在历史"观"来自"马克思那明显具有反柏拉图主义意义的"历史"唯物主义。人们可以对这点持有异议，但是海德格尔唯对马克思的历史观作了肯定的评价，并不与人们所以为的相抵牾，他说："马克思在基本而重要的意义上从黑格尔那里作为人的异化来认识到的东西，和它的根子一起又复归为新时代的人的无家可归状态了。这种无家可归状态是从存在的天命中在形而上学的形态中产生，靠形而上学巩固起来，同时又被形而上学作为无家可归状态掩盖起来。因为马克思在体会到异化的时候深入到历史的本质性的一度中去了，所以马克思关于历史的观点比其他的历史学优越。"②

对于海德格尔来说，他之所以推崇马克思就在于马克思对形而上学的颠倒，与他同道，将"颠倒"一事视为超出或摆脱了完全属于"人的意见"范围，甚至可以说它根本就不是由人所能为的，它的真理是更原始的出自存在的历史。对它的各种反驳都无济于事。这无疑是从海德格尔自己"重建存在论"的诉求着眼的，海德格尔以为，也必须同样到存在的真理中去看待唯物主义和共产主义的学说，唯物主义的本质不在于它断言一切都是物质，而是在于一种形而上学的规定。这里的意思就显示在马克思、恩格斯的如此提醒中：我们不能错误地"把一些唯物主义者关于物质的哲学词句当作他们世界观的真实的核心内容"，人们在很流行的说法（历史唯物主义）中忘记了，应该强调第一个词"历史"，而不是强调第二个词。所以，在《德意志意识形态》中，以这样的方式马克思和恩格斯在许多地方把黑格尔和费尔巴哈相提并论，就在于包括费尔巴哈哲学在内的唯物主义也把理论看

---

① 张文喜：《海德格尔的生存论境域和"新"唯物主义》，《文史哲》2003 年第 3 期。
② 孙周兴选编：《海德格尔选集》上卷，上海三联书店 1996 年版，第 383 页。

做是"纯粹思想的产物"而不是社会实际需要的产物，因而费尔巴哈哲学也是形而上学。

对于海德格尔而言，按照唯物主义之形而上学规定来讲，一切存在者都显现为劳动的材料。由此，唯物主义也同柏拉图主义一样，从来没有返回到原初的"存在根基"，这原因隐藏在技术的本质中的唯物主义思想还处在"不在家"的状态。它仍然不仅混淆了存在与存在者，而且把某种存在者当作最高的、无限的、不言自明的东西，以为它就是别的存在者的"家"。这种思想既然不是"在"的思想，自然绝对没有资格成为海德格尔心中的思想。它只不过是"常人把得到安定的自安自信、把不言而喻的'在家'带到此在的平均日常生活中去"①的表现。这是日常公众不愿面对"无家可归"这样一件事情的生存论存在论样式。

面对现代人的无家可归状态，在海德格尔看来，只有马克思才孤勇地面对事情本身，从而才有可能在存在中认识到历史事物的本质性。我们将看到，马克思的共产主义学说在海德格尔的境域里致力于返回的正是存在这个根基，"返乡"既是本真的过程，又是它的目标。而这一目标已完全摆脱了传统的思维模式，因为传统形而上学所说的最高的、神圣的、终极的实在，就作为具体的历史的此在来说，是不可能以任何一种理论化、概念化的现成方式把握的，但也找不到非现成的合理方式，于是传统思维模式集相对主义和神秘主义于一身。

从这个意义上说，无论海德格尔是否了解马克思的著述，他都比其他任何人更加彻底地深谙共产主义的前瞻。他把共产主义归属于存在的真理的历史，其原因与其说是马克思对历史所作的规定全部是对的，以至于人们用种种不同的方式来反驳共产主义学说也反驳不了，倒不如说是这种学说只有加以接受，它的真理原本不是基于自以为是的论战或者沾沾自喜的批判，海德格尔所拒绝的正是把共产主义学说只是作为"党派"意见或"世界观"来

---

① 海德格尔：《存在与时间》，陈嘉映等译，三联书店 1999 年版，第 218 页。

看待，那就如同把"美国制度"只认为而且还加贬谪地认为是一种特殊的生存情调一样，思考得太表面了。按照海德格尔的意思，在共产主义学说中，一种关于"世界历史意义的东西的基本经验"业已自行表达出来了。因而，共产主义学说的出现，也是由存在的历史所规定的。

因此可以断定，海德格尔没有看错。如果说今日之社会必定显现为后意识形态社会：占统治地位的意识形态是犬儒主义（cynicism）的意识形态。人们不再信奉任何意识形态真实，他们不再严肃地对待任何意识形态命题。那么对马克思共产主义思想的海德格尔式解读的力量就在于：马克思的共产主义学说不是建立在道德批判基础上的和人道主义相近的概念。人道主义呼唤的人与人的一致是建立在人（人类主体）与人之间的对立的基础上的，而这人与人之间的对立或一致是相互的、意识形态性的，在认识论上是有懈可击的。正如 J. 梅法姆所指出的："术语'人自身'和'作为人'是在把某种未经理论化的真正的人的理想，某种表达在社会生活中的真正的人性观点当作招牌。它们作为一些隐喻而发挥作用，通过这些隐喻，个人之间的理想化了的关系就被不恰当地改造为（政治组织、制度、各种集体）已完全消失了的社会关系。作为社会中介形式的'人的东西'与'非人的东西'的断裂是不可认识的，因为前者不过是建立在一种隐含的、本质论的个人主义哲学绝对命令之上的。"① 至此的分析已经表明，共产主义并非只是附着于社会组织、制度层面上的实体性存在，那必只能是柏拉图和亚里士多德的雅典城邦国家的政治和社会条件的再现。因而，它也绝不能用标准、条件等实体性尺度去框框，把其当作当下的、切近的目标，或者作为历史的终结。共产主义对马克思主义创始人来说，"不是应当确立的状况，不是现实应当与之相适应的理想"。而是"那种消灭现存状况的现实的运动"，② 是在世界历史中的生成。正是这一点迫使我们思考得更原始一些，以海德格尔的方

---

① 转引自凯蒂·索珀：《人道主义与反人道主义》，廖申白译，华夏出版社 1999 年版，第 106 页。

② 《马克思恩格斯选集》第 1 卷，人民出版社 2012 年版，第 166 页。

式来对待共产主义学说及其根据。

二、克服形而上学的不同标志

黑格尔哲学是西方形而上学的完成，这一想法肯定不是海德格尔第一个提出的。这是一个很普遍的想法——假如不管结论如何。这种说法确定了一个明确的事实，即海德格尔一再地试图与黑格尔划清界限，却是在这里又做着已经做了的事，这是把同一件事翻来覆去地去说，这实际上已隐秘地确认了：海德格尔的思想总是隐含着黑格尔的思想之潜移默化的影响，反过来，海德格尔已经深刻地影响了研究黑格尔的当代视野，尤其是对海德格尔思想缺乏具体性的倾向存有戒心的人看来，这一点更是清楚的。

仅就此点而论，马克思对形而上学的颠覆，的确必须走出与黑格尔思辨唯心主义合流的海德格尔式的新一轮形而上学建构，然而，正如黑格尔哲学不可能为某种解释所穷尽一样，海德格尔和黑格尔思想上无可争辩的那些一致之处，最终倒可理解为反而能让海德格尔"从背后向黑格尔提问"使他追问到形而上学的后面去并在另一方面"不以每个人的意志和爱好地提出了海德格尔思想和黑格尔哲学的对峙"。① 至于说海德格尔既然认定马克思完成了对形而上学的颠覆，现在他还在努力尝试着提供另一套解释，那也只不过是谋求获得对马克思曾经发挥过的作用之模仿性的复兴，这仅仅是判定的问题，而并不能算作有无根据的问题。但是，可以确定的是，我们在这里所能做的不是简单的比较，而是一个三角或多角关系。众所周知，马克思虽然抗议德国知识界把黑格尔当作一条"死狗"，但是在马克思那里，对形而上学的批判不可缺的所指或能指就是黑格尔为代表的哲学。人们完全可以像阿尔都塞那样，在成熟的马克思与作为黑格尔门徒的马克思之间设置断裂带，甚至拒不承认在青年马克思的思想发展进程中存在着一个"黑格尔派"的阶段；相反，人们也可以原则上同意雷蒙·阿隆以为的成熟期的马克思著

---

① 伽达默尔：《黑格尔与海德格尔》，《哲学译丛》1991 年第 5 期。

作中，还处处可见到黑格尔的论题，彻底的断裂从未有过。在这种马克思究竟像他的生身父母，还是像他的同时代的人之争论的复调中，所有的声音以不同方式被引发出来，就隐含着把黑格尔当作对话者和把他当作传统哲学的主要代表的多重声音。

撇开上述争论，我们至少可以审读所有后黑格尔哲学，那些有影响的处理实存、实在的诸多方式，说到底，由于黑格尔的思想的确滋养了马克思之后的马克思主义和存在主义传统，因此，我们可以得出这样的结论，黑格尔是"拱顶石"，此石将成为辨读西方形而上学的钥匙；同时，它也是溯及马克思与海德格尔对传统形而上学颠覆之间联系的一个链条。

联系总是通过意义确立的，但联系既可以是确切的，也可以是泛泛的。有的时候，这种联系只是形式上的，并没有明确的意思。如果说海德格尔"对马克思主义的认识是广泛的"，① 那么海德格尔对黑格尔却是仔仔细细地品味的。众所周知，海德格尔把从柏拉图到黑格尔的西方哲学都打上其烙印的形而上学的一贯历史，作为日益遗忘存在的历史看待。言辞虽然泛泛，我们却可看出海德格尔的思考专注于对哲学史、哲学的基本立场及其统一的、具有决定作用的力量做一种辨析，以抵制不是根据"存在问题"来讨论黑格尔的做法之肤浅性和贫乏。对于海德格尔来说："迄今为止，黑格尔的哲学史仍然是惟一的哲学意义上的哲学史，而且，在有人在一种更本质性的和更原始意义上从哲学最本已的基本问题出发对哲学作一种历史性思考之前，它仍然是独一无二的。"②

说黑格尔的哲学史仍然是惟一的哲学意义上的哲学史，这句话具有特殊的意义，它事实上确定了形而上学作为体系由于黑格尔而把它的"绝对地被思的本质表达出来了。"换用恩格斯的说法，"体系学在黑格尔以后就不可能有了。世界表现为一个统一的体系，即一个有联系的整体，这是显而易

① 乔治·斯坦纳：《存在主义祖师爷——海德格尔》，阳仁生译，湖南人民出版社1998年版，第200页。
② 海德格尔：《尼采》上卷，孙周兴译，商务印书馆2002年版，第439页。

见的，但是要认识这个体系，必须先认识整个自然界和历史，这种认识人们永远不会达到。因此，谁要建立体系，他就只好用自己的臆造来填补那无数的空白，也就是说，只好不合理地幻想，陷入意识形态"。① 海德格尔认为，黑格尔把历史规定为"精神"之发展，即是把"存在"直截了当地玄想为"绝对"或"无限"，存在的无限性即思维的无限性。无限的存在即无限的思维。

我们觉得，海德格尔的这一理解已经融入了马克思、恩格斯对黑格尔的批判。马克思指出："黑格尔哲学把一切变为思想、圣物、幽灵、精神、精灵、怪影。"② 马克思转达施蒂纳的话说"概念应该处处起决定作用，概念应该调节生活，概念应该统治。这是黑格尔曾经系统地表述过的宗教世界"，"现在只有精神在世界上统治着"。③ 因此，马克思在《黑格尔法哲学批判》中，批判黑格尔哲学是"逻辑的泛神论的神秘主义"，这是一个适当的名称，海德格尔总是在有意无意中吸收了马克思的这一说法，海德格尔说，黑格尔的精神是"知识，是逻各斯，是我，是上帝，而且精神是实在，是真正的存在者，是存在"。④ 简言之，黑格尔哲学只不过是彻底化了古代"存在—神学—逻辑学"，即"存在—神学—自我—逻辑学"。在这里，"精神"始终是与泛神论的、超验的以及有限的东西的反面相关涉。

然而，正如黑格尔的著作所反映的并非黑格尔个人思想，而是反映自己的时代精神那样，海德格尔文本也不是单独存在，我们可以说，之所以有海德格尔哲学是因为已经有了哲学史，这想必对马克思也不例外。当海德格尔将形而上学思维看做统一的存在遗忘史，并在技术时代看出它的极端尖锐化的作用时，他恰好就把一种内在的一贯性赋予这种历史，即把哲学史"海

---

① 《马克思恩格斯文集》第 9 卷，人民出版社 2009 年版，第 346 页。
② 《马克思恩格斯全集》第 3 卷，人民出版社 1960 年版，第 201 页。
③ 《马克思恩格斯全集》第 3 卷，人民出版社 1960 年版，第 207 页。
④ Heidegger. *Hegel's Phenomenology of Spirit*（Bloomington Indianapolis：Indiana University Press，1988）p. 126.

德格尔化"。这样一来，在黑格尔那极其明确地论述的"精神"概念中，所有的组成部分都会非常独特地在海德格尔那里融合在一起了。于是，海德格尔说："我们与黑格尔的对质最终走到了有限与无限的交叉路口。说这是一个交叉路口，我们的意思是，我们与黑格尔的观点不是对立的"①，而是对话的，这种对话之所以可能，就是不作出如下断言：在哲学所重构的那些领域之内没有进一步的判断可以被作出或行动可以被采取，或者断定每一事物都已经被考虑过或做过，或者宣告我们站在了历史的终点。然而，我们相信，在这样一种对话中，人们所习以为常的、并被视为理所当然的某些前提，会引诱人们致力于一个封闭的和不可更改的范畴理论。故此，德里达确实可以说，精神（Geist）的形而上学——德里达不仅把它等同于黑格尔而且等同于整个西方传统——仍潜伏在海德格尔的思想中，"准备着一有机会就喷薄而出。"② 在此思考层面上，海德格尔虽然有勇气以及自信自己有能力"去言说某种'新东西'"③，但事实上仍然是和黑格尔谈论"同一件事"，尽管，海德格尔必然会说，两人虽然打的是同样一个球，但总有一个人打得更到位，因为如果他用自己的话，尤其是高地德语，那种地方的德语，阐述柏拉图和黑格尔的观点，那么这些观点就可以说不再属于后两位，而已成为他自己的了。

但是，马克思对形而上学的批判性考察，绝不单纯是以海德格尔发现的"最适合思想的"德语为前提的。马克思发现，虽然"我们是在德国"谈论形而上学，但是我们要走出思辨逻辑范围内对黑格尔的掉弄，同时还要谈论政治经济学，政治经济学词语所言，无疑不再与黑格尔谈论同一件事，这样一来，"我们差不多变成英国人"，"如果说有一个英国人把人变成帽子，那么，有一个德国人就把帽子变成了观念。这个英国人就是李嘉图，一位银行

---

① Heidegger. *Hegel's Phenomenology of Spirit* (Bloomington Indianapolis: Indiana University Press, 1988), p. 65.
② 朱利安·扬：《海德格尔 哲学 纳粹主义》，陆丁等译，辽宁教育出版社 2002 年版，第 201 页。
③ 海德格尔：《尼采》上卷，孙周兴译，商务印书馆 2002 年版，第 439 页。

巨子，杰出的经济学家；这个德国人就是黑格尔，柏林大学的一位专任哲学教授"。①这个事实让马克思认识到，一种形而上学基本立场的本质，以及它在西方哲学史上的可能性，只有在我们通过一种所谓的"政治经济学的形而上学"之基本立场的结构展开，才能够得到充分的估量。由此可以发现，黑格尔的概念大厦所具有的使理性等同于现实性的做法，传授的是一种有关他那个时代的革命、复辟、启蒙运动以及浪漫主义等问题所指向的社会政治、经济秩序的理性神学。在黑格尔哲学中，目前仍然具有生命力的是他那巨大的"历史感"，而不是他所具有的精神出发点。换用阿伦·伍德的话来讲，仍然活着的那个黑格尔不是作为一个思辨的逻辑学家和唯心主义的形而上学家，而是作为一个哲学的历史学家、一个政治和社会理论家、一个有关我们的伦理学问题和文化同一性危机的哲学家。

　　从这样一种视野来思考，一旦人们摆脱"自我意识"、宇宙精神或者某个形而上学怪影的圈套，他们就会与任何一个全神贯注于当前现实情况的人形成重要的利害关系，马克思举例说，"如果在英国发明了一种机器，它夺走了印度和中国的无数劳动者的饭碗，并引起这些国家的整个生存形式的改变"，就是，"纯粹物质的、可以通过经验确定的事实"。② 这也意味着要谈论人类历史和人类现实，想必要知道从何处得到其指导线索，那么，马克思是从何处着眼的呢？这就是生存论的视野。把生存论的方法运用到政治经济学的范畴上，就会解构商品的"形而上学的微妙和神学的怪诞"，③ 就会把"人们不大知道的"经济学语言——这种语言使人觉得经济范畴似乎是刚从纯理性的头脑中产生的，好像经济范畴仅仅由于辩证运动的作用才互相产生、互相联系、互相交织——翻译成"人所共知

---

① 《马克思恩格斯选集》第 1 卷，人民出版社 2012 年版，第 216 页。
② 海德格尔：《尼采》上卷，孙周兴译，商务印书馆 2002 年版，第 41—42 页。
③ 《马克思恩格斯文集》第 5 卷，人民出版社 2009 年版，第 88 页。

的经济范畴"。①这不是说，马克思不再运用抽象法，一如黑格尔也没有企图限制经验探索那样，因为马克思也恰恰运用抽象法，在《资本论》首卷里，马克思仍然师法黑格尔，但实质上已与黑格尔总是透过柏拉图的眼睛看现实世界完全不同，我们必须记住，马克思对资本主义及其政治经济学的批判的典型方法是找出政治经济学的基本假设，然后追问政治经济学家从他们自己的前提得出的结论是否有效。他的回答是铿锵有声的一个"否"字。

这里的关键在于：消解黑格尔哲学的"循环知识论"② 的基础，即"马克思对经济学的'我思'（cogito）的解构。也就是说，从经济学的历史发展来了解，一切经济学都把基于自我关心（利己心）而行动的'经济主体'作为出发点。所谓'经济人'，也就是经济性的我（cogito），这种经济性的我就像理性主义本身那样，出现在各种新的经济学体系中，而经济学的理论形态只要把某种'主体'作为演绎的根据，那也就与传统哲学一样，就只能是神学性意识形态。不用说，马克思主义的经济学必须离开唯理主义的'洞穴'……对于马克思来说，商品之所以神秘在于，它是一种'形而上唯心主义的仿制品'"。③

如果以此看待马克思对西方形而上学解构的贡献在于：马克思从现实社会之底部重新给哲学提供了一种新的生成机制，而支撑他思考的不再是某种

① 《马克思恩格斯选集》第 1 卷，人民出版社 2012 年版，第 221 页。
② 黑格尔对哲学的开端的考虑有其高明的地方，依他的讲法，哲学不是"外在地"讲思想与时代文化的关系，而是以科学地认识真理为目的，当然我们必然开始于某些主观意见，但是这些主观意见只有在某个内在融贯的思想体系展开以后，才会受到否决。这个过程愈是向前发展，也就愈能倒过来说明开端，"回复"到真理的内在核心和实质，也就是愈能回复到"绝对"。只有等到思辨的最后结果，关于全体的科学，才证明它的起点的有效性，所以，这个方法又可以叫做"圆圈式的方法"。托姆·罗克莫尔将其称为黑格尔的"循环知识论"的基础。（参见黑格尔：《小逻辑》，贺麟译，商务印书馆 1980 年版，第 4—18 页；海尔曼·J. 萨特康普编：《罗蒂和实用主义——哲学家对批评家的回应》，张国清译，商务印书馆 2003 年版，第 155—156 页。）
③ 张文喜：《自我及其他者》，当代中国出版社 2002 年版，第 191 页。

纯粹哲学的抽象"范畴"的批判，而是对历史以经济问题为核心的思考。而在西方哲学史上，一直就是排斥、贬低、忽视对历史进行经济学解释，政治经济学的逻辑学和形而上学的产生是其见证，从这一意义上说，本质意义上的对西方形而上学的颠覆，要是没有马克思对政治经济学的批判这一维度，那是不可能的。

第一章 生存—存在论和"新"唯物主义

如果我们仍然使用唯物主义这个名称的话，那么，毫无疑问，马克思主义哲学是唯物主义，但是，唯物主义哲学的主题是随着时代的发展而变化的。摆在我们面前的一个直接的问题是：究竟什么是马克思的唯物主义"唯物"之所在？这问题恐怕不是一个简简单单的问题。显然这里关涉一个马克思的解释者遇到"马克思主义需要什么？"这个首要问题。这个首要，并不是指时间序列上的首先，在马克思主义思想发展的演历中，需要发问的东西很多。因此，在遇到"马克思主义需要什么？"这个问题之前，已经有多种多样的东西得到了昭示和考察，我们几乎未经思索就总是已经使用了预先选择和预先解释的成果，它们构成了任何一个马克思解释者的所谓"手头的知识储备"（弗雷德·舒茨）。在不言自明的、不可或缺的手头知识储备中，我们接受的常识是——用马克·波斯特的话说——马克思的理论形成"受制于 19 世纪文化中的诸多假设，而 19 世纪文化仍然深深受惠于启蒙运动，具有人/自然、主体/客体、精神/肉体、唯物主义/唯心主义、理性/非理性等诸多对立观念"①。

我们愈是无条件地相信这些对立观念，我们就愈是在这些对立观念的语境中，丝毫看不出马克思与旧唯物主义者有什么不同，按照施密特的看法，马克思也未必完全说清楚了这种不同。② 如果把肯定物质自然界是独立于人

---

① 马克·波斯特：《信息方式——后结构主义与社会语境》，范静晔译，商务印书馆 2000 年版，第 48 页。

② 施密特：《马克思的自然概念》，欧力同译，商务印书馆 1988 年版，第 86 页。

的存在和人的生活实践，独立于人的感觉和认识的客观存在视为一般唯物主义的核心论题，那么，按照这种举国长期流传的对唯物主义的看法，马克思何以能够合情合理地维护改造了的、并且被他冠之为“新”的唯物主义？也是从这个意义上，“马克思主义需要什么？”这个问题，毫无疑问从来不是个在时间上首先问及、而在今天已经变得突出了的问题。

从历史上看来，我们的问题也许要这样来提：究竟什么是新唯物主义的“新”之所在？这个问题又意味着今天与能够葆有马克思主义之创新性对话的那个维度是什么？

按照这样摆明了的问题，海德格尔从自己的沉思出发说道：对于这样一种对话来说，必须摆脱那些关于“唯物主义的素朴观念”，及其对唯物主义本质上的一种“形而上学”规定。在海德格尔指引之下，唯物主义的错误不在于它主张“一切都只是质料”，而倒是在于它错误的形而上学规定，按照这种规定，“一切存在者都表现为劳动的材料”①，误把“存在”或“实在”与物质等同起来，结果，唯物主义（海德格尔又称之为实在论）竟然试图在存在者层次上用实在事物之间的实在相互作用来解释实在性。这样做不是显然对问题的处理过于草率？因为，唯物主义缺乏“存在论的领会”。或许更为严重的是，倘若唯心主义祛除了“心理学”的因素，它在原则上反倒比唯物主义“优越”，它至少表达出了一种“存在不能由存在者来解释”的领会。②

到这里，海德格尔并且仅有海德格尔已向我们暗示了：马克思哲学的唯物主义性质，按其本质只能是而且必须是一种从存在论的角度来对其赋予尺度和品位，不可以一种抽象而直观的“物质”构成着世界的传统唯物主义观念自命。

现在，我们需要论证何以要选择海德格尔的哲学，以之作为说明与马克思哲学进行一种创造性对话的“文本”的必要性。

---

① 海德格尔：《路标》，孙周兴译，商务印书馆 2000 年版，第 401 页。

② 海德格尔：《存在与时间》，陈嘉映等译，三联书店 1999 年版，第 238—239 页。

第一节　重读"新"唯物主义

一、我们应该在什么意义上谈论客观实在性

"现代哲学中的实在问题和关于逻辑学的新研究"是海德格尔的第一篇哲学论文。从该论文中我们看到，海德格尔努力为"有可以清楚认识的现实性存在"这一原则和逻辑学的非心理学的有效性辩护。年轻的海德格尔一度站在类似于胡塞尔的立场上保卫逻辑，对他来说意义重大，因为海德格尔相信，精神不仅仅是我们头脑的产物，它具有客观实在性。同时，海德格尔也想承认外部世界独立的实在性，对外部世界实在性作辩护。按照萨弗兰斯基的看法，海德格尔的第一次哲学尝试既不想"直接跌入唯物主义"，也不想"错误地升上唯物主观主义的天空"，他的思想姿态就是"批判实在论"。①

这个基本的取向是日后《存在与时间》中的"基础存在论"的哲学前提。换言之，海德格尔哲学的初航，具备一般唯物主义的前提。

很显然，从年轻的海德格尔走上思想途中开始，他就是承认外部世界的存在独立于人的主观意识的现实存在的"实在论者"。然而，成问题的是"如何在哲学上对外部世界的实在性加以规定"，我们看到，与海德格尔同时代的实证主义、马赫主义、实用主义、唯意志主义、生命哲学、新托马斯主义等哲学流派都曾标榜是实在论或赞同实在论。在自然科学家中，一些人为了表明与唯心主义和唯物主义不同的哲学观点，也往往称自己是实在论者。朴素的实在论者坚持外部世界是客观存在的，理论则是对外部世界的描述。海德格尔发表的上述论外部世界实在性的论文，对各种实在论观点进行

---

① 吕迪格尔·萨弗兰斯基：《海德格尔传》，靳希平译，商务印书馆 1999 年版，第 59 页。

了独立的分析批判，但是在倾向于实在论时，并没有正面阐释自己的立场。此后直到《存在与时间》发表，海德格尔再没有专论外在世界实在性问题的论文，因为，海德格尔识察到，要使问题彻底，必须使"认识论重新面对它自己的真正的问题"，各类实在论和唯心论以及二者的混种所构成的各式各样解决"实在问题"的尝试，"并非只在认识论方面迷了路，而是由于耽搁了此在的生存论分析，所以它们还根本没有获得在现象上有保障地提出问题的基地"。① 这就是说，对"外部世界"的实在性问题的讨论，不能仅仅从认识论的角度去理解，而应把它看做是关于存在论的问题。只要实在论这样来提出问题："世界"的实在性是需要证明且可以证明，存在论的命题就原则上区别于一切实在论。

依照此前所作的说明，情况很明显，对于海德格尔来说，"世界"，亦就是"存在者整体于其中存在的如何（das Wie）"。因此"作为这种'如何整体'（Wie im Ganzen），世界已然是任何可能的对存在者之分解的基础。"并且，"这一先行的如何整体本身相关于人之此在。因此，世界恰恰归属于人之此在，虽然世界涵括一切存在者，也一并整个地涵括着此在"。② 这样，一切"外部世界问题"仍必须回指到此在在世这一生存论基本现象上来。一旦着眼于存在问题，"外部世界"的含义便是世内存在者，而绝不是世界。从表述上看，前者与后者的差别是带不带引号，带引号的"世界"与不带引号的世界的差异，在《存在与时间》中称为存在论差异。由于实在论，即西方流行的唯物主义没有领会世界和此在作为生存结构整体之不可或缺的环节而共处于始源性的现象中，此在的基本建构——"在世界之中存在"随之变得不明，反过来，这种此在的在世存在的浑噩不明，使此在跳过世界一跃而变成"主体"，于是乎"到底有没有一个世界？""这个世界的存在能不能被证明？"之类的认识论问题，就是不可避免的了。虽说这样一

---

① 海德格尔：《存在与时间》，陈嘉映等译，三联书店 1999 年版，第 238 页。
② 孙周兴选编：《海德格尔选集》上卷，上海三联书店 1996 年版，第 174—175 页。

个论题的"实际性"是无可指摘的，因为它就是我们面临的现实，是一个"作为自然倾向"的形而上学冲动。① 但它归根结底忽视了这个论题的存在论发问，它仍然是无根的。流传下来的实在论或唯心论都以"主体"和"客体"的概念为前提，借以制定方向，却对这些基本概念是以"此在对他自己的基本生存状态的领会为基础"这一点遗忘了，这种思维里头正隐藏着现代性。在对世界的对象化中，人们已经对存在的意义问题根本无所领悟了，就像人们不断地衡量和度量，"却不知道物的真正重量。"

此外，海德格尔意识到，我们在什么"意义"上谈论"存在"？这是一个和现代科学有关的问题。任何一门科学都是对"存在者之存在机制的"研究，它们因不同的问题而使用着不同的方法，在对以何种方法才适合于接近其研究对象这一问题的思考时，它们都不是"天真幼稚的，它们均有自己的存在论问题意识，都对它们自己在现实研究的相互联系中的位置进行了考察"。② 不过，就像人类学、生物学、心理学等科学观察到的"人"离本真的生存很遥远那样，现代科学的基本概念也并没有包含着有关者之存在的本真的存在论概念，所以，海德格尔作加强性提示，把那种迄今尚未获得把握的存在之领悟称为"前存在论的"，③ 以区别于任何一门科学所隐含了的"区域存在论"。

另一方面，在《论根据的本质》一文中，海德格尔对"存在论"（Ontologie）和"存在论的"（ontologisch）这两个术语作了澄清，海德格尔反对今天的人们贴标签式地使用这两个术语，尤其是当人们把"存在论作为存

---

① 参见胡塞尔：《逻辑研究》（第二卷，第一部分），倪梁康译，上海译文出版社 1998 年版，第 17 页。胡塞尔在此将"关于'外部世界'的存在和自然问题"标志为"形而上学的问题"而加以排斥。显然，胡塞尔在多数情况下不是在康德将"形而上学"当作"自然倾向"并等同于"关于先验事实的科学"意义上，使用"形而上学"。同时参见胡塞尔：《纯粹现象学通论》，李幼蒸译，商务印书馆 1997 年版，第 45—47 页。

② 吕迪格尔·萨弗兰斯基：《海德格尔传》，靳希平译，商务印书馆 1999 年版，第 203 页。

③ 孙周兴选编：《海德格尔选集》上卷，上海三联书店 1996 年版，第 164 页。

在者之存在的问题"视为那种"'唯心论的''态度'的'实在论的'（素朴的或批判的）'态度'"时，对海德格尔来说已经暴露出显而易见的错误。因为"存在论的问题与'实在论'毫不相干，以至于恰恰是康德能够在其先验的问题提法中并且凭着这种问题提法，完成了自柏拉图和亚里士多德以来走向存在论问题之明确奠基的第一个决定性步骤。通过对'外部世界之实在性'的赞成，人们尚未以存在论为定向。从流行的哲学的含义来看，'存在论的（ontologisch）'却并不意指——而且在其中显示出极度的混乱——那种倒是必须在存在者状态上被命名的东西，也即一种让存在者凭其自身成其所是和如何是的态度。但由此尚未提出任何存在问题，更遑论获得了一种存在论之可能性的基础。"① 海德格尔的这段话表明，自柏拉图和亚里士多德以来，直到康德，存在论的可能性是由唯心论或者先验哲学来检讨的，原因在于唯心论强调"存在和实在'只在意识之中'"，这里就透露出这样一种领会："存在绝不能由存在者得到澄清，对于任何存在者，存在总已经是'超越的东西'了，"单就此点而论，只有唯心论才有可能正确地提出存在论问题。② 也就是说，存在论必须通过先验哲学的奠基，海德格尔就是在这一原则引导下解读康德的。

然而，当唯心论把一切存在者"引回到主体或意识"，却始终不对主体或意识的存在方式进行追问，或最多只是把它否定式地规定为"非物质的"，这同唯物论把"存在"或"实在"与物质等同一样，在方法论上错失了它的前提。即使存在论首次在康德那里达到了自觉，因而有可能承认"存在性的真理必须符合存在论的真理"③，我们也必须扭转存在论的可能性要由真理论或知识论来检讨的知识论朝向，而彻底返回源头为存在论奠基。照这样的思路，海德格尔的《康德与形而上学问题》一书致力于将"理性"范畴，和这一传统哲学获取真理的工具"解构""剥离"，显露出直观的生

---

① 孙周兴选编：《海德格尔选集》上卷，上海三联书店 1996 年版，第 165 页。
② 海德格尔：《存在与时间》，陈嘉映等译，三联书店 1999 年版，第 239 页。
③ 海德格尔：《存在与时间》，陈嘉映等译，三联书店 1999 年版，第 95 页。

存或生活世界，这样存在者之存在就敞开了，真理也就不是什么"我与对象符合"或者"对象与我符合"，而是存在者之解蔽或到场敞开。如此"先验综合知识"首先意味着人的一种存在（状态），这种"知识"之谓"先于经验而知"，乃基于人之此在的本质机制包含于"在世界之中存在"中，人总是已经置身于这种"先知"（Vor-wissen）或前领会当中，人的存在是"有"先知的存在。这种"有"不同于人"有"物理学知识意义上的有，因为，一般的人可以没有物理学知识，这并没有"减少"他的存在，但是，人不可能没有先验综合知识这种"先知"，只要他作为人这样的存在者存在，他就被赋予这种"先知"，这种"先知"是"纯粹"而"跟经验无关"的，[①] 因而是必然的。所以，当康德把"Dasein"当作一个指涉任何存在者的纯哲学词语来使用时，海德格尔却选择了这个词的"指涉关于人的那种存在者"的日常用法，毫不含糊地表达了我们是那种确已对存在有所领会的存在者。

二、被读入形而上学的马克思主义

海德格尔关于"在世界之中存在"的现象学分析，被认为是现象学描述的最有力的范例之一，它所具有的丰富性，是《存在与时间》之所以成为 20 世纪如此重要的一部哲学著作的重要原因。不仅如此，海德格尔的观点在许多方面是挺平实的，当代哲学应该分享他已挑明了的结论：我们并没有一个在世界之外，而又能理解这个世界的位置。我们也不是以一种与世界内的事物远隔的方式，存在于世界之中。

然而，我们必须承认，在今天人们所关注马克思哲学的当代性问题时，应该正视马克思哲学的存在论基础，很久以来不仅在他的敌人那里，而且也常常从他的捍卫者的意识中完全消失了。按照此一识度，有待提出的是马克

---

① 黄裕生：《真理与自由——康德哲学的存在论阐释》，江苏人民出版社 2002 年版，第 75—76 页。

思的著作和文本在嵌入了科学主义、经济主义和列宁式的甚至斯大林式的集权主义的读解之后，却往往忽略了这一观点，从而显露出海德格尔对一般性唯物主义的基本论点的表达，比流布甚广的马克思主义哲学教科书的表达，更加接近那个谈论"感性活动"的马克思之思想习性。几乎用不着特别指出，在基础存在论境域中，"物质自然不仅被我们所认识，即不仅而且是首先不是被我们的感觉所复写、摄影、反映等，而是首先在我们人的生活实践中同我们人的存在进行更源始的交往。正是基于这一事实，我们称海德格尔哲学的前提是一般性唯物主义"。① 这种唯物主义不同于那种弥漫着极端的实证科学意识形式中的唯物主义，这种唯物主义从来没有描述过人类与作为"家园"的自然的关系。如果说人和自然或外部世界相互疏离的做法存在于宗教意识中，是基于暂时需要把这个世界与另一个世界隔绝，以便由此引申出颇具现实意义的宗教伦理内涵的话，那么从另一方面说，在被捆绑于实证科学意识及其极端形式的那种唯物主义中，这种"世界的隔绝"和封闭性则得到了认可和巩固。

以上对这些成见的考虑同时也使我们明白：在一种同教科书有密切联系的马克思主义哲学观点中，世界是由不依赖于意识之对象的某种确定的总和构成的。对"世界的存在方式"，只有一个客观的、真实的、全面的描述。真理不外乎是人的认识与认识之外的客观事物之间的某种符合关系。这种观点肯定世界是外在于人的生存活动的，因而是外在论或客观论；它实质上是形而上学实在论，或用普特南一个形象的说法，这是从"一种超然于人的'上帝的眼光'来看世界和实在"。② 借此我们道出了形而上学的上帝概念，以及外在论所具有的试图成为极端的唯物主义，却落入到一种怪异形式的抽象唯心主义中去的特征。因此，海德格尔合乎实情地注意到：形而上学的本质机制根植于"普遍的和最高的存在者之为存在者的统一性"。在这样一种

---

① 靳希平：《海德格尔早期思想研究》，上海人民出版社 1995 年版，第 66—67 页。

② 希拉里·普特南：《理性、真理与历史》，童世骏等译，上海译文出版社 1997 年版，第 3 页。

观念统治下，汉斯·昆作为神学家，倒是可以获得一个并不奇怪的印象："全部哲学，从前苏格拉底派到黑格尔，甚至到以后的费尔巴哈和马克思、尼采和海德格尔的反神学，都是围绕着上帝问题转的"，虽然他们"给予'上帝'这一名称的各种意义肯定是非常不同的"，但是"赋予'上帝'这一名称的各种意义在所有的地方又永远是相关的，潜在的命题是：上帝作为现实的普遍的和最高的原理而确定现实"①。这多多少少又可使汉斯·昆"谈"出弦外之音："一个基督徒也许能够成为一个（有批判眼光的！）'马克思主义者'"②，从其基本音调来听，这里就像在海德格尔讲述的连同所谓黑格尔哲学继承者的马克思和尼采都归属于"绝对的形而上学"的童话。

不过，在这种对马克思哲学的曲解中，已经有一道微弱的光线透出：在马克思哲学发展史上，存在着一种谬误，妨碍了我们对马克思主义哲学的反思，这一谬误可以表述为我们总是在通达实在事物的一种派生途径上，即在认识的通道上，去构想出一种抽象的知性，而不考虑到在特定社会环境中活动着的具体的人的生存活动，如此被曲解为一种抽象的知性的"精神"因素的制定，就拘因为和"物质"因素的两极对立，照海德格尔在《形而上学导论》中的读法，就像马克思主义"以极端形式所做的那样"，在那里，有一种被曲解为智能的精神，它的功能是作为"上层建筑"关涉物质生产关系的调整和控制，"物质"——在这里，海德格尔称为"肉体能力和特性"——被理解为"精神"的对立面，而处在"人类此在诸多活力的第一位序上"③，在海德格尔眼里，这无非是近代文明中习以为常的"趋向于权力的意志"。只因为这样，在 20 世纪 60 年代，海德格尔访问法国诗人勒内·沙尔期间举行的四个小型讨论班，也同样缺乏耐心地将马克思读成经济唯物主义者、技术统治论者。

---

① 汉斯·昆：《论基督徒》，扬德友译，三联书店 1995 年版，第 77 页。
② 汉斯·昆：《论基督徒》，扬德友译，三联书店 1995 年版，第 36 页。
③ 海德格尔：《形而上学导论》，熊伟等译，商务印书馆 1996 年版，第 47 页。

虽然,在这里,海德格尔并没有说出他要说的全部,但是,在这里有某种对其思想来说必然的东西发生了:经济唯物主义的观点是与精神格格不入的。按照经济唯物主义观点,历史过程最终表现为"精神的消失",亦即表现为"物质的生产过程乃是历史过程惟一真实的现实,由生产产生的经济形式是惟一存在论的、真正第一性的和现实的",其他精神性的事物不过是第二性的,不过是映象,是上层建筑。经济唯物主义确信,整个人类的精神生活——宗教、哲学、科学、艺术等"都是非存在",历史的主要奥秘就是物质生产的奥秘,是人类生产力的增长,经济唯物主义所论证的一种独特的历史进化论,再往前走已无路,它简单地将人类命运问题否定了,关乎民族精神生活的奥秘和人类的命运问题,"只被认为是一个由可知的经济条件产生的不切实际的问题"。① 在这些说法的笼罩下,别尔嘉耶夫宣称:那个古老的圣经题目——人必须汗流满面才能得到自己的食物——被马克思篡改了,他感到"理解犹太民族命运的最大障碍"就是唯物史观。② 而对于海德格尔的历史经验来说,这实质上意味着不再保持那一精神世界的"伟大、宽广和原始性",对精神的力量的剥夺(Entmachtung)引致"世界的没落","占统治地位的维度变成了延伸和数量的维度",人的"能力"也就仅被视为"那任何可以学得的,总是与一定的血汗和耗费相联系的一点技能",③ 神性之光辉也已经在世界历史中黯然熄灭。在《诗人何为》中,海德格尔说,要想克服现代这个时代,只有在我们不是把我们的本性完全建立在生产和"采集"(海德格尔所谓的希腊人原本所指的"逻各斯")的领地内的时候,才可保留住我们通向"敞开者"的通道不受阻塞。

初看起来,在海德格尔的此类想法中似乎藏匿着某种"形而上学的东西",德里达对此诊断说,"精神"(Geist)的形而上学,虽然一度被《存在与时间》所拘禁,但是,它作为整个西方传统好像"一种病一样,被压

---

① 别尔嘉耶夫:《历史的意义》,张雅平译,学林出版社 2002 年版,第 7—9 页。
② 别尔嘉耶夫:《历史的意义》,张雅平译,学林出版社 2002 年版,第 7—9 页。
③ 海德格尔:《形而上学导论》,熊伟等译,商务印书馆 1996 年版,第 47 页。

住了但是并没有去根儿，'精神'就待在海德格尔思想中，准备一有机会就跑出来"。① 倘若果真如此，海德格尔重新又让它到处乱跑，喋喋不休地谈论"世界总是精神性的世界"。② 那么他不仅可能在深层次上反对马克思，而且存在论意义上的世界这种现象根本不再映入眼帘。其实把海德格尔对"精神"这个词的用法读进西方形而上学里面，会引起误解。业经正确领会的存在论研究本身表明，海德格尔因强调了为哲学传统（包括德国唯心主义）所忽视或者抑制了的一切，而与传统割断了联系，他致力于让受形而上学幻觉迷惑的眼睛转变为耳朵的使用，以便重新聆听存在的消息，虽然，海德格尔即便这样做了，约纳斯还无法摆脱这样的怀疑：在最好的情况下，海德格尔意义上的思想对存在的关系，"不就犹如神学之于上帝的关系么？"这种断言本身是否正确，对我们来说，尚未确定。因为海德格尔一向明白不能以"存在—神学"的方式来理解存在。但是，海德格尔想必会去言说这一点，即并不是因为在 19 世纪上半叶，我们这里出现了极端的马克思主义和实证主义而发生了所谓"德国唯心主义的破产"，从而导致"精神力量的溃散"。而是我们这个时代对精神的剥夺，已经开始"丧失其强大的生命力"，③ 而德国的使命就是对存在者整体本身的追问，对存在的问题的追问，就是克服精神之被阉割状态，"唤醒精神的本质性"，因而"也是历史性的此在的源初世界得以成立"，"防止导致世界沉沦的危险"之基本条件。

可以看出，在海德格尔的这种观念中，那种把"精神"作为"实体—主体"来看待的形而上学观念，被诗性的道说所取代，也就是说，取代了意味着心—物二元划分的"智性的"、"心灵的"、"geistig"（精神的）。因此，当海德格尔在《形而上学导论》中，对精神的"工具性曲解"进行批判时，同时也表达了与一般唯物主义和唯心主义思想的对立。

---

① 朱利安·扬：《海德格尔 哲学 纳粹主义》，陆丁等译，辽宁教育出版社 2002 年版，第 200—201 页。
② 海德格尔：《形而上学导论》，熊伟等译，商务印书馆 1996 年版，第 45 页。
③ 海德格尔：《形而上学导论》，熊伟等译，商务印书馆 1996 年版，第 45—47 页。

三、海德格尔与马克思对话的维度

按照我们上面所说的来看，马克思和海德格尔当会在一个从未有过的深度上，用他们各自的方法表达了生存论存在论的共同信念。对此，海德格尔仍然可能是盲目的。如果我们清楚地看到，马克思对物质的客观实在性的说明是以人的感性活动这一人的基本生存方式为基础的，那么，马克思便有能力看到，唯物主义和唯心主义一样，是以主体、客体的对立为前提的，而对于这一前提的根源——人的感性活动却无以领会，因此，有待证明的并不是物质世界是否客观实在，而是为什么本来说是"在世界之中"的人会有一种形而上学倾向，先在"认识论上"把物质世界与它自身对立起来而设定它是不存在的，然后却希望向我们证明它们是存在的。与海德格尔一样，这在马克思看来，"没有任何意义"。① 因为，物质世界从来不是现成的，被编好了，被一劳永逸地规定好了的，"整个所谓世界历史不外是人通过人的劳动而诞生的过程"。在世内存在者的诸种存在样式中，物质的客观实在并不具有"优先地位"，物质世界一旦与人相遇，进入感性活动，作为人生活中的对象或认识对象，那时"独立性"也就不"在"。那时就"既不能说实在性存在，也不能说实在性不存在"。

很容易看到：马克思不仅像海德格尔一样强调指出：实在从不首先在思维和理解中被给予，认识乃是一种"存在关系"，而且马克思还特别将实在作为历史存在论问题处理，传统哲学以思辨方式表达的外部世界实在性问题，本质重要地转换为"历史"唯物主义问题，恩格斯关于"世界的真正的统一性在于它的物质性，而这种物质性……是由哲学和自然科学的长期的和持续的发展所证明的"② 世界论，它所包含的正确性在于它求助于"历史"，求助于人的感性活动来提出实在问题。并且，人们必须去理解"物

---

① 马克思：《1844年经济学哲学手稿》，人民出版社2000年版，第92页。
② 《马克思恩格斯选集》第3卷，人民出版社2012年版，第419页。

质"本身作为传统唯物主义的课题，并不是马克思哲学的课题，成为课题的是如何为了生产而把它社会历史地组织起来，马克思主义哲学的创始人早已指明，在历史唯物主义这一用语中，应当把重点放在"历史"，而不是具有形而上学根源的"唯物主义"这个名词上。虽然，历史唯物主义理论因带有来自论战的特征，而在强调历史的"经济解释方法"时，似乎带有思想的物质决定论的面相。但是，这种解释方法的主要用法中所可能意味着的东西，只是生活世界：历史本体只是"现实生活的生产和再生产"，它只是每个活生生的人的日常生活本身。日常生活是我们每个人都不得不过的那种生活，适应每个人日常生活需要的功能有更大的初始性，并且相对于那些所谓的次级需要而言不太容易被延缓和升华。因此，我们所理解的对于历史的"唯物"解释方法首先意味着"经济前提论"，而不是围绕着"总体性问题"展开的"经济决定论"。无法否认，经济活动是任何一个历史时代都不容打断，而其他活动必然受它的"持续的张力"的影响，因此它构成了社会整合的重要前提。这一实情表明，对"经济前提论"这一命题的理解和讨论，无须凭借没有意义的物质和精神的二律背反，因为，就人们的现实生活来说，重要的不是如何去理解经济，而是在一切提问和回答之前，在作出的一切阐释之前，人们对经济这一"实在"早已有所领会，这种前理论的领会本身就是从现实生活出发的。从现实的衣食住行的日常生活出发，便很难提出传统哲学那样的所谓"最终实在"的"本体"（存在）问题。照李泽厚先生的说法，人的吃饭（衣食住行）就是社会生存的存在本体。① 正是在这一意义上，人们可以在海德格尔关于"存在"的思想和马克思关于社会生存的"存在"本体的思想之间发现某种相似性，即它们都具有强大的现实物质性能和动态样状。但是，对马克思来说，对存在问题的追问已脱尽了海德格尔式的神秘色彩。

---

① 李泽厚：《历史本体论》，三联书店 2002 年版，第 21 页。

第二节　物的分析：生产、存在和符码

马克思主义哲学的历史向我们表明：从马克思到后现代和后马克思主义，一直都存在着对马克思哲学的"唯物主义"性质的不同理解。在对"物质"观的历史进行探讨时，人们面对着一个混乱的、容易出现种种颠覆形式的工作。人们发现，为了不至于使"物质性"的某种形式，譬如，经济的形式，滑落到形而上学中去，就有必要利用当代哲学成果。为此，我要诉诸同样认同于一种诗性思维的海德格尔和鲍德里亚对马克思哲学之唯物主义性质的批判之限度。

一、物的物性分析：从上手用具到艺术作品

维特根斯坦在《哲学研究》中曾这样提醒：当哲学家使用一个词并试图把握事物的本质时，他必须经常地问自己：这个词在作为它的老家的语言游戏中真的是以这种方式来使用吗?① 海德格尔所做的正是像维特根斯坦那样，把词从形而上学的使用中解放出来。在海德格尔那里，与物的分析紧密相连的是词的分析，是他的语言之思，他试图在语言中寻索"存在的声音"。不过，与维氏把词从形而上学的使用带回到日常的使用上来的做法不同，海氏则试图把词从形而上学的使用引回到每一条思想道路得以从中源起的思想家的原初经验或遭遇那里。通过这种做法，海德格尔生造了许多新词，他相信自己使用的那些生造的新词不仅仅是符号，而且它本身就是存在，就是"是"。因此，海德格尔关于物的追问相关于他对于存在问题的追问。物就是存在者，也就是说它是，而不是非是。当然，在海德格尔那里，因为仅有一个哲学题目：追问存在。所以他追问的不是存在者和存在

_____

① 参见维特根斯坦:《哲学研究》，李步楼译，商务印书馆1996年版，第72页。

者的存在，而是存在自身。他的存在与存在者的差异，即著名的存在论差异使他追问物的时候，既不是关注"某一特别的物或者一般的物"，也不是"物的物性"，而是"物性自身"，此处的物性就是事物本身，即存在本身。①

　　与近代西方哲学家，如笛卡尔、霍布斯、洛克等，都十分重视"物体哲学"，但基本上是从"物理学"（自然哲学甚至自然科学）的维度来谈论他们的"物体哲学"不同，海德格尔是从现象学的维度来谈论"物"的。现象学要求面向"实事本身"或者"让实事本身""显现"。它意味着一个事物之所以能存在，是因为它自己去存在，而不是因为这个存在在描述规定中被给予。换言之，按海德格尔对现象学的理解，一旦把存在者作为是对"世界"的理论认识对象，也就是把存在者说成是流俗之见中的"物"，再把实体性、现成性、广延性、持存性、对象性、用具性统统说成是"物"的存在规定。这样，存在问题也就被处理成思想问题，"所寻找的先于现象的基地可能已经交臂失之"。②

　　在《存在与时间》中，海德格尔从现象学角度把切近照面的存在者的存在，大致按原始性顺序说是：上手用具，现成事物，物。在这里，海德格尔是在世界之为世界的分析中来探讨物的，其结构描述是："在世界之中。"由于此在对存在的领悟，世界既不是意识的世界，也不是体验的世界，而是操劳活动的世界。正是那种在操劳于周围世界之际显现自身的东西，才是希腊人意义上的"物"。这种意义上的物并不是"当下给定的"，而实际上就是"用具"。用具就其本性而言总是与其他用具处于一种用具总体的关系之中，但用具的用具本性不仅高于"用具的整体性"，而且也只有在"顺应着用具本性的"操劳活动中，才能依其"天然所是"显现出来。从这个角度海德格尔阐明了，就是由于某些通常认为是理所当然的环境中存在的裂隙，

----

① 参见彭富春：《什么是物的意义——庄子、海德格尔与我们的对话》，《哲学研究》2002年第3期。
② 海德格尔：《存在与时间》，陈嘉映等译，三联书店1999年版，第79—80页。

而使得人们打交道的常规方式发生某种不适的时候，世界怎样被开启或揭示：比如，我们手头有一把锤子，用起来不顺手而在它目前的无用的存在中却变得很显眼，这表明锤子本身用起来是不是顺手，是无法通过单纯的观察了解的，而是在通过我们使用它的通常方式中来把握的。世界也正是在我们处理人或事的通常方式中的扰动而被点亮。

海德格尔对用具的分析是《存在与时间》一书中最为人熟知的部分之一，乍一看，海氏似乎像马克思那样在强调用具只有在"实践的"活动中，才有意义，既然用具依使用它的方式而定，因而海氏意在谱系学地提出"用具是什么"时，根本上就没有用具的"自在性"，对海氏而言，不仅用具会消散，而且，使用者也会消散。但是"任何消散在最切近的工件世界中的操劳都具有揭示功能"。[①]于此已可明见，海德格尔对用具的考察，与其说着眼于实践，毋宁说，他重视的是用具所关涉着的实践的"世界性"。世界在这里乃是表示"存在者整体"的名称。海德格尔认为"世界"这一名称并不局限于自然和历史，还含有"世界根据"的意思。"世界性"说明这是人对存在的领悟。"'我们对某物了如指掌'不仅意味着存在者根本上被摆到我们面前，还意味着存在者——在它所包含和在它之中并存的一切东西中——作为一个系统站立在我们面前"。[②]所以，世界的"存在"是存在者之构成存在问题得以提出的理论上的前提。这又是说，就抽象的理论建构而言，世界的"存在"在其"量"的方面至少要求有两个以上存在者的共在才能成立，因为，对构成分析来说，世界是"一"（世界的存在是一个整体）这话会引起误解，严格说来，存在的本质是存在者的存在行为而非作为"一"的整体性，后者属于对存在的状态规定。

换言之，在世界的维度里来谈论任何一个存在者的存在时，其有效性在

---

① 海德格尔：《存在与时间》，陈嘉映等译，三联书店1999年版，第84页。
② 海德格尔：《林中路》，孙周兴译，上海译文出版社1997年版，第85页。

存在论上预先要求：这个存在作为存在行为必有它向之存在的"去处"。这里讲的并不是某个特定的具体处所，而是一种"关系"概念。① 比如，我们来分析一下"标志"（sign）结构本身是如何为一切存在者的一般"描述"敞开一条存在论指导线索的：我们说有烟意味着有火，有乌云意味着要下雨。这就是说，我们一看到一种自然现象，就会预见到接下来会发生什么。在这种情况下，我们可以说大自然给人类发出了信号。但是果真如此吗？这种通报方式的前提是我们懂得大自然发出的信号不是一些无声事实的组合，而是可被感知到的，被赋予了某种意义的东西。每个人从乌云这一信号中读出的东西是不同的，这取决于每个人正要做什么——比方说是要去花园浇水，或是去做长途的徒步旅行。此中就暗含着：一切"显示"都是关系，并且和我们在世界上进行的一切活动密不可分。

如果说海德格尔在《存在与时间》等早期著作中，依循的就是这样一种"世界—关系"为主导线索来考察用具的话，那么，他的存在解释学的思维方式和问题方式，按照许多人的说法，仍然同形而上学摆脱不了干系，只要他去"澄明存在的意义"，不论是什么样的意义，都留有形而上学痕迹。对于这一点，只要参照福柯的所谓陈述就清楚了：福柯的考古学明确反对"陈述"是意义的澄清和搜索，他宣称，陈述不是命题。② 这意味着陈述并不说出什么和肯定什么，它并不澄清什么，也不敞开什么。它不为所指和确定意义所主宰。也就是说，陈述和陈述之间并没有被一个总体性的单一意义统辖起来。这样，按照福柯的陈述理论，海德格尔在《时间与存在》的演讲中，暗示应该用非陈述的方式来说"存在"，以克服其早期的形而上学的言说方式就是不必要的。

然而，同样需要指出的是：海德格尔式的"存在"绝不是福柯心目中的陈述的对应物。因而，海德格尔自忖，存在"这个名称乃属于形而上学

---

① 参见张盾：《道法"自—然"——存在论的构成原理》，中国政法大学出版社 2001 年版，第 70 页。
② 参见米歇尔·福柯：《知识考古学》，谢强等译，三联书店 1998 年版，第 99 页。

语言的遗产"。① 但是，对于海德格尔而言，"命名在古希腊那里从一开始就始终意味着陈述"，西方的语言在根本上是由陈述来刻画的，而陈述表明语言是在技术性的形态中，亦即语言是信息。② 这种理智空间的基本特点，就是"物的消失"，借用利奥塔的话说，"没有物质，只有信息"。在海德格尔看来，当人们首先把一切陈述与语言的自古以来起决定作用的显现方式联系起来，从而强化了语言之本质整体的已经凝固的方面，来刻画语言的特性时，无论如何是不足以言说他还在寻找的东西。

海德格尔对语言的反思使他想到，借助对艺术作品的分析，或许可寻得他的思想赖以继续前进的道路。唯这种对艺术作品的分析，用具的用具特征和更进一步的物的物性才能自己显现。海德格尔相信，"我们绝对无法直接认识物之物的因素，即使可能认识，那也是不确定的认识，也需要作品的帮助。"③ 这是因为，物绝不仅仅是进行计算的现代科学所谓的"若干特征的集合"，或者说是"那些特征的集合赖以出现的属性的总和"，从逻辑上说，"物无非是感官上被给予的多样性之统一体"，所谓的科学意义上的对物之物性的解释就有可能在无限多的规定尺度上被给予：例如，一块花岗岩石，它坚硬、沉重、有长度、硕大、不规则、粗糙、有色、部分暗淡、部分光亮等。我们依据任何特定的尺度对它的存在进行规定都是片面的"表象"，都只是把物的"安于自身""以自身为依据"的"自持"天性——这一在科学看来毫无用处的天性——分解为规划与工程中可被计算的因素的结果，也是"人把他在陈述中把握物的方式转嫁到物自身的结构上去"，④ 而遗忘了物之物性的解释更为原始的根源的结果。因此，海德格尔认为，传统哲学在把"存在问题"变成"存在物的存在"问题时，我们从未首先并且根本地

① 孙周兴选编：《海德格尔选集》下卷，上海三联书店1996年版，第1023页。
② 参见彭富春：《无之化无——论海德格尔思想道路的核心问题》，上海三联书店2000年版，第187—188页。
③ 孙周兴选编：《海德格尔选集》上卷，上海三联书店1996年版，第291页。
④ 孙周兴选编：《海德格尔选集》上卷，上海三联书店1996年版，第244页。

在物的显现中感觉到一种"感觉的涌逼"，例如乐音与噪音的涌逼，这只是因为流俗之见一开始就把"认识关系"——人通过感觉（"看"）去把握事物——定为通达存在者和通达存在的首要方式。海德格尔发现，人与物之间首先是一种存在关系，因为人"总是已经"寓于物而存在，所以"物本身要比所有感觉更切近于我们"。①"近"就近在能把某物带近前来，进入关联中而作为某种什么来相遇照面，故海德格尔绝不是在语文学的通假意义上说，我们首先"听"汽车，而不是首先"听汽车的声音"。更一般地讲，每一种"官感"在它天生的揭示辖区都能做到让那个它可以通达的存在者于其本身无所掩蔽地来照面。

这里所讨论的人与物之间的存在关系，海德格尔也早已在《存在与时间》第31节及其他章节中作过论述。在《艺术作品的本源》中，当海德格尔重又论及人与物之间的存在关系时，他寻求证明艺术作为代表一个防止"物之消失"的范例：艺术作品无可争辩地把物因素置入敞开领域，让某物显现。依海德格尔，艺术作品源自"世界"和"大地"的争执。这种说法虽然有神秘主义色彩，但是海氏的着眼点还是十分清楚的。我认为，在海德格尔那里，"大地"和"世界"是"物质"和"历史"的转喻，或像詹姆逊那样将其转写成"肉体和自然无意义的物质性"与"历史和社会"。因此，在"大地"和"世界"之间的裂隙里，产生的艺术作品，所展示的就是"物质"与"历史"之间的张力。

为了说明"物的真理"还能出现在艺术作品中，海德格尔通过梵高画的一双农鞋来体察一个农民的世界：这里没有鞋的主人在场，而鞋似乎是一种用具，介于人类劳动、人与物、大地之间。鞋是能表现人与物之间的存在关系，因为正是穿着这双鞋，这位农妇在田地里辛勤劳作，在大地上行走，终于踏出一条田野小径。海德格尔断言，"田野小径"象征着人类怎样在无意识的物质世界中留下自己的足迹，"农妇在劳动时对鞋想得越少，看得越

———

① 孙周兴选编：《海德格尔选集》上卷，上海三联书店1996年版，第246页。

少，对它们的意识越模糊，它们的存在也就越发真实。"① 于此，我们立刻获得了诸如用具这样的东西的新定义：可靠性。可靠性指引我们通过农鞋进入一个农妇的世界，即进入了对它的存在的表现，并同时通向属于世界的大地。"凭借可靠性，这器具把农妇置入大地的无声的召唤之中"，"显示着大地对成熟的谷物的宁静的馈赠，表征着大地在冬闲的荒芜，田野里朦胧的冬冥……这器具属于大地，它在农妇的世界里得到保存"，通过这个过程，借着这一双农鞋逐渐围绕着它们重新创造出整个失去的客体世界，而这个世界曾经是这双农鞋作为艺术品的实际的语境。这里的"可靠性"概念与"有用性"概念相区别。后者只是从单纯的应用角度把握器具。倘我们仅仅停留于这一层，就会把器具从其器具关系中支离开来，而把它理解为一种纯粹的工具。依海德格尔，器具的器具存在的确在于它的有用，就是说，鞋总是为了穿的。但有用性只是可靠性的本质后果。具体的器具会用旧用废，但与此同时，可靠性也消失了。也正是由于这一消失过程，恰恰使效用赤裸裸地映入眼帘，不过，这恰是对器具存在的可靠性之原始本质的又一证明。

值得注意的是：雅克·德里达曾对梵高的这幅画和海德格尔的评论发表过看法，我觉得分析得很别致。当这位后结构主义者谈到"海德格尔为什么要讨论一双，而不是一只鞋"时，他认为，海德格尔讨论这双鞋，因为这里没有任何不正常或不符合"规范"的东西（这里的"规范"是指农民生活的规范，当我们从一个神秘的角度来看农民与大地与四季交融时，这种"规范"就更加明显）。海德格尔这样的选择是对"物神的对象"的解构。物神崇拜只可能是一只鞋，或是单数一的崇拜，不可能是一双鞋或一对神。② 这与马克思对"商品物神"（商品拜物教）的解构一样，属于同一理论传统。可以说，海德格尔对一双农鞋这幅作品的解读，是以创造出一个超越效用主义的乌托邦式的"新"世界为指向的。他的叙述虽具有一种表面

---

① 孙周兴选编：《海德格尔选集》上卷，上海三联书店1996年版，第253页。

② 参见詹姆逊：《后现代主义与文化理论》，唐小兵译，北京大学出版社1997年版，第186页。

满意的合理性，但在这种潜含着乌托邦式的冲动里，劳动者在肉体和精神上所承受的巨大艰辛和痛苦得到粗暴的转变，以至美化。当然，海德格尔的提法会与马克思的劳动分析视角相当不同，对马克思，海德格尔把问题尖锐地提了出来，是否劳动有一种没有不自觉的或压抑的状态？自觉而快乐的劳动是不是在合人性的社会中发现？海氏的答案是：否。海氏在《关于人道主义的书信》中认为，谁若把"共产主义"看做是一种特殊生活方式，那只是一种形而上学之目光短浅。在海德格尔看来，劳动的艰辛和痛苦意味着，把万物（包括终有一死者的人）规定为用具。只着眼于赤裸裸的用途，只谈用具而不问艺术作品和自然物，原本充满生趣的生活，便可以蜕化为单调和艰辛。没有艺术之光，没有诗的劳动便是奴役，人对器具的信靠也随之消逝。器物也不再作为充实的存在者而显现，相反，它将只表示人与物之间的利用关系，而显现的东西将只是占有和控制物的意志。物之为物不再显现出来。我们说，这种对物的追问已完全超出物理学的范围。在海德格尔的这些观点中透露出一种深深的不快之感，实际情况是，今天的美学生产已经与商品生产普遍结合起来，阿多诺在《启蒙辩证法》中对人们面对这一新境遇时的懊丧作过如下描述：艺术商品自身的性质正在发生变化。艺术也是商品，这并不新鲜，这一变化新就新在艺术心悦诚服地承认自身就是商品。艺术承认其自身的商品地位就势必要放弃其"无目的性"，阿多诺敏锐地识察到，实际上"近代伟大艺术品的无目的性依赖于消费市场的匿名性"。

让我们返回来，必须看到，可靠性之优先于目的的有用性的好处在于它能克服文化的主要局限——褊狭的功利主义和工具主义。如果说在《艺术作品的本源》一文中，海德格尔就器具的可靠性和有用性的关系仍然模糊，因而器具的可靠之惟一优先性仍未确立的话，那么海德格尔的《物》一文，则是他的思想必然延伸的作品。物在《存在与时间》中只是作为提及甚至未获得其当下上手的用具地位，而在《物》中，物居留大地和天空，诸神和终有一死者。在它的"整体"存在中则被明白无疑地看做是不能被拿去使用的东西。海德格尔的夸张在这里似乎显得匪夷所思。但是海德格尔认为，这是技术时代所要求的人对于物的应有态度，这种态度用古老的说法来概括就是："对于物的泰然任之。"①

二、"生产之镜""存在之镜"和"指称之镜"

有不少海德格尔的研究者批评后期海德格尔，认为这种哲学遁入一种漂浮的宗教语态和情态，以诗化之思代替宗教品质的贫乏。时代精神的贫乏恰恰表现在：思想家们不能也不愿再去区分何为单纯的意见，何为真确的知识，何为可靠的信仰。这种哲学旨趣，无助于克服时代的虚无主义痼疾。②

然而根据海德格尔，人们的批评之箭似乎在更大的程度上不是射中他，因为，虚无主义虽然有多种意义，但只有作为存在的虚无才是虚无主义的本性，"那些误以为自己摆脱了虚无主义的人们，也许最深刻地推动了虚无主义的展开"。③ 海德格尔提示，尼采与马克思的思想也应在此关联内被指出：尼采要人们对之警惕的虚无主义就是形而上学，然而，作为单纯的反动，尼采的哲学也被形而上学的虚无主义裹挟进去了。这里关键在于："尼采就如同他之前的任何一种形而上学，根本没有认识到虚无主义的本质。"④ 因为他还只是把自己的哲学看做是对超感性世界（形而上学的世界）本体论地位的颠覆，而重估（重设）感性世界（海德格尔称之为"宽泛意义上的物理世界"⑤）的价值及其本体论位置。根据海德格尔，"具有这种方式的任何颠倒始终只是卷入那种已经变得不可知的同一者中去了。这是一种自我迷

---

① 孙周兴选编：《海德格尔选集》上卷，上海三联书店 1996 年版，第 1239 页。
② 参见卡尔·洛维特：《世界历史与救赎历史——历史哲学的神学前提》，李秋零等译，三联书店 2002 年版，"中译本导言"（刘小枫撰）第 7 页。
③ 卡尔·洛维特：《世界历史与救赎历史——历史哲学的神学前提》，李秋零等译，三联书店 2002 年版，第 225 页。
④ 卡尔·洛维特：《世界历史与救赎历史——历史哲学的神学前提》，李秋零等译，三联书店 2002 年版，第 268 页。
⑤ 卡尔·洛维特：《世界历史与救赎历史——历史哲学的神学前提》，李秋零等译，三联书店 2002 年版，第 223 页。

惑的卷入。"①

但是，尼采的形而上学不仅是虚无主义的延续，而且也是虚无主义的克服。海德格尔不断地改变他的尼采解释的视角：在尼采的形而上学那里，哲学已经在说着它的临终遗言，这将是说，"哲学把先行标明的各种可能性都行遍了"。尼采通过"给变易刻上存在的性质"而实现了哲学的极端可能性。基于不同的理由，海德格尔对马克思作过极其类似的评论：马克思自称倒转黑格尔与尼采自称倒转柏拉图一样，马克思也达到了虚无主义的极致。所以他提及对马克思的这一解释，只要被放到费尔巴哈所做的对黑格尔形而上学的颠倒这个境域中，就可以毫无错觉地去经验。②

毫无疑问，在当代思想家中，海德格尔可以说是马克思的最为深刻的批判者，特别是他认为"马克思在经验异化之际深入到历史的一个本质性维度中，所以，马克思主义的历史观就比其他历史学优越"，③ 但是海德格尔又说，如果人们相信可以从"唯物主义的素朴观念"——"唯物主义的本质就在于主张一切都只是质料"——以及"那些以唯物主义为目标的廉价反驳"的角度，去经验马克思从黑格尔出发当作人的异化来认识的东西，那么他就是幼稚的。根据海德格尔，唯物主义的本质早已在黑格尔的《精神现象学》之"劳动的现代形而上学"中得到先行规定，按照这种规定，"一切存在都表现为劳动的材料"，劳动被经验为"主体性的人对现实事物的对象化的过程"。④ 从这一角度看，海德格尔与马克思对唯物主义的看法具有一种很复杂的关系。具体地说：

---

① 卡尔·洛维特：《世界历史与救赎历史——历史哲学的神学前提》，李秋零等译，三联书店 2002 年版，第 237 页。
② 参见《晚期海德格尔的三天讨论班纪要》，费迪耶等辑录，丁耘摘译，载《哲学译丛》2001 年第 3 期。
③ 海德格尔：《关于人道主义的书信》，见《路标》，孙周兴译，商务印书馆 2000 年版，第 401 页。
④ 海德格尔：《关于人道主义的书信》，见《路标》，孙周兴译，商务印书馆 2000 年版，第 401 页。

从存在论上说，马克思哲学与旧唯物主义哲学之本质区别，乃在于它的历史、社会理论中的非实体的存在观，依马克思，"非对象的存在物是一种根本不可能有的怪物。"这是因为，凡"物"都是处于人类社会中的。人类社会中的"物"是一种"力"（生产力），这种"力"并不是从抽象的统一来衡量的"生产力"，因为，这种"力"乃是一种"力与力的关系"（生产的关系），在这里"生产力"的"物性"的衡量不可设想为一个抽象的物理过程或者冷漠的技术过程，严格地说，马克思所说的社会中的"物"只能说具有"物性"，因为它不是一种客观的"实在"。或者说，马克思哲学区别于传统唯物主义的形而上学的图画的核心在于改写了传统的"实在"观念，由此，不仅强调"生产关系"是"实在的"，而且确认生产力的"实在"是在关系中的。根据詹姆逊的观点，马克思主义无论怎样也不是机械的，而是历史的唯物主义。它并不像坚持生产的最终决定作用那样主张物质的原生性。[①] 因而历史唯物主义强调社会批判和社会实践，较少决定论色彩。而旧唯物主义之所以不知社会中的"物"是什么，其根本原因在于着眼于物（理）的世界不变的本质。这在很大程度上仍然是依循形而上学的路数来讨论和处理"物理学"问题。但是，即使在物理学领域也早已开始减弱"实体主义"的思维模式的影响，而"把物理性质的实在性视为相对于不同的物理系统而得以确立，性质也是在确定的相互关系中而得以确定"。[②] 这种实在观的发展在很大程度上应视为马克思哲学的"效果历史"和广泛被接受的结果。

但人们可能不得不面临这样的问题：从全球社会文化现实的巨大改变中生成滋长的各种新的理论话语，实质上是新的社会历史情境的镜像和索引，由此在当代马克思哲学发展中，必然会出现像海德格尔那样按照为马克思所

[①] 参见詹姆逊：《快感：文化与政治》，王逢振等译，中国社会科学出版社 1998 年版，第 43 页。

[②] 中国社会科学院哲学研究所《哲学动态》编辑部：《不竭的时代精神——步入 21 世纪的马克思主义哲学》，社会科学文献出版社 2001 年版，第 276 页。

批判和超越了的近代哲学思维方式来理解马克思哲学，从而为质疑、动摇、远离它，或被加以"后现代化"的解读开路。

如果我们仔细分析就会发现，西方的非马克思主义者一般都指责唯物史观为"经济决定论"。偶尔会被视为"第一个后现代者"的海德格尔虽然非常尊重马克思的理论贡献，但是他大胆地摆弄起"马克思达到了虚无主义的极致"的观点，他把抨击的火力集中在唯物主义上，把马克思哲学强行拉进西方近现代"物体哲学"的发展线索中，依据他的断定，马克思的关于"人的自身生产与社会的自身生产"的理论，乃是唯物主义在当今进行统治的思想，与此同时，海德格尔用"座架"（Ge-stell）一词称呼"生产与消费"之辩证运转，因此，把马克思从生产出发的分析方法断制为具有当代影响力的形而上学的图画。①

我们曾讨论过，最近几年来，也许由于受海德格尔的影响，最后和彻底地克服形而上学被宣布为现时代的风信标，并事实上已经成为 20 世纪西方的一种思想主潮。这里似乎只要举出鲍德里亚的名字就够了。鲍德里亚虽然没有受惠于海德格尔，却与其分享着马克思哲学被怀疑为形而上学的那种理论场地。在鲍德里亚看来，整个西方的形而上学都在"生产之镜"中得以反映，马克思主义的政治经济学仍然囿于"生产之镜"的窠臼之中，这就是说，马克思依据生产力与生产关系的运动对社会现象作解释，仍属西方文化传统区分现象与实在、表象与本质的二分法，这种"镜式的视觉隐喻"潜含着一种"概念暴力"或"话语强加"，② 对于那些违背这种二元对立的人们来讲，等待他们的是卑贱的覆灭命运。③ 为了打破所谓的"生产之镜"，鲍德里亚提出自己的"象征交往"理论，实质是以符号的生产和增生彻底

---

① 参见《晚期海德格尔的三天讨论班纪要》，费迪耶等辑录，丁耕摘译，《哲学译丛》2001 年第 3 期。

② 参见季桂保：《后现代境域中的鲍德里亚》，载包亚明主编：《后现代性与地理学的政治》，上海教育出版社 2001 年版，第 67 页。

③ 参见徐友渔编选，雅克·施兰格等：《哲学家和他的假面具》，社会科学文献出版社 1999 年版，第 198 页。

替代了物的生产（这很类似于海德格尔拒绝把"表达"建构到经济结构中的做法），① 这就是他所说的"生产的终结"的要义。他认为，资本主义的构造是纯符号的。这一论断的旨意在于证明，无论是"基础"抑或是"上层建筑"都是文化的。换言之，由于"基础"完全是以语言为中介的，所以经济并不起到一种因果机制的作用。鲍德里亚断言，社会的任何一个方面都不是独立存在的，甚至马克思主义者所偏爱的经济领域也不是。资本主义的成功取决于一种独特的概念框架的反复灌输。② 这意味着，在马克思那里的"社会存在"或说"社会之物"从来都不是因其"物质性"而称为"物"，"社会之'物'"要成为"物"，必须成为"符号"。因此，一种适合的"关于物的理论"不能像马克思等"人类经济学家"③ 那样将其奠定在需求及其满足的基础之上，而应建立在一种声望和指称理论的基础之上。④

那么，鲍德里亚的"符号政治经济学批判"所要达到的目的是什么？简单地说，他试图通过"解放指号"得以实现远离"社会世界物性化"的意愿。换用《消费社会》前言中，梅耶的话说："它的任务就在于：砸烂这个如果算不上猥亵的，但算得上物品丰盛的、并由大众传媒尤其是电视（电视首先是一种物——引者注）竭力支撑着的恶魔般的世界，这个时时威胁着我们每一位的世界。"⑤

虽然，我们在此提及的只是"鲍德里亚风景"的模糊轮廓，但是，他的注重焦点是清楚的：他希望从符号学维度对"物"和"消费"、"技术"和"社会控制"等方面作出一种全新的观照，让人们意识到，他们正开始被他们的工具所支配。他与海德格尔相类似，意在探索的是技术时代的形而

① 参见孙周兴选编：《海德格尔选集》下卷，上海三联书店1996年版，第1178页。
② 参见雅克·施兰格：《哲学家和他的假面具》，社会科学文献出版社1999年版，第199页。
③ 鲍德里亚：《消费社会》，刘成富等译，南京大学出版社2000年版，第58页。
④ 参见季桂保：《后现代境域中的鲍德里亚》，载包亚明主编：《后现代性与地理学的政治》，上海教育出版社2001年版，第67页。
⑤ 鲍德里亚：《消费社会》，刘成富等译，南京大学出版社2000年版，"前言"。

上学基础，但海德格尔远不像他那样对技术加以充分详细的讨论。他认为，技术这种隐在的形而上学基础使得沟通及许多其他活动达到了"没影点"。例如，计算机不仅仅是机器。由于世界面对着一台机器，现实也因此而被计算机技术（重新）概念化。而计算机之根本在于按照形式逻辑 A 必须等于 A 的格式特殊地再现知识，借助数字的或二进制分类框架，信息输入被视为对象，但是，数字化必然使许多信息溢出这一框架，而被视为不合逻辑遭到拒斥。由此，鲍德里亚敏锐地意识到"符号暴力"是现代社会中的主要控制手段。

需要指出的是，鲍德里亚这一去"表象"之执的见解源自他对德国思想中的一种诗性思维的亲近，他从符号学的维度表达了海德格尔以现象学的方式对计算之思的批判。但是，无论是海德格尔还是鲍德里亚，他们的见解并非毫无问题。如果主/客二分充斥于人类社会，他们对所谓"生产之镜"或"技术理性"的批判又何以可能？这与马尔库塞反对现代社会的"单向度"的论点并无太大的区别。无论是海德格尔怎样强调要把此在的生存状态放到"前价值"状态中来描述，[①] 还是鲍德里亚以"符码主宰"取代"生产主宰"，以此放弃人自己作为物质生产者的规定性。这实际上是以"存在之镜"（海德格尔）或"指称之镜"（鲍德里亚）取代"生产之镜"。在死硬的后现代主义者看来，与所有反向解读一样，会成为它旨在推翻的形而上学大厦的俘虏，他们缺乏的是道元的《正法眼藏》中的"法眼"，[②] 因为他们试图发现"使人解脱的词语"。但他们都缺乏碎镜之力。有见于此，利奥塔不能肯定西方的技术逻辑的使命是否能成功地施展"法眼之术"。[③]至少，就语言和意识的历史的角度来看，对古希腊或原始社会怀有一种思乡之情或家园之感的他们，也许太轻松地想象逃离技术理性，从而印证了如下

---

① 参见张文喜：《自我及其他者》，当代中国出版社 2002 年版，第 77 页。
② 参见利奥塔：《非人——时间漫谈》，罗国祥译，商务印书馆 2002 年版，第 60 页。所谓"法眼"是一个境喻：法眼可以看到一个镜子不能反映的存在，法眼将镜子击为碎片，当柏拉图试图设想，本质之外的阿迦同（Agathon）时也许想猜想过法眼的存在。
③ 参见利奥塔：《非人——时间漫谈》，罗国祥译，商务印书馆 2002 年版，第 61 页。

观点：如果能够设想，在一种文化中，诗性思维已公开而且明白地战胜计算之思，也就意味着，在这种文化中，自由流行的定义是对偶然性而不是对必然性的认识，那么，这跟想象不存在对大限到来的悲怆是一样的。但是，这种文化可能到来不了。① 依照罗蒂，这就像想象一个自我感觉完美的人生，即一个人因为自己所希望得到的一切都得到了而快乐地死去一样的困难。

　　总的看来，海德格尔以一种"思念之思"（从艺术或诗的道路）去认识物的物性，"物的物性"也就玄而又玄了。倘人们问"物是什么"，海德格尔只说"物物化"，② 仿佛是在物的分析，在引发出"存在的声音"之后，海德格尔又提醒我们，它是无声的，不响亮的，无语的，原本是非语音的，是原始的"失音"成了"隐蔽的源泉的无声保证"，正因如此，海德格尔所思的"物"置身于"存在的呼唤"与它的发音之间的断裂。德里达由此指出，这表明海德格尔在解构在场形而上学和逻各斯中心主义而运用隐喻时，存在不协调。③ 它清楚地表明了作为"老词的陌生化应用的隐喻"，是以"更老的词汇还在按惯例应用"为前提的，④ 所以，当海德格尔幻想存在一种非陈述或"全是隐喻"的语言，而假设"词语崩解处，物才存在"⑤ 时，他的这种话听起来就好像只是咿呀学语，无论怎样都说不出他的所思之"物"，其隐喻性的话语符号最终导致对真实之物的抽取和代换，真实世界成了马克思眼中的"呓语存在"。这在很大程度上是由于海德格尔的思想一直试图追求一种原始的、"前"理解、"前"话语的存在状态，但是对这样

① 参见理查德·罗蒂：《自我的偶然性》，见汪民安等编：《尼采的幽灵——西方后现代语境中的尼采》，社会科学文献出版社 2001 年版，第 445 页。
② 参见孙周兴选编：《海德格尔选集》下卷，上海三联书店 1996 年版，第 1178 页。
③ 参见德里达：《论文字学》，汪堂家译，上海译文出版社 1999 年版，第 29 页。汪民安等主编：《后现代性的哲学话语——从福柯到赛义德》，浙江人民出版社 2000 年版，第 112 页。
④ 参见理查德·罗蒂：《自我的偶然性》，见汪民安等编：《尼采的幽灵——西方后现代语境中的尼采》，社会科学文献出版社 2001 年版，第 445 页。
⑤ 转引自孙周兴：《一种非对象性的思与言是如何可能的?》，见《中国现象学与哲学评论》第三辑，上海译文出版社 2001 年版，第 48 页。

的存在状态的不断思索并未增进海德格尔的自信，相反，它彻底打消了这种自信。因为这种状态是"说"不出来的。对于马克思来说，海德格尔要做到这一点不仅缺乏理解能力和材料，而且还缺乏"可靠的感性"，而理解能力（在马克思那里是"精神"）从一开始注定要受到物质的"纠缠"，"物质在这里表现为振动着的空气层、声音，简言之，即语言……语言也和意识一样，只是由于需要，由于和他人交往的迫切需要才产生的"。① 故而有关"物"的话语诚然可从"隐喻"入手引进文化分析策略，但这种分析归根结底必须与人的生产实践相关联。

第三节 "两种生产"理论：发生现象学的视野

接下来我们关注的是马克思、恩格斯关于"两种生产"，即社会之社会性生产——社会生产其自身——与人作为社会存在体的自身生产理论方面的论述，特别关注的是他们对于人的自身生产作出了独特贡献的思想意义。无疑，这里讨论的主题关涉历史唯物主义之影响全局的重要维度。此外，我们为了去除形而上学的"表象性思维"的偏执，而试图带着发生现象学的视野去接近此一重要维度。

一、回到原本的发生：现实的历史

海德格尔在《存在与时间》中说，"历史的基本现象先于历史学所可能进行的专题化，而且是这种专题化的基础。"② 海德格尔由此明确区分了Historie 和 Geschichte 这两个同义词。前者用来指对历史的记载、反省和研究（即不仅以"从认识论上"——像西美尔那样——澄清把握历史的方式

---

① 《马克思恩格斯选集》第 1 卷，人民出版社 2012 年版，第 161 页。
② 海德格尔：《存在与时间》，陈嘉映等译，三联书店 1999 年版，第 425 页。

为目的，或以表达历史的概念构造的逻辑——像黑格尔那样——为目的，而且也依循"对象方面"来制定对"历史"问题的理论处理方式的方向）；后者用来专称实际发生的历史。

海德格尔之所以明确区分 Historie 和 Geschichte 这两个同义词，也许是因为诸如"历史"这样一种东西并非来自"西方哲学传统"，而倒是来源于此在的"历史性"（historicality）。① 依海德格尔，"历史"就是作为存在的历史或存在之解蔽，根本上它不能像历史学那样，"把历史看做过去之物，并且把过去之物的形成当作一种通过因果关系来证明的效果联系来说明。如此这般通过叙事和说明而被对象化的过去之物显现于那个当前（Gegenwart）的视野内，这个当前总在实行着对象化，而且充其量会把自己解释为过去发生事件的产物"。② 因此之故，历史学有意或者无意地效力于要在存在者中，根据一种诸如自由、公正这样可综览的范畴来构建世界历史的人类文化的意志，由此而来，人对于他的境况的任何历史学上的沉思，就落入非历史性的东西中了，就都是一种形而上学的沉思。

海德格尔的正面观点是，"历史"这个概念实际上更适合于标示当作有待思的东西来究问的东西，存在本身的到达正是从这个东西而来，并且作为这个东西而存在的，"有存在"（Es gibt Sein）这个句子以海德格尔的说法实际上就可以说成："历史"给出存在，或者说，"发生的东西乃是存在之历史"。③

而且，海德格尔力图把西方传统思想的一切概念纳入有待追问的东西，即"历史"的方向之中来加以审查，他认为只有充分地进入"前反思""前概念"这么一个原发生的境界里来，或者说以存在的当下把握，才得以把形而上学撇在一边。

---

① 关于海德格尔的历史性思想的详细评述，可参见张文喜：《历史性：活着而不是存在》，《江汉论坛》2003 年第 3 期。
② 海德格尔：《尼采》下卷，孙周兴译，商务印书馆 2002 年版，第 1018 页。
③ 海德格尔：《尼采》下卷，孙周兴译，商务印书馆 2002 年版，第 1021 页。

颠覆形而上学：马克思与海德格尔之论

　　我们相信，在这个较狭窄的关注点上，这里透露出来的思想是同一于历史唯物主义的思想方法。让我们再次记住马克思用来规定历史的一个警示：对现实的描述会使"独立的哲学"——形而上学——失去生存环境。因此，对历史的原初规定遇到的是一些"没有任何前提的"（先于一切概念化和理论化的）"现实中的个人"。不言而喻，"人们为了能够'创造历史'，必须能够生活。但是为了生活，首先就需要吃喝住穿以及其他一些东西。因此第一个历史活动就是生产满足这些需要的资料，即生产物质生活本身，而且，这是人们从几千年前直到今天单是为了维持生活就必须每日每时从事的历史活动"。①

　　马克思、恩格斯在这样粗浅地标识出这一任何历史观所必须注意的基本事实之后，明确地断定了德国"从来没有过一个历史学家"，因为德国人从来没有为历史提供"世俗基础"，这源于德国哲学所讲的存在就是神秘的、难以捉摸的"是"（Being），在马克思、恩格斯看来，历史的"本体"不能是别的，它只是活生生的"现实的个人"的日常生活本身。在历史记载了人的需要的满足的意义上，历史记载的是它自己基本条件的生成（becoming）过程，即人的需要的发生，最简单地说，历史的发生动力学机制就是"已经得到满足的第一个需要本身、满足需要的活动和已经获得的为满足需要而用的工具又引起新的需要，而这种新的需要的产生是第一个历史活动"。②

　　在这里，马克思、恩格斯用了两个"已经"，它的基本意思是，人的需要以及满足需要的活动，并不是现成的，因为，社会——历史存在的本质是关系，所以，历史唯物主义虽然也是把个人当作自己的前提，但这里所说的个人和世界从根本上就已经连在一起了，也就是说，"这些个人是从事活动的，进行物质生产的，因而是在一定的物质的、不受他们任意支配的界限、

① 《马克思恩格斯选集》第1卷，人民出版社2012年版，第158页。
② 《马克思恩格斯选集》第1卷，人民出版社2012年版，第159页。

46

前提和条件下活动着的"。① 正是这个"一定的"（bestimmt）说明，表达了后来海德格尔对人的本性的理解：此在"总是已经""存在于某个状态里"，而且它是"已经在……之中的先于自身"，这乃是一个强制的前提。海德格尔阐明，"这一强制引起了一种生产强制，生产强制又与一种对不断更新的需要的强制联系在一起。对不断更新的需要的强制具有这样一种性质，一切强制性地方生方新着的东西，同样也直接地已经变老变旧，并被又一个更加新的需要挤掉并如此继续下去"。这并不是鲍德里亚所认为的，消费已成为我们这个世界的伦理，它正毁坏人类存在之根基的预示；更不是海德格尔呼之为"存在之天命的最后形态"。② 而是马克思所标识的历史存在的永恒的自然必然性。它那儿显示的是一种正在境域中发生的事情（历史）。应该被理解为生活（历史）的源头。此外，在上面引述中，马克思、恩格斯又一次用了"第一个历史活动"一语，为什么反复出现这一短语？这仍然是要我们认识到历史不是对象化的历史，这是要把历史从对象化的状态变成正在实行之中的，靠生活本身里边的那种涌动着的东西去推动、去构成的历史即存在之历史。

这样，在解释学意义上，那种反复出现是有本源发生含义的，只要描绘出一种正在实现之中的历史，正在生成着的历史，历史就不再像那些本身还是抽象经验论者所认为的那样，是"一些僵死事实的搜集"——发生了什么事件、事件之间的因果关系是什么等，也不再像唯心主义者所认为的那样，是"想像的主体的想像的活动"。③ 仔细想想，每日生活里头的吃饭、穿衣、居住、旅行以及满足这些需要的生产物质生活本身，对人类生存——存在本具它自己的意义，它正在发生的意义用不着从对人类生活历史发展的观察抽象、从而是在生活本身之外的历史学家来规定。不仅如此，每个人的

---

① 《马克思恩格斯选集》第 1 卷，人民出版社 2012 年版，第 151 页。
② 参见《晚期海德格尔的三天讨论班纪要》，[法] 费迪耶等辑录，丁耘摘译，《哲学译丛》2001 年第 3 期。
③ 《马克思恩格斯全集》第 3 卷，人民出版社 1960 年版，第 30 页。

日常生活活动本身是不被反思的，是以一种前反思的方式——或者叫做下意识也好，叫做边缘意识也好——具有它的。在这个意义上，日常生活里头的意义是自动显现的，倘作抽象观察会止住生活体验的流动，也会把它定格为某种对象，反过来说也一样；日常生活活动也只是作为所有人生活中的抽象物才是不变的：每个人无论在社会劳动分工中所占据的地位如何，都必须吃饭、穿衣，从人口的社会横断面着眼，也都需要再生产我们的同类，即是说，繁衍后代。而这些共同活动抽象地看也是我们与动物共有的活动。这就是说，如果我们将人的生产中发生的人与人的关系这重因素从其具体发生中抽象出来，那么，它们是用以维持人作为自然存在物的活动。

按马克思讲，"这是对自然界的一种纯粹动物式的意识（自然宗教）。"① 这种意识之所以是"纯粹畜群的意识"，是因为，从历史的最初时期起，人与人之间的社会关系受到人对自然界的狭隘关系的制约，而人与人之间的狭隘关系又制约着人对自然界的狭隘关系，它意味着"意识到必须和周围的个人来往，也就是开始意识到人总是生活在社会中的。这个开始，同这一阶段的社会生活本身一样，带有动物的性质"。② 形而上学不知道也不可能知道：当他们谈到人的社会性问题，因而在为人与人之间存在着特殊的"共在"关系的可能性论证了很久的时候，其实他们自己思想里头潜伏的理论可能性反而被阻隔了。马克思之所以比他的先驱们对人的本性的看法更加首尾一贯，原因主要在于他无意像传统哲学那样去建构一个"社会化的人"的概念，他从理论上已经肯定了人与人之间的社会上的更深刻的在观念化、对象化之前有一个发生的阶段。这个发生的阶段是由男人和女人构成的最基本的社会关系——它以随着"性行为"出现的自然分工为特征——来实现的。对马克思来说，从人的本质中推演和引申出来的人的社会关系只能是理想的社会关系，而不是现实的社会关系。要说明现实的社会关

---

① 《马克思恩格斯选集》第 1 卷，人民出版社 2012 年版，第 161 页。
② 《马克思恩格斯选集》第 1 卷，人民出版社 2012 年版，第 161 页。

系就必须放弃比如说人是"理性的动物""会说话的动物"等关于人的一般本质的抽象议论，按马克思的看法，这种抽象议论根本没说出人的本性，人的本性不在那儿，要说出人的本性就得回到现实的历史中去、回到原本的发生（geschechen）维度中去。

至此，针对传统形而上学，首先应该纠正的是所谓马克思主义的意识形态后面隐藏着"个体主义"。有人说，生产关系其实就是进入这种关系的人本身，也就是作为生物个体的人，类存在物。这便导致了奇怪的逻辑循环：在发生人与人的关系之前，从逻辑上讲，首先要有进入关系的人。这实际就是众所周知的德意志意识形态（想想费尔巴哈，再想想施蒂纳）。它重实体而拒斥关系，畸重于形而上学的个体或抽象的"类"。此处举一例来说明，原籍捷克的德语社会学家卡尔·普里布拉姆（Pribram）为了表明"普鲁士式的德国民族主义与马克思社会主义意义上的德国社会主义具有相似的意识形态模式"，他的论证就是基于这种观点。他提出"民族主义与马克思主义都建立在个体主义的、'唯名论'的基础上，两者都想达到集体——民族或社会阶级——这些集体的真实性是众多个体的简单组合所无法想象的，它们拥有自己的命运、发展的可能性，甚至意志，也就是说一些只能出自整体主义、'普遍主义'思想方式的特点。"因此，普里布拉姆称这种思想形式为"伪整体主义"。①

在此我无法对普里布拉姆用个体主义、整体主义范式对马克思主义所作的分析进行应有的评论。但是，困扰普里布拉姆的问题是一目了然的，他看不到在马克思那里有一种方法，此种方法充满了发生境域感，以用来打通个体与整体或个人与社会之间的联系，并且以一种生活——实践论的合适方式解释它。

二、"人的生产"之现象学

如果说传统形而上学考虑人的社会性、在社会方法论上坚执着个人—社

---

① 参见路易·迪蒙：《论个体主义——对现代意识形态的人类学观点》，谷方译，上海人民出版社 2003 年版，第 126 页。

会的对立的话，那么马克思则坚持人的社会性源自人与人之间的一种生活——实践的关系。这与海德格尔坚持人的社会性源出于人与人之间的一种操作的工具关系的思想相类似，亦即海德格尔意义上的社会必须是"世界的"，人的社会性必须扎根于人与人之间的一种"操劳"的关系，在这些关系中，牵涉到"他人"，也牵涉到包括语言工具和信息在内的"工具"。① 可以看到，海德格尔哲学已经预示了，一方面，哲学的后形而上学的发展要求在语言中寻求它的具体应用；另一方面，语言在摆脱了单纯的工具媒介特质后，试图在哲学基础上奠定自身的本体地位。

这里也许是回到我们所尝试的从发生现象学维度重读马克思、恩格斯的关于人的生产，即"增殖"的理论的适当场合之一。我们必须明确承认海德格尔所谈论的关于"他人"和"共在"的思想对于借来解释"两种生产"的理论是有效的。因为，当代马克思主义解释者所预设的二元论思维框架"把人类自身的生产从社会生产中排除出去了"，② 甚至认为马克思对"以两性为基础的分工"的论述留给人的是一种思维错乱的意象：一方面，马克思似乎把它归之于"自然倾向"；另一方面，马克思又把它视为将人类的存在从其他动物中区分出来的交往方式。这是温迪·李（Wendy Lee）的观点，很有代表性，需要展开讨论。首先，他先引述了《德意志意识形态》中这样一段话："由于生产效率的提高，需要的增长以及作为二者基础的人口的增多，这种绵羊意识或部落意识获得了进一步的发展和提高。与此同时分工也发展起来。分工起初只是性行为方面的分工，后来是由于天赋（例如体力）、需要、偶然性等等才自发地或'自然地'形成的分工。分工只是从物质劳动和精神劳动分离的时候起才真正成为分工。"③ 接着，他提出了一个问题：当马克思将两性关系的划分看做构成一切后来分工的原始模型的时候，它意味着两性关系被假定为人类社会关系的"典范形式"，或者说，

---

① 参见张文喜：《自我及其他者》，当代中国出版社 2002 年版，第 86 页。
② 黄楠森主编：《马克思主义哲学史》第 3 卷，北京出版社 1991 年版，第 381 页。
③ 《马克思恩格斯选集》第 1 卷，人民出版社 2012 年版，第 162 页。

两性关系是类存在物的本质关系，以两性为基础的分工则被默认为一种劳动，而马克思试图论证说，分工与性行为一样是"自然的"，这样，当马克思将实践说成是类存在物的创造性的、目的性的自由劳动时，他对"自然的"一词的使用，难道既无矛盾也无限制吗？按温迪·林恩·李的解释，"以性别为起点的分工是作为一个对'自然禀赋'的反应而自发地出现的，因而，事实上它不能代表一种真正的分工，而只是一种分工的萌芽状态。"它既不可能只是"自由的"，也无法把"人自身"从直接性解放出来。因此，"在这里，马克思至少在两个重大方面是不一致的：首先，我们应该如何将性别分工设想为真正的劳动分工？"作为"自然的"性行为，虽然"不能说是自由的，但它也不能说是不自由的；因为首先，欲望所指向的是有意识地生产未来的人类，这种'有意识的意图'是一种将人类的生殖繁衍从非人的性关系的直接性中区分出来的选择；其次，对马克思来说，因为性的分工包含着最基本的'生命活动'，因而决定着最基本的人类社会关系即两性的结合，它是分工的范例。然而，如果马克思是对的，即意识是社会的第一个产物，那么意识是如何从一种显然不是真正劳动的生命活动（即性活动）中生发出来的呢？这一点仍然不清楚。这种理论最后留给人的是这样一个很难令人置信的意象：一个人拿起一支香烟，然后居然认识到那促使他伸向万宝路香烟的东西就是那将他从动物中区别出来的东西。"①

　　显然，在这里，温迪·林恩·李遗忘了从发生现象学对马克思主义"两种生产"理论重读的必要性。如果他对马克思的如上"重读"是正确的，那么他已经心照不宣地假定了自然—精神的二元论及其一个生物学的"性"的概念。在其最基本的意义上，正是将人从非人中区分出来的东西归结为人克服直接性的能力——这种能力主要表现在抽象或形成概念的能力，他就提出了另一个质疑："马克思的分工构想与他的类存在物概念的其他方

---

① 温迪·林恩·李：《马克思》，陈文庆译，中华书局2002年版，第24—25页。

面是否一致"？① 在他看来，"无论用其他什么东西来说明'性行为'，但就马克思预先把它从'物质劳动和精神劳动'的王国中排除了出来这一点来说，马克思已经把它从一种实践的形式中排除了。"② 这无异于说，生殖与吃、喝等一样只是运用"动物机能"的一种活动。最终，温迪·林恩·李说明了马克思的"劳动本体论"所具有的"概念的相互冲突"的根源在于"劳动本体论仍然陷溺于西方传统的价值二元论之中，尤其是那些认为人、文化、白种人和男性是超越于和对立于非人、自然、非白种人和女性的传统。"③

这样一种说明不能不伴随着这样一种判断，即马克思把劳动看做是人类基本需要和发挥人类潜能的首要人类活动，这实际上是生产占主导地位、以生产为至高原则的资本主义的一种"镜像"（Mirror），也许，更为严重的是，马克思所设想的以两性为基础的分工是"对男性或父系统治的默认"，"资本主义的历史行程直接从此演化出来——在其中，'自然禀赋'成了资本主义剥削的生产原型"。④ 甚至，马克思主义的生产话语造成了一种"概念暴力"或"话语强加"。换用另一个马克思研究者鲍德里亚的话来说，马克思主义因为仍然沿袭着作为整个西方形而上学之基础的本质主义和基础主义的衣钵，只不过马克思主义是用"生产"替代了"本质"或"理性"，这种"生产之镜"必须被打破。考虑到马克思把劳动看做是财富之父，把土地看做是财富之母，这一隐喻的背后，实质上隐藏着的是"生殖隐喻，有关再生产的性的隐喻，而不是释放身体以获取享受的隐喻"。⑤ 这仍然是基于一种经济性的、生产性的、有其终极性和目的性的人的力量和潜能观，对于鲍德里亚而言，这仍是源于马克思没有能力去思考一系列其他事情，包

---

① 温迪·林恩·李：《马克思》，陈文庆译，中华书局 2002 年版，第 23 页。
② 温迪·林恩·李：《马克思》，陈文庆译，中华书局 2002 年版，第 24 页。
③ 温迪·林恩·李：《马克思》，陈文庆译，中华书局 2002 年版，第 125 页。
④ 温迪·林恩·李：《马克思》，陈文庆译，中华书局 2002 年版，第 23 页。
⑤ 鲍德里亚：《生产之镜》，转引自包亚明主编：《后现代性与地理学的政治学》，上海教育出版社 2001 年版，第 72 页。

括所谓"释放""浪费""挥霍""玩耍""象征"和"对身体力量之无原由的欢宴式的释放,一种等同于死亡的游戏,或者是一种欲望的展示",①尽管,"马克思主义的概念试图摧毁资产阶级的概念帝国主义,但在创造各种'超历史'的观念与概念方面,马克思主义做了许多与资产阶级思想相同的事情"。②因此,为了走出"生产之镜"所具有的理论困境,鲍德里亚从人类性活动的获得快乐的指向,而不是人类自身生产的指向来说明自己与马克思理论立场的区别。

显然,以上意见的一个共同特点,就是把马克思主义演绎成片面强调社会发展中的物质因素、经济内容,而忽视了人类自身的再生产对社会发展的重要作用。事实上,马克思、恩格斯在创立唯物史观时,把物质生活的生产、生产工具等生产资料的生产、人的生产即增殖,概括为社会活动的三个方面。他们强调,"不应该把社会活动的这三个方面看做是三个不同的阶段,而只应该看做是三个方面,或者,为了使德国人能够明白,把它们看做是三个'因素'。从历史的最初时期起,从第一批人出现以来,这三个方面就同时存在着,而且现在也还在历史上起着作用。"③这就说明了以人类性活动为媒介的生儿育女,即增殖,是不能把它理解成生物学的概念。即使作为"存在论范畴"的这一概念起源于生物学,这里所描述的"增殖"仍是"超越生物学领域"的概念。这里有一个很简单的原因:如果人类的"性"是考察社会历史的一种终极性的或初始性的东西,那么关系、相对性、生成性就是不可能避免了,"性"不就是"阴"离不开"阳","阳"离不开"阴"吗?新的东西的出现不就是两种"性"(差异)的结合吗?如果"性"是考察社会历史的终极,那么"理念""本质"就没有它的至高无上性。因为它们的存在并不是"唯一的"。换言之,"理念"必然是有"性

---

① 鲍德里亚:《生产之镜》,转引自包亚明主编:《后现代性与地理学的政治学》,上海教育出版社 2001 年版,第 72 页。

② 参见乔治·瑞泽尔:《后现代社会理论》,华夏出版社 2003 年版,第 120 页。

③ 《马克思恩格斯选集》第 1 卷,人民出版社 2012 年版,第 159—160 页。

别"的，是"分有"的，一个阳性的"理念"就伴随着一个阴性的"理念"。再重复地说，"性"就意味着关系，即生成、相对、差异之类的东西。这也是马克思、恩格斯一开始就把"家庭""纳入历史发展过程"，认为"这种家庭起初是唯一的社会关系"①的道理。这一点不可能基于"形而上学的生产之镜"，因为整个西方的形而上学可以被视为没有"性"的正面地位。只要是有性别的爱，往往都被贬为欲望、快乐、冲动、低级能力，也就是相关于身体的东西，根本不是哲学要关注的东西，相反，恰恰是哲学要克服的东西。

那么，是不是"性"就等于"一种欲望的展示"，或者说是一种本能？这对人以及人类历史来讲实际上是一个非常根本的问题。然而，西方哲学两千年来一直把"精神"或灵魂视作为人所独具、从而将人从非人中区分出来的东西，因而，常常表现出对身体的不幸忽视，人们通常把性欲现象归结为由某些表象——比如说，"淫秽的画片，关于性的谈论，对人体的知觉"②等视觉表象、听觉表象，以及其他跟性有关的表象——唤起的；另一方面，有人把性理解为"一种本能"，即"先天地朝向确定目的的活动"。③写作《知觉现象学》的梅洛-庞蒂认为，这完全不对。因为在人身上的所有功能，从性欲到运动机能和智力，是完全相互关联的，"关于性欲，没有能把性欲归结为性欲以外的其他东西的解释，因为性欲已经是性欲以外的其他东西，是我们的整个存在。"④ 这就说明了性里头也有意识的、心灵的因素起作用，只是它们的界限是"模棱两可"的，不是以反思意识的方式起作用，它实际上是要通过身体才能起作用，在那里，人的本能是"被意识到了的本能"，这正如前面已经提到，被马克思、恩格斯看做是"人和绵羊不同的地方"。

① 《马克思恩格斯选集》第1卷，人民出版社2012年版，第159页。
② 参见梅洛-庞蒂：《知觉现象学》，姜志辉译，商务印书馆2001年版，第205—206页。
③ 梅洛-庞蒂：《知觉现象学》，姜志辉译，商务印书馆2001年版，第209页。
④ 梅洛-庞蒂：《知觉现象学》，姜志辉译，商务印书馆2001年版，第225页。

在此，梅洛-庞蒂与马克思主义最经得住时间考验的成果不谋而合：对梅洛-庞蒂来说，在某种意义上，历史唯物主义仍然是现代的绝对命令，因为历史唯物主义不能限于人们所能给出的"还原"或"因果"表达方式，历史唯物主义也能用"另一种语言"来表达。梅洛-庞蒂以描述的和现象学的方法批判了对历史唯物主义的"还原"和"因果"思维式的理解后指出："历史唯物主义不把历史和思维方式建立在生产和工作方式的基础上，而是更一般地把它们建立在生存和共存方式的基础上，建立在人际关系的基础上……不过，对历史唯物主义的这种描述可能产生歧义。我们'夸大'经济概念，正如弗洛伊德夸大性欲概念……如果能正确地理解生存概念，那么生存概念就能超越这种两者择一。"①

当然，梅洛-庞蒂在《知觉现象学》中用差不多三分之一的篇幅去描述身体现象，并不是要去说明马克思意义上的"真正的感性活动"，即实践，但是他反对人们抽象地看待性，反对人们将人的身体和思想肢解、分裂的"身体现象学"的看法，我相信，马克思一定会同意。对于梅洛-庞蒂来说，"只有当人们抽象地看待手、脚、头或性器官，即把它们当作不是处在其生命功能中的物质部分，——只有当人们对人形成一个抽象概念，只让我思活动（Cogitatio）进入的这个抽象概念时，这才是可能的"。② 相关于这样一个抽象概念，马克思提出的是一种关于资本主义的图像：资本主义竞争的结果是劳动者首先必须作为一个劳动者而存在，即作为一个"肉体的主体"而存在。因为"他只有作为工人才能维持自己作为肉体的主体，并且只有作为肉体的主体才能是工人"③。工人与生命活动的关系、与"他的"生命最本质的密切的关系，和与"他的"劳动的关系一样，因此成为异化的了。而"吃、喝、生殖等等，固然也是真正的人的机能"，但是，实现它们的条件不属于劳

① 梅洛-庞蒂：《知觉现象学》，姜志辉译，商务印书馆 2001 年版，第 225—226 页。
② 梅洛-庞蒂：《知觉现象学》，姜志辉译，商务印书馆 2001 年版，第 223 页
③ 《马克思恩格斯选集》第 1 卷，人民出版社 2012 年版，第 52 页。

动者的事实，决定了它们从实践的手段变成了实践的"唯一的终极目的"，①甚至资本主义使"生育"也成为异化活动："生殖是去势"② 描述的就是资本主义造成的最可能的后果。这将马克思引到一种尚待创造的共产主义世界和人类存在的立场上：虽然，在那里马克思同样提出了人的力量和潜能的发挥，但是人的潜能的发挥并不再是一种单向度的经济性的或生产性的，而是一个没有分离的、表现者与被表现者合一的状态。我们已经看到，在尚未到来的共产主义社会，人如何生产人——他自己和别人，人如何将"活动"和"享受"、"自然"和"社会"统一起来，只要是谈论"性"的地方，都被规定为一种关系，我们去看《巴黎手稿》，都是这么讲的，我认为，这同样反映了想把人们从束缚自身的东西中解放出来的马克思思想的主旨，但是，这种解放所选用的方式并不是后来西方马克思主义所持有的将自己与对象分离开来，以反思——审判的态度对之加以分析、评定的理性批判方式，按照当代哲学的成果，这种批判隐含了"权力"，批判不能解放人类，反而更深地修饰、掩盖了权力压迫，要真正地获得真理，马克思认为必须摆脱这种批判的关系而进入一种新型的关系，这就需要从"解释"走向"生存—实践"。

第四节　自然主义和基督教神意信仰

在对马克思主义阅读历史的考察中，我们发现，在诸多的案例中，具有主观主义倾向的犹太教弥赛亚主义救赎思想和客观的"唯物主义"往往是有张力地结合在一起的，应该说，这么一种表达方式，是与现代历史观念一直处于德国近代哲学思想发展核心位置的事实相关，洛维特（K. Lowith）认

---

① 《马克思恩格斯选集》第 1 卷，人民出版社 2012 年版，第 54 页。
② 《马克思恩格斯选集》第 1 卷，人民出版社 2012 年版，第 54—55 页。

为，近代历史哲学的核心，是以历史的进步观念取代了古代的世界秩序观念，但是这一进步观念却是虚无主义的基因，在马克思那里，整个生存必然性的领域将被一个"自由王国"在最高的具有共产主义特色的社团解除："一个没有上帝的上帝之国——马克思的历史弥赛亚主义的终极目标。"此一论点的问题是从其宗教背景解释马克思哲学。在我们看来，马克思哲学是在与一切宗教世界观针锋相对的一种世界观，即哲学的自然主义的强大影响下产生和发展起来的，因而，就人们对马克思哲学的唯物主义性质作各种各样的解说而言，把它以某种方式归于自然主义的观点似乎总是乐于被人接受。然而，根据马克思对"世界"的生存——实践论解释，自然主义不是天生的马克思主义，这里当然不可忽视自然主义某种本质性的东西：在自然主义那里，有着将世界二分为"自然"（物质）与"精神"的近代哲学的构图，以及具有近代特征的客观主义和自然科学方法的典范作用。正如"俄国马克思主义"的"科学主义"和"西方马克思主义"的"人本主义"的紧张关系中所看到的那样，人们在很长一段时期，将马克思主义摆在近代哲学的境域中来理解，将它粗暴地逼进与之根本不配的自然主义。我们在这种态度中发现了一种基本假定：这里首要的是对自然、物理自然的假定，根据这个假定，自然主义者把一切都看做是"自然"，然而，这里一向存在着从自然主义转向神学的可能性。胡塞尔对此曾指出，"自然以及一般自在世界，不是以作为绝对存在着的理性的上帝为前提吗？"[1] 在这泛泛的提示中，唤起某些人兴趣的是，马克思诉诸"自然"，在某种程度上，不也是"宗教的创始人"[2] 吗？

因而，对马克思主义传统和它们面临的"严峻"问题的重要分析表明：马克思的著作和文本在摆脱了科学主义（经济主义），摆脱了人本主义读解

---

[1]　胡塞尔：《欧洲科学的危机与超越论的现象学》，王炳文译，商务印书馆2001年版，第78页。

[2]　参见马丁：《马克思、韦伯、施米特论人与社会的关系》，载刘小枫选编：《施米特与政治法学》，上海三联书店2002年版，第81页。

之后，却再次成为惊人的启示而显露出：对马克思哲学所作的自然主义及其他的变种经济主义式读解的单向度，所导致的马克思哲学当代性的遮蔽。这种遮蔽之为遮蔽，就在于它仍囿于唯物/唯心之传统对立的存在论立场。一直到今天，在这种读解中，孔德、杜威和马克思尽管在其他方面有着根本的不同，却都能被理解为试图走向"充分完整的辩证的，或者实用—自然主义的唯物主义立场"，① 或者像海德格尔那样"证明"马克思成了孔德"未加认识的生身父母！"② 这不能不说是对马克思哲学的唯物主义性质的一种漂浮无根的解读。

一、"树起了一个稻草人马克思"

自然主义是一股与 17 世纪自然科学的"自然"发现有关的哲学思潮。因此，说起自然主义，人们就会首先想到古典物理学的万丈雄心：分离各种现象，以及它们的因果；揭穿大自然的奥秘，从本质上，按照与自然主义的自然相似的方式思考整个世界。然而，为了让大自然供出它的秘密，物理学扭曲了宇宙：物理学只是在某些特定的接触点上跟自然界的实在有所联系——那就是实验。实验并不是大自然的自我显现，而是大自然在特定干预下的特定回应。因此，为了分析所必需的简化和删除法变成了进行研究和解释的基本法，而所有无法被简化的、即属于无序的东西，就都被掩盖起来。到 19 世纪末，物理学出人意料的发展结果，使"物质"被简化成著名的基本元素：终极的、不可再分的原子。这表明，物理学（及其各种科学）所以能获得发展，正是因为它们能够适应本身的局限，从它们的概念中抉发出一个专属物理学的内在组织原则，于是物理学虽历经"危机"，但这种"危机"却是成长的一种"病状"，"自然"总能永葆苏格拉底之前的先哲们赋予它的总体完整性。人们可以对这个"自然"进行普遍化，即把它引入所

---

① 特雷西：《诠释学·宗教·希望》，冯川译，上海三联书店 1998 年版，第 127 页。

② 《晚期海德格尔的三天讨论班纪要》，F. 费迪耶等辑录，丁耘摘译，《哲学译丛》2001年第 3 期。

有与生命有关、与人类有关的事物中去。在这种意义上，正是在 20 世纪，物理学渴望成为形而上学，而哲学又渴望成为物理学。

我们看到，胡塞尔在 1910 年已经指出自然主义对文化的威胁日益增长。胡塞尔之所以将自然主义认识为一种原则上"错误的哲学"，这完全是因为"自然"在自然主义这里是指"一个按照精确的自然规律而在空间、时间存在的统一之意义上的自然"，就我们这里尤其所要关注的自然主义者而言，"他所看到的只是自然并且首先是物理的自然。一切存在的东西，或者本身是物理的，隶属于物理自然的统一联系，或者虽是心理因素，但却只是依赖于物理因素而发生变化的东西"，① "所有形式的极端而彻底的自然主义，从通俗的唯物主义到最新的感觉主义和唯能主义，它们的特征都在于，一方面将意识自然化，包括将所有意向——内在的意识被给予性自然化；另一方面是将观念自然化，并因此而将所有绝对的理想和规范自然化"，② 质言之，物是自然主义本体论的主要支柱。物质或物构成了实在的基础。任何其他的东西都是基于这个基础层面的。并且据此来错误地解释那些不能被如此看的东西。在这一思想道路中，指向具有严格科学精神的意向是充分活跃的。胡塞尔清楚地看到，在整个近代生活中很可能没有别的理念比科学的理念更强大，更不可阻挡地向前挺进。的确没有什么能够阻挡科学的凯旋历程，科学在它理想的完成中就是理性本身，而理性是无法容忍它身旁或头上的任何权威的。当自然主义保持了"由基础往上"或"自下而上"的哲学构想，而把意识与一切规范（逻辑规范、伦理规范及其他精神科学规范）全都"自然化"时，胡塞尔立刻洞见了这种观念背后的神学因素。③ 同时，他认为自然主义必然摧毁一切客观性。

但是，在传统马克思主义阵营中，没有人对自然主义阐述的传统认识方

---

① 胡塞尔：《哲学作为严格的科学》，倪梁康译，商务印书馆 1999 年版，第 8 页。
② 胡塞尔：《哲学作为严格的科学》，倪梁康译，商务印书馆 1999 年版，第 8—9 页。
③ 参见胡塞尔：《欧洲科学的危机与超越论的现象学》，王炳文译，商务印书馆 2001 年版，第 345 页。

式之有效性的条件加以质疑，在这种情况下，那些适应近代科学性模式的马克思主义者，不加批判地把自然科学的认识方法移植到历史和社会生活领域，根据这种在第二国际理论家中尤为盛行的观点，历史中的"经济基础"与"上层建筑"的结构性关系被直向的目光、自然主义的思维标识为一种时间上的在先。这种标识首先把人类生存的必要性置换成生产的结构性支配作用。从"物理学的时间"概念着手，凸显生产的首要地位。他们从功能驱动力的角度去理解马克思关于"历史的前提"的论述，即"人们为了创造历史必须能够生活"，生活首先涉及生产满足人们的衣、食、住的活动，简言之，历史，或者至少是历史的理论，是根据对功能的估量推导出来的。也就是说，是在下述前提下推导出来的，即人类肉体的、生物性的需要是人们所有活动中最为持久的、最为迫切的，因而也是其他所有活动的先决条件。这一历史的先决条件又被单纯的发生论的、因果论自然主义的分析当作生物学唯物主义的谈论，或者换成一位当时被视为马克思、恩格斯的直接继承人（恩格斯遗嘱执行人之一）的话来说，"马克思的功绩首先在于他作为社会发展的理论家，追溯到人类劳动手段的历史，把社会发展还原为生产工具这一人类器官的发展"，[1] 给予马克思主义话语的这种特别强调，不用说，已把马克思主义构建成"科技决定论"。

当人们从所谓的唯物主义出发，去想象现实的个人和有生命的个人是为了维持肉体生命而同外部自然界保持着物质和能量的交换的人，乃至干脆把马克思寻找的社会发生学或社会生存的存在本体论归结为"吃饭哲学"[2]时，这实际上正是莫兰所指责的，"当时物理学提供给马克思的惟一基础却是能量性"[3] 的口实。哈贝马斯则要说，由于马克思忽略了生产关系的决定作用，把生产关系消解成了生产过程本身，把生产的文化关系转换成了自然

---

① E. 伯恩斯坦：《社会民主党内的修正主义》，转引自李泽厚：《历史本体论》，三联书店 2002 年版，第 14 页。

② 参见李泽厚：《历史本体论》，三联书店 2002 年版，第 14—21 页。

③ 埃德加·莫兰：《方法：天然之天性》，吴泓缈等译，北京大学出版社 2002 年版，第 371 页。

的关系，从而也把文化逻辑消解成了工具逻辑。其后果是导致了"知识论上的实证主义萎缩"，文化被排斥到哲学的领域之外了。哈贝马斯从其中敏锐地看到了："在马克思的理论传统中，每当人们倾向于压制哲学问题，而有利于科学的科学理解时，滑入拙劣的哲学中去的危险就特别大。"①

显然，人的需要既然不是由一般的人的本质来决定的，那么海德格尔用"天命"一词称呼人"对不断更新的需求的强制"，判定马克思主义正是"当今之思想"，它将消费者自己置于生产与消费的运转之中。在这个世界里，生产与消费的全球化"决定"了人是一种劳动与消费的动物，用"形而上学历史的最后形态"来攻击马克思主义的"生产主宰"，② 其理论批判之箭射中的就绝不是历史唯物主义的马克思主义，而是那种对马克思主义所作的自然主义或经济决定论式的读解。

二、是匿名的基督教吗？

在同样引述唯物史观的各种自然主义的解读方式中，我们更需要关注的是某种比第二国际所谓的"经济决定论"更隐蔽的成见。那就是神学思想对马克思主义所提出的质询和挑战。这种质询和挑战的思想语法，虽不能只见其一而不见其余，但是在它的整个思想空间起作用的是这样一个问题：它把对马克思的诠释放到费尔巴哈所做的对黑格尔思辨形而上学颠倒的境域中，将马克思标识为"地道的人本主义者"，妄称这种人本主义由于追求其"科学性"的意志，思想仅仅盯着"现实""物质""经济"，这里暗含着这种"人本主义""太现实""太客观"，这种奉行"唯物主义"方法的所谓的现实主义根本没有把人的观点的"绝顶"重要的方面纳入眼界，即没有把人抬高得超越外在于人之自然的东西。③ 在这种神学式读解背后，历史唯

---

① 哈贝马斯：《重建历史唯物主义》，郭官义译，社会科学文献出版社 2000 年版，第 4 页。

② 《晚期海德格尔的三天讨论班纪要》，F. 费迪耶等辑录，丁耘摘译，《哲学译丛》2001 年第 3 期。

③ 参见马丁：《马克思、韦伯、施米特论人与社会的关系》，载刘小枫选编：《施米特与政治法学》，上海三联书店 2002 年版，第 81—88 页。

物主义赖以奠基的只是一个抽象的"经济人"，一个"爱物料胜于爱精神""把物料当作绝对者，当作他的上帝顶礼膜拜"的人，或用保罗的形象比喻来说的"让肚子成为他的上帝"的人。诸多神学家听信这种对历史唯物主义的漫话，指摘马克思从经济上——按弗兰克的说法，这是人的物质的、肉身的天性最明显的表现——去考察人的本质，这是一种"非道德主义的人道主义"，"人掌握了经济原素，他就是全能的，就成为世间的神"，这种奇怪的指摘最后指向"无产阶级"，即所谓"无产阶级"的"尘世的肉身的天性"被神化以后，人的"不良的尘世激情"——"贪利和阶级仇恨"——也被认为是"创造性的力量"。①

因此，当马克思要求把历史的内容还给历史，认为历史不是"神"的启示，而是人的启示，"人的自我异化的神圣形象被揭穿以后"，就必须揭穿"非神圣形象"，对人的物质关系进行批判，这种对宗教的批判，被作为马克思的读者的洛维特勘定为相比于费尔巴哈人本主义"温性的无神论"更具批判性。洛维特的这一认识无疑是重要的。因为，他看到了现代世界仅仅在表面上是完全"世俗的"，由于它自己的各种发明，它又成为迷信的。所以，对马克思来说，对"天国"的批判转向对"尘世"的批判的要务，就是要反对"资本主义世界最突出的偶像"，即"商品的物神品性"。以此观之，洛维特发现了马克思在把拜物教论作为意识形态论理解时，留下了值得注意的论点，他称引马克思的话说："直到现在人们都认为，罗马帝国时代之所以可能创造基督教神话，仅仅是由于还没有发明印刷术。恰恰相反。顷刻之间就可以把自己的发明传遍全世界的报刊和电讯，在一天当中所制造的神话……比以前一个世纪之内所能制造的还要多。"② 经由这种理解，洛维特已经感觉到"仅仅和费尔巴哈一样把神学和宗教归结为'人的本质'

---

① 弗兰克：《实在与人——人的存在的形而上学》，李昭时译，浙江人民出版社2000年版，第163—164页。

② 《马克思恩格斯全集》第33卷，人民出版社1973年版，第258页。

是不够的，人们必须注意，新的偶像和新的迷信的产生"。①

　　然而，在如何使新的偶像和新的迷信不可能出现这一问题上，洛维特的失误在于：一笔勾销近代历史意识的正当性，推崇"自然"思想，他从其宗教背景的解释中，"发现"了所谓唯物主义观点自身的一个基本困难，在洛维特看来，这一困难就表现在马克思的《〈政治经济学批判〉导言》中，讨论"希腊艺术同现代的关系"时，在那里，马克思虽然对这一困难有着清醒的提示，但却不能解决它。洛维特引述了马克思的如下名言："在罗伯茨公司面前，武尔坎又在哪里？在避雷针面前，丘必特又在哪里？在动产信用公司面前，海尔梅斯又在哪里？……阿基里斯能够同火药和铅弹并存吗？或者，《伊利亚特》能够同活字盘甚至印刷机并存吗？随着印刷机的出现，歌谣、传说和诗神缪斯岂不是必然要绝迹，因而史诗的必要条件岂不是要消失吗？"②

　　但是，马克思继续说道："困难不在于理解希腊艺术和史诗同一定社会发展形式结合在一起"，毋宁说，"困难的是，它们何以仍然能够给我们以艺术享受，而且就某方面说还是一种规范和高不可及的范本"。③ 接过马克思所提出的这一问题，洛维特在对其作了言述样式和知识学基础改变后，向历史唯物主义提出挑战：如果说，历史唯物主义是"国民经济学语言的救赎史"，而以经济条件"规定"作为历史的普遍图式的解释，或者说，视物质生产力为"所有意识形态的决定性因素"，那么，"古老的弥赛亚主义何以仍然能够起作用，并且是历史唯物主义的宗教范本呢？"④

　　在这里我们看到，洛维特对历史唯物主义的批判与他在马克思主义文本中寻找弥赛亚主义和先知主义的根源之可能性联系在一起的。在他看来，正

---

① 洛维特：《世界历史与救赎历史——历史哲学的神学前提》，李秋零等译，三联书店2002年版，第60页。

② 《马克思恩格斯选集》第2卷，人民出版社2012年版，第711页。

③ 《马克思恩格斯选集》第2卷，人民出版社2012年版，第711页。

④ 洛维特：《世界历史与救赎历史——历史哲学的神学前提》，李秋零等译，三联书店2002年版，第53—54页。

像"期待一个更好的未来是毫无希望的，因为很难有一个未来在成为现实时不使我们的希望落空"，① "在科学上论证无产阶级的弥赛亚主义使命观，并通过纯粹确认事实来激励千百万追随者"，这也是不可能的。洛维特觉得，自黑格尔以来以理性把握历史道义的近代思想没有正当性，尽管马克思"信心十足"地像黑格尔所提出的要求那样，确立理性与现实、本质和存在的统一的未来哲学，然而，按照洛维特在宗教上对马克思主义加以解释的立场来看，马克思试图通过争取达到物质资源的尽可能丰富而趋近理想社会，他也就忽视了"如果理性在整个物质现实领域里确实得到了实现，那么，哲学自身也就取消了"。在洛维特眼里，这恰好说明，相比于马克思，黑格尔是"最彻底的唯物主义，而马克思才是真正的唯心主义"，他说："马克思的弥赛亚主义如此彻底地超越了现存的现实，以至于他不顾自己的'唯物主义'而维护末世论的张力，并由此维护他的历史构思的宗教动机。"②

当然，在我们看来，马克思若仅仅是一个颠倒了黑格尔的"唯心主义"的"唯物主义者"，那么，他将像他同时代的唯物主义者一样，影响短暂且仅仅局限在学院中，或者说，他只是一个费尔巴哈式的"理论家"。在这一意义上，马克思将的确并不比黑格尔这位"辩证的唯心主义者"更加"辩证的唯物主义"一些，尤其在马克思早期的一些著作中，这一点是非常清楚的，马克思同样接受了黑格尔的作为一种普遍法则的辩证运动概念。然而，在神学思想界对于历史唯物主义的批判，并不是因为马克思的"唯心主义"立场，而恰恰是他的"唯物主义"基础。这种明确的表述同样可以在所谓"新政治神学"的代表默茨对历史唯物主义的质疑中找到。默茨反诘马克思主义对可能未来的前瞻说，"什么是为普遍正义和一切人的共同一致的主体之在而进行的历史性斗争的动机基础？最终依靠自然或者依靠物质

---

① 洛维特：《世界历史与救赎历史——历史哲学的神学前提》，李秋零等译，三联书店2002年版，第243页。

② 洛维特：《世界历史与救赎历史——历史哲学的神学前提》，李秋零等译，三联书店2002年版，第60—61页。

的自由辩证法的根基不是比任何宗教更纤弱吗？将历史理解为辩证的解放史的观念，无论如何都不可能（只要它自认为不需要而且反对宗教）从演化论思想的旋涡中脱身"。① 同默茨一样，多数神学思想家认为，假如历史辩证法最终只能将它的继承了基督教之解放旨趣，建立在强加于物质或者自然本身的自由目的论上，人必将被埋葬在技术经济结构主义的坟墓中，历史本身也将成为"无主体的进化论"逻辑的俘虏。而政治生活则被引上纯实用主义的轨道，甚至革命行动的引发差不多也只是纯然的"技术经济过程"的技术操作，因为其余的一切已由自动使一切关系发生革命变化的经济发展的自发过程实现了。在这种情况下，默茨认为："解放的社会在产生新的受难史：工业化和技术工艺使一种新的、直达行星的适应性和未成年状态之机械论运作起来。"② 按照他的这一说法，对此负有责任的是在现代科学知识的种种思考模式中，所具有的统治自然的知识模式，以及（相应的）对一种自然主义的科学概念的绝对化。它导致现行的历史观念"几乎避而不谈历史此在之被战胜，和失败的、受贬抑和被忘却的希望"③。

至此，我们已经看到，在物质力量决定世界历史结构和社会关系的外部现实领域，而使宗教哲学总是显得软弱无力的今天，神学家们不得不考虑神学是否应该并如何具有社会批判的参与能力，以便达到关注人的心灵现实及其超越的目的。因此，一个富有刺激性的对比是，当神学家们强调马克思主义起源自救赎史末世论，认为，共产主义的深刻含义与基督教精神是一致的时候，这在很大程度上是作为马克思主义的社会批判理论在社会话语中的竞争对手出场，并且依赖于将传统马克思主义与"自然主义""经济决定论""技术决定论"置于同一层面，将马克思的思想与发展马克思的思想的马克思主义者们的学说区分开来，从这一角度看，许多神学思想家相信马克思的历史观念背后的现实推动力就是犹太弥赛亚主义、先知主义以及犹太人对无

---

① 默茨：《历史与社会中的信仰》，朱雁冰译，三联书店 1996 年版，第 81 页。
② 默茨：《历史与社会中的信仰》，朱雁冰译，三联书店 1996 年版，第 128 页。
③ 默茨：《历史与社会中的信仰》，朱雁冰译，三联书店 1996 年版，第 117 页。

条件正义的支持。

这里似乎举出薇依的名字就足够了。在薇依看来，"马克思许诺的自由从其经济——社会的分析中是推导不出来的，也是社会革命不可能带来的。即使到了共产主义社会，劳动者处于劳动过程之中的实际存在的性质，也不可能改变"。其原因在于："劳动者的受奴役状态从个体的实际存在上看，并不是由于所有制，而是由于劳动的操作过程本身造成的。"① 不用说，既然劳动是受生存的必然性支配，要免除劳动中包含的奴役因素，"靠任何革命都不可能，只有通过宗教：没有永恒之光、没有诗、没有宗教的劳动就是奴役"。② 在这种劳动神学的考量下，薇依认为，把马克思视为一个"唯物主义者"大概只是出于"误会"，"马克思要建立的是一种劳动哲学，而一种劳动哲学不是唯物的"。③

薇依的这一说法表明，如果在马克思哲学的意义上理解"唯物主义"，那么应充满永恒之光和应有宗教之维的"劳动哲学"，当然就不是"唯物"的。在这种关于"唯物主义"的基督教神学读解中，用蒂里希对马克思主义与基督教根本区别的说明，来质询薇依的劳动神学，乃至一切试图在马克思哲学中寻索宗教之维的做法，都是同样有效的。按照蒂里希的看法："辩证唯物主义与基督教神意信仰之间根本性的对立既不在于辩证法也不在于唯物主义的成分，而是在于这两种观念之间的对立：在马克思看来，决定历史的是纯粹的历史内在因素；而在基督教观念中，支配历史的则是历史内在因素和超历史因素的结合。正由于马克思主义中完全不存在超历史的成分，这就使它与基督教形成对立。但是，基督教与马克思主义之间最终具有决定意义的对立，不是思想上的对立，而是实践中的对立，即实现生活的两种可能。基督教是从介于时间和永恒之间的立场上来看待人类的处境，看待人类历史的。……马克思主义则把人类的处境，包括人类历史理解为完全受时间

---

① 刘小枫：《走向十字架上的真》，上海三联书店 1995 年版，第 184 页。
② 刘小枫：《走向十字架上的真》，上海三联书店 1995 年版，第 185 页。
③ 刘小枫：《走向十字架上的真》，上海三联书店 1995 年版，第 170 页。

束缚的,因此,它只求建立在时间之内的社会组织。"① 这样看来,马克思由犹太人问题的解决想到人类的解放,虽被人指摘为"乌托邦"或是在做神所做的,但是由于马克思并不是从概念、意志等形而上学概念即蒂里希所谓的"超历史的成分",去诠释犹太人的社会存在,相反是用犹太人的经济行为去理解犹太人的宗教意识及民族特性,并且对基督教的批判着眼于对宗教与国家的批判、着眼于全人类的解放,就是完全合法的。我们可以推断出,即使人们相信马克思可能"深受犹太教和基督教思想的影响",这完全是将宗教概念扩大的结果。这样一来,马克思哲学是否还能维持自己的独特的品位,就成了一个问题。

---

① 何光沪选编:《蒂里希选集》,上海三联书店 1999 年版,第 58 页。

第二章　原初的自然

　　作为 19 和 20 世纪思想特征的"历史感"和"历史意识"，必然确立起一个无神的世界，而把世界非自然化为对象性的制造物，这是一个被海德格尔看做为脱离了自然的生存、无根或无家的生存世界，是一个"异世界化"（entweltlichten），一个无神的人性化世界。因此，海德格尔在存在论上返回希腊的提案就是着眼于在"Physis"和"Logos"、自然和人之间发现一种"和谐"的目的论，并通过康德的自然理论之形而上学根基的追溯，揭示了形而上学的存在—神学及其归属于它的科学—神学机制。"存在"的"变无"之海德格尔哲学的主题，瓦解了科学研究中的自然理性与上帝之道启示的二分。海德格尔藉诗性的道说，以求得自己思想（一种非对象化的思与言）发展的机制，显露了海德格尔之思的伟大的天真质朴，由此海德格尔所能想像的"那种曾用工人的双手建筑起铁路的精神"（马克思语）的更高的事务，却是"制作一个衣柜"那样的手工活，着眼于此，海德格尔离马克思有多远，也许会得到严密的揭示。

　　后期海德格尔哲学往往被人批评为遁入一种漂浮的宗教语态，以诗化之思代替宗教品质的贫乏，而只会凿空蹈虚。如果哲学的现实性要从海德格尔止步的地方开始，那么，这个起点想必要从开掘"第二自然"观念着手，众所周知，"第二自然"概念有复杂的语义，在马克思的《巴黎手稿》中，讨论自然历史观念时，"第二自然"概念直接意指"人化自然"概念，如果我们联系青年卢卡奇的《历史与阶级意识》中的"第二自然"，那么"第二自然"概念源出于黑格尔，在他那里，就是资本主义制度的同义语。如果我们再像阿多诺那样使用海德格尔的"假象"（Schein）概念来说明这一概念，那么"第二自然"就是以技术为核心的"貌似"自然："貌似"的概念是用来说明"第二自然"尽管有其虚幻的一面，但是它首先是一种客观存在。

因此，历史上首次使生产力的快速发展成为可能的资本主义生产关系，并不像人们习惯理解的那样，在某一点上会成为其进一步发展的障碍：生产力已经超出了其框架，它需要新的社会关系形式。按照斯拉沃热·齐泽克的说法，马克思本人无意勾勒如此简单的进化论观念。问题的关键在于仔细理解马克思在《资本论》中揭示的"资本的限制就是资本本身"这一思想，正是资本的这一内在限制、"内部矛盾"，驱使资本主义进行"永恒"发展，因此，对"第二自然"即资本主义的超越就必须在其中并依赖它才能够实现。

面对资本主义，海德格尔与马克思不同，海德格尔的存在所追求的那种原初性和直接性，在其归根结底的意义上是主张从某一个原初前提出发去推断一切，这就决定了海德格尔对普遍的技术化之形而上学本质、对资本主义这个存在直接性的当下持一种非批判的态度。这也是我们在作马克思和海德格尔的技术哲学比勘时所需要预先把握的。

第一节　作为"Physis"的自然

一、"自在之物"与作为"存在问题"的引论

如果说自然这个有待解码的"大文本"在康德那里是用数学、物理学语言写成的，那么在海德格尔那里就可以说是用诗（思）的语言写成的，这在很大程度上是与传统哲学和科学思维格格不入的。但是，一般说来，海德格尔的自然阐释理论是从康德哲学出发的，海德格尔自己把对康德《纯

粹理性批判》的解释视为"存在问题"的引论，而试图把康德建构的现代科学认识论世界还原到"在世界之中存在"的结构。

众所周知，自康德划分"现象"（表象）与"自在之物"（物自身）的原则区别以后，自在之物（thing-in-itself）问题就是康德哲学中最费解的问题之一。它之所以费解，是因为要阐述这个问题，似乎不可能不自相矛盾：我们越是理解康德的"自在之物"与"现象"的原则区别，就越是觉得远远没能把握它。按海德格尔的存在之思，无论是以多么粗浅的方式来理解它的意义，我们都得从成了"自然科学"研究"对象"的自然观念，返回到希腊哲学时期与其相对应的"隐匿的自然"观念，倘若自然不是隐匿的，以自然为根基的"自然科学"就是不可能的；反过来，"自然科学"及其所营造的意识形态和技术世界整体有着隐匿自然的趋向和功能。这意味着我们有自在之物的知识，但不是科学的知识，而是哲学的知识，这种知识应当告诉我们什么是"自在之物"。

因此，当康德坚持"自在之物"的观念是他的哲学中的一个基本因素时，他却逃避了如何思考它这个最困难也是最重要的问题。对此有一种解释说：当康德执著于"表象"的思维方式，他就无法接近"自在之物"，实际也就是不能接触到"物"，因为"表象式思维"首先是把"事物"立为"对象"，对事物作一种"观念化"的把握，从存在论上区分个别事物表现出来的现象和通过"形式化"和"普遍化"方法形成的本质（概念、观念）。于是，这个"本质"不在（个别）事物中。也就是说，"现象"不是"物（自身）"。这样，康德实际上只是在存在者层次上强调称引存在的"自在性"，把自己心目中的"自然"——它是意味着只有少数人，譬如物理学家能理解的自然——理解为一种产物，一种根本上是理性和必然地看待事物的人类方式的产物。当我们问这些事物本来是什么的时候，康德只能简单地说，我们不知道。

深入地看，这里的康德大概难以摆脱古代存在论的那种意见：人们在"存在"一词上不能思考什么。这等于在否定的意义上说，"是（Sein，又译‘存在’)显然不是一个实在的述项；就是说，它不是可以加在一个东西的概念之上的某种东西的概念"。① 存在何以不能被看做实在的谓词呢？对康德来说，一个实在的谓词，在判断中，并不回答主词所指称的事物是否存在，而是回答它是什么。例如，着眼于石头来看，"重的"这个谓词是一个实在的谓词，不论这块石头是否现实地存在。因此，我们可以表象"石头"一词所指称的东西，而这种被表象的东西未必像一块一向恰恰现成的石头那样实存着。如果我们这样来确定康德意义上所思考的"实在的"一词，那么"存在"在逻辑上来说，只是一个判断的连系词，"只是对于一个事物或者对于某些自在的规定本身的断定"。②

由于康德说：存在"只是断定"，"只是"在此意味着："纯粹"③ 这个"存在"是绝对的，亦即是它独立于主体的判断。它不是"物性的东西"或"对象性的东西"，"存在"这个概念对表象式思维来说，仍然是最晦暗的概念。不过，这个"只是"、这个"晦暗"，并不意味着黑格尔说的，自在之物是没有任何特殊规定的纯粹的存在，或一般的存在。因为，在上述解释背后，一般的存在在特殊性上是无，一个局限在绝对精神范围之内的"无"，"无"等于空无或纯粹的否定性。这样，在康德那里晦暗的"自在之物"倒被黑格尔说成是所有事物中最容易认识的：当我们努力去描述它而失败时，并非因为我们不能理解其本性的奥秘，而是因为我们对此再明白不过了——它根本没有可描述的东西。

在这里，黑格尔思考康德的自在之物的关键在于没有像康德那样，对知识与科学作特殊的限定，他否定了科学思维对知识称号的排他性的要求权，这也就否定了自在之物是不可知的观念。④ 故此，黑格尔的精神现象学也曾走到了主客未分的"前"维度里头，试图以此作一个引子，把他的概念式

---

① 康德：《纯粹理性批判》，韦卓民译，华中师范大学出版社 2000 年版，第 535 页。
② 海德格尔：《路标》，孙周兴译，商务印书馆 2000 年版，第 530 页。
③ 海德格尔：《路标》，孙周兴译，商务印书馆 2000 年版，第 530 页。
④ 参见柯林伍德：《自然的观念》，吴国盛等译，华夏出版社 1999 年版，第 133 页。

的哲学引出来。黑格尔深信，自然中充满能动的否定，物就其本身来说都努力"想"变成某种确定的东西，但这个朝向其自身目标的收敛过程，虽永远达不到相符的那一点却总是通过绝对的自身显现而无限接近。这就是为什么自然规律被现代科学家们称为统计规律的原因。

然而，根据统计规律去解释一个自然系统的演进，它只能解释某一状态如何依决定性或几率性定律由前一状态演进而来，而不是解释该前一状态。显然，靠抽象或某种判断结构往上走到一定程度，终究只能止步于"个别与一般"（直观于知性）之沟壑。因此，无论把说明如何推前，系统总还有再前一状态没有解释。在这个重要问题上的踌躇无能，使康德看到，"我们如此不可缺少的作为一切东西的最后负荷者的无条件必然性，对人类理性来说，是真正的不可思议的。无始无终的时间，威严赫赫……但是在人心上却远远没有留下同样使人十分感动的印象；因为永恒的时间只是事物持续性的度量而不是支持事物的。"① 这里，康德遵循牛顿、笛卡尔的主张，把时间（空间）看做是自然中的根基性的东西，所有的自然事实都在时空这个双重框架中展开。他似乎看到了自然科学必须在自己的时间内，用自己的方法去解决自己的问题，在这里，我们的一切包括哲学在内的支持都归于无用。"最大的圆满也好，最小的圆满也好，以纯然思辨的理性看来，都是昙花一现，绝无归宿"。因此，"自然中许多力量通过某种结果而显示它们的存在"②，永远为我们所难以探究，人们不再能往上攀升。无奈，康德只能心存畏惧而仰望苍穹。

眼下，我们依海德格尔的观点指出，康德是在哲学神学的问题域内表达出上述存在论题的。随着康德意识到，外面空荡荡的天空似乎取消了"我作为一个动物性创造物"的重要性，为挽救超越，必须彰显与自然（必然）相分离的道德的自由，道德自由对康德如此重要，它针对的是对意义（超

---

① 康德：《纯粹理性批判》，卓伟民译，华中师范大学出版社 2000 年版，第 544 页。
② 康德：《纯粹理性批判》，卓伟民译，华中师范大学出版社 2000 年版，第 545 页。

越）具有威胁性侵蚀的"物质的无目的的混沌"，对一个世界这样的祛魅和理性化以前总是通过宗教的关怀才能见到。所以，康德虽欲掩盖创世主上帝的形象，但他不惧怕坦承上帝是混沌的物质的创造者，即使那些认为上帝居住在良知中，外部自然中不再有他的位置的人，也会因为这个混沌的、无目的的自然性，使人类"同地球上其他动物一样屈服于匮乏的一切弊端，疾病和延迟的死亡，并且持留于此，直到一个宽大的墓穴把他们全部（正直的或不正直的，无甚两样）吞没，并且把这些以为自己是创造之最终目的的人，抛回他们曾被从中扯出的物质那无目的的混沌的深穴中"。①

对康德而言，这样一种本质上排除了"知其所以然"的"无目的的游戏的自然"，显然是无法忍受的，他想以自己关于道德的观念温暖这另一重世界：他先敉平了哲学家的自由与普通人的自由之区别，并把所有人都提升到"绝对自由"的状态，借此，康德说，我们的道德观念应当有力量，且这样发生影响，"似乎"一个上帝在照看，而人们也可以这样看待自然：一方面，如果自然脸上标着为了存在而需要依靠于别的东西的记号，那么这个别的东西就是人心。自身处于混沌中的自然只能有规律地和有秩序地行事；另一方面人同样也可以这样看待自然，"似乎"自然里面有一种秘密的目的论在工作。康德容忍了"领悟上帝在场的神秘主义"。海德格尔从中获得了一种经验：形而上学是"存在—神—逻辑学"（"存在—神—学"），对海德格尔来说，这也等于说，"科学就是神学"。

二、存在的"变无"

何以"科学"就是神学呢？前面的分析表明，这与如何接近自在之物的问题相关涉。因为依海德格尔，科学之谓"学"（Logia），是由那种知识的系统的发展获得其意义的，在其中，诸科学的对象始终处于论证的关系整

---

① 　引自萨弗朗斯基：《恶或者自由的戏剧》，卫茂平译，云南人民出版社 2001 年版，第164 页。

体之中，并在它们的根据方面被表象和理解。换言之，一切科学知识的推动、保证和传达必须建基于一些确定的知识论假设上，亦即超出科学方法证明的形而上学范畴之上。依此，传统形而上学在"根据"和"由根据而产生的东西"之间作区分，实际上是在"自在之物"或"物自身"之外，或背后，设定尚有另一个"物"为其"自身"，最后合乎逻辑地要请上帝进入形而上学中。所以，近代的许多科学家把自然作为上帝的启示也就不足为奇了。尽管人们注意到，牛顿几乎是在晚年才加入了"启示"的观念，所以对于牛顿来说，自然可能是要比《圣经》更为真实的天启之源。但是对于众多的人来说，"自然是一本'艰深的书'，只有少数人能理解。因此更多地依靠《圣经》才更稳妥"。①

由此，人们认识到，当科学和理性的权威如日中天时，安身于科学夹缝里，寄生在理性的空隙中的上帝，实际上必须先是科学的上帝，才能真正成为科学所不能及的科学边缘及外缘的上帝。或像《时间简史》的最末一段那样说，只有当我们寻得有关宇宙存在及人类存在的缘由时，我们才能理解上帝的思维。但对于西方人来说，纵使科学家发现了宇宙的大统一理论，一切现象都是自然现象，最终（至少在原则上）都可以有科学说明，但依然需要一个自我启示性的自然或存在概念。使之消除自然与上帝之道的区别。

决定性的事情是，"在我们的时代，海德格尔是第一个企图讲一种完全无神论哲学的人"。② 只要我们仅仅以历史学方式搜寻哲学史，我们便发现海德格尔关于"存在"的思想的最大论敌，就是那种产生着作为存在者整体的整体性（存在者的统一性）的根据的存在—神—学。只是因为，在海德格尔那里，那存在—神—学的概念已让位给一种"变无"的思想，"它第一次真正是'存在'的'变无'，因为它不再是从先立定存在者的全体出发

① 泰德·彼得斯等编：《桥：科学与宗教》，中国社会科学出版社 2002 年版，第 199 页。
② 海德格尔等：《海德格尔与有限性思想》，孙周兴等译，华夏出版社 2002 年版，第 78 页。

被思想的了"。① 海德格尔明确地认为，基督教的创世理念否认"从'无'生'无'"这句话是真理，并且在上帝之外一无所有这一意义之下给"无"一种改变了的意义：从"无"生被创造的"有"。于是"无"就变成了与真正的"有"，与"至上之有"，与作为不能被创造的"有"，即上帝相对待的概念。② 由此清晰地显露出，西方总的说来是"有"的哲学路线，无论他们如何规定有、无的关系，他们第一个范畴总是有，关于这一点，与萨特所见相同，在《存在与虚无》中，他看到了形而上学集大成者黑格尔的逻辑学不是从"无"开端，而是从"有"开端的。③

这样就清楚了。创造的观念本身是一种宇宙论的观念：一切存在者的存在事实上是被创造物。"被创造"意味着在前基督教的古代宇宙论的"世界是永恒的自然"之"永恒"的品性不再存在，其"自然的"品性被改写成"被创造的"，亦即"非自然的"或"反自然的"。上帝则是笼罩自然世界的超自然的"不速之客"④，永恒的自然世界由于被超自然地重新奠基而成为在各种偶然性和局限性底下徘徊的东西。也就标志着一切被创造的东西的非存在的可能性特征。因此，我们懂得了"为什么笛卡尔和康德能提醒我们世界的创造者，远不止是世界的安排者或建筑师，因为没有什么东西，既没有观念或本质，也没有物质或存在，不依靠他"。反过来，只有被创造物在上帝面前显现出有限性，从而才能设想造物主的功能。这也就是康德虽赋予人心一种全新的造物主的能力，却坚决主张区别知性的直观和感性的直观的道理。也由于这样，海德格尔的此在之此具有有限性的含义，绝不是以上帝为中心的神学语境中的有限性理论，不仅如此，它所涉及的"无"绝对不能从与"非存在"和"否定"概念相提并论的古典形式和近代形式意义

---

① 海德格尔等：《海德格尔与有限性思想》，孙周兴等译，华夏出版社 2002 年版，第 94 页。

② 参见孙周兴选编：《海德格尔选集》，上海三联书店 1996 年版，第 150 页。

③ 参见萨特：《存在与虚无》，陈宣良等译，安徽文艺出版社 1998 年版，第 43 页。

④ 参见萌萌主编：《启示与理性——从苏格拉底、尼采到施特劳斯》，中国社会科学出版社 2001 年版，第 250—251 页。

上去理解。海德格尔主张"'无'比'不'与否定更原始"。世界并不是来自神，而是来自"无"。"无"乃是"无底的深渊"（abyss），而且正因为是这非现成化的"深渊"，它"在"，但是尚未在出特定的东西来，我们特化认识活动中的"存在者"才有可能。

要正确地对待上述关于"无"的谈论，就需要"在无中去经验为每一存在者提供存在保证的那种东西的宽广性。那种东西就是存在本身"①。这就是说，无是作为存在而发生作用的。在《形而上学是什么?》的"后记"中，海德格尔终于在追问"无"的问题的长长的一系列步骤实行之后说："无"作为存在者不同的东西，是"存在"的"遮盖"。② 这意味着存在在放出存在者之际自己却隐遁了，我们也可以依照皮罗的想法，把这种"存在"的"遮盖"叫作"存在"的"变无"。在这里，海德格尔追究"无"的问题引向追问存在如何作为历史现象而演历，并且在这现象和演历之际自身隐遁。这无非又是说，"无"是作为"存在"而成其本质的，"无"是"使存在者作为存在者对人的此在启示出来所以可能的力量"③。如此理解，"存在作为虚无"在海德格尔的存在的历史观中形成了主题。

简而言之，海德格尔这样谈论"无"的目的，一方面是要揭示科学和形而上学对"无""置之不理"的实情："无"之所以在科学和形而上学之外的异域，乃是因为一个有科学理性的人，他怎么会相信"无中生有"呢?对于科学和形而上学来说，只有事实上是现成的东西才能够也成为其他现成事物的原因。另一方面则是解释这个原本是安然自在的物之"憩息于自身之中使自己归于无的性质"，此在不能将这个"无"作为现成存在者摆弄在眼前，为这个自在的世界寻找根据。为此，我们应当遵循海德格尔为我们准备的路径，到"无"的境域中去体验那给予一切存在者的存在之根据的东西，这个东西就是存在本身。

---

① 海德格尔：《路标》，孙周兴等译，商务印书馆 2000 年版，第 357 页。
② 海德格尔：《路标》，孙周兴等译，商务印书馆 2000 年版，第 364 页。
③ 孙周兴选编：《海德格尔选集》上卷，上海三联书店 1996 年版，第 146 页。

这就使我们懂得了海德格尔所提示的，如果存在给予思考的话，那么就必须从希腊的方式来领会为"Physis"（一般译为"自然"，又可译为"原在"），它的含义是：出自自身的绽开（例如，玫瑰花得其时机或机缘而开放），揭开自身的开展，以及在如此开展中进入现象，保持并停留于现象中。① 简略地说，就像火焰是火的自我表象一样，自然中的事物也是那"有大权能者"（the overpowering），或"存在之威能"之显现。对于希腊人来说，存在不是疏远的神，而毋宁说是在神旁边，在自然中出场，并且自我呈现。所以，海德格尔心仪于荷尔德林的诗。他阐释说，荷尔德林在《如当节日的时候……》一诗中，把"自然"称为"创造一切者""平整一切者"和"神圣者"。在其最深的意义上，海德格尔视自然、Physis、神明和存在是同一的。

当然，海德格尔的这样一种"自然"概念免不了让人想起启示。但它与宗教的启示概念还是有别的，因为它使自然或作为Physis的存在成为自我启示性的，从而在前基督教和基督教宇宙论这一源头上调校了自然的生成与上帝之道的紧张。施特劳斯因此评论说："随着自然与启示间差别的消失，理性与信仰、自然理性对自然的研究与通过上帝启示之道的信仰而来的上帝知识之间的传统差别也消失了。"②

正因为这样，对海德格尔信的那个神，他所思索的宗教问题、信仰问题，还得做非常纯粹的解释学工作，在此无法细述这一工作，但有一点是清楚的：由于海德格尔对传统神学的"解构"，使他深信，他的存在论不再能以传统的神学的形式得到论证。他认为，着眼于古代希腊人所经验到的东西，我们必须把称之为Physis的东西，奠基于一种对"在"的"诗—思"的基本经验中，自然—存在才向我们显现，自然—存在的显现"传呼"着人。

---

① 参见海德格尔：《形而上学导论》，熊伟等译，商务印书馆1996年版，第15—16页。

② 引自刘小枫主编：《施特劳斯与古典政治哲学》，上海三联书店2002年版，第508页。

　　此间有人张扬了这样一个问题：对于海德格尔而言，"自然"或"存在"必须通过人的实际生存状态才能得到非概念化的"原发"理解，可见，"自然"或"存在"的显现需要人的关注。但是这并不是说，反过来应确证为关注人的人本主义。事实上，由于人本主义对自然的"错误"认识，开创了无神论的人本主义的统治，就正如开创了一种基督教的统治一样，这里的整个问题是要知道：自然—存在为什么竟要显现？海德格尔的回答只能是：不是自然—存在要求显现，自然—存在就是显现。正如，"玫瑰花开放——不为什么"。这个意思也当照自然乃是海德格尔意义上的自行开启来理解。海德格尔从对古希腊的 Physis 的分析而发现作为"涌现"的自然，自然是涌现，涌现之涌现则是无蔽（真理），同时，自然的涌现是在言说中的涌现，言说出来的涌现就是逻各斯，这就是真理与逻各斯从自然的道理。因此，海德格尔阐发荷尔德林的诗说："只有当自然先于一切提供出敞开域，而在此敞开域中不朽者和能死者以及任何一个物才能出现和照面，这时候，一切个别化的现实事物在它所有关联中才是可能的。敞开域促成一切现实事物之间的关联。一切现实事物仅仅起于这种中间促成，因而是被促成的东西。这样的间接者仅仅根据间接性而存在。所以，间接性必然存在于万物中。"但是"敞开域本身就是直接者，因此，没有一个间接者，无论它是神还是人，能够直接地达到直接者。"① 这无疑说明了为什么我们，包括任何人，"接近"以"自身为依据""安于自身"的自在自持之物的困难之所在。

　　在海德格尔那里，自在自持之物之难以逼近，就在于"朴实无华的物最为顽强地躲避思想。"而"让物在其物的存在中不受干扰"、"在憩息于自身之中使自己归于无的性质"就是物的本质。② 就像自然"先行""微笑者"为人类建造"田地"——人类于其上生活和借以生活的一切——一样，

　　　　———————————

　　① 海德格尔：《荷尔德林诗的阐释》，孙周兴译，商务印书馆 2000 年版，第 71 页。

　　② 海德格尔：《林中路》，孙周兴译，上海译文出版社 1997 年版，第 15 页。

自然之美妙"从前"就在万物中当前现身，"毫不费劲，轻快欢乐"，因而不受人"几乎没有感受"那里所发生的东西这回事情的影响。也是恰恰以这种"几乎没有感受"的方式，"大地"本身达到敞开域之敞开状态。相反，只是着眼于利用自然提供出来的东西，急促于可抓住的事物。物自身终究是幽闭的，它拒绝我们向它穿透，例如，一块石头，我们感到它的"负荷"，但是要是我们砸碎石头而试图穿透它，石头的碎块很快一仍其旧地隐遁到其碎块的负荷和硕大同样的阴沉之趣中去了，它却绝不会显示出任何内在的和被开启的东西。倘若我们把石块放在天平上，石头的沉重也只是被我们带入重量计算之中而已，而"负荷"又从我们这里逃之夭夭了。[①] 由于这种接近事物的态度，任何一个事物就只还"是"它作成的东西而已；我们几乎无可能真正接近事物了。这正是一种与"物"为敌的"表象式思维"的后果。在这一视域中，物就这样显出"失去其自身"而又使世人无不沉醉于"物"（表象）的现代性的两副面孔。海德格尔断定，惟有一种别具一格的非对象化或客观化的思想与道说，例如，作诗，方为接近"物"的自在存在开辟了一条道路，海德格尔相信，自然轻柔地拥抱培育着"未来的诗人们"，所以"诗人们作为被吸纳者知道神圣者——自然"。

三、召唤思的东西与手的劳作

以一种相类于诗的思，我们才可能把握事物的自身存在，因此，海德格尔形成了一种独特的"事物"观，其主要结论是，在一个完全由技术本质所统治的时代里，物之为物不再是"无阻碍地"可接近的了。海德格尔的话被许多人鄙弃为或多或少染有宗教性的寂静和宗教神话般的浪漫主义。然而，若消解了海德格尔在哲学上的一切神话化地对待自然的不真之处，和认真对待这一结论的界线，我们应该同意他的结论。因为海德格尔并不否定科学及其成就，而只是说明有另外一种道路：诗或艺术的语言最具有发生性或

---

① 海德格尔：《林中路》，孙周兴译，上海译文出版社 1997 年版，第 30—31 页。

生成性，它不在乎说"什么"，而只在乎一种维持在悬而未决的、境域性的、激发性的意义。从诗或艺术道路去接近物的自在存在的确是一个方向。对于这一点，马克思在探讨希腊艺术同现代的关系时表达得很明确：他说，社会的发展绝不是这样一种发展，这种发展"排斥一切对自然的神话态度，一切把自然神话化的态度；因而要求艺术家具备一种与神话无关的幻想"。[①]马克思强调，就某方面说，作为一种"规范"和"高不可及的范本"的希腊艺术的前提就是希腊神话。在强调古希腊的物质生产发展落后性的同时，他指出了古希腊美的标准的永恒性和内在性（immanence），"不是随便一种神话，就是说，不是对自然（这里指一切对象的东西，包括社会在内）的随便一种不自觉的艺术加工"[②] 就成为希腊艺术。在马克思的著作中，没有一处可用来支持这样的观点：物质生产的发展和艺术的繁盛之间存在严格的平行对应关系。相反，如同马克思所说，当艺术作为"生产"出现，它们就再不能以那种在世界史上"划时代的、古典的形式创造出来"。因此，马克思询问自己"为什么历史上的人类童年时代，在它发展得最完美的地方，不该作为永不复返的阶段而显示出永久的魅力呢？"答曰：希腊艺术对我们所产生的魅力，同在其中产生的那些"未成熟的社会条件永远不能复返这一点分不开的"，[③] 因此，马克思完全同意海德格尔的这样一个观点：本真意义的艺术和艺术品，首先并非因为它是作出来的，造出来的，而是因为属于此历史境遇中，引致一种非客观化的思与言接近物的自在存在。

这里可指出三点：其一，从诗或艺术道路去接近物的自在存在是一个方向，但是显然不是唯一的方向。除此之外，感性实践活动是一条更基本的道路。其二，人们对于不朽的作品和艺术的永恒价值的起源的谈论，尽管完全是一个历史范畴，但却与发生学没有关系。起源这个术语不是给出某种性质，这种性质能保证其生成者的现实存在，从而成为某个实在的东西。相

---

① 《马克思恩格斯选集》第 2 卷，人民出版社 2012 年版，第 711 页。
② 《马克思恩格斯选集》第 2 卷，人民出版社 2012 年版，第 711 页。
③ 《马克思恩格斯选集》第 2 卷，人民出版社 2012 年版，第 712 页。

反，起源与其生成者都处于历史之中，就此而言，起源从来不在赤裸明显的现实存在中显现，它只意味着一种因缘，因缘乃是世内生成者的存在之存在论规定，生成者在这个因缘中，随缘起落。不言而喻，不朽的作品和永恒的价值，首先植根于一种非对象性或客观化的思维。其三，马克思虽然与海德格尔一样，是深得"还原精神"或"返回步伐"的思想家。他们都看到了古希腊思想家思考的自然—存在，其深度和广度是没有任何后来的"物理学"有能力去重新达到的。因此，在对 20 世纪传统哲学的怀疑与自我批判中，海德格尔的工作与马克思的工作相关联，已得到人们的注意。但是，海德格尔离马克思有多近，还未被严密地提出来。关于这一点，可从其导师胡塞尔的"生活世界"说起：

晚期胡塞尔返回到从传统看可以说是哲学"外部"的"生活世界"，努力从那里发现哲学思考的源泉，所以，黑尔德指明，胡塞尔对生活世界的思索"可以有助于防止那种如今日趋常见的、对科学与文明的厌倦，不至于转变为某种为年轻人所容易接受的、浪漫主义的、向完全前科学和前技术世界的返回"。① 这种考量很容易引出这样的看法，胡塞尔离马克思比离海德格尔更近一点。

我们不妨进一步来看，这一返归步伐必定要遭遇各自完全不同的困难。此困难在海德格尔那里是语言，西方的诸种语言是形而上学思维的语言，也是由于这个原因，诗最终在海德格尔追究作为存在的生成性开端中，取得了崇高的地位。然而，诗人虽"说出了神圣的东西"，但是要做到这一点，诗人像其他艺术家一样，也得等待，在等待中诗人呼唤着神明，寻求着恰当的语言来表达神明的暗示。这种困难阻碍了海德格尔的自然（存在）阐释学的语言可传达性。而在马克思那里，自然概念都是所有时期著作中，最重要的范畴之一。经过劳动形成的人与自然的相互作用对于马克思来说是接近

---

①　引自胡塞尔：《生活世界现象学》，倪梁康等译，上海译文出版社 2002 年版，第 1—2 页。

"物"的关键。然而，马克思的"自然"一词何所指？在理解上仍存在着困难。我们说，在马克思那里，已经抛弃了"实体"的存在概念，关系的原则成了存在论的基本规定。在《德意志意识形态》中，马克思、恩格斯指出："费尔巴哈特别谈到自然科学的直观，提到一些只有物理学家和化学家的眼睛才能识破的秘密（即普通人的眼睛所看不到的真相——引者注），但是如果没有工业和商业，哪里会有自然科学呢？甚至这个'纯粹的'自然科学也只是由于商业和工业，由于人们的感性活动才达到自己的目的和获得自己的材料的。这种活动、这种连续不断的感性劳动和创造、这种生产，正是整个现存的感性世界的基础。"[1] 针对这样的理解，"自然"似乎就意指着海德格尔存在哲学意义上的存在者的一个特殊领域。实在论者就会恶意地老生常谈，人的感性活动实际上所能涉及的，只不过地球表面的有限的一部分，而大宇宙的自然不是与人的存在以及活动基本上不相干地存在着吗？还有，从"真实存在的原子"这一层面来看，自然难道不是与工业和商业往来以及社会状态无关地独立自在着吗？既然如此，自然界、外在物质世界便是在"人类出现以前就已经存在"，并且构成了其他一切事物及其存在的基础，自然本体论也就无可置疑了。如果是那样的话，声称"自然的历史和人类的历史是不能分离的"，而构想出"惟一的科学"——"历史科学"，岂不有失恰当？

　　同样，这样一个自然界，一个你、我只能生活于其中的那样一个自然界——"生活世界"，它的存在的前提在现象学上未被澄清、未被证实。因此，马克思与胡塞尔乃至海德格尔虽然同样谈论人的实际的生活经验，但后者会认为不能用马克思这种谈论方式去谈论；不能把"自然"的"生长"理解为"量的增加"——工业和商业往来；也不能用"（社会）发展"这样的词语来描述；更不能使用"先于人类历史而存在的自然界是不存在的"判断。进而言之，那种从"自然和艺术""自然和精神""自然和历史"

---

　　[1]　《马克思恩格斯选集》第 1 卷，人民出版社 2012 年版，第 156—157 页。

"自然和超自然"等以成对对立形式出现的概念去理解自然，一概被海德格尔视为曲解"自然"。在海德格尔的眼光中，技术时代的贫乏恰恰在于对"自然"的理解只能凭借它的"对立概念"。

平心而论，只要使视线畅通，我们就容易消除将马克思的自然阐释理论作明显地带有亚里士多德哲学及新经院哲学本体论特征的解读。在这里，我们首先需要深切地理解马克思在埋藏于《资本论》第一卷注释中的一个附带的说明中，提到的一个对笛卡尔的评论，他说："笛卡尔和培根一样，认为生产形态的改变和人对自然的实际统治，是思维方法改变的结果。"① 马克思这一对笛卡尔的评述很能说明问题，它暗示了：在动物是机器的信念中，笛卡尔是在"用制造业时期的眼睛来看"事物的。我们知道，17 世纪新科学的关键分支点是机器。这个机器最好理解为制造业生产过程中的科学仪器，从这种基本观念出发，经伽利略、笛卡尔等人的发展而形成了"机械主义的世界图景"，并将制造过程扩展到整个宇宙。倘若这种联系不是偶然的联系，相反，制造系统是一种必然推导出新的世界观的话，那么任何深奥的哲学问题，例如，关于人与自然的关系问题，就可简单归结为"实际的生活经验"。马克思对于这个问题的回答在于说明：以"工业"形成的媒介进入统一的"自然"，其中的"自然"如果仅仅以物理学意义上的"自然"论之，那么"人和自然的统一"的确就是一个"高深莫测的创造物"的问题。事实上，马克思从来不会在费尔巴哈更不会在笛卡尔意义上谈论"自然"，或只对"物"做理论上的观察。人们尽可以为了阐明统治自然物体运动的规律，而忽略感性的事物及假定那种对所有物体是共同的统一的物质存在。然而这一点本身仍然表明其受到了逻各斯中心主义的支配，康德的自在之物，实在论的自在自然之设定正是它的产物。在这种到处都是一样的物质假定面前，那个"澎湃争涌"的自然，那个以呼应活生生的实践关切的形式而出现的自然却向我们袭来。这就是马克思所理解的，自然是"工

---

① 《马克思恩格斯全集》第 44 卷，人民出版社 2001 年版，第 448 页。

业和社会状况"的产物。

海德格尔也许不知道，与潜含在对象性思维之下的统治自然的观念必然相联系的，既不是资本主义工业也不是体现制造和创造意志的机器，同样，这一观念本身也不能对贯穿于现代历史中的那些发展现象作出解释。其实，这一观念是由社会和知识生活中一场更大的转变造成的，这个转变使现代人的"行动"取代了中世纪和古代人的"沉思"的最高价值地位。可是，海德格尔却反过来说，多少世纪以来直到今天，缺少的是"思"，而绝不是"行动"。而符合海德格尔心意的"思"是"一项手工活"。与此相应，它所指涉的"物"也是些诸如壶、凳之类的自然而然的物，而不是诸如"人造卫星"，这种"物"在海德格尔看来是没有世界的东西。可以断定，当海德格尔抱怨现代人还不知道"在技术世界中必须从事什么样的手工工业"时，关于哲学的转向如何使得科学和工业结合起来的马克思哲学的主题，也从来不会进入他的世界境域。而就海德格尔具有去思的可能性而言，处于他的兴趣中心的是那双"做衣柜的手"，而不是那双"建筑起铁路的手"（马克思语）。

因此，海德格尔这种对"思"的虔敬，就我们今天坚持一个普遍富强的社会目标和可能把人类从当前的危机中急救出来的拯救力量联系在一起而言，究竟有多大的重要性？若止步于从一个复杂且富有独创精神的海德格尔这里寻找这一问题的答案，势必会将我们带入无数没有出口的林中路。

第二节　"第一自然"与"第二自然"

面对我们所在的世界之普遍的技术化的面貌，马克思和海德格尔都曾以他们各自的方式，道破了普遍的技术化之形而上学本质，他们虽然以诸多方式提出了诸多互不相容的观点，但是这两条路线的交合，应理解为是对技术的基本的和决定性的东西的解释。其他解释的角度，即使它找到了"历史学上正确的"东西，它仍然远非说出本质的东西。因此，对于我们的意愿——马克思和海德格尔的技术哲学比勘——来说，先从马克思的技术观之流俗观念，主要是海德格尔对技术的分析说起，希望借此能进入思索现代技术的更原初的视域。

一、"技术指令自然"还是"自然指令技术"

首先，我们需要考虑的是：马克思在其一生的著述中，其标题使用"技术"这个词的地方很少，也没有使用过"技术哲学"之类的术语①，所以国内学者认为，马克思不具有技术哲学思想。然而，这种一般看法与国外学者对马克思的理论探讨相抵牾。这一点集中反映在马克思分享了"现代主义者"的名分这一假定上。

依诸多国外马克思思想的批判性解释来看，马克思所强调的人的"全部才能的自由发展"，"不受阻碍的发展"的观点，部分来自现代主义已有的社会观与认识论——界定现代范式的宇宙学。以启蒙时代的思想为基础，自身奠基于笛卡尔主义的确定性和牛顿主义的稳定性，尤其是这一思想与工业主义的结合之上，现代主义发展了明确的社会观与认识论。这些观点辐辏于通过技术和"工具理性"以获得进步。多尔指出，这一源自拉普拉斯的观点，也是激励孔德、圣西门和马克思的观点，它在 19 世纪占主导地位，甚至步入 20 世纪时也是如此。对"确定性的信念"，是这一宇宙观的基石，而确定性可通过"工具理性"获得，一旦获得即意味着"真正的结构"——数学和科学的、社会和心理情境的或现实自身的结构——被理解了，人们便可以永远确信宇宙的稳定性②。

马克思的批评者以为，马克思的技术哲学正是奠定在这一现代主义假设之上的。在这种能动主义的自然科学——技术的思维框架里，不难看到，活

---

① 参见乔瑞金：《马克思技术哲学纲要》，人民出版社 2002 年版，第 58 页。
② 参见小威廉姆·多尔：《后现代课程观》，王红宇译，教育科学出版社 2000 年版，第 80 页。

跃着征服世界的"权力意志"。在一个完全由自然必然性支配的世界里，"自由"意味着："人性的（正如物理的）力量、能量得到'释放'，对人来说，在可为其所用的技术手段之间作出选择的自由持续增长。"这种仅仅在力量和手段方面，从而仅仅在物理——技术类的大小等级方面思考的"自由"，就仅仅表现为"去赢得权力的自由，权力的赢得就是技术"①。从这一说法中，马丁推论马克思所期待的"经济关系的革命化行动的引发"，差不多就像仅仅执行一下"按下控制开关"那样的"技术操作"，"因为其余的一切已由自动使一切关系发生革命化的经济发展的自发过程实现了……然而，这种存在于技术中的自由同样局限在技术上。"②

就此而论，当马克思将技术的本质看成就是人的本质或人的本质的表现时，流俗的看法势必就把马克思的技术解释，理解为从根本上具有人类学的或"以人为中心"的特质，技术则被理解为"马克思全部思想的关键和核心"③，进而把马克思的技术解释的主题视为"植根于技术的历史胜利，植根于人类伴随技术的历史进步而实现的人的自由与解放，同时也看到技术带来的异化……并探寻超越异化的出路"。④ 据此分析，海德格尔在陈述危险与拯救在技术中紧密相连时，可能说的也是这个意思：同是给予技术以权力的因素，也可以把人们从技术的魔力中解放出来。⑤ 只是，不同于马克思，海德格尔以一种更加形而上的技术哲学的解释形式，靠近技术历史，以期望在技术哲学中追溯技术的发展的存在论规定，澄清有关技术的存在论问题。

然而，这里需要作细致的辨析，因为，技术的问题在马克思或海德格尔的理论中几经变化。其主要的特征表现为：在"谁控制着劳动过程的问题"

---

① 马丁：《马克思、韦伯、施米特论人与社会的关系》，成官泯译，载刘小枫选编：《施米特与政治法学》，上海三联书店 2002 年版，第 89 页。
② 马丁：《马克思、韦伯、施米特论人与社会的关系》，成官泯译，载刘小枫选编：《施米特与政治法学》，上海三联书店 2002 年版，第 89—90 页。
③ 乔瑞金：《马克思技术哲学纲要》，人民出版社 2002 年版，第 21 页。
④ 乔瑞金：《马克思技术哲学纲要》，人民出版社 2002 年版，第 10 页。
⑤ 参见雅克·施兰格等：《哲学家和他的假面具》，徐友渔编选，社会科学文献出版社 1999 年版，第 207 页。

上，有一个从强调以"人"或"此在"为中心的主体性形而上学，转向一种实践—生存论或存在的历史的理论。从海德格尔后期对"主体性的形而上学"的批判立场来看，"谁"支配着技术过程的问题——也是马克思意义上的劳动是否异化的问题——想必并不是一个无足轻重的问题，由于海德格尔抨击的正是自我设定主体性本身这种范式，所以青年马克思的人本主义立场——他对技术本质与人类本质内在一致性的认识——对海德格尔来说，其本身就是遗忘存在的技术形而上学，和"座架"（Ge-stell）是相一致的。

　　海德格尔打开马克思的早期文稿，念了下面的话："所谓彻底就是抓住事情的根本。而人的根本就是人本身。"（见《〈黑格尔法哲学批判〉导言》）依海德格尔解释，全部马克思主义者以这个论题为依据。这个论题导致在马克思那里，存在着一种"生产强制"，这种"生产强制"又与一种"对不断更新的需求的强制联系在一起"，对不断更新的需求的强制具有这样一种性质：一切强制性地"方生方新着的东西，"同样也直接地已经"变老变旧"，并被"又一个更加新的东西"挤掉并如此继续下去。海德格尔从其中看到了，一旦马克思哲学承认，正是人产生了这一无限循环时，马克思哲学就总是受到技术逻辑复发症的威胁，也就缺乏解脱"生产强制之统治"的力量。① 在历数人的自身生产带来了自身毁灭的危险的时候，海德格尔用"座架"一词来称呼这里出现的"诸强制的共同之处"。

　　综观海德格尔的"座架"一词的含义，它至少有两层意思，其一，放置某物在某处，然后开始搜寻或包围，就如对野兽的狩猎那样；其二，是"挑战"。科学就是人类对自然的挑战，追寻科学真理的过程和狩猎相似。这样，我们探究技术的方法已经支配了科学，而科学是技术的前提条件。从这个意义上说，技术就是人们解释事物的方法，这个方法在笛卡尔的《谈谈方法》里有清楚地说明，它"撇开经院中讲授的那种思辨哲学"，"它是

---

① 参见《晚期海德格尔的三天讨论班纪要》，F. 费迪耶等辑录，丁耘摘译，《哲学译丛》2001年第3期。

一种实践哲学，把火、水、空气、星辰、天宇以及周围一切物体的力量和作用认识得一清二楚，就像熟知什么匠人做什么活一样，然后就可以因势利导，充分利用这些力量，成为支配自然界的主人翁了。我们可以指望的……数不清的技术，使我们毫不费力地享受地球上的各种矿产、各种便利，最主要的是保护健康"。① 在此，海德格尔确凿地看到了笛卡尔的理性主义形而上学的一个重要片段：即要求把万物作为可被利用的物质资源，就像拿取手边之物一样轻易，这几乎标出了"座架"一词的通常含义。但这还不够准确，"座架"一词所指的万物都降到可以随时取用的物质资源的层面上，而且还包括人类自身。"流行的有关人力资源，某家医院的病人资源的说法，表示的就是这个意思。"② 接着，海德格尔异乎寻常地用一种既具体又历史性的方法对现代人的生存状况作如下描述："在树林中丈量木材并且看起来就像祖辈那样以同样步态行走在相同的林中路上的护林人，在今天已为木材应用工业所订造——不论护林人是否知道此点。护林人已被订造到纤维素的可订造性中去了，纤维素被纸张的需要所促逼，纸张则被送交给报纸和画刊。而报纸和画刊摆置着公众意见，使之去挥霍印刷品，以便能够为一种被订造的意见安排所订造。但是，恰恰由于人比自然能量更原始地受到促逼，也即被促逼入订造中，因而人才从未成为一个纯粹的特存物。"③

在这里，严格地说，人已经从对象性的时代进入了可订造性的时代，因此，对海德格尔来说，"再也没有'对象'了，只有为了每一位消费者的'消费品'，而消费者自己也已经被置于生产与消费的运转之中。按照马克思……正是这种生产以及隶属于生产的消费的人。这就是我们现时代的人"。④ 就此，海德格尔断言，马克思作为技术时代的思想家，与黑格尔、尼采一样，在这时期的形而上学中有其地位。

---

① 笛卡尔：《谈谈方法》，王太庆译，商务印书馆 2000 年版，第 49 页。
② 孙周兴选编：《海德格尔选集》下卷，上海三联书店 1996 年版，第 936 页。
③ 孙周兴选编：《海德格尔选集》下卷，上海三联书店 1996 年版，第 936 页。
④ 《晚期海德格尔的三天讨论班纪要》，F. 费迪耶等辑录，丁耘摘译，载《哲学译丛》2001 年第 3 期。

　　按照海德格尔，人诚然能够决定，他愿意采取这个或那个技术行动（就此来说，人是什么取决于他），但是，这个或那个东西借以显示以至于它们才表现为技术上值得意愿的方式，绝不能靠人的意志制造出来。这是由人类学的解释所忽视的一切技术行动的前提。海德格尔无视马克思对"技术"形成和发展的社会基础的分析，而将不可言说的"存在"视为一切技术行动的可能性条件。在他看来，西方思想出现的"存在"的"实体化""人道化"的进程始于柏拉图把人类心灵所领受的事物的永恒形式——理念——视为最真实的存在，而笛卡尔以来的现代思想只不过是以更为激进的方式来展现早期形而上学所预设的东西。从这个观点和角度来看，海德格尔肯定要把马克思的"人的根本就是人本身"的命题理解为形而上学命题。到底是因为在"所谓彻底就是抓住事情的根本。而人的根本就是人本身"。这一命题之中，缺少一个"使得从第一个思想到第二个思想转移得以可能的"中间思想。这个思想就是，"人就是那个所关涉到的事情。"在海德格尔的眼里，马克思如果不先行确定"人所关涉的事情"，那么"作为存在的存在对于人不（nihil）再存在"。当然，这也就意味着"马克思达到了虚无主义的极致"。① 言下之意，海德格尔决意将马克思的思想归属于那个"欧洲历史的基本运动"②。其本质根据就在于马克思仍然习惯于把技术的统治地位视为时代历史状况的原因，并且根据它去分析时代的精神处境。但是，依照这里问题提法的限度，海德格尔认为，每一种对人及其在存在者范围内的地位分析，无论多么有见地，只要它没有去思考人之本质的处所，并且在存在之真理中经验这种处所，那么它就还只是产生一种"沉思的假象"而已。③ 很清楚，在海德格尔那里，马克思仍然很像一个"笛卡尔主义者"。

　　从历史上看，假如，哲学的形而上学特征集中体现于这样一种计划：建

① 《晚期海德格尔的三天讨论班纪要》，F. 费迪耶等辑录，丁耘摘译，《哲学译丛》2001 年第 3 期。
② 参见海德格尔：《路标》，孙周兴译，商务印书馆 2000 年版，第 225—226 页。
③ 参见海德格尔：《路标》，孙周兴译，商务印书馆 2000 年版，第 228 页。

立一种使主体成为"自然界的主宰和占有者"的普遍有效的理性原则，而"从笛卡尔开始了西方形而上学的完结过程"①，那么要对"现代技术"作本质性理解的话，它在意义上确实是形而上学的完结，形而上学的完结意指这样的历史时刻：在其中，"形而上学的本质性的可能性都已耗尽"，亦即存在历史或存在本身的完结，复又是"我们自身的存在者"对自己提出存在问题的完结（存在之遗忘），因此，海德格尔确定，从这个转折开始，必须"不顾及存在者而思存在"，"必须投身到本有之中去，以便从'它'（Es）出发就'它'而说'它'"。② 这里的意思是说，不通过此在，不通过"我们自身的存在者"，而是"从同一种东西出发就同一种东西谈论同一种东西"。③ 在这种看样子什么也没有说的解释存在的语境中，海德格尔已经以一种非陈述的方式，暗示了一条对技术本身理解的返回"自然"之路。

对于海德格尔来说，技术有手工技术和以动力机械为特征的现代技术之分。④ 尽管，任何种类的技术都必然改变自然。但是古代工匠所作出的这种改变，并非被理解为给不活泼的质料加上某种可被理解的形式，而是被看做是对那些已经隐含在自然或者自然材质中的潜能和限度的揭示，并且因此也就是根据这些潜能和限度而对人类意志的调节。比如，一个真正的衣柜匠，他首先得熟悉各种不同的木料，以及木料中蛰伏着的与木料相符的形象，熟悉木料如何以自己的本质的尚未敞开的完满突入人的栖居中去。事实上，"这种对木料的关切即支撑着整个技能活动。没有这种关切，技能就不过是瞎干。"⑤ 在这样一种领会中，技术是在"完成"自然，把已经隐含在自然中的东西"揭示出来"，海德格尔指出，古代技术根本不是一种对自然的促逼，而是"让已经存在的来，到达"，随着柏拉图和亚里士多德用形式——

① 孙周兴选编：《海德格尔选集》下卷，上海三联书店 1996 年版，第 909 页。
② 孙周兴选编：《海德格尔选集》上卷，上海三联书店 1996 年版，第 686—687 页。
③ 孙周兴选编：《海德格尔选集》上卷，上海三联书店 1996 年版，第 686 页。
④ 孙周兴选编：《海德格尔选集》下卷，上海三联书店 1996 年版，第 932 页。
⑤ 孙周兴选编：《海德格尔选集》下卷，上海三联书店 1996 年版，第 1217 页。

质料这一区分理解"技术"（techne），"技术"开始从揭示或解蔽转变成"制造"。这一进程的一个标志是，亚里士多德对"自然"本身的规定以"制造物"和"自然物"的区分为前提，正是这一区分决定了对自然的理解不得不按照与技术相类似的方式施行，既然自然"喜欢隐藏自身"，那么在现代技术中起支配作用的揭示，乃是一种"向自然提出蛮横要求"① 的促逼，由自然之本原所支配的复归于自身的过程也因此被遗忘了。它只有在返回步伐之实行中，克服以技术本原取代自然本原的现代技术观点，才能思考一种人、技术和自然之间的"原发的关系"。

在这种关系当中，技术不是人的发明，也许倒过来说更好。人类学家和生物学家承认，活的机体，哪怕是最简单的如纤毛虫纲，水坑旁的藻类，都是几百万年以前由阳光合成的，已经是一种技术装置了。无论什么样的物质体系，只要能过滤出有益于生存的信息，储存，处理，调整欲求，归纳行为，就是说至少能归纳调整，对保证其生存的周遭进行揭示，就是技术。只要注意技术自然史，从本质上讲，人与其他动物相比，其捕获信息的装置并无特殊之处。② 我这个从利奥塔那里拿来的观点，大致适合于海德格尔的技术解释，因为，事实上，海德格尔的"自然"概念既不处于与技术的对立，也不处于与历史的对立中。总之，他深刻却又失之于缺乏"使人解脱的词语"或"碎镜——'存在之镜'——之力"地提出了建立一种不同于西方传统的新思想的必要性，也就是从现代技术体系的"技术指令自然"返回到希腊人的"自然指令技术"的思想。

二、技术的价值批判

无论明言与否，海德格尔对马克思主义的"生产话语"和"现代技术"的反思，其思想的公分母从根本上讲是他所谓的"技术"本质归于人与自

---

① 孙周兴选编：《海德格尔选集》下卷，上海三联书店 1996 年版，第 932 页。
② 参见让-弗朗索瓦·利奥塔：《非人——时间漫谈》，罗国祥译，商务印书馆 2000 年版，第 12 页。

然关系的"自然"关系，关键的论题是现代技术几乎不能发现"技术"掩盖下的"自然"涌现，从这点出发，海德格尔推断，"我们大家还不知道，现代的人在技术世界中必须从事什么样的手工业，当他不是机器旁的劳动者的意义上的劳动者时也必须从事什么样的手工业。黑格尔和马克思也都还不能知道这一点……因为他们的思想必定也还活动在技术本质的阴影中……这在事实上首先在于行动的意志（即制造和创造的意志）淹没了思想"①。因而，海德格尔正告我们，技术即是无思。对他来说，生活中重要的是思想。"因为他的最大的梦想就是，为哲学生活，甚至消失在自己的哲学之中。"②萨弗兰斯基说，海德格尔式的思维，"离开了从事思维活动的完全平常的个人"，其力量之强大"完全控制了思维者，"海德格尔对自己的儿子所说的"思维在我里头活动，我也拿它没办法"③ 的话证实了这一点。所以，海德格尔的根本问题在于他的思维没有什么"结果"而"任其生长"。这样，当海德格尔用本体论意义上的"自然"（人们所谓的第一自然）即"自然"的第一层意思（physis 涌现，存在）来反抗它的第二层意思（人们所谓的实践对象意义上的"自然"），即"近代的愤怒咆哮、技术的狂奔"④ 时，他对西方传统形而上学的摧毁，很难说不是又只成了形而上学的"怪影"。

不用说，马克思并没有如海德格尔那样，指望以技术中深藏的原本诗性，超越自然存在和技术的对立。技术——马克思常常使用工业或机器这个词——往往构成马克思分析问题的切入口。马克思说："技术的研究，会把人类对于自然的能动关系，把人类生活的直接生产过程，由此也把人类社会

---

① 引自冈特·绍伊博尔德：《海德格尔分析新时代的技术》，宋祖良译，中国社会科学出版社 1993 年版，第 119 页脚注。
② 吕迪格尔·萨弗兰斯基：《海德格尔传》，靳希平译，商务印书馆 1999 年版，第 8 页。
③ 吕迪格尔·萨弗兰斯基：《海德格尔传》，靳希平译，商务印书馆 1999 年版，第 424 页。
④ 吕迪格尔·萨弗兰斯基：《海德格尔传》，靳希平译，商务印书馆 1999 年版，第 394 页。

生活关系……的直接生产过程揭露出来。"① 此处，马克思也像海德格尔那样，把"技术"视为一种"解蔽"或"揭示"。不过与海德格尔的技术之思不时呈现为一种人类的被动性和泰然任之的姿态不同，自在的自然不是马克思的技术哲学所面向的主要对象，早在《巴黎手稿》中，马克思就认为，根本就没有那种抽象的、孤立的与人分离的自然界。有的只是与各种类型的人（当然，也包括海德格尔）的旨趣相关涉的对于自然的不同观点。在这一可名之为生存—实践论的标画中，自然本身在很大程度上是被技术（工业、机器体系、工具、技术工艺等）中介的东西，"开发、改变、贮藏、分配、转换"——用海德格尔的语言来说——乃是贯通现代技术的解蔽之方式。假如没有此种解蔽方式，自然科学会成为什么样子呢？此间人们已清晰地认识到，"现代物理学作为实验物理学依赖于技术装置，依赖设备的进步"，② 没有一定的技术发展水平和社会生产，科学连自己研究的合适的问题都没有。海德格尔认为，这一对技术与物理学之间的"交互关系的确定"是正确的。在这个意义上，海德格尔无疑啮合了马克思的观点："甚至连最简单的'感性确定性'的对象也只是由于社会发展、由于工业和商业交往才提供给他的。"③ 但是，海德格尔以为，这一观点只是道出了技术与自然科学交互关系的"历史学上的事实"，对这种交互关系的"基础"仍然需要到他所提到的那个带有浪漫主义情调的"自然"概念中询问，海德格尔探测到了技术与艺术（诗）的内在关联，并因而对于如何化解技术的束缚提出独到的见解。他说，"风车的翼子"在风中转动，"它们直接地听任风的吹拂。但风车并没有为了贮藏能量而开发出气流的能量"。④

　　与海德格尔这一漂浮于一种诗歌的风光描绘意义上的自然观相反，马克

---

① 引自 G. A. 柯亨：《卡尔·马克思的历史理论——一个辩护》，岳长龄译，重庆出版社1989年版，第159页。

② 孙周兴选编：《海德格尔选集》下卷，上海三联书店1996年版，第932页。

③ 《马克思恩格斯选集》第1卷，人民出版社2012年版，第155页。

④ 孙周兴选编：《海德格尔选集》下卷，上海三联书店1996年版，第933页。

思认为："这些自然力本身没有价值。它们不是人类劳动的产物。"正是"大生产——应用机器的大规模协作——第一次使自然力，即风、水、蒸汽、电大规模地从属于直接的生产过程，使自然力变成社会劳动的因素。"①这个说法意味着，"没有打上技术烙印的自然等于无"。

为了确认上述论题对于马克思主义的技术观来说具有重大意义，我们再引用恩格斯在《自然辩证法》中的一段至关重要的论述："自然科学和哲学一样，直到今天还全然忽视人的活动对人的思维的影响；它们在一方面只知道自然界，在另一方面又只知道思想。但是，人的思维的最本质的和最切近的基础，正是人所引起的自然界的变化，而不仅仅是自然界本身；人在怎样的程度上学会改变自然界，人的智力就在怎样的程度上发展起来。因此，自然主义的历史观……是片面的，它认为只是自然界作用于人，只是自然条件到处决定人的历史发展，它忘记了人也反作用于自然界，改变自然界，为自己创造新的生存条件。"② 这在海德格尔听起来乃是唯物主义的本质之"形而上学的规定"，按这种规定，"一切存在者都表现为劳动的材料"，这复又是说，唯物主义的本质就是"隐蔽于技术的本质中。"③ 因此，依海德格尔，"劳动的现代形而上学"对产生现代技术来说是必不可少的。而"劳动的形而上学"的唯一逻辑就是劳动者以"技术"手段来自我对象化的逻辑。一句话，海德格尔仍将马克思在现代哲学史上的贡献，保持在西方近现代哲学活动的那种眼界中。

我们要说的是，海德格尔并没有发现马克思讨论"技术问题"的主导倾向，即揭示"现代社会的经济运动规律，"马克思把"经济的社会形态的发展理解为一种自然史的过程"。不管个人在主观上怎样超脱各种关系，他在社会意义上总是这些关系的产物。④ 用马克思的概念来说，技术即工业或

---

① 《马克思恩格斯全集》第 47 卷，人民出版社 1979 年版，第 569 页。
② 《马克思恩格斯选集》第 3 卷，人民出版社 2012 年版，第 922 页。
③ 海德格尔：《路标》，孙周兴译，商务印书馆 2000 年版，第 401 页。
④ 《马克思恩格斯全集》第 44 卷，人民出版社 2001 年版，第 10 页。

机器是现代社会的基础，研究现代社会发展的规律，不能离开技术这个基础性因素，可是海德格尔对"技术的本质"的思考丝毫"不是技术的"，"它完全没有技术性"。① 这种对"技术"的"解构"，无论预想的"目标"是什么，只要像马克思那样确认人们的需要是最原初的，生产的逻辑就是最根本的、建构性的，社会结构就是从他们的现实生活过程中发展出来的，因而，在最终的分析中，马克思对其理论原则所作的表述完全不同于海德格尔的姿态，在马克思的理论场域中，历史的逻辑就是技术逻辑：手推磨产生了一种类型的社会，蒸汽磨则产生了另一种类型的社会。② 因此，时代的现代化从本质上说是技术的现代化。

总的来说，马克思和海德格尔似乎都在技术的现代性中确认了同样的矛盾，他们都是技术价值的伟大批判者。但是，诚如贝尔纳·斯蒂格勒（Stiegler，B）所指出的，海德格尔讨论现代技术的思想是"含混不清的"。技术既被当作"思"的障碍，又被当作"思"的最终可能性。前者反映在《技术的追问》和《世界图像的时代》，后者在诸如《存在与时间》《哲学和转折》等晚期著作中。晚期海德格尔认为，"另一种思想"的可能性就在于把存在和时间的共属性放在"座架"范畴中思考。如果说现代技术是形而上学的完结，那只是"座架"的一面。在它的另一面，它确定存在和时间的共在，这样就取消了时间的形而上学之流俗规定，就可能动摇"技术物体"和"自然物体"之间的传统对立，这个论断的前提是人的"在世性"，由此，海德格尔方可正确地依循马克思的技术批判方向，对技术问题进行各种各样具有丰富内容的讨论。

---

① 雅克·德里达：《多义的记忆——为保罗·德曼而作》，蒋梓骅译，中央编译出版社1999 年版，第 117 页。

② 参见《马克思恩格斯选集》第 1 卷，人民出版社 2012 年版，第 222 页。

第三章　社群、社会性和他者

　　"此在是谁?"这个问题的答案似乎已经由海德格尔对此在的基本规定性从形式上提示出来了:"此在就是我自己一向所是的那个存在者。"但是,海德格尔之所以提出这一问题,绝不是想象"在世界之中"只有一个人的情况下,"我是什么什么样子"。在一个至少有两个人组成的社会或社群里,此一问题才有意义。

　　在与海德格尔的长期对话中,《存在与时间》中的"此在"生存论分析,常被批评者指摘为它仍然没有砸碎"主体性"的枷锁。它在哈贝马斯等人的眼中,仍然只是用一种绝对性的源头,即建构性的实践生存自我,取代了胡塞尔以及康德以来的先验性精神自我而已。① 在此一路向上,勒维纳斯发现,海德格尔所谈论的存在仍受制于在人之中开辟先验视野的"光",在这种"光"中,"存在的统一性将他者纳入到同一之中去。"② 因此,海德格尔式的存在论没有能力"尊重他者的存在和意义",它仍还是一种"自我学说",甚至是一种"利己主义学说"。③ 相反,勒维纳斯引马克思为同道,盛赞马克思"认真对待他人"。

　　几乎用不着惊讶,这种对海德格尔的批评背后,隐藏着的实际上是海德格尔对存在问题的精彩论述的牵引。这些批评都是从对海德格尔的文本所作

① 参见哈贝马斯:《后形而上学思想》,译林出版社 2001 年版,第 40 页;又参见王庆节:《论海德格尔哲学中的社会存在论》,见《中国现象学与哲学评论》第四辑,上海译文出版社 2001 年版,第 25 页。
② 转引自德里达:《书写与差异》上册,张宁译,三联书店 2001 年版,第 163 页。
③ 转引自德里达:《书写与差异》上册,张宁译,三联书店 2001 年版,第164 页。

的通常是非常隐微的诠释中衍生出来的。就这种衍生所努力的方向而言，它要领会的是：海德格尔在一个与同时代哲学还有某些共同的问题关注中，如何设定哲学的重建使命，却走入歧途乃至整个计划半途而废。这样一种领会也因它很难满足回答海德格尔如何与同时代的其他思想方式，尤其是胡塞尔现象学相疏远或者脱离这一问题，而使我们重新获得一种辨析的机会。

第一节 存在论岂为暴力而鸣鼓

一、谁的在？

海德格尔指出，胡塞尔现象学面对的事情和问题乃是"意识的主体性"。① 这个概念意指意识自身对于意识的对方——"世界"——而言的、行构造的主体性。如果把现象学放到近代哲学主客体的隔绝的语境中来看的话，胡塞尔现象学的特别贡献当可获得领会：意识对于"世界"而言的主体性，恰恰不是那种古典思辨哲学丧失了对象性关系而固守在自身或者最终要回到自身的主体性，意识就其本性而言，就是自身超越的存在。由此，势必能像海德格尔那样看到，胡塞尔早"在《逻辑研究》中便'扭断了'主—客体的虚假问题的'脖子'，而在此之前'任何对此模式［主—客体模式］'的沉思都没有能够铲除这个模式的不合理性"。② 正是在这一意义上，海德格尔的此在在世这一存在建构，认同于胡塞尔现象学反传统主客体截然二分的基本立场。

但是，胡塞尔现象学的这个具有"构造"作用的主体概念毕竟无法回

---

① 海德格尔：《哲学的终结和思的任务》，载孙周兴选编：《海德格尔选集》，上海三联书店1996年版，第1249页。

② 海德格尔：《存在论》，转引自倪梁康：《自识与反思》，商务印书馆2002年版，第369页。

避主体性悖论：在世界中存在并且是世界的一部分的"我"如何同时又能建构世界？不难发现，胡塞尔的先验自我"构造"，只能是"无前提地设定了主体创造性在世界中的本源地位"，① 而具有超世界的品格，胡塞尔自己在私下的谈话中也明确表示过，"上帝不过是先验自我的集体"。② 既然如此，虽然现象学阵营内外的研究者始终认为他们自己不得不面对一个原则性的困难："如何能够通过反思而将一个原初不曾是对象的东西变成为对象"，但是，胡塞尔仍可坚持不能把一门可能的原意识（Urbewuβtsein）现象学看做是反思哲学的对立面。③ 这里所谓的原意识就是作为前对象性的意识和原本意识，在我看来，就是在反思之前就已经熟悉的无以名状的东西。胡塞尔认为，一切意识本身原则上都是"匿名"的，要将它从这种匿名状态中引出来，必须经过（后）反思，而这种（后）反思本身又是匿名的，如此等等。

此时我们要特地提请注意：从胡塞尔以所谓"意识通过内知觉而拥有自身"为理论基础来看，胡塞尔的意识结构理论不同于黑格尔的意识结构理论。胡塞尔反黑格尔主义体现在：黑格尔是通过出自意识的内在本质结构的反思，而将意识从自在（不可言说）引向自为（要求言说）、引向自我意识。但是，胡塞尔所说的"反思"却只是外在的偶然的反思。这样，黑格尔认为"没有确定性"而不予正视的东西，即"具有意向性、但还没有达到反身性（反思）的'前科学'的东西，如意谓、体验、情绪等等"，④ 正是胡塞尔力图强调的东西。由此，在对胡塞尔和黑格尔的自我意识结构的比较研究中可以看到：对于胡塞尔来讲，真正的自我和我们习惯于建构的自

① 张文喜：《对胡塞尔的自我和主体间性理论的批评与辩护》，《哲学研究》2001 年第 6 期。
② 凯恩斯：《胡塞尔与芬克的谈话》，转引自陈立胜：《自我与世界》，广东人民出版社 1999 年版，第 225 页。
③ 参见倪梁康：《自识与反思》，商务印书馆 2002 年版，第 410 页。
④ 邓晓芒：《思辨的张力——黑格尔辩证法新探》，湖南教育出版社 1992 年版，第 189 页。

我——"说'我'者"——形成了尖锐的冲突。其原因就在于：以原意识为课题的内在感知或现象学反思的合法性是以只能对原意识做如其所是的描述，而不能像超越感知或事物感知那样作建构性的阐释。现象学的分析的非建构性阻止从意识发展出自我意识，从而阻止对不可言说的东西的言说。从许多方面看，这决定着现象学的意识结构分析无 edm 一个最终的自我来作为它的基础。因为，意识的进行和流动是自身意识到的。

柯拉柯夫斯基就胡塞尔现象学曾评论说："自我只不过是一个非实在化的现象的空洞容器，或者是一个纯粹的意向运动，一个没有活动者的活动。"① 在胡塞尔的思想中，意识就像一条河流它"自身的显现并不要求第二条河流，相反，这河流在自身之中将自己作为现象构造起来"。② 这种解释说到底就是意识是它所显现的东西，这个哲学信念从一种全新的意义上，被胡塞尔用来超越自然的和科学的直向认识，走向一个绝对原创的知识源泉。知识除了它自己以外，没有任何预先假定。正如圣经宣布的上帝的名称"ani ehyeh asher ehyeh"所暗示的，"我是自有永有的"（出埃及记，3·14）。这一说法可延伸地表述为：上帝是原本的自我。我就是我。在他面前，任何他人都是另一个，而他自己对任何他人却都不是另一个。

对此，恐怕可以说：胡塞尔对意识结构的分析在处理他人问题时，是奠基在一个基督教神学的背景上，并且也可以与唯识宗比较加以解释。③ 人们由此大大地感受到了胡塞尔现象学的这个知觉论、认识论意义上的主体概念所带来的不安，这种不安很少归因于胡塞尔本人在"纯粹自我"问题上始终处在无尽的探索、徘徊、进步、退步的过程之中，而更多地归因于胡塞尔所表现出的对他而言"外在于自我的真正世界"的无意识拒绝。这里的问题也在于胡塞尔所考虑的原意识的存在设定的特征："被原意识到或内部地

---

① 柯拉柯夫斯基：《形而上学的恐怖》，唐少杰等译，三联书店 1999 年版，第 67 页。

② 《胡塞尔全集》X，第 381 页。参见倪梁康：《自识与反思》，商务印书馆 2002 年版，第 397 页。

③ 这一比较可参见张庆熊：《熊十力的新唯识论与胡塞尔的现象学》，上海人民出版社 1995 年版。

被意识到的意识生活是被当作是存在着的。换言之，胡塞尔将'存在信仰'看做是'本质地'、'必然地'从属于整个内意识之内涵的东西。"① 但是，这样的"存在设定"，在海德格尔所主张的存在论意义上，根本就没有真正触及到存在问题。因为，根据胡塞尔的先验现象学的意向分析，最有确然性的存在是在内在意识（Bewuβtsein）之中。因而，在胡塞尔那里，就意识中的存在而言，存在在意识之中，而海德格尔意义上的"存在"，即"最普遍的"存在是将意识和此在（Dasein）都包容在自身之中。在"意识"和"此在"这两个词中虽然都含有"存在"（Sein）这个动词，但是其中的意义却不相同。在海德格尔看来，这在根本上决定了能否接近本真的存在问题：当胡塞尔以排除一切有关外在事物存在的经验的设定，在内在的意识现象的范围内完全通过内知觉（即奥古斯汀的"内在人"② ）的自明性为现象学分析的出发点去探问知识的无条件的开端时，恰恰顺从了传统的存在理解，只探讨了存在者的存在。胡塞尔的偏误在于以知识论方向来规定人的现象，并把首要的问题理解为"一个知识主体与周围事物的意向相关性"问题，随后的海德格尔确信，胡塞尔的这一主体概念在存在论上并非"彻底"。对于海德格尔来说，对人的思索的根本点在于"人对于存在的在先开放性"，因而，人无须问起"知识的无条件的开端"，也不必谈及意识、感觉材料、自我的实体性或自我的非实体性及其对世界实在性的先验怀疑。海德格尔说得很对，"只要此在作为其所是的东西而存在，它就总处在抛掷状态中"，③ 从这一观点出发，"此在中的存在必须保证一个'外面'（Drauβen）"，它意味着"绽出的生存"，《存在与时间》对此在的生存论分析和时间性分析都明白地昭示，此在的关键在于它的出位性。此在的存在方

---

① 《胡塞尔全集》X，第 381 页。参见倪梁康：《自识与反思》，商务印书馆 2002 年版，第 398 页。
② Edo Pivcevic 曾在《胡塞尔与现象学》一书中，将现象学运动中的"他人难题"归因于现象学家们共有的出发点，即奥古斯汀的"内在人"：奥古斯汀将真理视为居住在人的"心灵深处"，这个"心灵深处"就是现象学分析的起点。
③ 海德格尔：《存在与时间》，陈嘉映等译，三联书店 1999 年版，第 207 页。

式就是出位存在，向外存在。需要注意的是，此在越出自身并不意味着此在原本是在"内"的，然后由"内"越向"外"。此在原本即是在世之中的，此在在其自身之存在中，通过它自身而越出了自身。这种说法并不是一个关于此在的"普遍陈述"，它所要表达的是脱尽"Dasein"这个在 18 世纪出现的表示"对象"的名称意味，如果人要"再度进入存在之近处，他就必须首先学会在无名中生存（im Namenlosen Zu existieren）"，① 必须走出自己才能存在。这一点倒也让哈贝马斯有所体会，他说，"海德格尔是想把筹划世界的主体性本身当作在世界中存在，当作实际历史环境中的个别此在，而又不失去其先验的能动性。虽然先验意识在创立世界过程中具有原发性，但它还是应该把历史事实和内在世界的存在当作前提条件，"但是，哈贝马斯稍微细想一下就产生了这样的顾虑："个体的此在尽管实际上扎根于世界当中，但还保持着筹划世界的资格，即具有独自创造世界的潜能。"② 在《现代性哲学话语》一书中，哈贝马斯也表达了类似的观点，③ 而判定海德格尔的"此在"概念又坠回到"主体性哲学的窠臼"。

　　然而，我们还应当从各个角度看得更周到一些，哈贝马斯的误解在于："如果人们把《存在与时间》中所谓的'筹划'（Entwurf）理解为一种表象性的设定，那么，人们就把它视为主体性的成就了，就没有把它思为与存在之澄明的绽出的关联。"④ 这在海德格尔看来，人们尚不通晓在《存在与时间》中，他所尝试的思想所欲通达的那个维度，亦即存在问题，由此，落入将"此在"理解为"我"，或"我作为人"。无疑，海德格尔明确承认，"此在的存在一向是我的存在"，"在规定那个用以回答谁的问题的存在者之

----

① 海德格尔：《关于人道主义的书信》，载《路标》，孙周兴译，商务印书馆 2000 年版，第 373 页。
② 哈贝马斯：《后形而上学思想》，译林出版社 2001 年版，第 40 页。
③ 参见哈贝马斯：《后形而上学思想》，译林出版社 2001 年版，第 40 页；又参见王庆节：《论海德格尔哲学中的社会存在论》，见《中国现象学与哲学评论》第四辑，第 25 页。
④ 海德格尔：《关于人道主义的书信》，载《路标》，孙周兴译，商务印书馆 2000 年版，第 373 页。

际，实体性仍是存在论的准线（der ontologische Leitfaden）。人们虽未说出，其实先就把此在理解为现成的东西"。① 由此可见，"形而上学是此在内心的基本现象"，"只消我们生存，我们就总是已经处于形而上学中的"。② 无疑，海德格尔在这一层面上是意识到自己的宿命：只要人——我们这样称呼它——生存，"此在为谁"这一生存论问题的着手点，就以一定方式使"现成性"发生。

但是海德格尔并不仅仅甘心于承认没能逃掉这样的命运，他的主要目的就是要去除一种对形而上学的服从，在这个意义上，海德格尔最重要的一步就是使我们摆脱欺骗，他说："此在向来所是者就是我——我们不可因这一命题在存在者层次上自明性而误取一种意见，仿佛这样一来，从存在论上阐释如此这般'给予的东西'的道路就可靠无误地先行描绘出来了。甚至就连上述命题的存在者层次上的内容是否适合于重现日常此在的现象实情也还颇成问题呢。也可能日常此在的这个'谁'恰恰不向来是我自己。"③

凡是读过《存在与时间》的人，都会很清楚这一点：海德格尔明确此在本身最初的和最通常的存在方式，就是他在日常状态中的存在。可以看出，这意指一种最原发的、主客未分离的人生状态。④ 日常生活是每个人不得不过的生活，此在在世就是说："它能够领会到自己在它的'天命'中已经同那些在它自己的世界之内向它照面的存在者的存在缚在一起了。"⑤ 因此，"世界在存在论上绝非那种在本质上并不是此在的存在者的规定，而是此在本身的一种性质。"可谓，天人合一早就"合"了。所以，回答日常的

---

① 海德格尔：《存在与时间》，陈嘉映等译，三联书店 1999 年版，第 132—133 页。
② 海德格尔：《形而上学是什么?》，载孙周兴选编：《海德格尔选集》上卷，上海三联书店 1996 年版，第 152 页。
③ 海德格尔：《存在与时间》，陈嘉映等译，三联书店 1999 年版，第 133 页。
④ 参见张文喜：《居住：此在与时间、空间的关系——切入海德格尔基础存在论的一种视角》，《社会科学战线》2002 年第 3 期。
⑤ 海德格尔：《存在与时间》，陈嘉映等译，三联书店 1999 年版，第 66 页。

人之此在是谁，这问题的答案必然是"常人"。像"常人"一样生活中，"每人都是他人，而没有一个人是他人本身"，[①] 这又等于说，常人是个无其人。所有人之此在相互之间也已将自身让渡给这个无其人了。

海德格尔的"常人"现象学描述之所以给人如此深刻的印象，与其说与其字里行间流动着的现代性批判有关，毋宁说起于对"常人""我""他人"这些存在者身上的一种常驻的现成性质蒙蔽的拆穿之用心。

二、此在为谁

在海德格尔那里，此在在世结构无疑是对胡塞尔的"先验自我"的主体意味的一种消散。它是否真的带我们走出了主体性哲学，我认为这一点已在前面的阐述中表明，但是，人们常常认为，与"此在"相比，胡塞尔的"先验自我"概念实际上负担着在基础存在论那里表现为明显不足的对社会"生活世界"的关怀。尤其是此在与他人一道混杂于世的共在，被海德格尔视为"沉沦"于世、"异化"于他人之中的非本真状态，常人是束缚我发现我本已能够存在的套子，而"畏""死""良知之呼声""决断"则让我从套子中抽身而出。这些众所周知的说法中实际上包含着神学的背景与色彩。尽管人们常常知道海德格尔要人们洗脑：对于诸如"沉沦""烦""畏""良知之呼声""决断""本真性/非本真性"之类的概念，必须从存在论上来理解，并且不可把这些词语与它们被常用的存在者状态的（ontic）意义（例如心理学）混为一谈，更不能说它们有什么道德上的意思。但是，海德格尔的这些反对性限制并不容易阻止引起人们某种程度的误解，因为，词汇在很大程度上被公用，这一特点不能误认为微不足道，即使在海德格尔要我们以特殊方式理解这些词汇，并且他已谈到清除阻止我们倾听他的本文真言的障碍问题时也一样。至少在现象学的"永恒初学者"[②] 看来，情形就是

---

① 海德格尔：《存在与时间》，陈嘉映等译，三联书店 1999 年版，第 149 页。

② 胡塞尔对"纯粹自我"问题的探讨，始终被人们认为处于进退维谷的困境，直至 1893 年，他仍然认为此一问题"非常困难并且是需要一再重新考虑的事情"，现象学

如此。

于是，我们看到，虽然亚里士多德以来的整个传统，一直到伦理实用主义，以及言语交往主体的生活世界理论，由于他们都以建构道德上负责任的成功生活为取向，而活动在被海德格尔的现象学所解构的、称之为常人世界的那个领域，但是，人们仍期望从海德格尔那里得到道德方面的指示。人们并不顾忌海德格尔本来就是公开要使这种期望落空。在这一个声调中，战后的勒维纳斯保持着一贯的思想姿态与海德格尔针锋相对。

我们容易看出，海德格尔的生存论、存在论是在时间这一视界上，通过理解"此在"所构成的存在的意义来理解一般意义上的存在。勒维纳斯认为，在此过程中，对他人的理解不够充分。在海德格尔那里，所谓与他人的关系，仍是还原成"我"对他人的理解。就其根本而言在于海德格尔认为人与他者这一存在者的关系从属于人与中性的存在之间的关系。这里有一种"强权哲学"。因而，假如有人提出这样一个问题：海德格尔为什么能够赋予存在以无所不能的"元主体"（metasubject）特征而获得成功？① 勒维纳斯在他的博士论文《整体与无限》中提出了他自己的考察，他分析说："海德格尔的存在论使与他人的关系从属于他与普遍存在的关系……因此，这种哲学只能停留于匿名的信奉"，② 换言之，海德格尔首先设定在时间性上、在尊严意义上，"存在相对于存在者的优先性"，所谓与存在的关系，是指将存在者中性化，从而理解、把握存在者的存在。正是这个所谓的"优先性"在勒维纳斯眼中会使伦理学成为"存在论"的奴隶。因为，这种"肯

的分析为获取一个立足点，而需要不断地重新探索，这使得现象学具有"永恒初学者"的特征。再说，海德格尔对哲学与神学的掺和几乎达到不能容忍的地步，但是，无论是胡塞尔还是舍勒等等，都曾指出过海氏从未从神学偏见中完全走出来；同样，反对价值之思在海德格尔的思想中占有相当的地位，但存在问题如此富有"尊严"，恐怕会被人指出它难脱价值谓词之嫌，这些都与现象学的"还原"的困难有关。

① 参见理查德·沃林：《存在的政治——海德格尔的政治思想》，周宪等译，商务印书馆 2000 年版，第 188 页。

② 勒维纳斯：《整体与无限》，转引自港道隆：《勒维纳斯——法外的思想》，张杰等译，河北教育出版社 2002 年版，第 184 页。

定存在对于存在者的优先性就是已经对哲学的本质做了表态，就是将与某人这种存在者的关系（伦理关系）服从于某种存在者之存在的关系，而这种无人称的存在者的存在使得对存在者的把握和统治成为可能（即服从于一种认知关系）……一种在大写的他者核心处保持大写的同一的方式"。① 依勒维纳斯，海德格尔的这种存在论对所有存在者都是有效的，"除了对他人"。

据此想来，勒维纳斯已把海德格尔的存在之思处理成存在概念的思维，很少有人承认，自己在阅读海德格尔文本中实际获得或可能获得过的经验就是上述那种状态，因为，《存在与时间》的开场就已表明，所谓存在，并不是存在者所从属的、包含存在者的概念。假如说勒维纳斯对所谓的"优先性"，只是指"两个既定存在者之间才有的秩序"这一点还不甚了解，但只要他领会存在是存在者的存在，离开存在者，存在将"一无所是"，那么，他就会取消对海德格尔的茫然不察。即便所有的"哲学""形而上学"追求的是第一存在者、典型的、真正的存在者。存在的思维与这种第一哲学、形而上学完全不同。如果说存在论只是第一哲学的别名，那么存在的思维甚至就不是存在论。② 即使勒维纳斯所谓的"作为第一哲学的存在论是力量的哲学"这一说法正确，因为它已经与第一哲学疏远了，所以海德格尔的存在之思并不与第一哲学对立。因此，它不行使力量，也不可能被形容成暴力的哲学。德里达这样的思想再次表明：既然它不是着眼于存在者（Seiendes）的第一原理、起源或原因，所以它"不比农学更多一分政治或伦理"（阿兰），但却不能说它是一种反政治、反伦理，而且也不能因此说它是一种对中立的政治或伦理的服从。关于存在的思想"不能够具有任何人的设计，无论是悄悄的或不是。它在其自身中被当做那种惟一的、任何人类学、伦理学、伦理——人类心理分析学在它身上永远无法合口的思想"③。

---

① 转引自德里达：《书写与差异》上册，张宁译，三联书店2001年版，第165页。
② 参见德里达：《书写与差异》上册，张宁译，三联书店2001年版，第239页。
③ 德里达：《书写与差异》上册，张宁译，三联书店2001年版，第240页。

我们说，为了使人们不再从静态的角度出发，把存在作为传统的智慧、认识和观看来思考，我们必须把它说成：正如按海德格尔来看，哲学的思想面向的是自行解蔽的存在。

如果这种说法没有成为空洞的声音的话，那么"'存在'在海德格尔那里当然也被实体化了"，① 只是这里的"实体化"不可从实体范畴来了解。这无非是说，海德格尔关于存在的思想，在作这样一种反复提醒：不可把"存在"实体化时，就表明海德格尔关于存在的陈述实际上（在方式和内容的双重意义上，至少部分地）把存在思考成什么。首先是因为存在于存在者之外什么也不是，"要让存在在语言中流通而又想回避存在者的隐喻是不可能的。"即使存在论上而不是存在者状态上的陈述，也需要一定的语义理解，尤其是需要日常语言的基本经验，否则讨论就没有依托。海德格尔追问存在的意义时，也只能首先摆出柏拉图提过的问题："当你们用到'是'或'存在'这样的词，显然你们早就很熟悉这些词的意思。"② 这种对存在的预先领会与解释实际上预示了海德格尔已经不可能以他的方式——即排除一切存在者的条件性（原则、原因、前提等）——在西方语言丛林中展开他的存在的思想，恰恰相反，海德格尔无法认真信守自己的信念，至少是对存在问题本身隐含着的某种前理解，预断了对存在者之本质的承诺，比如某人、作为他者和作为另一个自己的存在者。就此而言，人们势必要谴责海德格尔的陈述仍是形而上学的。

只是有一点须得从这里弄清楚：人是根据两个层次而生活的——一是根据我们自觉的、概念化的信念；二是根据我们深层的、前概念的信念。③只要这两个层次之间存在着严重的张力，我们将永远处于语言同时既照亮又遮蔽了存在本身之张力中，我们需要形而上学以获得完整性（integrity）。这

---

① 约纳斯：《海德格尔与神学》，载刘小枫选编：《海德格尔与有限性思想》，孙周兴等译，华夏出版社 2002 年版，第 225 页。

② 海德格尔：《存在与时间》，陈嘉映等译，三联书店 1999 年版，第 1 页。

③ 参见格里芬：《超越解构——建设性后现代哲学的奠基者》，鲍世斌等译，中央编译出版社 2002 年版，第 302 页。

种完整性，除了对其自身来说有价值外，对我们的行为来说也很重要。换言之，形而上学信念具有实践意义：

以海德格尔的"操心"（Sorge）为例：海德格尔的《存在与时间》明确、系统地在"操心"现象和此在之间建立起了密切联系。对海德格尔来说，操心之外的此在是不可想象的。我们阅读时注意到：海德格尔在谈论人与物的在世关系时，首先是从"关切"（concern）的角度来理解的。英语中与操心（Sorge）对应的单词是 care（关心）；对海德格尔所指的"工作世界"中的工具和事物而言则用操劳（Besorge）这个词，在英语中是 concern（关切）；和他人打交道叫操持（Fürsorge），相对应的英语单词是 Solicitude（关照）。[①]

所以，从这三个德文词的词根联系来看，《存在与时间》中对自我的关心（care/Sorge）与对事物的关切（concern/Besorge）和对他人的关照（solicitude/Füuresorge）出于同样的逻辑：和世界之物打交道、和他人打交道都用此在的一般存在规定即操心来解释。[②] 在这一形而上学信念指引下，令海德格尔再质疑问难那种将自我与他人和物区分开来的看法，亦即人的"实体性"和"自体性"的观点。这种观点正是海德格尔在阐述形而上学、人类中心主义和存在—神学机制时常常用来加以对照的基准。如此说来，当人们从理论上提出如何领会"关爱他人与关爱自己的关系"这一问题时，按照海德格尔，事不关己的日常相处很容易把存在论阐释引入歧途，使得人们把共在首先解释成许多主体现成摆在一起。然而，一直成问题的是，随便什么东西"无所谓地"摆在一起和人与人之间的冷漠相处，从存在论上看，却有本质上的区别。[③]

现在，我们就更清楚了："此在"这个存在者"首先"是在与他人没有

---

① 海德格尔：《存在与时间》，陈嘉映等译，三联书店 1999 年版，第 136—146 页。英文本见《西学基本经典丛书》，中国社会科学出版社 1999 年版，第 153—163 页。德文本（Tübingen 1993）第 177—125 页。

② 参见海德格尔：《存在与时间》，陈嘉映等译，三联书店 1999 年版，第 140—141 页。

③ 参见海德格尔：《存在与时间》，陈嘉映等译，三联书店 1999 年版，第 141 页。

关联的状态中，而后它还能"共"（mit）他人同在。① 也就是说，此在之为此在就在于它首先是为了自身在此，只是为了自身而存在。在这种为了自身的存在中，此在与他人毫无关联，只要此在的存在关联到他人，从而存在于他人的关联中，此在的存在就不是本己本真的存在。但是，不关联到他人，并不意味着不关照他人，相反，对于海德格尔来说，自我关心（Sorge）的结构和与这种带有神秘气味的彻底的个体化相联系的本己本真自我，首先必须在日常共有的习俗中介入并关心他人，只因为本质上此在在为了自身的生存中，要遇到一种特殊的存在者，这种特殊的存在者"它也在此，它共同在此"。② 这一"也共在此"的存在者就是也以此在方式存在的他人。

海德格尔的这套说法，是一种"精确的解释"绝对包容不了的。尤其值得注意的是：海德格尔用"共在"这个概念来表达"此在"在世和与"他人"同在的分析，既希图避免近代思维对自我的孤立化，也不想迎合当代思潮对自我的社群化，其阐释很少为传统意义上的伦理学理论和概念留下生长的空间。然而，放弃流行看法而非如此阐释不可的来源却是：海德格尔对社会实在中（social reality）的经验内容的洞察，只要海德格尔相信，一个人并非就是一个持续的实体这一观念——它表明，我和我自己的过去与未来的关系可能是一种完全不同于我和他人的关系——使这一点在形而上学意义上似乎就有了可能，即我们在原则上会像关心我们自己一样关心他人。照此也就可看清，人之实体观事实上促进了一种利己的动因学说，根据这种学说，我们根本不可能真的关心除我们自己以外的任何人。在这一"区分"的语境中，海德格尔的"共在"学说如此被解读也是恰当的：我们先天就在共同体之中，只有在共在的基础上，才能有胡塞尔所谓的"同感""移情"，才能形成我们的理解、趣味和意见。正因为我们以这种方式生活，我们倾向于无视"我是谁？"这样的问题。本质上，海德格尔的"自我""他

---

① 参见海德格尔：《存在与时间》，陈嘉映等译，三联书店 1999 年版，第 139 页。
② 海德格尔：《存在与时间》，陈嘉映等译，三联书店 1999 年版，第 137 页。

人"不是代词，而是表示相互关系的词汇。在日常生活中，对于本真性的呼唤，并不仅仅就是对于个体本真性的呼唤，它同样也是对于本真的共同此在的呼唤。可以说在日常生存中，"互相反对""互不需要""陌如路人""各自顾各自的"，只能归属于此在与他人打交道的"残缺而淡漠"的样式。① 此中仅仅假定了对有限的此在来说，绝对的无私是不可能的，事不关己的日常相处多半会表现为多关心我们自己和我们的熟人，而少关心一般的人和所有感性存在。相应地看，谁是"他人"呢？可以用很多不同的术语，像"朋友""兄弟"等来解释"他人"的含义，但是海德格尔的"他人"最一般的用法，须从生存论上理解为"熟人"（Bekannte）②。不过，从传统伦理学来看，对"熟人"一词到底指的是谁的描述总染有朴素的以自我为中心的意味，为了避免误解，必须注意海德格尔为了防止"把'我'高标特立加以绝缘"而建构一种开放性的人际关系的微言大义。正因为此，我们才会从存在论上看到，海德格尔用兼有慈善机构、社会救济之类的含义的"Fürsorge"一词，来称谓和他人打交道的深义：社会福利事业这种实际的"操持"就植根于作为共在的此在之存在建构中。③ 这一洞见表明，此在作为共在在本质上是"为他人之故"④（for the sake of others）而"存在"：为了你父亲我将帮助你；为了给孩子鼓劲加油，父亲去观看比赛；为了和平我们必须有耐心，如此等等。按照如此一般表明出来的思想，我们就更加确定：为了共同的事业而共同戮力，这是由各自都明白他们是"互为成员的"、在本质上不可能只为自己活着，而且又各自掌握了自己的命运的此在所规定的。这种规定被海德格尔标画为"把他人的自由为他本身解放出来"

---

① 海德格尔：《存在与时间》，陈嘉映等译，三联书店 1999 年版，第 141 页。
② 在《存在与时间》中，"熟悉""熟人""习惯"诸如此类的词使用频率很高，海德格尔使用这些词固然与他对现代性的批判相关，但他本质上不是作为"工业社会的敌人"着眼，而是从生存论上着眼的。
③ 参见海德格尔：《存在与时间》，陈嘉映等译，三联书店 1999 年版，第 141 页。
④ 参见海德格尔：《存在与时间》，陈嘉映等译，三联书店 1999 年版，第 143 页。

的"本真的团结"。① 由此路向，我们无须担负着一大堆保留而确信：海德格尔的"存在论"之隐匿的原始伦理向度绝不会是勒维纳斯所谓的"利己主义"。

第二节　存在的社群

众多的当代社群主义者因受制于现代意识形态——自由主义的笼络，试图从"我"中得到"我们"，从个人中找到社群，其"自我之源"仍很抽象，后传统的社群主义者海德格尔从共享意义、常规习俗的"世界"中，来探究"自我之源"，这是对"自由""自在"的主体概念这一自由主义理论基础的"现象学解构"，这一思路不是建立在政治哲学的问题上，而是基于生存论本体论。

一、社群和自由的形而上维度

20 世纪 80 年代，英美政治哲学的中心争论是在自由主义的捍卫者与社群主义（Communitarianism 亦译为"共同体主义"）的捍卫者之间进行的。这场在各种政治哲学间爆发的争论，表明了错综复杂的问题讨论范围，一方面它包含了对什么才是在政治上、道德上为可行者的分析；另一方面它也包含了对什么才是在政治上、道德上为值得向往者的探究。在作这种分析和探究时，一些人重视个人自由（权）的价值，而另一些人则主张，社群的价值或大多数人的意志应该占优先地位；或者，一部分人相信普遍人权，另一部分人则坚持认为，不存在任何批评或判断不同文化和传统的价值的方式。在此，我们无法或无意细述这场争论在政治上或道德层面上是如何展开的。但我们在更为一般的意义上提出一个特别重要的问题：如何论衡这场争论的存

---

① 海德格尔：《存在与时间》，陈嘉映等译，三联书店 1999 年版，第 142 页。

在论前提。这种论衡是哲学性的，因为它与当今不加区分地把任意的政治意见、政治设计和政治信仰冠之以任何一种"政治哲学"的举动没有丝毫瓜葛。在那些对政治议题和问题作高度严肃和称职的理论思考时，政治哲学便需要作一种存在论的观照，或者用海因里希·迈尔（H. Meier）的话说"政治哲学最最属己的使职"就是"一种哲学并为哲人而在"。这里并非仅仅指的是"哲学的存在有赖于对种种生活秩序的检审和批判"，就像亚里士多德的《政治学》所表明的那样，而且是说，政治哲学的探究题材——"政治共同体的奠基，共同体成员的权利和义务，其行为的目的和手段，共同体内部及其共同体之间的战争与和平，等等"——虽然仅构成哲学的一部分，但是它们却囊括了人类生活的全部，① 在这一意义上，哲学之需要政治哲学不仅在于其政治的辩护，而更在于其自身的合法性证成。哲学生活的证成不能经由纯粹理论的假定和推证，也不能通由哲人将其致思取向锚定在对"大全"的追求上，投身于对永恒者的沉思，甚或聆听"存在的呼声"。也就是说，哲学的期待和哲学的判断本身不能抛弃了现实的出发点，哲人应该具有健全的"自我的知识"，②他应该知道对他而言什么是有利的，他在何种程度上依赖于他（们）生于斯、长于斯的政治共同体，关于他的哲学探究和教诲对于政治共同体的基础，以及对公民们的政治意见和宗教信念所能产生的影响，也应该受政治的问诘和挑战。可以肯定，"一个私人不问政治，此类声明顶多是在说，一个乐于置身于他所属的政治社群之外并且只作为一个私人性个体生活于世"。③ 而渴望永远处于那个没有政治风险的私人领域，只是资产阶级的幻想及其基本政治特征："他依靠自己拥有的私有财

---

① 参见海因里希·迈尔：《为什么是政治哲学？——或回答一个问题：哲学何以要政治的转向？》，林国华译，载萌萌主编：《启示与理性——哲学问题：回归或转向》，中国社会科学出版社 2001 年版，第 9—10 页。

② 这里所强调的"自我知识"与笛卡尔以来的现代哲学指涉的"自我意识"具有本质的区别，我把前者解读为生存论意义上对自我的"知悉"，而后者是在反思意义上的自我把握。

③ 卡尔·施米特：《政治的概念》，刘宗坤译，载《施米特：政治的剩余价值》，上海人民出版社 2002 年版，第 186 页。

产，借个人主义的理由，以个体反对整体。这样一个人能够在享有自由和富足的果实，尤其是'在彻底安全地享用这些果实当中'补偿他在政治上的无所作为"。① 在这一视界中，黑格尔揭示了资产阶级企图通过把实际政治的现象放进括号，就幻想把这些现象从一种已经被意识到的政治失败的明显事实中扣除掉；同样，罗尔斯等自由主义者从现代自由主义政治的"非政治性"预设出发，以纯粹的理论精神重新改造传统自由主义理论的各个方面，直到把它与真实事物神奇地捏合在一起。

可是，我们不要期待罗尔斯等自由主义者自己欢迎这一评论。罗尔斯作为一个哲学家，他无法不立足于社群之内，但他俨然以某些外部的标准——罗尔斯的原初立场（original position），是他用来创立正义学说的基础，从而也是"自在的主体"之理想在当代最突出的应用——来对这个社群加以评判，或借用柏拉图的"洞喻"来说，他是用来自洞穴之外的标准来评判洞穴之内的事务。如果我们留神地考察罗尔斯的方法，就可以发现，依其方法，其立论的正确性无待于是不是有得到他人的同意，而是只要在思想者本身能够经由自己的细心反思，得到和谐平衡即可。或者，更准确地说，罗尔斯的真理方法虽不排除在理论建构的过程中与他人沟通、论辩，以增加自我反省的机会，但就归根结底而言，并不是建立在互为主体性理论上的，更不是奠立在生存论上的。他的理论与问题只有微弱的联系，就好像落入形式的或几何式的思考，即从自认为是公认的或未加检验的前提出发进行演绎。因此，其论证的哲学基础是"康德式"的。杰克逊曾为此评论说，在罗尔斯的论证中，正义与政治是相分离的，这是"再明显不过了"，而且，"如果说政治和正义是彼此对立的，那么，正义永远都是不可能的"。②

① 卡尔·施米特：《政治的概念》，刘宗坤译，载《施米特：政治的剩余价值》，上海人民出版社2002年版，第186页。
② 参见乔德兰·库卡塔斯等：《罗尔斯》，姚建宗等译，黑龙江人民出版社1999年版，第131页。

只要彻底揭露这个事实，我们就会看到罗尔斯的《正义论》沾染了怀旧，即怀念一种话语，这种话语产生于苏格拉底——柏拉图意义上的政治哲学教诲，它的精义是"最好的生活秩序"，亦即理想的国家。这当然也是罗尔斯的《正义论》的思想核心。罗尔斯虽然已经将现代社会占支配地位，然而却越来越不合时宜的社会伦理学基点从一种"最优化""理想化"的价值理想层面，下移到"最起码要求""最基本正义"的社会道义层面，但是由于"证明"某种价值主张的命题的不可能，要区分"主张价值真理的方式"和"价值真理的客观存在方式"最终是无意义的；即使罗尔斯认为某一种价值主张是属于"基本的社会善"，但仍然可以被人视之为"最理想化"的价值诉求，这就像即使我们认为某一种价值期待是邪恶无比，而且已经在历史上为祸天下了，但仍有人视之为真理，是基于同样的道理。在这个意义上，桑代尔很容易地指责罗尔斯错误地把注意力集中于"我应该过何种类型的生活？"这样一个问题上。在社群主义者看来，像罗尔斯这样的哲学家是在寻求一个错误的目标：即寻求用以解决政治联合之"最佳形式"的本质问题之普遍原则。然而，事实上，"除非在哲学家的思想中，否则，根本就不存在任何这样的问题"①。不管怎样，罗尔斯的"正义"教义其实也是在寻找一种不可能实现的东西，准确的说法是，罗尔斯的"正义"的渴求出于"言辞"（speech，即 logs）并首先在言辞中。因为，柏拉图的《理想国》早已对正义之追求的内在不如意与潜在破坏作过最有力的描述："要想完整地回答'什么是正义'的问题就得需要一个不可能的生活秩序或国家政体，一个只能由偶然机缘所成就的哲人—王的生活制度。这全凭运气"。并且，"正义的问题关涉我们如何对待他人，而他人往往忽略我们的利益。因此，正义的问题就是我们如何在不偏爱我们自己利益的条件下如何按其所值地给予他人。这显然是不可能的。因为我们拥有自

---

① 乔德兰·库卡塔斯等：《罗尔斯》，姚建宗等译，黑龙江人民出版社 1999 年版，第125 页。

己的身体，它是我们各自的主权者，我们得给它以第一优先权"。而无法免除"身见"。① 从而旨在程序正义的制度设计远不如教育公民接受调解并遵循解决争端的程序来得根本，斯巴秀特（Sparshott）指出，柏拉图正是这样来看待政治问题的："政治问题是教育问题，是一个造成共同的思想框架的问题，在这样的思想框架中，共同的集体利益大于个人利益。"② 这因此可以说，对于那些关心正义问题的人来说，其任务便不是向外寻求抽象的原则，而是向内审视，只在"社会意义"的背景中活动或谈论正义问题。可以说，这种认识正是社群主义者贬低罗尔斯式自由主义的要义。

然而，这绝不是确信社群主义是治疗自由主义内在缺陷的良药。如鲍曼所指出的，"自由主义的社会用一只手所提供的东西，往往会被另一只手拿走；如果没有允许真正自由选择的资源，自由的职责，对许多人而言，就是没有尊严的生活秘诀"。③ 在围绕着自由主义的原则组织起来的社会里，这是一个真实而不易作出判断的矛盾，更不用说去摆脱这一矛盾，而社群主义者却声称要解决这一矛盾。它在社会工程的实践中所开的药方只可能使疾病变得更为严重。此中的问题并非是现在的争论又是关于所谓个体与社会之间利益冲突古老的、无结果的争论，因而即使争论的任一参与者都要求"为了社会的目的"而牺牲个体自由，或都把个体的自由视为"至爱"，也无法完结"自由与平等的协调"及其道德争议，更不要说解决自由主义者与社群主义者之间的争端。问题的要害在于：社群主义理论家，特别是麦金太尔，都抱怨在自由选择的自由主义政治制度下得到的各种认同的肤浅性、不稳定性和不可靠性。对社群主义者而言，既非虚假，又非肤浅因而有意义的认同是那种经由每个个体诞生所传送的"历史认同"。泰勒认为，自我认同

---

① 参见萌萌主编：《启示与理性——哲学问题：回归或转向》，中国社会科学出版社 2001 年版，第 34 页。

② 安德鲁：《下降到洞穴》，张新樟译，载刘小枫主编：《施特劳斯与古典政治哲学》，上海三联书店 2002 年版，第 587 页。

③ 齐格蒙·鲍曼：《后现代性及其缺憾》，郇建立等译，学林出版社 2002 年版，第 240—241 页。

的原初的和存在论上不可逃避的语境是"我的思想和语言面临其他人的思想和反应",据此我才可能有信心地回答:"我知道我在说什么吗?"或"我真正领会我所谈论的事情吗?"诸如此类的问题。① 在此,社群主义者传递的总体信息是:"选择他人已经选择过的,你就不会出错。"在这样的情境下,"自然社群"代表了"有意义选择"的"安全避风港"。②

　　然而,当社群主义者试图把"自我"与某种更大的"实在"联系起来,以克服滑向现代文化的主观主义——正如我们在麦金太尔那里,还有以极为不同的方式,比方说,在泰勒那里所看到的——时,"自我"何在? 在真正的社群主义的情境中还可能有自我吗? 如果说麦金太尔就像托马斯·阿奎那那样沉迷在共有习俗中而"失去自我",那么泰勒看起来又是过分地把社群融入"自我"之中。在这些分析中极度缺乏令人满意的"社群"概念,或者说缺乏令人信服的"我们"概念。换言之,社群主义理论由于受到现代意识形态——自由主义的笼络,而总是把传统社群连同所有其他的"归属社群"作为立足点,即作为"不可推测的联合、未被预见的结果和丧失了的良机等结果而产生的'偶然的、捏造的和拼凑的'实体",③ 因此,可以说它与自由主义一样仍然处于同一个形而上学的世界即实体形而上学世界中。一般说来,它仍然暗示着一种把特殊纳入普遍的建构式思维,且常带有笛卡尔式的现代性意味。在这点上,我们观察到,社群主义使关于对作为社会行为系统之基础的个人的独立性、交互性的自由限度进行追问而引致个人与社会对立的困境的哲学讨论,进入了实际政治领域:纳粹对犹太人的大屠杀被理解为"概念"或"总体性"的最后胜利。它昭示着我们有种种的理由来警惕在社会整体的祭坛上牺牲个体的危险。这种危险就隐含在"群体

---

　　① 参见查尔斯·泰勒:《自我的根源:现代认同的形成》,韩震等译,译林出版社2001年版,第53—54页。
　　② 参见齐格蒙·鲍曼:《后现代性及其缺憾》,郇建立等译,学林出版社2002年版,第238—239页。
　　③ 齐格蒙·鲍曼:《后现代性及其缺憾》,郇建立等译,学林出版社2002年版,第238—239页。

可以不受干预地实施限制个体自由的权力"的社群主义的假定中。

为对抗这种危险，后现代性研究大家鲍曼吸纳了勒维纳斯的思想，为"他者"制定了一种阐释伦理；罗蒂则提出了一种言语集团之间的"世界性的"翻译语用学而非"解放"的普遍性，对于罗蒂来说，"没有解放的世界大同。"① 然而对于拉什（S. Lash）来说，普遍性固然不能被置于超验的主体之中，但是在鲍曼和罗蒂意义上的"同一"之间，尚未建立起"足够的共享意义"之前，"鲍曼和罗蒂凭什么迫不及待地谈论向他者的转译呢？"② 基于这种考虑，拉什一直强调"社群"首先是一个共享意义的问题，它不适用于政治党派和社会阶级，这不仅因为政治党派或社会阶级是一种建立在原子化和个人化（实体化）基础之上、以千人一面和社会关系的非人格化为前提的集体（马克思意义上的"偶然的集体"）尤其重要的是这样的集体只以共享利益（shared interests）为前提。拉什想进一步论证的是，马克思本人把阶级着重理解为并非只是共享意义问题，而是理解为共享利益时，在很多方面只是英国所特有的一个现象，③ 对共享意义的忽视，无以对"我们"（社群）作某种根本性的思考。这并非拉什一个人的看法，墨菲（Chantal Mouffe）以为，"政治社群需要一个共同利益的相关观念，但是，共同利益应被视为'没影点'（Vanishing Point），我们必须不断地参照它，但永远不能达到它……政治社群（得以实现）的可能性条件同时也是其充分实现的不可能性条件"。④ 基于这一原因"构建一个政治社群的尝试，通

---

① 乌尔里希·贝克等：《自反性现代化——现代社会秩序中的政治、传统与美学》，赵文书译，商务印书馆 2001 年版，第 217 页。

② 乌尔里希·贝克等：《自反性现代化——现代社会秩序中的政治、传统与美学》，赵文书译，商务印书馆 2001 年版，第 179 页。

③ 参见乌尔里希·贝克等：《自反性现代化——现代社会秩序中的政治、传统与美学》，赵文书译，商务印书馆 2001 年版，第 144—145 页。

④ 转引自齐格蒙·鲍曼：《后现代性及其缺憾》，郇建立等译，学林出版社 2002 年版，第 252—253 页。"没影点"指（透视法）同一平面上所有平行线似乎相汇合的一点。

常可以归结为使一些人强迫接受所不需要的权力以及所有人实际的无权化"。① 这就是鲍曼对"共同利益"的观念有可能发挥构成这样一个政治社群"没影点"的作用所作的解释。这意味着，社群主义至多关注特殊群体的利益，而不是整体和社会、民族、国家的利益。然而，在社会分化为各种政治利益集团的情况下，集团间必然发生利益冲突。实际上，美国政府和国会已成为利益集团相互争夺的角力场，社群主义理论在"利益"面前难免"出丑"。

这时拉什似乎就完全有理由说，作为典型的利益集合体的政治党派和社会阶级虽然确实有某种共同基础，但这种基础不是"社群性的"，其所谋求集体行动的团结也非代表某个政党或阶级的"整体团结"，"真正的"现代社群就必须有共享意义、习俗和义务，必须在根本意义上处于一个"世界"中。共享意义，亦即共享"世界"。任何实质意义上的社群都必须是"世界的"，必须扎根于共享意义和常规习俗之中，它不是被现代社群主义思潮诗意地描述的整体大于部分之和，并因此有权要求各个部分服从于整体意义上的社群，拉什所同情的社群主义，只能定位于重申海德格尔的"存在的社群"，他提醒我们关注海德格尔对社群主义思想家的重要性。

二、海德格尔：一个后传统社群主义者

倘若从最初的现代社群主义著作，是作为对罗尔斯及其他人倡导的个人主义理论的反应而产生这一点着眼，我们认为，阅读《存在与时间》是很有收获的，不管人们可能会是从对《存在与时间》的主体性——个体主义和唯意志主义的误读出发，还是要别出心裁地对《存在与时间》作"集体主义"解释，都无法把握《存在与时间》中隐含的"社群"概念，因为这种解读的困境依然与自由主义者和社群主义者之间争论所引起的困境一样，是从主客体对立的思维模式出发，并在这一假设的前提下试图理解"我"

---

① 丹尼尔·贝尔：《社群主义及其批评者》，李琨译，三联书店 2002 年版，第 11 页。

和"我们"，依拉什看，这种思路本身是有问题的，在此产生的问题是由海德格尔对"世界"的讨论所引起的，传统社群主义的讨论一般说来，欠海德格尔很多，其论点多忽视了《存在与时间》中提出的"工场世界"模式中所暗示的社群概念。在此，"在世"所牵涉的不是"主体"而是"此在"，此在沉浸在常规的或者说前反思的没有"客体"而只有工具的习俗或活动中，潜心于没有"客体"而只涉及与其他人的共享意义和共同习俗中。这种共同习俗可以比喻为就是"社群的隐藏的手，通常决定我们多数人做什么，而我们从来都觉察不到"。① 因为与他人共存等同于常人常态（"常人状态"和"共同规范"），"我们"的日常活动的逻辑是"习俗逻辑"而非"意识逻辑"，具体地说，是通过共享意义和习惯的力量而产生的。就像学骑车，人们不会把自己看做是自足的"主体"，学骑车与其说是思考如何掌握平衡，如何踩踏，如何停车，不如说是在切近关系中与车相遇，而在这种切近中并不需要"体验"（Erlebnis）之，而多只是"经验"（Erfahrung）的过程，好几位德国思想家曾清楚地比较了"经历"（experience）的这两种概念："体验是主观的，而经验则更加公开，含有被诸如一个行业'所经历'的意思"，② 对于海德格尔来说，要获取存在的意义，就必须"经历它"，且通常是神不知鬼不觉地运作的，可以这么说，只有当常规活动中断从而在一种脱落中打破人与"工具"（Zeug）的切近关系时，因为必须做一些补救，所以人才变为客体。③ 只有当共享意义中断时，人才变得互为"主体"。此时，罗尔斯所想的生活计划和合法性问题才会应运而生，但是由于其内在的缺陷，它并非有能力补救中断的共享意义，因为共享意义和习俗根本上既非像罗尔斯那样，从主客观对立的真理概念出发，也非从内在的意识形态结构的角度来解释的。

---

① 乌尔里希·贝克等：《自反性现代化——现代社会秩序中的政治、传统与美学》，郇建立等译，学林出版社 2002 年版，第 203 页。
② 海德格尔：《存在与时间》，陈嘉映等译，三联书店 1999 年版，第 85—86 页。
③ 参见乌尔里希·贝克等：《自反性现代化——现代社会秩序中的政治、传统与美学》，陈嘉映等译，三联书店 1999 年版，第 190 页。

　　按照拉什，我们也许可借助布尔迪厄的两个关键概念——习性和场域——来诠释社群概念的基本要素。我们看到，即使像泰勒这样一位自觉的社群拥护者，由于只是从"认知"根源和"美学"根源而不是"阐释性"根源，来理解"自我"的"源头"（Sources），他最终为我们提供的是一个"反省的"（reflexive）社群概念，他似乎告诉我们，我们只是认为我们生活在缺乏德行的状态中，我们已经拥有社群，只是不知何处寻找而已。这显然表明他受制于黑格尔式的辩证法之普遍理性要素，想从"我"中得到"我们"，从个人中找到社群，结果他的"自我之源"仍很抽象，又一次，从共享意义和置身于背景习俗的母体中出发来研究现代自我之源这个途径，仍然被忽视了，而这恰恰便是读过海德格尔很多作品，并且带着某种迷恋的布尔迪厄提出"习性"这一概念的出发点。布尔迪厄提出"习性"这一概念的主要目的是：摆脱唯理智论的行为哲学，同时为了闪避解释行为的客观主义和主观主义倾向；对于习性这个概念布尔迪厄还强调受马克思的"实践"理论意向的启发，谈论习性就是要避免马克思所指出的逻辑专家所犯的普通错误，即"把逻辑的事物看成事物的逻辑"。布尔迪厄承认他经常引用马克思的话，来谈论习性这一概念，是想对马克思反对方法论的个人主义与整体主义表示追随，按布尔迪厄的话来说，"习性是一种社会化了的主体性"，所以，"当习性遭遇社会世界时，它就'如鱼得水'，它并不感到水的重量，习性与世界对其自身的看法相得益彰。……世界围绕着我，但我理解世界，就是因为世界包含了我"。[①] 这一切使得人们趋向于断言：如果自由主义者否认我们生活的大部分领域是受无意识的后天习得的（性格）意向支配的，那么，他们显然是没有弄懂"美好生活的观念"，即自由主义者相信那种值得过的生活的观念，与美好生活的许多领域是受不经选择的习惯的常规支配的观点恰恰是十分一致的。而没有弄懂这一点，正是自由主义理论家认为存

[①] 参见包亚明主编：《文化资本与社会炼金术——布尔迪厄访谈录》，包亚明译，上海人民出版社1997年版，第175页。

在一个有理智的，能够实现自觉自在的生活目标的主体的根源。

应该指出，这个有理智的主体本身有一个它没有也无法意识到的前提基础。它不是以哈贝马斯的超验的"主体互通性"（交往理性）——之所以说它是超验的因为主体从共享习俗的世界中抽离了出来——为基础，而是以布尔迪厄式"习性"为基础，"'习性'既是主体互通性的，又是行动中的个人的构成性的场所"，① 在这种情境中，习性肯定能够成为社群的基础，它以"预先判断"为前提而不是以康德式的纯粹理性判断为前提，这一视野意味着：由社群和日常生活中的道德所揭示的真理与按规则——迪尔凯姆、帕森斯等古典社会学家定义中之行动的规则和规范——行事方法是对立的。伽达默尔在《真理与方法》一书中，将真理与方法对立起来，亦即将人类科学中表意方法与按规则行事方法对立起来，同时也精当地将其视为由社群和"我们"的日常活动中的道德所揭示的真理。

总而言之，假如人们要求解释任何实质意义上的社群的一些规范，比如，为什么我们用筷子吃饭而另一个社群用刀叉吃饭等，我们仅仅说，这是共同的习俗，它们无关乎应然，而关乎本然，因此，一旦一种行为方式和它的正确性已被我们的行为所证明是正确的，就不能再毫无希望地去寻找更基本的解释，甚至去怀疑客观世界存在，并且追求那种无根的极端的自由等。

"归根到底"，对海德格尔，包括维特根斯坦等"后传统社群主义者"（姑且这样称呼）来说，关于社群生活方式的解释与辩护是以没有根据的行动方式来了结的，不是信念的共识，而是我们日常的相同行为惯例的一致，即社群中受规范支配的惯例本身就是这些惯例存在的理由。这意味着，对于海德格尔、维特根斯坦来说，"社会性"是一个描述性术语，说一个行动是"社会性"的不是暗示它必然是好的，或不好的。在这一语境中，除海德格

---

① 参见包亚明主编：《文化资本与社会炼金术——布尔迪厄访谈录》，包亚明译，上海人民出版社 1997 年版，第 217 页。

尔的《存在与时间》这一文本外，维特根斯坦在《论确实性》一书中，对我们的行为规范没有外在的理由或依据这一观点也作过精当的论述，他说，（我们为行为）"提出理由根据并为之辩解终会有个尽头，但是其尽头并非某些命题直接让我们感到其为真，即不是来自我们方面的一种看，而是我们的行动"，① 或者，更准确地说，"是一个无依据的行动方式"。② 他还说，"如果真理是有理由根据的东西，那么这理由根据就是不真的，然而也不是假的"。"如果有人问我们，'但这是真的吗'，我们就可以对他说'是真的'；如果他要求理由根据，我们也许可以说'我不能给你讲出任何理由根据，但是如果你学得多了也会这样想的"。③ 不用说，这些说法对于自由主义者来说，就构成了一个问题，因为自由主义的政治自由观点的基础，是人能够而且应该理解并评价自己的当前目标。相反，如果像海德格尔、维特根斯坦所说的那样，那么，我们就清楚地看到，自由主义在实践中的无效性，就根源于其哲学基础的不足。

　　然而值得注意的是，在这里所说的基础完全不同于传统哲学中所说的知识的基础，即那种先于其他知识的知识。海德格尔对生存在世的分析表明，我们之所以能够形成对现实的客观表述，条件是我们已经与世界上的事物打交道。这就意味着我们既无法找到独立的、理性的可以评价道德观的一种外在规范，也没有一个可以对社群的道德规范作出独立评价的泛社群的评价体系，也就是说，评价标准是从某一特定的历史和传统中衍生出来的，而且是它的一部分。但这不等于说评价标准是完全任意的。这里有一个明显的反论：历史性原则已根本否定了评价的任意性（比如，否定了将扩大个人的选择范围视为一个好的政治社群的标准）。但历史性在海德格尔那里根本不

---

　　① 路德维希·维特根斯坦：《论确实性》，张金言译，广西师范大学出版社 2002 年版，第 34 页。

　　② 转引自丹尼尔·贝尔：《社群主义及其批评者》，李琨译，三联书店 2002 年版，第 33 页。

　　③ 路德维希·维特根斯坦：《论确实性》，张金言译，广西师范大学出版社 2002 年版，第 34—35 页。

是价值评价的标准，而只是"此在"生存的条件。根据海德格尔，只有有限的、处于一定情境中的"此在"才是真正意义上的在。此在——正如该词 Dasein 的词义所指的那样——是一种"此"（here），这种"此"同时又永远是一种"彼"（there），永远是生存的出位状态，永远无法判定自己，因此，对于海德格尔来说，"在多数情况下或总是听从一个人的内心活动或者以实际行动实现一个人自订的生活计划"，这种所谓的自由主义者所强调的"自治"是不可能的。① 这首先意味着：要谈论尚未实现而只存在于纯粹可能性中的"本真性"的此在是没有意义的，本体论意义上的观点和生存状态意义上的观点应该是合而为一的。就此而言，伊格尔顿并没有误解海德格尔，他说："虽然'本真性'在某一层面上显然是一种规范性概念，但作为一种实现自己个体可能性问题，它也不过是一种揭示自己真实状态的发展过程"，"它并不带有任何特殊的道德指向"。② 但是，海德格尔哲学的反主体性、反对谈论"价值"，或者说对伦理学及其任何形式的价值论的怀疑的存在之思，却被伊格尔顿人为地构造为关于"价值"谈论的"敷衍态度"，在他看来"《存在与时间》巧妙地把错误推衍成正确，把堕落转化为救赎，从而消解了它们之间的对立"。③ 不用说，这又是一种把海德格尔哲学描绘成"缺少内在的定向准则"（Richard Wolin）或者"完全是不讲原则的"（Herrmann）的叙事模式。

从话语层面看，海德格尔的哲学看上去的确就是这样的。因此，从逻辑上讲，人们总能给出理由从道德上、政治上批评海德格尔反对"价值"的思想，但是我们必须看清：海德格尔反对"价值"的思想企图超越的是那种近代主体主义的观念。一切价值评价，海德格尔在《关于人道主义

---

① 参见丹尼尔·贝尔：《社群主义及其批评者》，李琨译，三联书店 2002 年版，第 31—32 页。

② 特里·伊格尔顿：《审美意识形态》，王杰等译，广西师范大学出版社 2001 年版，第 310 页。

③ 特里·伊格尔顿：《审美意识形态》，王杰等译，广西师范大学出版社 2001 年版，第 310 页。

的书信》中写道："都是一种主体化（Subjektivierung）。"没有某种主体从共享习俗的世界中抽离出来的抽象的规范，是不可能对这个所谓异化世界的"闲谈碎语"与公众舆论加以评判，更遑论什么自由主义、社群主义。

　　如果说，海德格尔反对价值的思想本身仍然是一种评价的话，那么，海德格尔反对价值的思想并没有主张："被人们宣告为'价值'的一切东西都是无价值的"，相反，海德格尔所思考的正是把某物"称为"有价值的，被评价的东西被剥夺了它的价值以后，欧洲虚无主义兴起中的无家可归的时代精神状况的问题，它与整个西方精神历史的根基问题息息相关。海德格尔对"根基"问题的思考诚然不是"政治的"旨在社会改造，而是哲学的方式，他不以什么是正当的，什么是需要的事物这样的名义并出于它们来思考"一种超越最极端的无家可归状态的在家状态"。用梅耶斯的说法，"海德格尔的观点既不允许对政治进行独立的常识性理解（对于这种理解，他仅仅保有一种他对任何非哲学或非'思想'的东西的轻蔑），亦不允许存有一个'自然的'政治生活的分离领域，作为在存在整体中的一种表现、领域或具体存在，他的所有'政治'观察便都成了存在自身出演的戏剧的方方面面"。① 施特劳斯也警觉到：在当今时代，包括海德格尔在内的"近世四个最伟大的思想家""没有一个为最重要的西方政治哲学传统辩护"，② 这里的问题仍然在于，眼光犀利的思想家总会识察到在那种纯粹而又自以为是的个人主义的自由主义概念中，无法发展出一种具体的政治理念，因此，不再对在自由主义中能找到一种政治原则或在思想上一致的政治理念抱任何希望的思想家，绝不算少数，比如施泰茵、马克思、施达尔、柯特等，但是，海德格尔与马克思不同，马克思接受了共产主义的政治前

① 梅耶斯：《施特劳斯与海德格尔——古希腊与现代性的意义》，徐英瑾译，载刘小枫主编：《施特劳斯与古典政治哲学》，上海三联书店 2002 年版，第 507 页。
② 参见格林：《现代犹太思想流变中的施特劳斯》，游斌译，载刘小枫主编：《施特劳斯与古典政治哲学》，上海三联书店 2002 年版，第 53 页。

瞻，而海德格尔比马克思更彻底地切断了与政治前瞻的关联。所以，施特劳斯说，政治哲学在海德格尔思想中是缺席的。① 有可能，这也许是海德格尔基于他自己学说中的最深刻的缺陷，因为，只要政治单位出现，"人类就其总体而言在生存上是通过政治参与而得以理解的。政治就是命运"。② 但是，在对"海德格尔与政治"这个问题作如此关联性审视时，这个问题仍将继续成为 20 世纪思想史中"最令人费解的难题之一"（沃林）。

第三节　认真地对待他人

马克思哲学重视人的社会性，这是谁也无法否认的。摆在我们面前的问题是：马克思哲学是从哪里切入人的社会性？按照勒维纳斯的理解，马克思哲学有一个途径，即对于"他者"问题的强调，使其开辟了一条通往重视人的社会性的言路。对于勒维纳斯来说，西方哲学传统就是一种存在论，自从苏格拉底以后它就受制于某种大写的理性，而这种理性只接受它所自给的，只是记得自己，在这个意义上，存在论一直只是一种"同语反复"（"同一"形而上学）和一种"自我学说"，存在论只是听凭将他者"中性化"乃至消除。③ 他断然认定，欲寻求存在论出路就在于社会的、伦理的实践。而这恰恰就是马克思哲学的原初地平，在马克思的哲学使命在于"改造世界"的昭告中"我们发现一种伦理良知，它克服了把真理与一种理想的可理解性在存在论上相等同的做法，而是要求把理论转变为一种关

---

① 关于政治哲学在海德格尔思想中没有位置，可参见列奥·施特劳斯的：《现代性的三次浪潮》《海德格尔式生存主义导言》等；载贺照田主编：《西方现代性的曲折与展开——学术思想评论》第六辑，吉林人民出版社 2002 年版。

② 卡尔·施米特：《政治的概念》，刘宗坤等译，载《施米特：政治的剩余价值》，上海人民出版社 2002 年版，第 245 页。

③ 雅克·德里达：《书写与差异》上册，张宁译，三联书店 2001 年版，第 164 页。

心他人的具体实践"。①

在这样一种对马克思的阅读中，勒维纳斯非常鲜明地规定了"他者"在马克思哲学中的核心地位，而"彻底意义上的他者，就是他人"，② 他人是他者本身和他者中那最无法还原的他性。

就勒维纳斯的任务来说，他是要把他人从"同一形而上学"的暴力中解放出来，寻求提出一些只在与他人的关系中才有意义的概念，用以对抗源自亚里士多德以来的整个传统的那种概念。去摆脱"大写的同一"与"大写的一""这种压制性的希腊统治"，③ 也是在这种深层意义上，勒维纳斯引马克思为同道，按照他的说法，"它（马克思哲学）认真地对待他人"。④

这是勒维纳斯对另一位哲学家所作的并不多见的评论，因为，从勒维纳斯的现象学来看，以往的哲学几乎都使"他人"站在黑暗之中：例如，胡塞尔思想中价值意向性虽然相当重要，他曾研究过伦理问题，并曾就停留于表象的、与他人的关系展开过研究，但是胡塞尔的思想搜索着摆脱了"同一"的"他者"有可能隐藏的所有的地平线，按勒维纳斯的见解来衡量，"认识对象被认识主体所吸收"的模式总是左右着胡塞尔的现象学认识论；在海德格尔的学说中也是一样，他以时间为其视野，通过理解"此在"所构成的存在意义来理解一般意义上的存在，在此过程中，所谓与他人的关系还原成"我"对他人的理解，正因为如此，海德格尔虽然不安于在场与存在的同一化，但是，在他那里，同一依然是"理性的、合法的"，⑤ 这是勒维纳斯本人的说法。他认为，海德格尔仍然会"以某种古希腊——柏拉图传统的名义并且就从该传统内部质问并还原那种哲视专制主义（théorétisme），

---

① Richard A. Cohen, *Face to Face With Levinas*, State University of New York Press, 1986, p. 33.
② 勒维纳斯：《上帝·死亡和时间》，余中先译，三联书店 1997 年版，第 292 页。
③ 雅克·德里达：《书写与差异》上册，张宁译，三联书店 2001 年版，第 135 页。
④ E. Levinas, Entre Nous: *On Thinking-of-the-Other*, New York, Columbia University Press, 1988, p. 120.
⑤ 勒维纳斯：《上帝·死亡和时间》，余中先译，三联书店 1997 年版，第 155 页。

而这种传统是受到观看要求和光之隐喻监视的。也就是说受到主客体对立所赖以生存的内与外这一空间性对子的监视。"① 此外，当问题涉及作为此在的在世结构之存在论机制的"时间"时，海德格尔从未来的绽出出发来设想的时间，存在着一个基本的冲突，即被抛掷的过去的"曾在"与筹划的将来的"能在"之间的更张而绽出到时的"此在"的生存性。这种不是在早先与晚后的单向一维的绵延式自我同一现在，而是源自隐匿存在的涌现的源始时间，就像爆发的火山，从直观上看，仿佛"曾在"和"将在"皆拢集于此（在），正因为如此，源于"观看的幼稚"，流俗时间的横向陆续出现立即呈现出并排置列的样子，"就像已出而世界化的岩浆掩盖了时间的纵向绽出。海德格尔要使这种纵向绽出的时间现象出来"，② 我们感觉到，海德格尔的时间观很难在某种完全受控于"内在性——外在性"结构的传统逻各斯基础上找到它的表达。因此，勒维纳斯指出："海德格尔的时间性不必成为知识，它是一种神出体外，是'脱离自我的状态'。它不是对理论的超越，而已经就是一种朝向外在性的对内在性的脱离。"③ 在这里，一经勒维纳斯揭露，海德格尔恐怕难以征服已经被表现为"光"之特征的那种"内—外"结构所规定了的那个点上去松动这个结构，甚至海德格尔的那种"共在"（Mitsein）结构也被勒维纳斯解释成"某种柏拉图模式的遗产及对光的世界的隶属"。④

在这里，撇开最低限度内可指认出勒维纳斯攻击海德格尔的不公正性此一问题，我们起码可以说，勒维纳斯的说法又应验了怀特海的断言：哲学家一直在对柏拉图进行注释。根据德里达扼要的表述："这并非意味着西方主义或历史主义。那只是因为哲学的基础性概念首先是希腊的，而离开它的元素去进行哲学表述和谈论哲学大概是不可能的。"⑤ 如果说这一概括是正确

---

① 雅克·德里达：《书写与差异》上册，张宁译，三联书店2001年版，第147页。
② 参见张志扬：《语言空间》，福建教育出版社2000年版，第145页。
③ 转引自雅克·德里达：《书写与差异》，张宁译，三联书店2001年版，第148页。
④ 雅克·德里达：《书写与差异》，张宁译，三联书店2001年版，第148页。
⑤ 雅克·德里达：《书写与差异》，张宁译，三联书店2001年版，第132页。

的话，它肯定适用于马克思、海德格尔，也适用于勒维纳斯，他们力争走出柏拉图漆黑的烟雾缭绕的洞穴，走进他者纯净而有启发性观点的世界，与勒维纳斯要以他者为目标的"第一哲学"——伦理学同样重要的是，我们必须向海德格尔那样过问存在问题，当海德格尔要求我们深入思考"单独动词形'ist'（是）直说式现在单数第三人称"的"优先地位"① 时，尤其如此。这意味着肯定"存在"不是最初的绝对不可还原的所指，它的根扎在语言系统和由历史决定的"意义"中，而"西方形而上学把存在的意义限于在场领域，它成了语言形式的霸权"。② 这种霸权就是"形而上学的以太"，是被形而上学语言所控制的我们的思想要素，而这种在场则是"自我"在场中作为意义的意识，从而必然把问题推向极端，而消除"他者"。

由此可以看出德里达把尼采、海德格尔置于以"延异"为主旨的哲学名下，他是以多么严肃的态度将在场形而上学和同一形而上学看做敌人，因此他与马克思主义的相逢并不是完全不可思议的事情。德里达以颠覆传统哲学的二元对立为契入解构主义的第一个步骤，诸如言语与文字、本原和补充、自然与文化、男性与女性、意识与无意识等二元对立等级秩序的颠覆，在我们看来，便带有强迫的，甚至是强制的迫切触及了"他者"问题，人们所谓的"黑格尔——马克思——德里达"传统，其意就是说马克思和德里达都属于黑格尔的辩证法传统。当然，凡只局限于在一个意义上谈黑格尔的哲学，就容易滑脱掉黑格尔的精神现象学中所表述的"异化"——"否定性辩证法"，及其内中包含着的深刻的"自我"与"他者"的关系。

我们不必要讨论黑格尔是站在从我（通过我思被理解的）到他人的单向关系的基础上，还是站在他定义为"一个在另一个的自我把握"的相互关系的基础上，讨论"自我"与"他人"的关系问题，黑格尔有名的"主奴"关系对很多人包括德里达和马克思的影响是非常深刻的，这一事实无

---

① 海德格尔：《形而上学导论》，熊伟等译，商务印书馆 1996 年版，第 92 页。

② 雅克·德里达：《论文学学》，上海译文出版社 1999 年版，第 30 页。

须经由它的细节来赢得揭示，只要指出奴隶是主人的真理就够了。我们几乎可以简单地和德里达一道说黑格尔著作所蕴含的巨大的革命意义就在于"对否定的严肃对待"①，在某种意义上，黑格尔"在《精神现象学》中变成了上帝的奴仆，获得了解放的那个奴隶、那个劳动者"② 就是一个彻底的存在论意义上的"他人"，在这一点上，勒维纳斯与黑格尔的对话是可能的。③ 可是，我们对这种说法也不必多加肯定，因为，在这同一问题领域内，马克思哲学的起点——《博士论文》——并非完全是黑格尔式的，《博士论文》所涉及的并不仅仅是强调自我意识哲学或者突出自由问题。其实被传统哲学粗暴抹去的"他者问题"始终在博士论文中保持了某种抗拒/揭蔽关系。

在讨论马克思的博士论文以前，我们必须首先显摆一个背景：这就是霍布斯用三言两语便打发了的"自然状态"这个概念的流布于世。霍布斯把它看做是一种对"无耻的、兽性的和贫乏的"人类生存状态的描绘，通过把自然状态描述为一个人与人相互恐惧的状态，霍布斯作出如下假设：人与人之间的本质关系依照自然在于，每个人的命运都处在他人的支配摆布之下。可是，如果人不是全无设防、毫无掩蔽地暴露在自然面前的话，如果"人性（不会）使人们如此彼此互相离异、易于互相侵犯摧毁"④ 的话，那么这个本质关系，就将是不可设想的。由于黑格尔将对暴力造成的死亡的恐惧，视为中等阶级生存的基础，所以，他所同意的是霍布斯的自然状态概念，而不是后人的其他观念，他说，"霍布斯所了解的自然状态是就其真实意义而言，他所指的，并不是关于一个什么天真的善良的自然状态的空谈；

① 雅克·德里达：《书写与差异》，张宁译，三联书店 2001 年版，第 466 页。
② 雅克·德里达：《书写与差异》，张宁译，三联书店 2001 年版，第 472 页。
③ 勒维纳斯从非希腊——西方传统中汲取丰富的资源，靠近了先于逻各斯、先于神学的和"对话"的希伯来传统，在这位"他者"的哲学家的伦理召唤中，"他人，永远比我离上帝近"。
④ 霍布斯：《利维坦》，转引自列奥·施特劳斯：《霍布斯的政治哲学》，申彤译，译林出版社 2001 年版，第 147 页。

人类的天然状态，在事实上，远远更加近似于动物世界的状态——这是一个个人意志桀骜不驯的状态"。① 尽管黑格尔否定霍布斯的这一"原子式的抽象的观点"，② 视其为"肤浅的、经验的"，但是他肯定霍布斯"论证这些见解的理由和命题是有独创性的"。③ 施特劳斯认为，黑格尔对中等阶级的批判之所以成为可能，是因为他借助了对中等阶级理想论证的新的理解，而这种理解必须追溯到霍布斯。④ 扩而言之，对于近代哲学而言，只有一个个的原子，或一个个孤立的个体，而没有真正意义上的"他者"，或者说在近代主体性哲学、个人主义意识形态中"他人"从不被提起，即使提起也是作为自我的累赘、威胁，这似乎是一种普遍流行的看法。

与此相反，黑格尔认为自我在与他人关系运动中生成，自我就是相互承认，当黑格尔发现了承认这个概念，他也就发觉自己拥有了其整个哲学的关键概念。在黑格尔看来，历史以及历史性的人渴望其特殊性被普遍承认为绝对价值：他想成为"同类中的惟一者"，但只是"普遍者"。不过，他周遭的自然世界和人类世界的既定结构之限制，连同他自身的既定存在的限制，都使自身处于对特殊性之普遍承认的对立面，既如此，他就通过一系列否定行动来改造那个世界并且改造自己。按照黑格尔的承认—行动辩证法，只要两个渴望承认的人相遭遇，一场为了维护自己主体性的生死之战就是难免的。因为，黑格尔假设了一个人起初总是不知道：一个人只当他被他所承认的人所承认时，他才能满足，相反，起初，人总想被一切人承认，却不反过来承认任何他人。既然，在黑格尔看来："一个人不曾把生命拿去拼了一场的个人，诚然也可以被承认为一个人，但是他没有达到他之所以被承认的真

---

① 黑格尔：《哲学史讲演录》第四卷，贺麟等译，商务印书馆1978年版，第159页，译文根据伊丽莎白·S.哈尔戴恩与弗朗西斯·H.西姆森的英译本略有改动。
② 参见黑格尔：《法哲学原理》，范扬等译，商务印书馆1961年版，第322页。
③ 黑格尔：《哲学史讲演录》第四卷，贺麟等译，商务印书馆1978年版，第158页，译文根据伊丽莎白·S.哈尔戴恩与弗朗西斯·H.西姆森的英译本略有改动。
④ 参见列奥·施特劳斯：《霍布斯的政治哲学》，申彤译，译林出版社2001年版，第147页。

理性作为一个独立的自我意识。同样每一方必定致对方于死命，正因它自己为此而冒生命的危险，因为它不复把对方看成是它自己（的一部分）；对方的本质在它看来乃是一个他物，外在于它自身，它必定要扬弃它的外在存在。"① 当然，要求单向承认的欲望强于自我保存的动物本能所激发的两个人就会战斗到其中一个死去为止。但是，死了的人不再存在了，这样，另一个人明显不能被那个不是存在的人所承认，这意味着，人必然要么作为一个奴隶的主人，要么作为一个主人的奴隶而出现，以实现现实的承认，这场斗争将人的实在创造为一种本质上是社会的实在。照科耶夫对《精神现象学》的解读，这场为了"承认"的斗争的目的便是建立社会"同质性"（homogeneity），② 这实际上早已为黑格尔的自我意识结构所预设：只有当一个人自己意识到他被承认了，他才是真正"被承认了的"，这就是为什么，当黑格尔说人就是承认时，他也同样是在说人就是自我意识。换言之，普遍而同质国家中的公民从其完全被承认中所获得的满足，不是"非中介的"，而是为自我意识的完满所"中介的"，只有当人完全意识到自己的满足，才能彻底满足。正如公民的真正完满是他降临之前全部历史演化的结果。同样，其自我意识的圆满也无非是重演着普遍意识（社会意识）的发展史。③

可见，在这种意义上，当黑格尔说人就是自我意识而蕴含及预设了对外部世界的意识时，他实际上是把各种共同体及他人从普遍的理性意志之中推导出来的，或用萨特的表述，就是说黑格尔是在全局上来考察他人这个问题。④ 因而，在黑格尔的《精神现象学》中，他只是对"自我意识"发展的最初阶段"欲望""主奴关系"发展到"斯多葛主义""怀疑主义"，直到"苦恼的意识"的论述，而忽略了基于感觉主义的伊壁鸠鲁的哲学。但

---

① 黑格尔：《精神现象学》，贺麟等译，商务印书馆1979年版，第126页。
② 科耶夫：《黑格尔、马克思和基督教》，见刘小枫主编：《驯服欲望——施特劳斯笔下的色诺芬撰术》，贺志刚等译，华夏出版社2002年版，第16页。
③ 科耶夫：《黑格尔、马克思和基督教》，见刘小枫主编：《驯服欲望——施特劳斯笔下的色诺芬撰术》，贺志刚等译，华夏出版社2002年版，第17页。
④ 萨特：《存在与虚无》，陈宣良等译，安徽文艺出版社1998年版，第323页。

这个自我意识进展中的重大遗漏，在马克思的博士论文中得到了纠正，这一纠正确立了马克思关于他者、关于他人等方面的理论起点。

依照黑格尔，伊壁鸠鲁、斯多葛主义和怀疑论哲学仅仅是高出感性，还没有达到理性认识水平的自我意识哲学。与黑格尔的这一看法相反，马克思不仅强调这些体系的历史重要性，并且认为，在这些体系中，"自我意识的一切环节都得到充分表现"，"这些体系合在一起形成自我意识的完整结构"，① 由此，马克思充分肯定了它们对于希腊生活和希腊精神的重大意义。马克思还指出，黑格尔对于他主要称之为思辨东西的观点，也妨碍了"这个巨人般的思想家"认识这些体系对于希腊哲学史和希腊精神的重大意义。"这些体系是理解希腊哲学的真正历史的钥匙"。

初看起来，马克思的博士论文旨在探讨德谟克利特和伊壁鸠鲁在自然哲学中的差别，但是他的分析没有停留在简单的比较上，而是深刻揭示了这种差别所具有的哲学和社会实践意义。他引用伊壁鸠鲁的思想之后，着重指出："原子脱离直线而偏斜不是特殊的、偶然出现在伊壁鸠鲁物理学中的规定，相反，偏斜所表现的规律贯穿于整个伊壁鸠鲁哲学，因此，不言而喻，这一规律出现时的规定性，取决于它被应用的范围。"换言之，伊壁鸠鲁的原子偏斜说不能仅仅狭隘地视为自然哲学，它的应用还有社会的、政治的意义：在政治领域里，那就是"契约"；在社会领域里，那就是"友谊"，这些都体现了原子不单单是孤立的，其现实的存在一定是受其他原子规定的。

现在我们具体地来考察一下马克思从原子偏斜说中直接得到的结论。"这种结论表明，原子否定一切这样的运动和关系，在这些运动和关系中原子作为一个特殊的定在为另一定在所规定"，而"与原子发生关系的定在不是什么别的东西"，"也同样是一个原子，并且由于原子本身是直接地被规定的，所以就是众多的原子。"根据马克思对伊壁鸠鲁哲学的这一二度诠释，伊壁鸠鲁意义上的原子，在现实性上，只有与众多其他原子发生碰撞，

---

① 《马克思恩格斯全集》第 1 卷，人民出版社 1995 年版，第 17 页。

才是一个真正的、现实的原子，这与近代孤立的原子论截然不同，同样，它也溢出了黑格尔包揽进去的那个唯一有效的立场，黑格尔在谈到"自我"向自由迈进而未达到"理性"阶段之前，所涉及的斯多葛派、怀疑论和苦恼意识时，由于肯认"自我"一心只想自己的独立自由，而抹杀客观现实，只是通过消极地否定他物以求自我实现。马克思肯定了伊壁鸠鲁所提出的"感性原则"，而正面强调原子与其他原子的积极关系，以此肯定现实的自由。正如马克思说"直接存在的个别性，只有当它同他物发生关系"，并且"这个他物就是它本身"——"即使这个他物是以直接存在的形式同它相对立"——时，"才按照它的概念得到实现"一样，"一个人，只有当他与之发生关系的他物不是一个不同于他的存在，相反，这个他物本身即使还不是精神，也是一个个别的人时，这个人才不再是自然的产物"，他才是作为现实的人、社会中的人。这样一种说法在自由主义的个人主义（原子主义）看来无论如何都是毫无道理。很明显，对马克思来说，一个人与他人的交往关系，是人停止其为自然个体的前提，而彻头彻尾的个人主义（原子主义）者绝不会赋予个体比安排肉体生命的权利更多的东西。在此，我们看到马克思与历史上一切关于人的陈词旧说赖以划界的准线在于：要使人成其为人，就必须在其自身中"打破他的相对的定在，即欲望的力量和纯粹自然的力量"。马克思赞扬伊壁鸠鲁用他那偏离直线运动的原子的重锤给德谟克利特僵硬的自然界注入了生命和活力，恢复了人的能动性和自由，因而，他是"在感性形式中"，"最先理解了排斥的本质"。

在马克思看来，"排斥是自我意识的最初形式"。这种"排斥"意味着什么呢？马克思说："在排斥中，原子概念实现了，按这个概念来看，原子是抽象的形式，但是其对立面同样也实现了，按其对立面来看，原子就是抽象的物质；因为那原子与之发生关系的东西虽然是原子，但是一些别的原子"。可见，所谓"排斥"，即是与"他物（者）"的关系，在现实性上，原子之所以成其为原子，就在于"在原子的排斥中，表现在直线下落中的原子的物质性和表现在偏斜中的原子的形式规定，都综合地结合起来了"。出于同样的理由，马克思并没有使他的人的概念依赖于这样的假定，即人的自然中具有排斥他性的原初倾向。在他看来，人被赋予相互分离或聚合，都是出于人的社会存在的规定，即在现实性上，在与"他者"的关系上，人的物质规定性和人的自由之形式规定性的统一。毫无疑问，马克思这种对于"他者"本身的论题化一直保留在随后的哲学发展中，并且以回归生活世界的思想姿态而远离黑格尔，在某种恐怕还需理清的意义上，马克思在"他者"问题上对于现代哲学的影响绝不仅仅止于马克思对于人的社会关系的理解，我们有必要从深处浮现马克思哲学的"他者"和现代哲学所说的"他者"之不同，对此，容待以后探讨。

第四章　艺术、修辞与真理

　　回应从柏拉图直至黑格尔的西方传统形而上学对艺术的剥夺，是海德格尔对艺术作品的本源追问的主旨。海德格尔试图在古希腊的艺术作品中发现未被西方传统形而上学败坏了的"真理"，以此校正传统真理观的客观化的言说方式及其科学主义的美学态度。由此论证艺术具有历史地发现真理的权能，深化了对艺术的理解。但海氏的艺术存在哲学在克服艺术与科学、自然与精神之二元冲突时，陷之于思想混沌"无力言说"的困境。在此一意义上，凸显了马克思让存在在实践结构或经济学场域中显现的思想，对颠覆传统形而上学的决定性意义。

　　但是，海德格尔对艺术作品的本源追问，显示了艺术何以能够作为认识和把握真理的通道，而这一通道同时否定了理性之于真理的优先权之传统真理观，在海德格尔走向语言—修辞之途来探讨艺术与真理的关系时，柏拉图恶意地安置在艺术和现实之间的鸿沟，已经毫无疑问地成了教条，它犯了一个简单的错误，对于苏格拉底和柏拉图来说，哲学以对理智的至高地位的奋争为旨归，一方面同修辞家和诡辩者作战，另一方面同艺术家斗争（诗歌是主要的艺术样式，因为它最能获取传统的神圣智慧又没有造型艺术的物质特征，因而，诗人也是柏拉图主义的最大的敌人）。苏格拉底和柏拉图依靠敏锐的辨证灵活性，这实际上是从艺术中吸取了一些认识论和形而上学的滋养，却反过来把哲学对艺术的这种模仿变形为对艺术的轻蔑：艺术由于缺乏完美的超越形式，不仅诉诸灵魂中的最低部分，而且在审美享受方面也无法与哲学竞争。

　　当海德格尔把艺术作为认识和把握真理的方法的时候，就在事实上需要检查柏拉图主义抨击、限定、控制，甚至驱逐艺术的认识论和形而上学的根据，从《存在与时间》发表，到去世前三年的弗赖堡研讨班，海德格尔的思想重心一直放在自己的"存在论"与形而上学的"存在论"的区别上。当柏拉图主义在最高的普遍性中来思考存在时，也就不能把"存在"本身理解为"差异"，相反，"差异"本身由于受习以为常的对象性思维方式的制约，而强行把其纳入"关系"的观念，把"差异"看做是"存在者"与"存在"这两个东西之间的"关系"，这种思想之倾向于"同一"的"差异"正是理解柏拉图主义的入口。

第一节　对"艺术的剥夺"的剥夺

一、艺术—诗性的言说："存在之家"

　　超出逻辑主义传统而洞察到诗和艺术的真正本性的人，海德格尔绝不能算是第一人，克罗齐曾断言，发现了美学的"自主性"是"维柯的天才"。而维柯的思想之核心就在他的"诗性智慧"说中，对于维柯而言，无论是在时间（历史）维度上，还是在共时性维度上，诗性的想象都比知性的哲学思维更为原始。他说："诗人们凭凡俗智慧感觉到的有多少，后来哲学家们凭玄奥智慧来理解的也就有多少。"① 从这一"诗性智慧"说出发，维柯很自然地推论，最早的语言就是诗的语言。更具体地说，语言起源于"隐喻"，"隐喻构成全世界各民族语言的庞大总体。"②

　　在此意义上，海德格尔的艺术存在哲学和维柯的许多思想有一种紧密的

---

　　① 维柯：《新科学》，朱光潜译，人民出版社1986年版，第152页。
　　② 维柯：《新科学》，朱光潜译，人民出版社1986年版，第205页。

结构上的近亲性。这不仅仅因为按海德格尔的看法，那些真正的和伟大的诗自始至终贯穿着与所有单纯"科学思维"对立的精神的本质优越性，而且，由于这种优越性，使得在诗人的赋诗中赢得一种视野，世界重新变成一种"各种东西的空间"。一棵树，一座房屋，一声鸟鸣。在这个空间中，艺术展示事物，揭示了色彩、声音、空间的存在，使其失去它的无足轻重性和习以为常性。①

　　经常接触海德格尔思想的人，对于这里海德格尔赋予思维的"习以为常性"以"按逻辑说话"的意义，应该是很清楚的。海德格尔断然否定那种日常理智的看法：谁要是不按逻辑说话，谁就是不负责任与胡说八道。②与此正好相反，因为海德格尔所谈论的"存在"始终闪耀着诗性的光辉，所以一旦将其置入逻辑的"酸液"中，也就意味着存在之诗性光辉的萎落。沦入一种对出自"活语言"的概念言词所作的形而上的思想构造。一如在亚里士多德的逻辑学和存在论中那样，导致一种实体存在论的概念传统，并随其发展，概念愈益丧失其出自存在经验的原始意义。

　　伽达默尔深入体会了海德格尔摧毁形而上学的概念性质的语言魅力，将"重新复活了希腊思想及其感应我们的力量"，视作"海德格尔的天才"。伽达默尔看到，海德格尔偏好把词语引回到它们已经失落了的不再具有的词义上去，甚至喜欢颠倒词语的意义，以对词语"重新构造"和对词语含义作"强力推行"，伽达默尔把此种语言风格称为"女巫式"的。③ 或把这叫做海德格尔的"语言巫须"——他对语言、对能够表达他所要表达之意的语词的需要。事实上，从我们追随海德格尔而接受这种语言并被"海德格尔化"，但却往往并未真正把握他的思想来看，海德格尔语言的"女巫式"风格的确可从后期著作中领受到。在此一意义上，海德格尔对形而上

---

① 参见海德格尔：《形而上学导论》，熊伟等译，商务印书馆 1996 年版，第 27 页。

② 参见海德格尔：《形而上学导论》，熊伟等译，商务印书馆 1996 年版，第 26 页。

③ 参见严平编选：《伽达默尔集》，邓安庆等译，上海远东出版社 1997 年版，第 256—259 页。

学的超越或许并不太成功，我们可以将之归为"语言的牢笼"（弗雷德里克·杰姆逊语）。正如伽达默尔所看到的，这种超越不必一定要通过海德格尔式的语言威力和语言的"强词夺理的风格"[①] 的方法来实现。

　　然而，就海德格尔的创新的激进性而言，他不仅冲破了形而上学的框架，也冲破了知性科学的框架，这得归功于荷尔德林话语的加入，这种加入使在传统的形而上学概念系统中无法处于中心的思想课题——如艺术品、物、语言等——在海德格尔那里则成了新鲜的核心课题。

　　借助诗歌的语言，海德格尔确立了艺术的真理性信仰，而远离了诗人的敌人——柏拉图。决定性的事情是，诗歌的语言唤起了存在于"那儿"（Da—Sein，此在）的东西，以使它近得可以触摸。诗歌之为真理就在于它不断地产生这种"保持"与存在的近邻关系。

　　在此，"保持"意指什么？"保持"保持了什么？

　　按照反思的观点，保持必须以某种消逝为前提。事实上，人的生存的易逝性之"基本经验"，就是意指所有的事物都会逃出我们的把握，以致我们生活中的所有事件都越来越消失不见，竟然至多在最为遥远的回忆中，以一种几乎是不真切的光芒闪现着。然而，如果在消逝之中没有什么东西持存着的话，我们便无法谈论什么消逝。那种持存着的东西便是存在，能向存在作出最根本的回应的思想便是诗歌。这倒不是说"因为诗歌语词使时间之无常静止不动"。[②] 正当的论据在于，把诗人解释为"创建那持存的东西"，持存的东西若离开诗人的原始创建便是不可思议，反之亦然。而正是在这两者的紧密关联中，"诗人们得以成其本质"。[③]

　　按照海德格尔对荷尔德林诗的阐释，诗人们是处于人类与诸神之间的"半神"，他们近乎"本源"而居，他们的本质从中起源的那个基础就是诗人们首先必须探索的，而存在给出或发送给他们的是一个对存在因而对于万

---

① 参见严平编选：《伽达默尔集》，邓安庆等译，上海远东出版社 1997 年版，第 27 页。

② 严平编选：《伽达默尔集》，邓安庆等译，上海远东出版社 1997 年版，第 544 页。

③ 海德格尔：《荷尔德林诗的阐释》，孙周兴译，商务印书馆 2000 年版，第 174 页。

物的不同领悟的敞开域，惟在这个敞开域中，诸神与人类才相互遭遇，才有人类能够掌握的真实的东西（无蔽者）。无论什么东西，只要它让自身开启，它就是真的。这就像当我们说"真实的黄金"时，我们意指的并不是它像金子一样的闪闪发光，而是意指它就是金子。我们不可能说它是"真实的"金子，正像希腊人会说"alethes"一样。① 作为"真理的促成"，诗歌就是那个预先开启着的东西。

通过这些说法，海德格尔特别放大了诗所具有的"创建""引发"的含义。按照海德格尔，诗人们的作诗首先只是创建，创建使诗人们"对其本质有在家之感，"因为，"只是由于诗人在追忆漫游之曾在者以及家乡地方必须学会的东西之际，对诸神与人类保持敞开，他才具有对于敞开域的有所显示的目光，而惟在敞开域中，诸神才能光顾，人类才能建造一个住所"，② 在此住所中，才使得一真实的东西能够存在。

就此可以断言，在海德格尔的存在论视野内，"诗性的言说"的地位与西方形而上学传统对它的剥夺大不一样了。这种转变的彻底性不仅体现在按海德格尔的看法，所有（伟大的）艺术都在广义上是诗歌，它表明所有的艺术作为敞开性的揭示，都是"诗性的言说"，而且它的意义直接谈的就是"存在之家"。③ 作为"存在之家"，诗性的言说本身就显现了敞开之域，与"揭蔽真理"是同一个含义。

很清楚，在这里，我们不能设想海德格尔是在谈论作为一种文学样式的诗歌语言或者谈论什么"美学"问题，他是在谈形而上学的问题。既然，艺术在海德格尔那里不再进入"美学的视界里"，④ 而是重建形而上学赖以可能的根据，那么，海德格尔将艺术作品当作最令人满意地拆除形而上学传统的一个点，而凸显为林中迷途中的一个"路标"，就不得不深察。

---

① 参见严平编选：《伽达默尔集》，邓安庆等译，上海远东出版社1997年版，第537页。

② 海德格尔：《荷尔德林诗的阐释》，邓安庆等译，上海远东出版社1997年版，第174、179页。

③ 参见孙周兴选编：《海德格尔选集》下卷，上海三联书店1996年版，第1008页。

④ 参见孙周兴选编：《海德格尔选集》下卷，上海三联书店1996年版，第885页。

也许，海德格尔通过艺术作品来谈形而上学的主要任务是拯救往昔艺术作品的乌托邦潜力，就他将独特的救赎渴望——回到西方形而上学"尚未被败坏"的基础——系于艺术作品而言，或多或少等同于诺思罗普·弗莱的源自自由的乌托邦幻想。这里我们发现，在存在、艺术和真理方面，海德格尔和弗莱有一种结构形式上的同一性，弗莱的文化和自然的二元对立可看做是海德格尔的世界和大地的修正物，① 就海德格尔而言，艺术是"真理的基础"或起源，是永远处于一种内在和本质上冲突的世界和大地争执的实现过程，"世界和大地的对立是一种抗争"，自为存在的世界总是试图努力使自在存在的大地澄明，然而，大地拒绝任何洞察它的努力。因此，真理并非意味着"知识与事实的符合一致"的决断，而是对世界和大地争执的一种显示。艺术作品建立一个世界，展示大地，它澄明发光，产生一种诗意的梦幻，在此，世界和大地的抗争在亲密性的统一中达到其极致，所以在抗争的实现过程中，艺术作品的统一发生了。统一并不是抗争的调停，相反，艺术作品"怂恿"这种抗争，大地亦从不屈从于人类认识，它永远维持着谜一样的状态，所以，我们关于真理本性的知识是"微小和模糊的"。但是，超越存在者，在存在者整体中间有一个"敞开的处所"，海德格尔解释，"这一敞开的中心并非由存在者包围着"，"这个光亮中心本身就像我们所不认识的无（Nichts）一样，围绕一切存在者而运行"。②

在我们的眼下描述中，海德格尔的"敞开的中心"存在着超越自然、文化、历史束缚的乌托邦式的冲动——乌托邦式的对"世界"的幻想性把握。为了理解和解释海德格尔此处的思想情境，且看在"艺术作品的本源"中，他对希腊神庙令人难忘的描述："一件建筑作品不描摹什么，比如一座希腊神庙。它纯然置身于巨岩满布的岩谷中。这个建筑作品包含着神的形象，并在这种隐蔽状态中，通过敞开的圆柱式门厅让神的形象进入神圣的领

---

① 参见谢少波：《抵抗的文化政治学》，陈永国等译，中国社会科学出版社 1999 年版，第 81—82 页。
② 孙周兴选编：《海德格尔选集》上卷，上海三联书店 1996 年版，第 273 页。

域。贯通这座神庙，神在神庙中在场。神的这种现象在场是自身中对一个神圣领域的扩展和勾勒。但神庙及其领域却并非飘浮于不确定性中。正是神庙作品才嵌合那些道路和关联的统一体，同时使这个统一体聚集于自身周围；在这些道路和关联中，诞生和死亡，灾祸和福祉，胜利和耻辱，忍耐和堕落——从人类存在那里获得了人类命运的形态。这些敞开的关联所作用的范围，正是这个历史性民族的世界。出自这个世界并在这个世界中，这个民族才回归到它自身。从而实现它的使命。"① 在这里，海德格尔授予神庙一种独一无二的澄明的权力，神庙屹立在那儿，由于它对抗环境，而不是平静地顺从它，因而它变成了一种光，照亮了它的周围，神庙这个"光亮中心"被海德格尔说成是第一次开启了希腊人的世界，而使不可见者可见。人们不禁要问，这怎么可能？任何特定的神庙难道不都是因为先有了希腊世界吗？很明显，在这里，我们只能将海德格尔的说法理解为，每一个神庙都以它自己独特的方式，即通过把那些拜访它的人带到某个神的面前，来再现并点亮这个世界。按照海德格尔的意思，我们可以推而广之，正是神庙使它的环境——"白昼的光明""天空的辽阔""夜的幽暗""不可见的大气空间""海潮的波涛起伏""树木和草地""兀鹰和公牛""蛇和蟋蟀"等变得醒目可见，从而显示为"它们所是的东西"。② 海德格尔心目中的神庙，只要它是够份的艺术作品，它就不仅照亮了周围，照亮了"人赖以筑居"的大地，同时开启着"世界"。照此，这个"世界并非现存的可数或不可数的、熟悉或不熟悉的物的纯然聚合"，而是"我们的历史的本质性的决断"在这个"世界"中发生，"我们采纳它，离弃它，误解它，重新追问它"，一句话，神庙所开启的这个"世界""世界化，"它不是静态的，也不是与我们分离的，而是给我们行为和思想以意义的周围环境。显然，海德格尔对"世界"的言述与乌托邦的文化计划极为相似，他说："一块石头是无世界的。植物

---

① 参见孙周兴选编：《海德格尔选集》上卷，上海三联书店 1996 年版，第 262 页。
② 参见孙周兴选编：《海德格尔选集》上卷，上海三联书店 1996 年版，第 262 页。

和动物同样也没有世界。"① 当一个世界开启出来，"世界就对一个历史性的人类提出胜利和失败、祝祷与亵渎、主人和奴隶的决断。涌现着的世界使得尚未决断的东西和无度的东西显露出来，从而开启出尺度和决断的隐蔽的必然性"。② 在此，海德格尔通过诗意的想象，把作为世界——文化的开启方式，赋予那些本是尚未决断和无尺度的东西，也就是说，那个属于 physis（涌现）着的世界，这就是神庙"聚集"世界所做的事情。

但是，海德格尔接下来说，"任何决断都是以某个没有掌握的、遮蔽的、迷乱的东西为基础的；否则它就决不是决断。大地并非直接就是锁闭，而是作为自行锁闭者而展开。""只要真理作为澄明与遮蔽的原始争执而发生，大地就一味地通过世界而凸显，世界就一味地建基于大地。"③

至此，海德格尔试图把西方传统哲学思想的"立场"或道路引回到它们的基础——"大地"那里的哲学意图就已清楚了。海德格尔在此形成的一个关键性思想在于：大地的本质是"自行锁闭"，艺术作品却使大地的自行锁闭性变得清晰可见，它揭示了这个秘密，却又没有触动这个秘密，是"作品让大地成为大地"。④ 因而，艺术作品，比如古希腊神庙，对于今天的旅游者来说，它只具有观赏或艺术史纪念碑式的意义，而对海德格尔来说却是至关重要。他看到了神庙建立世界——古希腊社会生活在它的周围组织起来——的作用。在神庙的矗立中，不仅"发生着真理"，而且也是世俗的体现。这样一来，海德格尔对希腊神庙的描述，改写了黑格尔将它定位于精神发展历程中的描述：对黑格尔来说，神庙的建造者把一种精神上的，亦即真正的人的秩序强加于一种抗拒性的材料上面，使神圣的东西成为可见之物，

---

① 参见孙周兴选编：《海德格尔选集》上卷，上海三联书店1996年版，第265页。
② 孙周兴选编：《海德格尔选集》上卷，上海三联书店1996年版，第283页。
③ 孙周兴选编：《海德格尔选集》上卷，上海三联书店1996年版，第275—276页。
④ 孙周兴选编：《海德格尔选集》上卷，上海三联书店1996年版，第267页。

显然，依黑格尔，人的东西是最高的和最真实的，因为只有在他这里，精神才具有他的形体，并从而得到可见的表达。① 然而，在海德格尔看来，这种"精神"的形而上学所导致的"人类目的论"版本，必定意味着只是一种与艺术的死亡相联系的美学态度。这样，当黑格尔提到艺术发展，即使是它的最高阶段"浪漫艺术"，也总会具有感性形式的局限性，而终归不适于表达"绝对""理念"时，黑格尔赋予艺术的最高功能仅仅是满足于在一个宗教和哲学共享的范围内得到承认，最终，通过浪漫主义艺术，艺术让位给高一级的意识形式，即哲学。② 它暗示了在海德格尔那里，艺术是"对我们的历史性此在来说决定性的真理的一种基本的和必然的发生方式"，在黑格尔那里，艺术则仅只不过以某种方式服务于最大范围的精神真理。对黑格尔来说，这难道不是说，至关重要的乃是理性？因此，黑格尔的美学理论就合乎逻辑地导向了"艺术的终结"，他对浪漫主义艺术进行批判，将其看成是带有历史必然性的衰败的征兆。由此，在《美学》中，黑格尔提出这样几个结论：（1）"艺术不再是真理由以使自己获得其实存的最高样式了。"（2）"艺术形式已不再是精神的最高需要了。"（3）"艺术对于我们现代人已经是过去的事了。"③

然而，黑格尔的"艺术终结论"恰是海氏思想的推动力。在《艺术作品的本源》的"后记"中，海德格尔在向黑格尔的美学及其形而上学的预设提出挑战的同时，指出："黑格尔的判词尚未获得裁决；因为在黑格尔的判词背后，潜伏着自古希腊以降的西方思想，这种思想相应于一种已经发生了的存在者之真理。"④ 这也是说，黑格尔对艺术发展的描述不是来自审慎考察之后得到的证据，而是代表了使此类判词符合某个系统的某种偏好，该偏好使人想起了那始于柏拉图的哲学与艺术间长久不光彩的关系：敌意之

---

① 参见张世英：《论黑格尔的精神哲学》，上海人民出版社 1986 年版，第 232 页。
② 参见张世英：《论黑格尔的精神哲学》，上海人民出版社 1986 年版，第 238—260 页。
③ 孙周兴选编：《海德格尔选集》上卷，上海三联书店 1996 年版，第 300—301 页。
④ 孙周兴选编：《海德格尔选集》上卷，上海三联书店 1996 年版，第 301 页。

深——认定诗人和画家需要的是说谎和假相，他们无法把握住存在——致使哲学毫不迟疑地就把诗歌整个交给了胡说八道监护，哪怕为此它自身多多少少也要受到这种监护。柏拉图，作为形而上学的肇始者，从本体论上将艺术转到次要和衍生的实体（阴影、假相、妄想、梦、单纯的现象以及纯粹的反映）的领域，而由于自古以来的哲学就存在于替柏拉图的遗嘱添加的附言中，在此意义上，黑格尔哲学本身或许不过只是又一次对艺术的剥夺。

二、人之精神家园："可靠性"抑或"有用性"

我们认为，当海德格尔大谈真理却不提"美"而把艺术作品的本源问题同整个西方形而上学历史中的基本传统联系起来考察时，他深化了对艺术的理解：我们与海德格尔看到，在一个记载了无数的技术发明或新奇感受的制造的美术发展史中，"美"却因淘汰了大量心灵涌现的艺术已无从见得，与之相随的是有关"真"的证明也丧失了说服力，这就是说，演绎推理虽然像印刷机能准确无误地给出一定答案的计算机一样，按部就班地不断运转，但推理本身已经机械化了，对任何人都不再构成"约束"，这样，推理也就不再具有什么推理的意义了。如果美成为一种不再与存在同一地来理解的形式，美就只能遮蔽了事情本身。古希腊艺术是要揭示真理，显现真实的。

但是，问题依然是：艺术是否仍然是真理出现的重要的和必需的方式？换一种提法，在此至关重要的问题是：思与言在何种意义上是客观的？又是在何种意义上是非客观的？想必海德格尔意识到，要使艺术品成为艺术品，必须超越理性，或借用巴尼特·纽曼的话来说，"必须超越语法和句法"，[①]这最终意味着在所有真正的艺术周围都有某些神秘的东西无法"最终解释"，或"无法给出一个确保产生杰作的诀窍"，简言之，我们无法从概念上掌握艺术。这种几近不言而喻的说法，实际上就是对海德格尔的如下说法的转换：当我对奥林匹克博物馆里的阿波罗雕像作客观化的思与言时，"并

---

①　阿瑟·丹托：《艺术的终结》，欧阳英译，江苏人民出版社 2001 年版，第 62 页。

没有洞察到阿波罗如何显示出它的美并且以这种美而作为神的面貌显现出来"。① 对于海德格尔而言，客观化的思与言不仅不能进入艺术世界，甚至也不能在更宽泛意义上生成"物的日常经验"，他认为，只有科学——技术的思与言才是客观化的。就其从最本己的东西看，语言之道说，即诗—思并不就是一种关于客体的命题的表达，而是一种从那个多样方式向人启示出来、向人劝说的东西。据此看来，"思与言只在一种派生的和有限的意义上才是客观化的，这一事实决不能在科学上通过证明而演绎出来。思想与道说的特有本质只有在一种毫无偏见的现象洞察中才能认清"。② 而海德格尔相信，正是这种独特的毫无偏见的现象洞察力，在其最高意义上给予我们至关重要的东西，让某种原初的东西呈现出来。正是在此种意义上，艺术作品在海德格尔那里能被合理地说成是"真的"或"伪的"。这与受缚于美学态度的黑格尔们的主张是相抵牾的。

黑格尔相信，在其最大可能性的一面，艺术丧失了它的真理，它被放逐到我们的理念世界，现实与我们的理念最终是相称的，至此，黑格尔给出了惊人的想法："理性是世界的主宰"，"因而世界史以一种理性的过程呈现在我们面前。"于是，无论会显得多么混乱无序，理性在某种程度上被阐释成通过人的活动实现各种目的的行动（尽管历史实现的第二等代理人根本不知道他们出现在其中的那个宏大规划）。与此相应，黑格尔用来把握艺术发展的概念，不会是别的，而只能是用"主体性——外在世界"（或精神——感性）这对概念，即一种客观化的思与言。对于海德格尔来说，这种黑格尔式的对理性的信心本身，乃是"作为无条件的求意志之意志的绝对主体性"的体现，"存在"自身还聚集在为形而上学烙印的本质性终极中。③ 海德格尔实施的拯救行动是：让绝对的主体性返回到生存的基础——大地，以便将思想（精神）的最终参照点——"存在"——理解成动态的和"形成

---

① 海德格尔：《路标》，孙周兴译，商务印书馆 2000 年版，第 81 页。
② 海德格尔：《路标》，孙周兴译，商务印书馆 2000 年版，第 84 页。
③ 参见海德格尔：《林中路》，孙周兴译，上海译文出版社 1997 年版，第 335 页。

中的"，海德格尔把艺术理解为世界与大地的抗争，其意义就在于此。大地在海德格尔哲学中显得极为重要，这不仅因为，大地从没有在西方传统形而上学那里课题化，从而导致艺术利用形而上学的基础，让严肃的艺术家想象他们的任务是飞离大地"创造美"，而把艺术作品的存在的"为谁之故"推送给人。但这远远离开了希腊人对"美"的理解。"希腊人所谓的'美'就是约束"，① 就是前面已谈过的大地与世界的抗争。对今人来说，"美却反过来是轻松宁静的因而是为享受而规定的。那么艺术就归属于糕点师傅的辖区了。艺术享受到底是为满足鉴赏家与审美者的敏感还是为提高心灵的道德境界，在本质上都没有区别了。在希腊人心目中 on 和 kalon［美者］说的是一回事（在场就是纯粹的显像）。"② 海德格尔由此强调美学与艺术的区别，对美学来说，艺术就是从令人喜欢和喜爱的东西之意义上，对美的事物的表达，然而，"艺术却是把在者之在敞开"。

　　像海德格尔在上面的言述中可能强调精神与自然、语言与现实之间的"裂隙"（Riss）那样，③ 海德格尔可能会同意以下我们用更寻常的语言来对他的思想的解释：当黑格尔宣称精神对自然的了解，使人类有可能完全掌握它并明确其尺度时，对此必须作出限制——自然就在我们知道无法最终理解它时，才会被领会为真实。这等于说，我们对自然的了解到了我们能"制造"它的程度，我们同时要提出相反的认识，即这种程度也正是我们失去真实性的那种程度。或者说，"认识性自然"恰是"涌现性自然"的一种遮蔽。对艺术作品真实性的这一番刻意寻求，是由世界与大地冲突不已预先描画好了的。在海德格尔那里，自然之在是大地，大地是从艺术作品所建立的世界中凸显出来的。艺术作品被规定为真理的演历之所，等同于作品挑起世界大地之争。敞开域是由艺术作品开启的，艺术作品使我们想起了超越，但是，因为有大地与世界抗衡，物——溪塘丘树，鹿与马，缶与耕犁，书与

---

① 海德格尔：《形而上学导论》，熊伟等译，商务印书馆 1996 年版，第 132 页。

② 海德格尔：《形而上学导论》，熊伟等译，商务印书馆 1996 年版，第 132—133 页。

③ 参见孙周兴选编：《海德格尔选集》上卷，上海三联书店 1996 年版，第 284—291 页。

画，都可以为物——才不至于完全消散于敞开的明光中而归于此在的掌握。物由于大地保持其自在自持性，因而也增强了力量。海德格尔把大地当作哲学思考的课题，意欲说明的是："无论怎样超越，只要还存在，就得在大地上存在。"① 在《艺术作品的本源》中，海德格尔坚持认为，大地"只有当它尚未被揭示、未被解释之际，它才显示自身。因此，大地让任何对它的穿透在它本身那里破灭了。"② 所以，真正伟大的艺术总是进入真实的幽暗，让人能够面对存在者之存在，相反，非本真的艺术家就只是在逻辑理性澄照着的光明中美化生活，为感官享受创造幻觉。

海德格尔对"大地"的上述说法概括了丰富的内容，回到早期希腊艺术作品中呈现的"大地"，透露出海德格尔的"终极关怀"所在；艺术从它诞生之日起就是人类精神所依靠的家园而不是感性甚至是理（智）性快乐的工具。由于这些考虑，海德格尔的"大地"概念，从马克思的"不发达的社会阶段"概念中是不是有所挪借，虽也未知。但两者确多相似之处。对马克思来说，古希腊艺术不可替代的完美性，根源于它在其中"生长"的那个不发达的社会阶段，及其物质基础方面的不成熟。这意味着建立人类的精神家园，"可靠性"比"有用性"更为原初和根本，也正是"可靠性"才能够给我们以本真的艺术享受，正是这个信念激发了马克思给"希腊人是正常的儿童"的褒奖。③ 相反，在丧失了希腊艺术的"土壤"的现代资本主义，它只能通过理性计算，发明一种马克思所说的"商品拜物教"所运用的使心灵变形的"创作"方法，是无节制的和片面的，这些都进不了马克思的艺术世界。

在这里，马克思看到了一个困难，这个困难不在于理解希腊艺术和史诗与一定社会发展形式结合在一起；毋宁说，困难的是，它们仍然是我们的艺术享受的源泉，而且就某方面说还是一种高不可及的范本。除洛维特

---

① 陈嘉映：《海德格尔哲学概论》，三联书店 1995 年版，第 254 页。
② 孙周兴选编：《海德格尔选集》上卷，上海三联书店 1996 年版，第 267 页。
③ 《马克思恩格斯选集》第 2 卷，人民出版社 2012 年版，第 712 页。

（K. Löwith）以外没有人会认为，这里的马克思只是在简单地断言；希腊文明虽然其物质前提条件具有不发达的特征，却对我们有着"永久的魅力"，是因为马克思和我们在想像力中喜欢返回到美好的"童年"。换言之，上述困难的发现被洛维特绝不是令人信服地归之于所谓马克思的"童真"。① 依照马克思的观点，作为与海德格尔的鲜明对比，艺术被排除在历史变化的深层决定因素之外，因为它仅仅反映或表现这些变化；它属于上层建筑，而不属于"历史变化"的基础，正因为这样，马克思看到了，艺术是无利害关系的。否则古希腊世界逍遥自在何以可能？同样，艺术又隐隐约约地离开了满是利害关系的现代世界，以便使现代世界沉湎于欲望和市场的魔幻之中。人们可以注意到马克思在这里的一个看法，也是一种公认为极其平常的看法，这就是现代性多数时候是放在循着启蒙的那些进步意识形态的思路中，被马克思加以理论化的，这意味着，它较以往的历史"阶段"更"进步"，但人类为这种进步所付出的代价却是高昂的。为了回避这种窘境海德格尔试图返回神秘的存在或最原始的存在状态中去，寻求对这种二元论的克服。马克思拒绝走海德格尔的路。因为，当海德格尔通过把精神与自然、艺术与科学之间的二元论转换为最原始的存在状态，而要对存在有所言说时，却极难分出层次来，甚至一分出层次就结束了原始混沌的状态，以致哲学就无力得无可言说了。最终，海德格尔就只能将人类历史的命运或本质神秘化，而不是解释之。即使当海德格尔在《存在与时间》结尾处谈论开端性语言的可能性时，也充其量只是作为一种不明显的暗示。海德格尔存在论明显的不可理喻性，证实了他为克服西方文明的命运中的二元论之独特的努力及其所付出的代价。

马克思告诫我们只要真实地面对社会生活，就不要害怕这类形而上学的"怪影"，至于存在王国当中充满的神秘力量，只能在人的实践中以及对这

---

① 参见卡尔·洛维特：《世界历史与救赎历史——历史哲学的神学前提》，李秋零等译，上海人民出版社 2006 年版，第 54 页。

个实践的理解中得到合理的解释。因而，如果我们可以把海德格尔的艺术存在哲学中，存在本身称作照亮存在者的"光源"，实质上它可视为对西方哲学形而上学的"光源隐喻"的遵循。不过，既然那起构件作用的"光源"在现代哲学中丧失了隐喻的魔力，那么，这种"光"难道就不该在光之语言自身遭到荒废，人类再也无法让存在的奥秘自我表达出来之际消失吗？正是在这一意义上，马克思不再着力于让存在自身显现出来，而是让存在在实践结构或经济学场域中显现，这意味着对形而上学的颠覆之有决定意义的论点，应从马克思对"政治经济学的形而上学"批判中读出。

第二节　修辞的批判

修辞，在古典意义上，一般是指公共话语和文学话语的微妙特点，修辞活动的目的就是去规劝或说服听（读）者，修辞学以一种说服术的形式运用或然的逻辑，这种说服术就像或然式论证一样，在一种求助于某些理性的说服术和一种求助于听众的激情的取悦术或诱惑术之间摇摆。柏拉图、亚里士多德将真理与意见对峙起来，就是试图用逻辑规则去揭开和穿透修辞外壳，把世界模糊化到纯粹现成东西的齐一性中。以海德格尔、德里达为代表的当代哲学和其他传统哲学的关系，可以说是修辞学和逻辑学的关系，当代哲学意义上的修辞已不是"修辞手法"意义上的"修辞"，而是将所有的言语行为都视为可能是修辞性的。海德格尔将语言本体论化，实际上是在攻击用逻辑、语法压制修辞的整个传统哲学。

一、传统哲学：对修辞的藐视

自从公元 5 世纪修辞（辩论）作为西方文明的一门艺术诞生以来，关于该学科的合理性就引起了很多争议。也许，最早为人接受的恐怕要数修辞是"使真理更有效"的一种手段这一观点，或者，像理查德·威佛在其对柏拉图的评论中所说的那样，"修辞是加到真理上的一种冲动"，这些观点所包含的意思是，"真理"是早就存在的、不可改变的。修辞的功能是劝说大众或次一等的人。这种或其他一些贬低修辞的观点可以被称作"旧修辞"观的修辞所特有的。

因此，从语言研究的层面来说，注重逻辑、语法并且用逻辑、语法压制修辞，是西方传统哲学的特点，据信，语法的真正本性应该是"把言语的彻底可能性归于确立表象的秩序"，①它管的是语词在短语和句子中的位置，为人的话语规定规则，恰如人为自己的判断规定规则的逻辑学一样，它们涉及的是语言的形式方面的问题，就其语言自身的形态而言，语法和逻辑与时间、地点和使用环境无关，由此，契合了"真理只有一个"的传统看法，既然真理只有一个，岂能与用什么话去说它发生关系？

我们这里提出的问题是：源于古希腊哲学、经过启蒙运动以求真观念为核心的西方传统哲学，假定了真理跟修辞没有关系，跟语言本身、跟做语言游戏没有关系，这意味着去理解一篇哲学文献，也许恰恰就是去理解有关论证的确实性和它的概念的融贯性，逻辑的精确性、透明性是真理的标准。就像笛卡尔所以为的，"一切真实的东西，人们都可以清楚、准确地理解"。实际上，这种观点的荒谬性，对于任何一篇其作者希望不仅像一架有生命的图灵机——一种可不受储存容量限制的假想的计算机——一样作出论证，而且希望通过说服，使我们有所相信的作品来说已是明摆着的，这种观点将某种特有的真理优先权判定给作为典范的柏拉图主义，即通过理念来解释生活。理念就好比是哲学之线上的一个"点"，各种这样的"点"依照逻辑推演，沿着自己的整个长度复制自发的认识线索和普遍纽带，从此以后，哲学家们便处于一种窘境之中：哲学家们总要追溯源头，"只要你没读过这个或那个，没读过关于这个的那个和关于那个的这个，你就不敢以你的名义

---

① 福柯：《词与物——人文科学考古学》，莫伟民译，上海三联书店 2001 年版，第116 页。

讲话。"①

　　因此，人们不免感到惊奇，在哲学史上所有的哲学家从根本上说出来的都是同一回事，至于如果倒确证了哲学史在哲学上行使着这种明显的"同化"或"镇压职能"，那么此见对于日常理解而言却又是一种粗疏的过分要求。如果胡塞尔、康德、笛卡尔和柏拉图一样，说的都是同一回事的话，或者说，自古以来的哲学就存在于替柏拉图遗嘱添加的附言中的话，那么还要这部纷然杂陈的西方哲学史干什么呢？那么"一个"哲学就够了，一切都总是已经说了嘛。② 显然，不待说的是，这种看法提示了：对在哲学家中哲学写作的风格和多义的隐喻，包括对矛盾语的特殊运用所致的一切方法论方面的后果，西方传统哲学注意甚少。直到现在，大多数批评家都还坚持把真理的辩护者指定在一个过于简单化的位置，将具有超逻辑的倾向之"诗化的"和隐喻的写作风格看做是"文人"所爱、但哲学家却要竭力去忘掉的那种修饰。

　　无论原因如何，从历史上说，真理和修辞之间的这种对峙关系起源于两种正好相反的生活方式——首先是巴门尼德然后是柏拉图所解释的哲学家的生活方式和智者的生活方式：由于人们中的大多数都不精思明辨，也无熊熊热情要懂得真理，就有必要编排出表述方法的种种文学形式，目的在于活生生的、进行中的"说话"或"规劝"。"传授修辞学的"智者的本质生存样式就是异乎寻常地、高度亢奋地、全神贯注地沉浸在说话中，智者和演说家是同一类人，他们"不需要知道事情的真相，而只要发现一种说服的技巧，这样他在无知者中出现时就能显得比专家更有知识"③，照柏拉图的这种解释，修辞学之基本的前提条件在于，大多数人都有依附于他们所处时代和地区的普通、正规或正统观念即意见的倾向。但这些意见因时因地而大不相同。相反，与大众对于处在不断地变化之中的意见针锋相对的是哲学家的真

---

① 德勒兹：《哲学与权力的谈判》，刘汉全译，商务印书馆 2000 年版，第 6 页。
② 参见海德格尔：《形而上学导论》，熊伟等译，商务印书馆 1996 年版，第 98 页。
③ 《柏拉图全集》第一卷，王晓朝译，人民出版社 2002 年版，第 334 页。

理，这些真理就其本性来说是持续存在的，因而从中可以引申出赋予人类事务以稳定性的原则。

从散见于柏拉图的对话录中对修辞学的评述来看，柏拉图将真理和意见之间的对立，实际上铺陈为（特别是在《高尔吉亚篇》中）"对话"（dialogue）形式的沟通和"修辞"（rhetoric）形式的沟通之间的对立，哲学对话的令人满意的极点就是真理或启悟，而不是演说家对大众的说服。在真理之启悟的上升过程中，任何可能的提问都得到了回答，并且提问的论友们也得到了联合，即启悟产生了使理念匹配、安排形式之间的生产能力。这种启悟不能仅仅在"规劝"意义上理解，而必须坐实在既推又拉：作为推，就是服从逻辑约束以及在哲学对话中应和论友之提问的必要性，如果有人拒绝，那么这是因为，甚至说也不用说，他已经漠视了人之最可贵的理性天赋，而且不准备遵守涵养着平等的自由思想的辩证法；作为拉，就是受敞开的真理的吸引，就像飞蛾扑火。柏拉图笔下的哲学家"在领悟每一个事物的本性之前，不会松懈强烈的爱，这种爱也不停息，……而一旦靠近它，并与真正的存在结合，生出了理智与真理，他就会懂得真理，真正地生活，得到滋养，从而他的劳苦才能平息"。对于柏拉图，哲学就是一门关于爱情的玄秘学问：哲学就是对于爱情的最高的、最纯粹的形态——智慧——的爱，也就是爱理念，爱至善至美的 eidos，或者去爱神。因此，在《斐德诺斯篇》中，柏拉图虽然也从发难修辞学开始，但是，柏拉图在这个对话中阐述了他理想的修辞学：真正的修辞来自神灵的启迪，真正的修辞家在演说时，是神在说话。换言之，如果说真理是客观的绝对的，而"坏"的修辞学可以使真理失去光辉，那么"好"的修辞学必然是对真理的一种服从性的解释。

相应地，"言说"不具有本体性，而不过是作为私人力量的角斗，所以，修辞学的本质是什么？能言善辩是不是一件好事？这一肇始于柏拉图的道德上和哲学上的追问，穿越历史一直反复地被提起，反复地被回答。

所谓"修辞学"，亚里士多德将其归入"政治学"，视修辞为"在每一件事上发现可用的说服的手段的能力"，① 这一实用修辞观透露了修辞发展的城邦政治背景，即在城邦公共生活中：公民大会、法庭等地方，要赢得成功，必须以说服的方式赢得支持，于是，对说话技术的探讨便成为修辞术，如果说修辞术的技术性特征，作为政治上达成普遍协调的基础，那么，说到底，"协调"不过是一种"技术信仰"的表达，按今天的语言用法，千篇一律的"技术性"是现代性的标志，让人们马上想起施米特的话：没有权威，就没有政治，为什么在政治空间中需要"权威"？因为正是意见，而不是真理，属于所有权力的不可或缺的先决条件。因而，"所有政治的观念、提法和说法都有一个论战的含义；它们眼中有具体的针对性，与具体的处境联系在一起，其最终结果是（在战争或革命中表达出来的）敌友阵营。如果取消这一处境，所有政治的观念、提法和说法就成了空洞的、幽灵般的抽象"。② 而如果没有那些具有同样的心向的人们的支持，即使是最专制的统治者或独裁者也不可能获得权力，更不要说维持权力了。这意味着，在所有政治行动中，我们难以避免政治争论或自说自话，为避免自说自话，人们却需要某种共同的东西，或至少理想地预设一种和平的、终止了任何此类争论的共同生活。但是，这样一种完全一致的理想恰恰不适合于政治争论的特性。在为伦理学的奠基之作《尼各马可伦理学》第六卷中，亚里士多德早已在原则上把运用在政治讨论上的"实践智慧"（phronesis）与"知识"（episteme）区分开来，因为他认为人类事务复杂多变而不可能精确地研究它们。

可见，在亚里士多德那里，我们仍然可以读到存在着两种"相反的能力"之间的区分：即"可靠的理性"和"有力的雄辩"之间的区分，前者建立在真理的原则基础上，而后者建立在意见和人们的热情和兴趣之上，也

---

① Aristotle, *Rhetoric*, *in Rhetoric and Poetics of Aristotle*, tran. W. Rhys Roberts（New York：Random House, 1954）, p. 24.

② 施米特：《政治的概念》，刘宗坤等译，载《施米特：政治的剩余价值》，上海人民出版社 2002 年版，第 44 页。

就是建立在人类事务的流转变迁中，但是这一区分本身仍然基于自柏拉图以来，哲学家们一直梦想着的有关统治政治共同体的"科学"，原因即在于身为学者的他们追求着一种在原则上克服分歧的真理中的共同性。不过，亚里士多德的政治著作有意使用了"反语"，掩盖其对"人具有在人类事务的流转变迁中展示规律或秩序的'自然'（本性）"的根本反思。①

除非我们理解了他的修辞，否则我们就不能理解在亚里士多德伦理学中，虽然作出了关于"实践哲学"（phronesis）与"理论科学"之区分的根本性解释，但有一点始终是不清晰的：政治家和政治活动家的政治知识，同专家的技术知识究竟关系如何？在这儿应该看到，实践哲学并不是在语法或修辞学当中的技艺意义上的一种对人类社会实践规则的知识。相反，它是对这样一种知识的反思，并因此说到底是"普遍的"和"理论的"。另一方面，亚里士多德承认，这种实践哲学固然是一种"普遍的"知识，但是这种知识是批判性的，因此，修辞，正如自古以来清楚地显示的那样，引发了情绪激奋，但它绝不会由此跳出合理性的范围，倘若说修辞学具有某种规劝因素，那么这种规劝因素乃社会实践之必需，在这一意义上，亚里士多德就不把修辞学称作技艺（techne），而是视为力量（dynamis），② 就是说，"好"的修辞以真理为依据，以避免受"坏"的修辞如诡辩修辞的影响。正如亚里士多德在他为修辞所作的辩护中说的那样，真理本身往往能胜过谬误；但是在与谬误的竞争过程中，当熟练的人们想让谬误取胜时，真理就必须求助于一个尽量吸引人、尽量说明真相的环境。在天堂的王国里，真理也许是自己唯一的拥护者，但它若要在尘世中健康地生存就需要强有力的帮助。在这一意义上，柏拉图和康德一样是一个雄辩家（rhetorician）。

遗憾的是，传统的西方哲学因为把真理视为一种绝对的、形而上学思辨

---

① 参见列奥·施特劳斯等主编：《政治哲学史》上卷，李天然等译，河北人民出版社1993年版，第127页。

② 参见严平编选：《伽达默尔选集》，邓安庆等译，上海远东出版社1997年版，第249页。

的产物，所以，修辞学要么被假想为真理的"敌人"，要么被贬低为对真理的一种服从性的工具。这一点与逻辑和语法的传统要求相符合：在传统哲学里，符号与符号所指称的东西是严格地区分开的，因为符号是在时空中，而符号指称的观念则被设想为超时空的。这一论点预设了德里达对"先验所指"的搜寻和批判。

二、索解存在问题的语言之路

当后现代主义将真理、知识、现实锚定在种种符号结构中，界定为各种符号的"模拟展示"（鲍德里亚，Baudrillard）或"话语"（福柯）时，后现代主义实质上也就变成了修辞学，也即新修辞学了。在新修辞学中，人们把概念话语的意义特征称为"隐喻性的"，伽达默尔在对"概念史与哲学语言"的考察时指出，"自从赫尔德以来，语言之一般的隐喻意义越来越多地从根本上得到承认"。隐喻的认识功绩"源于对原初意义域的继续聆听。这构成了话语的有关成就"。① 隐喻的修辞效果是：它能把某物从一个领域带到另一个领域，也就是说，只要记住背景本身，就能记起意义的原初领域。隐喻从中取义，并由此进入新的领域。不过，我们应避免一种印象：似乎只有当词语在隐喻使用中扎了根，并失去其被吸收、转义的特征，它在新语境中的意义才始成"正确的"意义。比如，按我们语言中所使用的特定表述来看，"开花"只在植物界使用才有其正确的功能，把这个词用在更宽广的别的领域，就被某些语法书的传统观点认为是不合适的，只不过是一种比喻的用法。如果站在修辞学的立场上来批判逻辑学的传统，那么这种观点的问题在于它解释不了德里达所论述的缺席（absence），即意义的离散（dissemination）。语言产生意义不是通过对某一对象的指代或某一真正所指的在场，而是由它本身的性质所决定的。这样一来，德里达的解构，说的就是采

---

① 参见严平编选：《伽达默尔选集》，邓安庆等译，上海远东出版社 1997 年版，第153 页。

取一种语言学的相对论立场：一切皆比喻，在我们自己的文本之外没有任何优势的立足点，"先验所指的缺席无限地伸向意谓的场域或游戏"。①

在这里，解构说隐含着一种"战斗的无神论"，它从各个向度向关于先验性所指或者意义的终极实在，或者"存在—神学"② 全面宣战。它有赖于尼采式的权威批判和尼采对诗意识的虚无主义的肯定，使逻辑学传统希求达到单一的修辞而避免迷失在诠释的无底深渊的可能性变得不可能，从而几乎无可挽回地使话语失去了作为真理的载体或媒介的功能。从这一意义上讲，一位演说家所说的"紧急情况"永远是一种虚构。

值此，德里达的著作在修辞学者中的影响微不足道就是意料之内的事。因为，德里达也许能面对意义的离散所陷入诠释的无底深渊，可那些如海德格尔那样仍想抓住正在作品里发生的真实的人却希望相信修辞以外的某种东西的存在，正是这一点在阿多诺对海德格尔的评论中被断定为"无非就是把无意义性当作意义来赞美"的存在的神话。③ 事实上，我们也清楚海德格尔和德里达力图推翻什么，可是我们不清楚德里达想肯定什么。相反，海德格尔指出了新的道路，在此道路中，他为了以一种新的方式提出问题，以改变传统对形而上学的批判，并由此发现他自身是处于通过语言的途中。

我们知道，这条语言之路并不关注表述判断，或把语言的意义归为有个什么对象，而是使自身总是关注"存在"的意义问题。这倒不是说，传统的形而上学忽视了存在论，恰恰相反，每一个构造形而上学体系的本体论的必要构架是要谈存在论。但是海德格尔认为，由于受逻辑学传统诱使，传统的那种谈法，显然总是处于理智贬压情感，并迷失在关于世界的理论静观立场和模式化的形而上学的真理概念之中，谈了半天实际上谈的是存在者——那东西已经发生过了，意义已经现成地摆在那儿，然后去谈存在，实际上这

① 德里达：《书写与差异》下册，三联书店 2001 年版，第 505 页。
② 德里达在《论文字学》等著作中将海德格尔哲学直呼为"存在—神学"。
③ 参见阿多尔诺：《否定的辩证法》，重庆出版社 1993 年版，第 115—118 页。

是根本不成立的，存在的意义永远走在谈论之前，传统哲学之所以遗忘了存在问题，就在于它没有走到那"前"维度里头来，在海德格尔看来，"前"维度的特性在于它的原本性，没有别的东西可以依靠，它自己在那儿发生，① 如果不是先有它的发生，我们怎么能够谈得上是合乎真理还是不合乎真理？

《存在与时间》的第二十九节，海德格尔试图通过对亚里士多德的《修辞学》的讨论，寻找"情绪"本体论的资源。他把《修辞学》有关"激情"的讨论，视作第一部非"心理学"系统解释情绪现象的著作。在这里，我们看到，"作为常人的存在方式的公众意见不仅一般地具有情绪；而且公众意见需要情绪并且为自己'制造'情绪。演讲者的发言一会儿入乎情绪一会儿出乎情绪。演讲者须了解情绪的种种可能性，以便以适当的方式唤起它，驾驭它"。在情绪变迁中，在某人感觉到自己如何如何时，他的"存在"就到"场"了。情绪是"生存"常态，是"场"的打开，情绪打开了"存在"。在"知""情""意"之关联于真理问题上，海德格尔由此将"情"摆到了更源始的位置上。从这个角度看，海德格尔的全部思想应该在这样一个"无区别"或"不计较"的"前"维度中来理解，这是一个"前反思""前判断""前概念""前主客体之分"等所有这之"前"的一个维度，而这个维度又是在发生之中的。这样，我们就能理解海德格尔的修辞艺术中有一种空域，一般人都会觉得他的话是"诗意"的、"舞蹈"的、凿空的、蹈虚的、形式显示的，简言之："它讲什么不在乎讲个具体的什么，但是它给你讲出了一个充满了关系含义、冲动含义、趋向含义的那么一个境界。"②

从修辞学的角度看来，海德格尔著作的关键处有两个问题：（一）它意味着不管什么，只要是不使生活经验本身变成一个对象的思想话语就都是好

---

① 参见张祥龙：《朝向事情本身——现象学导论七讲》，团结出版社 2003 年版，第232—233 页。

② 张祥龙：《朝向事情本身——现象学导论七讲》，团结出版社 2003 年版，第221 页。

的，只要能"使思想流动"的都是好的。海德格尔式的表达方式很少谈到与另一个人交谈的可能性的唯一方面是：我们都有某事（某种具体的东西）要对彼此诉说。所以我们阅读做着各种各样语言游戏的海德格尔著作，对我们来说，并不是想理解他想说什么，他为什么想说，否则，我们就成了在那里接收信息的人，以此方式语词又如其在观念形而上学那里一样变为束缚性的。（二）对于海德格尔来说，"真正的语言单元不是句子，而是词语"。[①]因而，言说的原始行为不是命题性的联结，亦即陈述情形下"关于某物说什么"的语义形式，而是纯粹诗意的命名，也即"道说"（Sage）。"道说"意味："显示、让显现、让看和听。"[②]　"道说"是某种与我们的说相分离的、而必须架设一座桥梁，一座从存在论意义上的发生现象学的桥梁才能通达的东西。这说明了一个事实：人若不首先学会一种语言就不能谈论这种语言，更不用说像使用工具那样使用这种语言。虽然，语言无可否认地与人类的说维系在一起，但是"如果人（作为海德格尔意义上的此在）是通过他的世界敞开状态成为人的，并且这种世界敞开状态本身是在无人称的言说中得到联结的，那么，就可以猜测：无论是在有所引发的命名中还是后来的命题性句子构成"，都是以一种原始的言语行为，即"道说"为基础的。根据黑尔德的阐释，这种原始行为的考古学的回声就显现在"亮了""真可怕"之类的所谓"无主语的"或说"无人称的"句子中。因而，"真正的语言单元就是单词句，在其当下情调性的展开状态中的世界整体是靠这种句子被唤起的，也就是说，一种世界的命名首先变成了事物的命名"。[③]

由此角度来理解的语言之本质，同时就显示了海德格尔的"言语交际"观之几乎尚未被人们思虑到的东西。对海德格尔而言，"相互说"意味："彼此道说什么，相互显示什么，共同相信所显示的东西。""共同说"意

---

①　图根哈特：《胡塞尔和海德格尔的真理概念》，转引自孙周兴选编黑尔德：《世界现象学》，倪梁康等译，三联书店 2003 年版，第 162 页。

②　孙周兴选编：《海德格尔选集》下卷，上海三联书店 1996 年版，第 1132 页。

③　孙周兴选编黑尔德：《世界现象学》，倪梁康等译，三联书店 2003 年版，第 162 页。

味："一起道说什么，相互显示在被讨论的事情中那种被招呼者所表明的东西，那种被招呼者自行显露出来的东西。"① 我们很清楚，根据这里提出的"言语交际"，它绝非是在古典意义上的规劝或说服听众，或笼统而言，使概念适应人、人适应概念，让"他们"接受某一观点或采取某一行动，相反，海德格尔由此得出结论，"某人能说，滔滔不绝地说，但概无道说。"②

对海德格尔来说，这总是特别显而易见的：由于言词有它"世俗的"（worldly）存在，所以，言词整体就像上手事物那样摆在面前。语言可以被拆碎成现成的言词物，陈述主张、讲演、传达、说情、警告这类话语"不会没有它的'关于什么'"，③ 无论真言、空言，一旦达乎言辞或做成"像话"就变成了从某种角度、在某种限度内说到的现成事物，这与希腊以后人们把逻各斯整理为关于现成事物的逻辑密不可分，"倘若我们反过来要使话语这种现象从原则上具有生存论环节的源始性和广度"，而真正了解言说这种原始行为，就必须"把语法从逻辑中解放出来"，④ 这里考究言语的意义仍然是让（人）看见、显示、解蔽，这一点在海德格尔后期得到强调，并把语言和真理从根本处连在一起：不是符号同被指示的东西的符合，更不是作为辩论的结论，而是言词让事物如其所是的现象。

因此，海德格尔首先不是把语言理解为开口说话，而是理解为说话的源始根据。对于海德格尔来说，为了追问"事情本身"，"哲学研究将不得不放弃'语言哲学'"⑤，将不得不把如哈贝马斯之流的评判人生种种对话的可靠性、可信性和可行性的标准忽略掉，真理与宣传真理的适当的修辞手段之相互对立或相互干预的传统看法，在海德格尔做的"存在论区分"中业已显得问题重重。

在如此显露中，用诗的语言（Sage）来谈说真理，成了现今反对概念

---

① 孙周兴选编：《海德格尔选集》下卷，上海三联书店1996年版，第1132—1133页。
② 孙周兴选编：《海德格尔选集》下卷，上海三联书店1996年版，第1132页。
③ 参见海德格尔：《存在与时间》，陈嘉映等译，三联书店1999年版，第189页。
④ 海德格尔：《存在与时间》，陈嘉映等译，三联书店1999年版，第193页。
⑤ 海德格尔：《存在与时间》，陈嘉映等译，三联书店1999年版，第194页。

思维而引人注目的见解。但是，诗的语言拥有一种与真理的特殊的独一无二的关系并没有得到更精细的解说，按照一般的意见，真是认识的真，而认识就是判断，"判断是真理的本来处所，"倘若这种说法正确，那么，我们就难以离开概念思维，而去设想另一种关于真理的言说方式，与此种态度紧密联结着的是古老的柏拉图对诗和诗人的异议——即"诗人常常撒谎"。

但是，此说涉及哪一种"真理"？说诗的语言的形式不是"真实的"，这意味着什么？在此援引伽达默尔的询问是恰逢其时的。① 伽氏所维护的真理是一种前科学的，或者说前苏格拉底的真理。真理的原初意义，在于我们谈说真实，我们谈说我们意指的东西，无论什么东西，只要它将自身展示出来，它就是真的。关键在于诉诸语词的多义性、表达的隐喻性、意义的可增生性的努力以解放固定的语词和语句。海德格尔曾反复论述过这一主题，并在后期著作中从 20 世纪 30 年代一开始主要还是谈真理问题到 50 年代就直接谈语言问题，几乎把存在等同于语言，即"只有在合适的词语说话之处才有（es gibt）存在"②（"es gibt"即"给出"）。那么，我们不禁要问，词语从哪里获得它的这种与众不同的资格？

海德格尔在《语言的本质》一文中，对格奥尔格（George）题为《词语》的诗的探讨指明："任何存在者的存在居住于词语之中。所以才有下述命题——语言是存在之家。由此而来，我们或许就为一个我们早些时候道出的思想之命题提供了一种从诗那里得来的最美丽的证明。"③ 但是，海德格尔这样说显然不是把诗贬降为"思想的附庸或思想的证明材料"，在海德格尔那里，语言的本质是存在通过语言对我们所做的自我表达。对此的理解我们必须特别注意格奥尔格的诗。这首诗大意是说，"我"（指诗人）很幸运地在边缘状态得到了对词语的某种领会，那是远古的命运女神授给我的一颗

---

① 参见严平编选：《伽达默尔选集》，邓安庆等译，上海远东出版社 1997 年版，第 537 页。

② 孙周兴选编：《海德格尔选集》下卷，上海三联书店 1996 年版，第 1068 页。

③ 孙周兴选编：《海德格尔选集》下卷，上海三联书店 1996 年版，第 1068 页。

宝石，这颗宝石丰富细腻，她久久地掂量，然而向"我"昭示：在这个宝石的渊源深处一无所有。于是那宝石从我指间滑掉，我的故土再没有得到那些宝藏，从此我哀伤地学会了弃绝，"弃绝"什么？"弃绝"那词语指称对象的传统语言看法，最后神告诉"我"，"词语破碎处，无物存在"。① 简单地说，诗中用神话方式表达了语言即本体的思想。因为语言是神赐给诗人的一件宝物，语言给我们带来原本的消息。用约翰·麦奎利的话说，海德格尔在解释格奥尔格的神话意义时，强调的是诗人的解释就像圣保罗谈到的解释一样，都是神赐的。也就是说，语言是古老的命运女神为诗人选择并传授给他的，语言不是诗人选择的，眼下我们听到了这样一个重复的叠句："语言的本质——本质的语言。"② 海德格尔的这种说法强烈地表明："本质"一词所具有的动词和动态意义，他不能再跳到语言外头去，用别的东西比如"人"来解释语言。他只能就语言自身来说它自身。对追问语言的起源问题的第一个有决定性意义的答案也在这里："这个起源始终是谜"，"谜的性质就属于语言的起源之本质。"一切都包含在语言中，海德格尔说，在语言中："活的词语在打仗，在决定什么是神圣的、什么不是神圣的、什么是伟大、什么是渺小、什么是勇敢、什么是怯懦、什么是崇高、什么是卑微、什么是主人、什么是奴仆。"③ 存在在语言中发生，将它与原始力量融合。

晚年的海德格尔几近入迷出神，不闻日常生活，不闻语言既源于现实，又服务于思想。从中透露了海德格尔沉迷于存在的充实，他对那最初的事物于其中自动向孩童般的希腊先哲们显现的灵光的沉迷，所显示的不就是一种类似于对原始可能或者说人类社会"曾如何生活"的沉迷？但是不管存在多么迷人，它并不伐木、荷锄、商业往来。履行这些工作的是一些具体的活生生的人。海德格尔可以说，存在揭示了这一切的可能性，语言就是原始诗

---

① 孙周兴选编：《海德格尔选集》下卷，上海三联书店 1996 年版，第 1069 页。

② 孙周兴选编：《海德格尔选集》下卷，上海三联书店 1996 年版，第 1079 页。

③ 转引自菲力浦·汪德尔：《现代批评中的意识形态转变》，载肯尼斯·博克等：《当代西方修辞学：话语演讲与批评》，常昌富等译，中国社会科学出版社 1998 年版，第 246 页。

作，诗是一种展现或提示，然后，柏拉图的说法不是已经说了，诗的多功能的真实性并不能解释现实的问题，在战火硝烟和权力斗争面前是没有诗人的位置的。

现须追究，这是否说明海德格尔把哲人现象学地还原为诗人，因而传统哲学和哲人孜孜索求的"何为值得过的生活"的问题也就被取消了？要讲明这一点并不容易，因为这超出了我的能力范围。但是，非常明显，我们在此找到了回答此一问题可以相类比的东西，即使这种东西奠基于一个迥然不同的基础。在此，归根结底需要提及前述业已说到的诗的语言作为提示，也就是要求诗的词语如何才能恰恰通过拒斥任何一种具体所指而找到它的实现。因此，问海德格尔所"意想的"田间劳作、人际交往、城市建设，以及国家的各种权势调度所牵扯到的各种相互竞争的力量之间的选择等事务实际上是什么样子的，这种问法是毫无意义的。这无疑等于否定了"海德格尔的修辞艺术中有一种空域掩盖着它与经历过战争的可怕的毁灭的听众之间的直接联系以及这种联系的力量"① 之评断。

第三节　在与思：同一抑或差异

许多重要的西方哲学思想是透过对巴门尼德的"思维与存在是同一的"命题的了解开展出来的。在与黑格尔坚执表象性思维对立的解释中，海德格尔一方面试图把传统立场引回到巴门尼德的思想道路得以源起的原初经验那里，克服理智主义（主体性思维）之差异被遗忘状态；另一方面他也以自己的方式站在马克思所提供出来的伟大成果的轨道上，他从一种"运作"（"聚集"）的思境上谈"物如何成其本质"，以及对"作为"差异的关注等，

---

① 菲力浦·汪德尔：《现代批评中的意识形态转变》，载肯尼斯·博克等：《当代西方修辞学：话语演讲与批评》，中国社会科学出版社 1998 年版，第 243 页。

与马克思从感性活动上理解"物质"，借感性活动对旧唯物主义的"世界的物质统一性"命题的超越等诸多方面，隐含着结构上的相似性。

一、走向"第一存在者"或返回差异的生成之源

海德格尔在《康德的存在论题》中说："存在与思想，在这个'与'中隐含着迄今为止的哲学以及今天的思想的最值得思的东西。"① 海德格尔的这一说法，使人们立刻意识到这个"与"字绝非是通常连词意义上的"并且"，好像我们顺便把与"存在"有别的这样的东西说出来附加上去。那么："存在与思想"中的这个"与"究竟意指什么？海德格尔发现其前辈对这个关于"存在与思想"中的"与"字的简单化的了解，即人们喜欢引用最早讲到的"思想与存在是同一的"古老命题，而想当然地以为"同一的"的意思是"明确的"，仿佛就在手边那样。

海德格尔强调，在后来的西方哲学的发展中有许多重要的哲学思想就是在这一特殊的"同一性"意义上，去解释巴门尼德的这一命题而发展出来的。这里包藏着一种严重的歧义。因为它把"相同的"（gleich）和"同一的"（identisch）的意思混淆了。从而漏失了"在同一性中有一种'与'（mit）的关系"，② 即遗忘了在同一性范围内的中介作用，以至于"为了真正把握诸如在同一性范围内的中介作用，这样一种简单的关系，思竟需要两千多年时间"。从之而出的思更谈不上指引到"同一性的本质来源处"。

海德格尔以为，自己与黑格尔虽然都明显地是透过巴门尼德对古老命题的理解而展开思想的，但是自己与黑格尔的展开方式不同，黑格尔与他虽都是要进入"早先的思想力量之中"，但是黑格尔是在"已被思的东西中"，而他是在"尚未被思的东西中"寻求这种力量的。这规定了自己与黑格尔所建立的"同一性"哲学的形态不同。请允许我强调一下，这里不是一个

---

① 海德格尔：《路标》，孙周兴译，商务印书馆 2000 年版，第 558 页。
② 孙周兴选编：《海德格尔选集》上卷，上海三联书店 1996 年版，第 647 页。

同一性的理解中是否包含差别性在其中的问题，而是一个两种类型的"同一性"哲学的问题，亦即在海德格尔脱离表象性思维和黑格尔坚执表象性思维的两种类型的"同一性"哲学。

在与《同一律》同年收入《同一与差异》一书的《形而上学的存在—神—逻辑学机制》一文中，海德格尔一上来就准备与黑格尔对话。凡一种哲学和另一种哲学做一次对话，需要在思考中进行的争执少不了。但是在海德格尔看来，这种争执首先并不意味着"不和"，而是意味着"以同一方式谈论同一思想的事情"逼迫着思想。一种思想愈明确地以"同一方式"为"同一事情"所关涉，则区别就愈是"咄咄逼人地显现出来"，这种说法的关键仍然是对"同一并非相同"的理解①。言外之意，我们不能想到同一性而不想到"一种中介""一种关联""一种综合"。要知道，从思辨的唯心主义时代起，西方思想就把忽视在同一性的统一性中起作用的中介观念判为非法，以这样的方式来理解同一律，清楚地指示着海德格尔是在哪一层面上反黑格尔主义的。

我们知道，黑格尔把其以前的哲学看做非思辨的科学。但是，这并不意味着黑格尔的"思辨哲学"排斥其他具体科学或经验科学，相反，前者包含有后者的逻辑与形而上学，保存有同样的思想形式、规律和对象，区别只在于用"较深广的范畴"对它们作"范畴的变换"，这样，思辨意义下的概念是具体的概念，不同于通行公式 A＝A 意义下的抽象概念。这种具体的概念对抽象的概念来说，它具有一个优点就是能把握无限，②之所以可以做到这一步在于：世界上任何事物都既是直接的又是被中介的。这里不打算细述黑格尔放在中介观念之下的"同一性"思想的细节，就黑格尔试图借助"具体的同一性"概念，去把"矛盾""对立"收摄到"同一"里面而作为"同一性"的构成部分来说，黑格尔的"同一性"一定包含"差别性"在

---

① 参见孙周兴选编：《海德格尔选集》下卷，上海三联书店 1996 年版，第 822—823 页。

② 参见黑格尔：《小逻辑》，贺麟译，商务印书馆 1980 年版，第 49 页。

其中，或者说黑格尔所要求的，是要能看出差异中的同一和同一中的差异，① 这才是他所谓的"具体的同一性"。这一点也是海德格尔清楚地看到的。海德格尔强调，同一性中那起支配作用的、早已回响着的同一个东西和它自身的关联，竟花了西方思想两千多年的时间，才经由莱布尼兹和康德到费希特、谢林和黑格尔而决然地完成和表现出来，才为同一性内部的中介的显现找到一个住所。② 这一住所的最终建立是黑格尔思想的贡献。

但是，依海德格尔，黑格尔的此一贡献是立足于对前述那句巴门尼德的话作非希腊式理解之上的。黑格尔在巴门尼德所属的爱利亚学派那里看到了"真正的哲学史开始之处"，巴门尼德提出的"存在"范畴，因为它"第一次抓住了纯思维，并且以纯思维本身作为认识的对象"，所以这须看成是抽象思辨的开始，是"哲学的真正开始"。③ 黑格尔这一众所周知的看法在海德格尔看来，显然也成了流行而不真的巴门尼德之说的牺牲者，使我们难以寻得理解巴门尼德的那句原始希腊词语的本来真理，不只因为由此角度黑格尔在巴门尼德思想中把思维理解为主体的活动，存在只不过是思维之所思者，"思维与存在是同一的"也就不过是主观的推演，而首先是因为由于黑格尔按照流俗之见的方式来翻译巴门尼德，就使得黑格尔把同一性表象为"存在中的一个特征"。海德格尔一反黑格尔的巴门尼德解释，他示意，"我们不能企图从这种在形而上学上被表象的同一性出发去规定巴门尼德所指称的那个东西"。④ 换句话说，黑格尔在读巴门尼德的这句话时，已非法地把后世的甚至今天的关于人的存在的想法随意附会上去。因此，海德格尔在《形而上学导论》中，对通常译作"思想与存在是同一的"这个名句作出改动，在那里，海德格尔确信，此说法应改译为"各种方式的讯问和存在是

---

① 参见黑格尔：《小逻辑》，贺麟译，商务印书馆 1980 年版，第 253 页。
② 参见孙周兴选编：《海德格尔选集》上卷，上海三联书店 1996 年版，第 647 页。
③ 参见黑格尔：《小逻辑》，贺麟译，商务印书馆 1980 年版，第 191 页。
④ 孙周兴选编：《海德格尔选集》上卷，上海三联书店 1996 年版，第 650 页。

交互归属的"。①

　　然而这是什么意思？这句话当下是否已避免谈到人（主体）？海德格尔预计到在受基督教的概念或近代的概念定调的视野中，他的这套说法绝不能见容于一种所谓对巴门尼德的"精确的解释"，即概念思维意义上的主体性思想。所以海德格尔发问：究竟是"哪一种阐释才是真阐释"？

　　为了回溯到存在和思维的区分之根源，海德格尔拐到对索福克勒斯的《安提戈涅》的阐释。这样做虽然对巴门尼德的阐释没有直接的帮助，不过透过海德格尔试图以希腊悲剧中安提戈涅问题来说出"人是苍劲者"②（"苍劲"，罗念生先生又译"奇异"）这一希腊人对人的诗意规定而言，海德格尔已经把对人的惯常的想法挡在了巴门尼德阐释之外。因为海德格尔所听到的希腊人对人之在的诗意的构思，指点着我们正确追问巴门尼德对人之在的思的规定。换言之，存在与被存在所占有的人的本质之间的关系所带有的一个根本性的意义在于，它关联着存在与思维的区分。倘若我们把思想理解成和"存在共属"的"人的标志"，那么对"何谓存在？人是谁？"这个问题的回答，就必然是我们借以澄清关于人和存在之共属的某种可靠的东西的一个基地。至此，我们已经能够理解海德格尔把"思维"译作"讯问"的思义，即使我们不特别考虑在《形而上学导论》中，海德格尔用"自然之眼"所端呈的"自然"和"规范"以及"自然"和"技术"之间的区分，③ 我们也必须摆脱"把讯问误解为人的随便一种行为，误解为人的精神能力之一种自动行使，甚至误解为偶尔出现的灵魂活动"④。

　　在今天习以为常的对"思维"的这些"误解"，在海德格尔看来，都不过是穿凿附会地把"绝不能确定的内容"硬挤而成的解释。它实际上是落

---

　　①　海德格尔：《形而上学导论》，熊伟等译，商务印书馆1996年版，第146页。

　　②　参见海德格尔：《形而上学导论》，熊伟等译，商务印书馆1996年版，第153页。

　　③　参见海德格尔：《形而上学导论》，熊伟等译，商务印书馆1996年版，第17—18页。

　　④　海德格尔：《形而上学导论》，熊伟等译，商务印书馆1996年版，第169页。

入了"早先的思想的力量之中"① 的习惯视线。同样，关于巴门尼德的"存在"的谈论也绝不是一个"最抽象也最空疏"的哲学范畴，黑格尔提出的关于"存在即一"的巴门尼德命题是哲学思维最纯正开端的看法，自然被海德格尔断制为在某个类的意义上误解了"存在"这一名称。在《形而上学导论》中，海德格尔多次表明在确定存在与思维的区分之根源时，巴门尼德是和赫拉克利特"站在同一个立足点上"的，他们的思都还是"诗意地"。在此是说："还是哲学地而不是科学地。"② 在此看来，对巴门尼德的阐释必须想到"诗的说与思的说之原始的本质联系"。按照如此这般显现的"存在"，首先并且绝不只是"任由人来摆布"，而是"人和存在相互转让。它们相互归属"。③ 这也等于说，存在与思维是"作为归属一起而同一的"，"存在从一种同一性方面被规定为这种同一性的特征"。④

显然，这是针对混淆存在和存在者的黑格尔来说的，依黑格尔，同一性建基在存在上，海德格尔则认为存在建立在同一性上。"思维与存在本身，是同属于一个东西，同属于一个一，而且是从一个一开展出来的。"重要的是看到，在同一律形成之前很久，早先的思想就说出了同一性本身，海德格尔并不以为自己是第一个说出思维与存在归属于同一的人。关于同一性的第一个指示是巴门尼德给出的。可是，在巴门尼德那里，并没有告诉我们同一性说的是什么？同一律也更非像人们一般所了解的那样是一种僵化的、抽象的、思想的规律，因为巴门尼德恰恰不是要我们把同一性作为"一种标界，从这里开始可以从事某些分类或分组（例如思想、人和存在的联合）"。这样一种关于在历史上建立起统治地位的同一律，实际上只是"在名义上"把存在和存在者混淆起来，并把存在者加以聚合而"放在一起"，作为"总和"放在一个"实在的全体"同质的总体之下，同一性就不再是

---

① 参见孙周兴选编：《海德格尔选集》下卷，上海三联书店 1996 年版，第 824 页。
② 参见海德格尔：《形而上学导论》，熊伟等译，商务印书馆 1996 年版，第 145 页。
③ 孙周兴选编：《海德格尔选集》上卷，上海三联书店 1996 年版，第 652 页。
④ 孙周兴选编：《海德格尔选集》上卷，上海三联书店 1996 年版，第 650 页。

在"互相听从""互相从属"以及在这一意义下的"聚合"被造成的，而是自己在存在者的"总和"中展现，并为这总和所规定。① 对每个稍具思想的人来说，这都意味着，这种"理解"是"科学思想"的基础，所涉及的是一种必须置于"形而上学"之上的"认识论"。

　　说到底，在黑格尔那里，"存在"被占用着作为"论证的思想"而呈现为"观念"，其原因要不是把同一性表象为存在的一个基本特征，此外又会是什么呢？海德格尔主张，对思的误解和误用的克服，要求展开更加原始的与存在相属的思。说得更明确些，海德格尔直说，思想的事情仍是那种在"思想"中呼应的存在与（人的）存在者的差异性中建立的同一性，并在它们的同一性中建立的差异性，即"作为"差异的差异，以此来克服那些把存在者单单聚集在以"同一"为名的聚合体，即作为绝对概念的思维。② 前一种对同一性的理解，正是形成了后一种对同一性理解的隐蔽的源泉。这样看来，海德格尔原来不但强调存在与存在者之间有差异，而且指出这个差异对于两者的同一性来说是基本的，海德格尔对差异之为差异的关注竟已达到这样远，以至于存在和存在者、思维和存在这样一些"形而上学的主导词"已不再能够加以言说。因为，海德格尔看到"这些词语所命名的东西，以这些词语为指导的思想方式所表象的东西，作为有差异者，乃来自差异。其来源不再能够在形而上学的视野内得到思考"。③

　　这一点的意思实际上印证了德里达的这样一个评论：延异几乎就是以此出现在海德格尔的文本的关键之处，在海德格尔如此激进的姿态中，同一，确切地说是延异。④ 勿论德里达的这一想法显得如何有分量，但是这一想法也的确接近了海德格尔的"思"到同一性的本质来源处。照海德格尔，只

---

①　参见魏尔亨斯：《同一性和差异性：海德格尔和黑格尔》，陈修斋译，见刘小枫选编：《海德格尔与有限性思想》，华夏出版社 2002 年版，第 104 页。

②　参见孙周兴选编：《海德格尔选集》下卷，上海三联书店 1996 年版，第 824 页。

③　孙周兴选编：《海德格尔选集》下卷，上海三联书店 1996 年版，第 841 页。

④　参见德里达：《延异》，见汪民安等主编：《后现代性的哲学话语——从福柯到赛义德》，浙江人民出版社 2000 年版，第 81 页。

有在那里，在陈述意义上的"同一律"中途变成了"一个具有跳跃特性的跳跃，这种跳跃摆脱了作为存在者之基础的存在，并因而跳入深渊（Abgrund）中"。① 但是，这深渊既不是"空洞的"虚无，也不是幽暗的迷乱，而是"本有"（Ereignis），同一性的本质就是"本有"的一个性质。至此，我们透过"深渊"——Abgrund，"Ab"是"离开"或"没有"的意思，"Grund"相近于英文"ground"的意思——这词的意思，可以看到海德格尔基本上是在"祛本质"主义或"无基础"主义中开展其同一性理论的。这无疑是海德格尔深得"还原精神"或"返回步伐"，思想便以某种运动方式离开了哲学中"迄今被思的东西"，进入"有待思的东西"——"差异之被遗忘状态"② ——之中的表现。

因此，待在语言——符号问题的框架里来看，如果说黑格尔与先前思想的对话具有"扬弃"之特征，也即具有把没有确定性的非思辨的思想，通过在绝对的建立意义上的中介性概念的理解，导向其普遍而明示的东西（一个为那个表指开拓进一步置换的一种"总体性"）的特征，那么海德格尔与先前思想对话的返回步伐则指向西方哲学隐藏着的"本原"，指向形而上学关于真理问题所思想过的一切可能性本身，而且指向没有被形而上学想到的可能性，依海德格尔，没有想到的可能性比想到的可能性多得多。海德格尔由此得出结论说："诚然，我们既不能把现代技术世界当作魔鬼的作品而抛掉，也不可毁掉技术世界——除非技术世界自己毁掉自己。但是，我们更不可沉湎于这样一种意见，即认为技术世界的一个特性是完全禁止一种离开技术世界的跳离。这种意见把它所着迷的实际看做惟一的现实。"③ 为了在此把事情看得对，海德格尔认为需要一种"先思"（Vordenken）。所谓的"先思"就是把我们的思指引到同一性的本质来源处，即人和存在的相互听从中努力造成的场合，说白了，那是作为概念和语言层次底下的丰富、具体

---

① 孙周兴选编：《海德格尔选集》上卷，上海三联书店 1996 年版，第 658 页。
② 参见孙周兴选编：《海德格尔选集》下卷，上海三联书店 1996 年版，第 826 页。
③ 孙周兴选编：《海德格尔选集》上卷，上海三联书店 1996 年版，第 659 页。

的不可言说的东西，也即差异性力图自己对自己隐藏起来从而被黑格尔遗忘了的东西的处所。

　　必须指出的是，在黑格尔那里，"差异"被贬为"一种区别"，和"我们的理智的一件制品"。① 这在他那里表现为：同一性"建立"了全部区别，区别"建立"了全部同一性。正是这一点推动了他的思想，也正是这一点需要被思考，却落在他的思想之外去了，黑格尔忘记和掩饰了的也正是这一点。② 显然，黑格尔的问题式是：某个事情的情形如何？这是一切形而上学的表象性思想所具有的本质机制。而海德格尔的问题式是：何以这个事情恰恰如此被思考，以致它恰恰从这个角度显现出来？海德格尔的设问对黑格尔的超越是昭然若揭的。这样，海德格尔在回答试图思什么和如何思的问题时，要求"运思着的向同一性的本质来源的投宿"，这种"投宿"的意思就是：让在场。因此，海德格尔在此用"同义反复"一词来描述自己的"同一性"哲学。依照我们日常的思想方式，"同义反复"实际上是"空话"的粉饰。但在海德格尔的诗性道说看来，这表面上看起来的空话，"并非无所道出，而是道说着一切：那种原初的和在将来对思想有决定作用的东西"。③

　　显然，在试图对差异之为差异的思索努力的过程中，亦即返回步伐指向那个迄今为止"被跳跃了的领域"里，海德格尔明察到了会有"语言的困难"阻碍着我们，这之中就包括留给许多人心目中的海德格尔所说的好像都是"空话"的印象。④

二、从"存在者"转向"活动"

　　毫无疑问，我们在探讨海德格尔的"同一性"哲学时，差不多只关注

---

① 孙周兴选编：《海德格尔选集》下卷，上海三联书店1996年版，第834页。
② 参见魏尔亨斯：《同一性和差异性：海德格尔和黑格尔》，陈修斋译，见刘小枫选编：《海德格尔与有限性思想》，华夏出版社2002年版，第109页。
③ 海德格尔：《路标》，孙周兴译，商务印书馆2000年版，第560页。
④ 阿多诺、图根哈特等人都曾对海德格尔哲学的论证模式做过讥评，其多批评海德格尔"非论证性的和暗示的方法"，具有空泛、专制等思想倾向。

他的基本立场。不过，海德格尔并没有提供严格的教义，没有教述，在久已落入表象性思维或客观化的言述习惯之中的现代人看来，那已变为"成语俗套"或"空话"的海德格尔的阐释办法。不可能提供对现代技术世界危机感的"具体社会原因的分析"。这等于说，海德格尔所说的都是"空话"的说法，是从现代科学知识之为统治知识的特点的角度来看的。从知识社会学的视角看，"（科学）知识就是权力（力量）"这一培根的名言，从第一序教义的观点揭示了现代社会知识之为统治知识的特点。因此，在一个一切都为这种科学知识所规定的社会里，海德格尔所播下的那种"沉思的一个种子"，便只具有功能和次要的意义，其认识上的批判地位往往容易被低估。

但是，存在问题并不是海德格尔所特有的问题。海德格尔发现的"存在论的差异"及其对"思"的虔诚，无论如何应原则上保留在高处。我们可从下述情况来估量此高度：存在都具有存在，不是因为有"第一存在者"——包括柏拉图的"理念"、亚里士多德的"现实性"、斯宾诺莎的"实体"、基督教的"上帝"，以及（在早期海德格尔看来）黑格尔的"绝对"——以某种方式将存在给予了存在者，而是因为它们自己的存在本身，它们自己"去存在"或"在场"（to be present）的活动。尽管存在是所有存在者的显示（Presence），但存在本身乃是"无"，是说它不是一个存在者。因为这一显示活动本身没有得到显现（Present），存在的意义总对我们隐而未见。海德格尔的存在之解释方式，即思想方式的重要性在于，他将人们的注意力从存在者转移到活动。通过对这一视角转换的意义的领会，我们随即可以领会马克思主义的实践之解释的当代性，这里不是因为我们可以将马克思主义对实践概念的理解直接转换为海德格尔的存在概念。但是，实践就是活动，并且，马克思谈的是"作为（生产）活动的人"，而非"人的（生产）活动"的观念并未得到人们应有的注意。

马克思在他著名的对历史唯物主义观点的概述中指出："物质生活的生产方式制约着整个社会生活、政治生活和精神生活的过程。不是人们的意识决定人们的存在，相反，是人们的社会存在决定人们的意识。"① 这无疑是在哲学基本问题上，即从根本上论证了思维与存在的同一性。不过，马克思在这里所说的不是思维同一于物质的问题，试图以这一方式解释所引出的问题可能要比解决的问题更多：如果我们照着近代哲学的视野去理解马克思主义的"同一性"哲学的实质，认为万事万物的同一性不是别的，就是它们的物质性，并把物质同一性读作万事万物的共同属性，而并不是理解为实践活动本身，那么由谁或什么来充当同一或统一这一活动的行为主体呢？如果把思维与存在的同一性问题，进而理解为认识论上的，人们把思维就已经理解为主体的活动。主体的思维决定着存在是什么？存在只不过是思维之所思者。那么因为思维始终是一种认识的活动，我们在此要谈的思维与物质的同一性就不知所云了。

因此，势必要在此将恩格斯一众所周知的看法特意提一下，他说："尽管世界的存在是它的统一性的前提，因为世界必须先存在，然后才能是统一的。在我们的视野的范围之外，存在甚至完全是一个悬而未决的问题。世界的真正的统一性在于它的物质性，而这种物质性不是由魔术师的三两句话所证明的，而是由哲学和自然科学的长期的和持续的发展所证明的。"② 倘这里的"统一性"与"同一性"同义。我们立刻可以看到，按照存在之解释的视界的"逻辑学"，在此就出现了一个海德格尔指明了的矛盾："存在"这个词在其含义上是不确定的，或如恩格斯所说的是"悬而未决"的，而我们理解它却是确定的。海德格尔正是这一意义上认为，当我们说到"存在"这个词自身时，它是"一个最高度确定的完全不确定者"。③ 这的确是个矛盾。自相矛盾的东西是不能有的，一如没有"四方形的圆"，然而，这个矛盾却是"有"的：这个"存在"是"确定的完全不确定者"，它本质上属于"在之中"的生存论样式。因而，当我们把目标锚定在存在的绝对

---

① 《马克思恩格斯选集》第 2 卷，人民出版社 2012 年版，第 2 页。
② 《马克思恩格斯选集》第 3 卷，人民出版社 2012 年版，第 419 页。
③ 参见海德格尔：《形而上学导论》，熊伟等译，商务印书馆 1996 年版，第 78 页。

的确定性时，我们必须冒失去整个世界的风险。以至于我们必须说："当我们说到存在，并且仅仅说到存在的时候，统一性只能在于：我们所说的一切对象是存在的、实有的。它们被包含在这种存在的统一性中，而不在任何别的统一性中；一般地断言它们都是存在的，这不仅不能赋予它们其他共同的或非共同的特性，而且暂时排除了对所有这些特性的考虑。"① 这个存在如此这般形成最"惟一无双与最确定的"，但是，"只要我们离开存在是所有这些事物的共同点这一简单的基本事实，哪怕离开一毫米，这些事物的差别就开始出现在我们眼前"。② 也就是说，离开"存在"这个词而走向特殊的"存在者"，在此状态中我们面对的是作为差别的存在。按照恩格斯："至于这些差别是否在于一些是白的，另一些是黑的，一些是有生命的，另一些是无生命的，一些是所谓此岸的，另一些是所谓彼岸的，那我们是不能根据把单纯的存在同样地加给一切事物这一点来作出判断的。"③ 这样一来，有一点就已经表现得非常清楚了：世界的统一性在于它的物质一般性，物质的一般性是不是"类"的一般性这样的一般性呢？根本不是。亚里士多德早已发觉到此一成问题的情况，对此，我们为便于理解，依照海德格尔举例说明而不提"物质"这个一般概念而提"树"这个一般的表象。如果我们要把树的本质是什么说一说而且划定范围，我们思想的自然倾向就是离开一般表象而转向一些树的特殊品种和这些品种的个别实例。然而这始终是成问题的。究竟我们怎么会发现这许多特殊例子，以使我们确定这些个别的树就是树，就是树这样的东西呢？情况只能是，除非我们对一棵树到底是什么的表象早已心中有数了。否则可能出现海德格尔所说的情况：我们竟把汽车或兔子作为确定的特殊者当作树的例子了。我们为要进一步确定"树"的本质多样性而成千上万遍地找遍所有的树，但如果在此工作中对树的情况正待展开的知识我们仍心中无数，那么在此状态中我们势必会面对一片树木而看不

① 《马克思恩格斯全集》第 20 卷，人民出版社 2012 年版，第 47—489 页。
② 《马克思恩格斯全集》第 20 卷，人民出版社 1971 年版，第 489 页。
③ 《马克思恩格斯选集》第 3 卷，人民出版社 2012 年版，第 419 页。

见树。由此看来，到底个别的存在者是不是总能成为这个存在的例子，就像橡树成为"一般的树"的例子那样，始终是成问题的。① 这足以说明马克思主义以前的唯物主义对物质的认识是不真的，"它在自己最唯物主义的地方，唯物主义开始和神学一致起来"（阿多诺）。其主要症结为：世界的物质统一性既不在于它是被表象的对象，根本上也不能从对象之对象性的角度来加以规定。

海德格尔对我们这里所表达的意思做过评论：因为在西方形而上学的用语中，物一词指的是根本上以某种方式存在着的某种东西，所以，"物"这个名称的含义的变化，就与那种对存在者解释的变化亦步亦趋。这丝毫不能帮助我们去经验并且充分地思考物之本质。② 在海德格尔看来，人人都自以为知道，物是那个把诸属性聚集起来的东西。于是人们大谈"物的内核"。这固然在任何时候都适合于任何物，但它把握不了本质地现身的物，而倒是扰乱了它。我们信服这一点，不过，我们还不知道，海德格尔是如何规定物之本质的。我们从《物》一文的说法中知道，若问海德格尔物是"什么"，海德格尔只说："物物化""物之物化"，或"物化聚集"，这实际上是从一种"运作"，即"聚集"的思境上来谈论"物如何成其本质的"。③ 此间，显露出海德格尔与马克思之间隐含的一致性。

我们看到，从实践、从感性活动上理解"物质"或"客观实在性"，是马克思提出的新唯物主义的方法论原则。现代哲学开始将目光从理论思考转向实践活动，这是毫无疑义的。哲学中向实践优先原则的转折（康德和德国唯心主义——马克思）应被看做是哲学上之真正哥白尼式的转折，但康德所关注的实践，首先被表述为伦理学。从此以后，便不再有哪一种批判的逻各斯不是作为伦理而具有实践性的。康德伦理学的认识论架构掩盖了道德实践和社会实践之间的差别，从而遮蔽了一个事实：一个人达到不经别人引导

① 参见海德格尔：《形而上学导论》，熊伟等译，商务印书馆1996年版，第80—81页。
② 参见孙周兴选编：《海德格尔选集》下卷，上海三联书店1996年版，第1117页。
③ 孙周兴选编：《海德格尔选集》下卷，上海三联书店1996年版，第1165—1187页。

而运用自己的理性（康德所谓的成熟状态）不仅是个体的道德努力问题，而且更是社会结构和社会关系问题。只有马克思方才从他的前辈那里接受了关于实践理性的首要性的原则并把它磨砺成一种"改变世界"而不只是"解释世界"的要求。更为重要的是，从其基本音调来听，马克思提供了使哲学争论摆脱以二元论的方式，从之出发试图超越唯物主义和唯心主义思维两极性的途径。

继之在马克思主义中成为影响特别深远的超越二元对立的论题，或者说，第二次否定"认识优先"态度的论点，表现在海德格尔、维特根斯坦等人的著作中，按海德格尔的意见，当人们把实践活动领会为"不是理论的"和"非理论的"活动时，这仍然是"拿对世界的认识作为范本来代表'在之中'这种现象"[①] 的想法。因为这种存在论上对认识的不适当解释，在世作为"在之中"的生存论"样式"就变得晦暗不明了。换言之，观念/物质，客观/主观等成对概念虽在一定的正当范围内是合理的，但是从根本上说是忘记了它的基础。晚期维特根斯坦哲学则以另一种方式阐明了它的基础，提出了摆脱传统二元对立的道路。正如 D. 鲁宾斯坦所分析的那样，晚期维特根斯坦认为："我们应该把标准运用于某些不规则的和有时似乎是任意的例子。他指出，虽然我们具有关于蜘蛛、铜等等的标准，但是我们总是至少可以想象出某些我们可以对这些标准的贴切程度提出质疑的特殊例子。因此标准不是一成不变的规则，标准是约定的和实践的，因而也是不固定的。换言之，我们断定何为蜘蛛时，是根据我们的实践需要，而不仅仅是根据客体的特性。……标准的约定性和特殊性在认识论上的重要意义是，词并不仅仅是先前存在的客体的指称，它们并不是实在的镜子。语言的约定用法确立了什么是蜘蛛、铜和人等等。但是，语义的用法并不'仅仅'是由约定所决定的。实践的思考是第一位的。"[②] 这样，维特根斯坦和海德格尔

---

① 参见海德格尔：《存在与时间》，陈嘉映等译，三联书店 1999 年版，第 69 页。
② 引自 D. 鲁宾斯坦：《马克思的认识论和维特根斯坦的认识论》，《国外社会科学》1983 年第 8 期。

以他们的方式站在马克思的伟大而有成果的轨道上。转换了"思维与存在是同一的"这一命题的入思方向。人们完全可以在把他们与马克思比较时，使用如"隐含的相似性"之类的措辞。因为，在马克思的理论中，也很少给"反映"之类的认识论术语放"太重的砝码"，诚如阿多诺所说，"思想不是事物的一种映像，只有按欧几里得式的唯物主义神话，虚构用物质来发射映像，思想才成为映像"，"只有不倦的物化意识才相信，或者说才说服别人相信：它拥有客观性的照片"。①

由于马克思关心的是人类自我实现的现实途径，这就促成他不再偏执形而上学的"思维与存在同一"或"主客同一"问题，在马克思看来，这些问题在实践观念主导下，多半表现为假问题。因而，"在哲学品性上，自然也厌恶本体论和同一性思维"。马克思的否定的辩证法，使思想摆脱了同一化思维的局限，消除了西方哲学之解释方法总是在语言背后寻找另外一个实体，或者断言有另外一个完全脱离语言的实体的冲动。他认识到，概念或范畴的排列，要与社会的"内部结构"相对应，而不能按"在历史上起决定作用的先后次序来排列"。② 还有，"同一些范畴在不同的社会阶段有不同的地位。"③ 这就说明，反映特定社会本质的概念、范畴系列并不构成封闭的"同一"的体系，但这不仅是说概念辩证法是流动的（如黑格尔的），而是说它第一次具有了现实内容达到真实的具体。④ 马克思之不能容忍黑格尔的地方正在于，黑格尔视意识是真理的起源，就黑格尔的辩证法可以概括为"A"是处于不同瞬间的 A1/ A2/ A3……这样一个符号模式来看，黑格尔把事物的本质溶解成流体状态，一个变化的过程，然而，事物的每一瞬间仍然在它所存在的那个瞬间声明肯定的同一性。在马克思看来，黑格尔的概念变成了流动的，这种变化引起了思想史上的一场革命，但这种流动的原始条件

---

① 阿多诺：《否定的辩证法》，张峰译，重庆出版社 1993 年版，第 203—204 页。
② 《马克思恩格斯选集》第 2 卷，人民出版社 2012 年版，第 708 页。
③ 《马克思恩格斯选集》第 2 卷，人民出版社 2012 年版，第 708 页。
④ 参见张文喜：《现代性的幻象："同一哲学"与"主体哲学"批判》，《天津社会科学》2001 年第 6 期。

不是"把自己跟某种东西区别开来而同时与它相关联着的"意识，而是感性活动，一切具有潜在意义的指号的意义之能够得到解释性阐明，取决于"劳动"这一"中介"。这样，通往黑格尔中介的道路的真正打开，并不是靠黑格尔那种"措辞的变化"，也不是靠海德格尔所谓的"先思"所能奏效的。对马克思来说，"劳动是活的、塑造形象的火；是物的易逝性，暂时性，这种易逝性和暂时性表现为这些通过活的时间而被赋予形式。"[1] 在这里，"形式"在一个等价物的意义上就是黑格尔的"肯定的同一性"瞬间（A1 或 A2……），或相应于德里达的差异符号所滞留和延异的"踪迹"，它不过是马克思的劳动之火所塑造的形象。

总括而言，马克思是借感性的活动来凸显存在与存在者的差异，同时又透过社会存在来落实人（的社会意识）与存在的同一。

---

① 《马克思恩格斯全集》第 46 卷（上），人民出版社 1979 年版，第 331 页。

第五章　在哲学与政治之间

对于那些试图涉足海德格尔思想之政治意蕴的研究者来说，那种先求助于海德格尔在 20 世纪 30 年代所作出的那些令人难堪的公开声明，而找出海德格尔与纳粹的关系，总显得是件无须辛苦而有收获的事情。沃林对此曾评论说，在海德格尔事件中，他的"政治哲学"为理解海德格尔的哲学与政治行为提供了"中介"，在海德格尔的思想中，哲学和政治的关系"也许像联通器一样是彼此依存互动的"。① 然而，沃林并不是没有认识到，海德格尔"从未借助于某种'政治思想'来系统阐述一种政治哲学本身"，而且，他从施特劳斯那里清楚地知道，"海德格尔的研究并没有给政治哲学留有空间"。② 施特劳斯示意，海德格尔思想中的政治哲学缺席恰恰相反导致了他对纳粹的支持。因而，从传统学术所特有的明证原则来考量，沃林对海德格尔政治的研究，从最初的研究计划只限制在作为 20 世纪伦理和政治思想表征的"决断论"（decisionism）这一主旨上，改而扩展为"存在的政治学"，无疑必然会经历巨大的理论冒险，即艾柯称为"过度诠释"和"过度理解"的危险。从存在哲学的角度来看待政治，海德格尔着力的究竟是什么？马克思呢？马克思的思想是不是阿伦特所谓的是"是反政治的"？

诠释家们自然早就注意到现象学面对政治世界性显得束手无策，海德格

---

① 理查德·沃林：《存在的政治——海德格尔的政治思想》，周宪等译，商务印书馆2000 年版，第 18—19 页。

② 理查德·沃林：《存在的政治——海德格尔的政治思想》，周宪等译，商务印书馆2000 年版，第 23 页。

尔未能正确地看待政治，没有理解其真正的重要性，尽管海德格尔完全觉察到了公共性这个现象在现象学上的意义，并且从海德格尔所开出的世界现象学之系统可能性来看，克劳斯·黑尔德（K. Held）认为，海德格尔是完全能够发展一种"关于政治世界的现象学的"，但是，海德格尔立刻否定了它的价值。对于海德格尔来说，根据周围世界或"共在世界"去解释存在是不真实的，海德格尔对公共性的片面说明，反倒凸显了马克思对公共世界分析的巨大丰富性。

第一节　存在哲学抑或政治哲学

一、"人是苍劲者"

如果你同意，传统政治哲学的中心议题——最好的政治秩序，正确的生活，公正的统治，权威的必要依重，知识以及暴力的使用——必须与其他关于人性的问题一同提出，那么政治哲学的所有问题都终将指向人之为人所必然面临的那个问题：什么是正确（当）的？人们应该怎样生活？这意味着传统政治秩序论证在"求真意志"驱迫下，归根结底需要传统形而上学的奠基。脱离形而上学的政治哲学建构的企图永远不会成功。在这一意义上，我们赞同海因里希·迈尔的一个说法：政治哲学的结构性特征是"柏拉图的"。这无疑是因为传统形而上学是"神人同形同性的"（anthropomorphistic），"所以可以成为一种关于人的哲学的恰当基础"。①

对于海德格尔来说，西方所有的人道主义观念，以及基于人类对完全对象化之控制，继而将政治学当成人之统治艺术的"神人同形同性论"（anthropomorphism），都首先从柏拉图发端。用海德格尔自己的语言来说，自从

① 列奥·施特劳斯：《霍布斯的政治哲学》，申彤译，译林出版社2001年版，第3页。

柏拉图将万物的最高的和第一性的原因，叫作"善"的理念，并相应地被柏拉图、亚里士多德称为"神灵"，神便等同于所有存在者的原因。从而存在被解释为"相"，"对存在者之存在的思考就是形而上学了，而形而上学就是神学的"，神学在此意味着："把存在者之'原因'解释为神，并且把存在安置于这种'原因'中，后者于自身中包含着存在，并且把存在从自身中释放出来，因为它乃是存在者中最高的存在者。"①

在海德格尔看来，为了把捉纯抽象的"思"，柏拉图用"观看"的意象建构与描写他的"相论"："理念是在非感性的观看中被看见的超感性的东西"，"相"作为"超感性的东西"是清晰原物，现实世界是其影子。与这种对作为"相"的存在的优先地位之解释相配合需要一个标明对"理念的观看"的称号，与此称号相合的是人之"造形"的作用。所以，"对于人之存在以及人在存在者中间的地位的努力关注，贯穿并且支配着形而上学"。②

依海德格尔，柏拉图把"最高的理念"视为人的行为的一切"正确者"和一切"美者"的原因，而把作为正确性的真理看做是人对"善好"的仰视，这实际上就是"造形"对"无造形状态"的克服，由于"造形"的本质在于"对整个心灵的引导"，因此，"名符其实的造形"就是"抓住并且改变着心灵本身"。③ 按照海德格尔的解释，柏拉图的"洞喻"要说明的就是"造形"之本质。他把哲人的生活规定为走出存在的洞穴，无异于要人们离开关系到我们人的存在的根基的无造形状态，离开人们久已熟悉的人的存在的处所——在这一处所中，"人们感到自己'在世界上'，'在家中'，

---

① 海德格尔：《柏拉图的真理学说》，见《路标》，孙周兴译，商务印书馆 2000 年版，第 217 页。

② 海德格尔：《柏拉图的真理学说》，见《路标》，孙周兴译，商务印书馆 2000 年版，第 271 页。

③ 这里的"造形"（Bildung）可释为"教化"。《理想国》的中译本也译为"教育"。按此译从洞穴离开与回到洞穴是教育的两个方面——受教与施教。这里有一种立场并没有把施教等同于统治，或者断言，哲学家作为教育者在本性上是统治者。但教育与统治之间的相似性恐怕在柏拉图看来不会像我们多数当代人那样觉得乖戾。

并且在这里找到了依靠。"①

在《柏拉图的真理学说》中，海德格尔欲力图阐明的是，柏拉图乞灵于理念，将"真理变成了正确性"的真理概念偏离了希腊人的原初理解，即存在的无蔽状态，真正说来，柏拉图视为遮蔽状态的"洞穴"，恰恰是海德格尔所理解的无蔽状态，更准确地说，遮蔽并不是我们通过把遮蔽着的东西从遮蔽中拉出，然后对之进行规定即可消除和改变的。同样，对于海德格尔来说，柏拉图的真理论离开了专注于存在自身之去蔽的源始事件，这并不是说，这只是思想家柏拉图的责任，以至于通过海德格尔的批判改造就可得到补救。海德格尔独独聚焦于《理想国》中的"洞喻"诠释的柏拉图理念论分析，将这看做是一个"规定真理本质的转折点"，一个存在历史事件。这分明是说，真理的根据在"依赖于大地并且与大地维系在一起"的"洞穴"中，而非在"洞穴"外的阳光（理念）——那构成整个宇宙基本秩序和价值体系的至善。

海德格尔继续说，由于柏拉图的"洞喻"中所体现出来的形而上学的思趣本身是根据"理念"来"思考一切存在者"，把存在者当作存在者来思考，它就不可能思及存在的真理。虽然"形而上学在每一处都活动于存在之真理的领域之中，这一领域却仍然是形而上学未曾认识的、未曾以之为基础的基础"，② 就此来看，西方形而上学的真理学说无视自己扎根的这个基础——"洞穴"，便导致了遗忘"存在"（洞穴）之真理。若真理不是具有一种与被遮蔽者（被伪装者和被掩蔽者）相联系的无蔽状态，海德格尔断言，"洞喻"便"不具有任何说明的依据了"。③

这样，海德格尔通过某种对柏拉图的"洞喻"作不同寻常（反过来读）

---

① 海德格尔：《柏拉图的真理学说》，见《路标》，孙周兴译，商务印书馆 2000 年版，第 246 页。

② H. 奥特：《什么是系统神学》，阳仁生等译，见刘小枫选编：《海德格尔与有限性思想》，华夏出版社 2002 年版，第 161 页。

③ 海德格尔：《柏拉图的真理学说》，见《路标》，孙周兴译，商务印书馆 2000 年版，第 258 页。

的解释而强调，柏拉图的"洞喻"不像人们所认为的那样，"结束于那种爬出洞穴的攀登所达到的最高阶段的描写"，相反地，它也描写哲人回到洞穴，"回到还依然被束缚的人们那里的过程"。对海德格尔来说，整个"比喻"的戏剧性高潮恰恰发生在洞穴中：哲人回到洞穴却已"不再熟悉"，可能出现而无法摆脱的命运——"不敌在那里（洞穴——引者注）起决定作用的真理的优势，"亦即屈服于通常的所谓"多数支配"的要求——就落在哲人的头上，因此，真理"原初地意味着从一种遮蔽状态中被争夺到的东西"，即无蔽与遮蔽之间的斗争。按海德格尔的解释，一旦柏拉图承认"真理就是始终以解蔽方式的争夺"，"洞喻"同时就开启了一道"进入'真理'之本质转变的眼光"。①

无论怎么看，海德格尔的这种真理观本身已染有"政治性质"的理解，海德格尔想要表明的是"洞穴的存在就是政治的存在"②，它是以"意见"和"惯例"为基础的。如果说"对无蔽者的争夺"就像海德格尔所理解的那样，属于"真理之本质"，那么钳制独立思想的事情就绝不仅仅常常发生在柏拉图时代的民族和城邦中。斯巴秀特（Sparshott）指出，政治问题是一个造成共同的思想框架的问题。据此，我们可以合乎情理地假定，在秩序井然的或必须建立秩序的社会与思想自由个体的二元紧张之间寻找综合，这一任务对于任何惟独从政治出发的单纯关心秩序的政治哲学来说并不存在。马克思大概也说过这类话。③

显然，海德格尔的存在真理观并不允许对政治进行独立的流俗性理解，他的所有的"政治"观察所能容纳的只是存在自身出演的戏剧的方方面面。因为"存在之道说"是由存在之历史来决定的，这种历史就是自行解蔽和

---

① 海德格尔：《柏拉图的真理学说》，见《路标》，孙周兴译，商务印书馆 2000 年版，第 215—257 页。
② 刘小枫：《施特劳斯的"路标"》，参见贺照田主编：《西方现代性的曲折与展开——学术思想评论》第六辑，吉林人民出版社 2002 年版，第 68 页。
③ "丧失了精神发展所必需的空间"（见《马克思恩格斯全集》第 47 卷，人民出版社 1979 年版，第 344 页）是人类在长时期里一直生活在"必然王国"之中的重要表征。

遮蔽的历史，而且这种自行解蔽和遮蔽并不是我们（思想）所能控制的，倒是始终以它为前提，故思想乃命运性的。当古典政治家论证说，人既是个体化的，同时又是社会化的。为了在人类本性之中调停这种紧张关系，社会并总归是政治社会时，对于探寻着其哲学先师们微言大义的海德格尔的如下解读是恰当的：此在的确是"我的在"，但这个自我首先决不是什么给定的或已经在了的实体，而是我的如何如何去存在。这一种"如何如何去存在"就是"在世界之中与他人共在"。我的理解、趣味和意见都是在共同体之中形成的。正因为我（们）以这种方式生活，我（们）倾向于无视"我（们）是谁？"这样的根本问题。在日常生活的过程中，我（们）无视是什么使我（们）成为人。这样，在《存在与时间》第25节与第38节，海德格尔似乎逼近了政治哲学的某些论题，在那里，海德格尔近乎将人类描述为"本性上的政治动物"。①

但是，《存在与时间》无意于描述关于"此在"之本质的各种确定的结果，而恰恰是为返回到不再关心"结果"的思想做好过渡。它所做的与其说是施加了某种判断，毋宁说，只是去揭示我们去判断的根源，让它免除现成观念干扰和遮蔽地显现出来。以此来看，在海德格尔这里根本就不想去理解什么是政治，他谈的不是政治哲学，而是谈存在哲学，正如我们在海德格尔整体中所看到的，他对政治哲学的拒斥一如对伦理学的拒斥，或者说，海德格尔的善恶选择"植根于历史命运的本真性个人"本身已经示意我们，与存在哲学历史意识相伴随的是政治自我意识的衰落，这种衰落因而也是与政治纠缠在一起的"良知"的衰落，它变成了存在论的而不是道德的、政治的。

按照这一种解释，海德格尔的思想的确如施特劳斯所指明的，它对如此众多的当代人产生魅力的众多原因之一便是：海德格尔通过对以往某位"有分量的"思想家的思想加以"变形"，达到了在决定性方面对他的伟大

---

① 参见海德格尔：《存在与时间》，陈嘉映等译，三联书店1987年版，第151—152页。

先辈们的理解"优于他们的自身理解"。①

那么海德格尔试图回溯到希腊哲学的根，他在何种意义上做到比柏拉图本人更好地来理解柏拉图？就海德格尔对柏拉图真理学说的解读来看，他创造性地把柏拉图所意指的通向真理的环节，即用太阳象征的善的观念视为理念界顶峰的思想，转变为真理的"发生发现"，而把阅读的注意力几乎全部集中在"解放"的过程。对海德格尔来说，"本真的解放乃是持续不断地专注于其外观中显现出来，并且在这种显现中存在的最无蔽者。自由仅仅只作为如此这般地形成的专注（Zuwendung）而存在"。② 按海德格尔的想法，关键不在于像柏拉图那样，坚持认为有绝对完善的真理而发现背后的"思想精神世界"，这不仅意味着柏拉图的理念论预设了一种现成的遮蔽状态，就像遮蔽新娘的面纱，只待人去揭开它的真面目，而且这意味着只是一种从一切现实中逃亡的灵魂升迁。海德格尔提出，一旦有限的人类处境被恰当地经验到，哲学就必须以一种全新的方式思考这个解放的过程，当海德格尔让多数人觉得乖戾地宣称柏拉图关于"善"的理念讲的根本不是政治伦理学问题时，归之于海德格尔对柏拉图哲学的兴趣的动机原本就十分简单：海德格尔从柏拉图哲学中发现了最具重大意义的是在这个解放过程中态度、看法发生的变化，这种变化即由传统的真理符合论向存在真理观或揭蔽真理观的转化而引致的变化，使柏拉图《理想国》中的哲学家何以愿意回到"洞穴"从政——去充当解放者有了哲学的内在必然性，因为，柏拉图"合理合法性地把政治道德理想同一切其他政治发展的政治解放思想区别开。实践哲学和从事解放的哲学是相互对立的。哲学家可以进行选择，就是与政治伦理学相对的另外一种可能的选择"③。对于海德格尔来说，这样选择是一种走入开放的

---

① 列奥·施特劳斯：《作为严格科学的哲学与政治哲学》，丁耘译，见贺照田主编：《西方现代性的曲折与展开——学术思想评论》，陈嘉映等译，三联书店1987年版，第104页。

② 海德格尔：《柏拉图的真理学说》，见《路标》，孙周兴译，商务印书馆2000年版，第253页。

③ 参见萨弗兰斯基：《海德格尔传》，靳希平译，商务印书馆1999年版，第300—303页。

敞开域的"原初体验"。如果说存在的真理是历史地揭蔽又遮蔽的可能性，那么任何政治伦理学体系都不具有最终的意义，都不应该是外在强加于人的东西，而应该是人在实践中对自己的命运不断筹划、选择的结果。因为我们是自由的，我们能敞开我们自身，使我们自身向世界中的事物和他人"暴露"①出来。此在就存在"在真理中"。②

海德格尔从这一语境中进而提出，真理的本性是自由。他把自由解释为，既被提供了某种选择，又被强加了某些东西。如果我们开始这样来理解，那么很显然，自由是让存在者存在，或让自己在敞开状态中遭遇事物。约翰逊举的关于疾病的例子能更好地帮助我们去理解海德格尔所称的自由就是暴露为"让存在"。约翰逊说："倘若我们把自己暴露于某种疾病，我们就去往我们体知这种疾病正发生的地方。我们也能够被动地暴露于此疾病，即使我们不体知它，我们也向这种疾病开放，因而可被它感染。"③ 一如《存在与时间》所说，"只要此在作为展开的此在开展着，揭示着，那么，它本质上就是'真的'。"④

在这样的一种真理与自由（"解放"）的关系中，自由的本质与政治无涉并不是一种过度诠释，甚至可以说，海德格尔的"自由"概念是使存在哲学看起来不干政治的事情的关键。而自由概念的非政治化含义还可从海德格尔的《形而上学导论》读索福克勒斯的《安提戈涅》的第一合唱诗那里获得更充分的理解。

据说，"自由"这个词，在西方语言中和"解放"是一样的。⑤ 不过，在海德格尔的文本中，我们没有发现对"自由"概念的词源学分析。⑥ 这对

---

① 希腊语中表达敞开状态的"aletheia"，这一概念，用英语单词"exposure"译之，多少能帮助我们更清楚地把握海德格尔拆卸政治哲学的动机，乃是彰显"真理的本性"——自由。
② 参见海德格尔：《存在与时间》，陈嘉映等译，三联书店 1987 年版，第 254 页。
③ P. A. 约翰逊：《海德格尔》，张祥龙等译，中华书局 2002 年版，第 54—55 页。
④ 海德格尔：《存在与时间》，陈嘉映等译，三联书店 1987 年版，第 254 页。
⑤ 参见杨适：《人的解放——重读马克思》，四川人民出版社 1996 年版，第 48 页。
⑥ 参见朝潮：《海德格尔与伦理学问题》，复旦大学博士学位论文，2002 年。

我们来说，"自由"概念可能是海德格尔少有的几个没有使其回到它的本原（arche）的概念之一。按照阿伦特的观点，在古希腊，只有政治自由的概念，而没有哲学的自由概念。政治自由先于哲学自由概念。海德格尔可能会断然否认这一点：若止步于这种"自由"的理解，便将局限于现代对存在真理的遗忘中。这仍然是源自于柏拉图与亚里士多德开始的对存在的形而上学解释，它大大提升了对人进行政治性理解的意义①海德格尔要我们听听希腊人"对人之在"的诗意的构思，并采用了《安提戈涅》中"人是苍劲者"这一说法，作为"本来的希腊人讲的人之定义"。② 所谓"苍劲"（又译为"奇异"？）意指"从'隐秘的'、本乡的、习惯的、熟悉的、可靠的里面跑出来的那个事物"③。海德格尔声称，"人是苍劲者"这句话，并不是要给人加上一个特殊的特性，仿佛除此之外，人还有什么别的特性一样，这句话倒是说，"是苍劲者"，就是人的本质之基本特征，所有其他一切特征都总是必须划入此基本特征之内。对人的此一说法就是从人之在的最宽广的界限和最尖锐的深度来领会人。

　　但是，海德格尔为什么独独将人标明为"苍劲者"。我们发现如此规定的人之本质只向诗意的思敞开，而对海德格尔多是召唤和暗示性描述"苍劲者"的本质的领会，在此就要求对希腊悲剧中的安提戈涅问题预先作一番解释。很明显索福克勒斯的这部戏剧的焦点是：安提戈涅和城邦的法令之间的悲剧性冲突。海德格尔对这部悲剧的读法在此无法细讲。只是我们须同时体会到此诗之说的人，"苍劲者"，是已经标明的意义下的"强力行事者"他作为强力行事者"为自身向一切方面造路，冒进到在者的所有范围中"，这样一来，"这个苍劲者的整个莽苍境界才敞开出来……不仅是他在这样做时作为强力行事者要挣脱出其本乡，而是他在做这一切时才变成苍劲者了，

---

① 参见梅耶斯：《施特劳斯与海德格尔——古希腊与现代性的意义》，徐英瑾译，见刘小枫主编：《施特劳斯与古典政治哲学》，上海三联书店 2002 年版，第 494 页。该文作者国籍不详。
② 海德格尔：《形而上学导论》，熊伟等译，商务印书馆 1996 年版，第 153 页。
③ 海德格尔：《形而上学导论》，熊伟等译，商务印书馆 1996 年版，第 153 页。

此时他是在所有的路上都走投无路才被从与本乡的任何联系中抛出来苍劲者的，而 ἄτη，灾祸，不幸侵袭着他"① 一句话，海德格尔在此给了"强力行事"这个词一个带根本性的意义，即超越习惯的、熟悉的、安全可靠的东西。这种对于人的定义，已绝不同于后来对人的形而上学定义，所以海德格尔将其视为对人的"本真的"希腊定义。

如果我们注意到，海德格尔的这一解释乃与亚里士多德对"节制""审慎""公正"——作为从哲学智慧（"中道"）中导出的实践性人类品格——的强调具有极为不同的境域，那么，对人之本质的理解就应立即从其关键的视线收入眼帘："苍劲者就在其所是之境中。"② 在此，我们就完全可以把关注"人之行动举止及其范围"的亚里士多德的学说划归为海德格尔所确立的语义策略中的"城邦建设者与文化人的发展"的思想。这些思想的根本错误在于"把一种本身即已不真的自然科学穿凿附会到人之在上去",③ 似乎人作为历史的人本来是被"配置"在其中的，这乃是纯粹就数和量来说的肤浅化以求普及的人的现成样品，它是保不住古希腊悲剧中对我们来说所具有的永久魅力和"高不可及的范本"（马克思语）的。在此，海德格尔提示我们，事物的自在存在并不是从我们的主观性活动中确立意义的，而是从"世界"的生成发生运动中获得其意义的。艺术之为艺术，首先并非因为它是"作出来的，造出来的"，而是因为它在存在者之真理的发生，或物之自在存在的开启中出现的，同样，"创建邦国的行动等等之强力行事之境并不是人所有的能力起作用的一个结果，而乃是对诸多强力的一番安顿与配置，而在者就赖此诸强力而把自身开拓成为连人也掺入进来了的这样一个在者。"④ 因而我们参与了"存在者之解蔽"。

在当下语境中，我们实际上已经明了前面已提及的安提戈涅与城邦法令

---

① 海德格尔：《形而上学导论》，熊伟等译，商务印书馆 1996 年版，第 152—153 页。
② 海德格尔：《存在与时间》，陈嘉映等译，三联书店 1987 年版，第 157 页。
③ 海德格尔：《存在与时间》，陈嘉映等译，三联书店 1987 年版，第 156 页。
④ 海德格尔：《存在与时间》，陈嘉映等译，三联书店 1987 年版，第 158 页。

的冲突是索福克勒斯的《安提戈涅》这部戏剧的主题，而海德格尔却没有把城邦法令规范（nomos）引入这里讨论的实情，作为替代，他给我们提供了一个极富特性的对"正义性"的"现代"解释，即不从近代人很熟悉而又很通常的法律道德规范意义上去理解它。与此问题相联结，海德格尔继而转渡到他所关注的另一个重要的概念"polis"（政治）的读法。按流行的看法，"polis"被译为"城邦"（city-state），海德格尔认为此译不尽义，而毋宁将其译为"境遇"——"历史发生"于其中、其外，并为之而发生的"历史场所"（the historical place），即"历史境遇"。而历史境遇就是此在之此，即人本身的"此在之基地与处所"，诸神、神庙、祭司、节日、演出、诗人、思想家、统治者、元老院、国民会议、兵力和船舰，所有这一切都从历史境遇中出现，并惟有处于历史境遇中才是可能的。海德格尔认为，既然这一切都属于历史境遇，也就不会在固守一种自命为规范的体系中出现，这意味着不是说由于"这一切和一个政治家和一个司令员及和诸多国家事务取得了联系"，所以"是政治的"，相反，倒是"上述一切之所以是政治的，也就是处于历史境遇中的"。① 譬如，统治者只有在历史境遇中，才确实是统治者，一旦游离出历史境遇，他就会损及历史境遇，成为孤寂者，就不成其为统治者。

　　不过，海德格尔认为，我们是通过存在体验来知道存在的。那种体验无论如何预设了一个跳跃，此在出离于历史境遇是从历史的必然性中，从历史的此在之必须中出现的，历史性生存也有非历史的一面，此在出离于历史境遇落入"无城无处"，"无路于在者之整体"，此时，此在不仅是个孤寂者，同时又无任何规范对其加以限制，甚至在历史境遇中建构起来的身份资格也同时失去。"因为这一切又必须待他们作为创造者才建立起来。"② 因此，当合唱队的歌咏结束之后，安提戈涅的厄运不是因为她对城邦法令的违抗才失

---

① 海德格尔：《形而上学导论》，熊伟等译，商务印书馆1996年版，第154页。
② 海德格尔：《形而上学导论》，熊伟等译，商务印书馆1996年版，第154页。

去了她的城邦，好像是强力行事的人在一次偶然强力行事"行不通或搞错了"才出现的情况。恰恰相反，这个厄运却从根本上不是到结局才出现，而是在"制胜者"（存在者整体，亦——自然）和"强力行事者"的交互牵涉中"等待着"。

在这一历史本体论意义上，城邦之所以能够耸立起来，并非因为它的城民尊重法令和凭天神发誓要主持正义；同样，城民失去城邦也并非是他胆大妄为，犯了罪行。对于存在真理观而言，事实上发生了什么与应当做什么从来不能明晰区分开来。存在者整体起作用，即存在者共同"动作"起来，进入相互牵挂的纯关系的境域构成之中，此时，对规范的"背离"反而重又"制定"了规范。每种行为都导致了双重结果：它在与规范一致或者违反规范的同时，也成为界定规范的历史——社会境域。这样，人作为有生命者就"不平常"或"奇异"地在自己圈子中，结构中，底子上把他的诸多圈套与缠结都抛入现在这样自身滚动着的生命中，不断涌出己限，人把这个生命从其原有秩序中"撕扯"出来又关锁入他的范围与围栏中去"迫其驯服就范"。①

二、"从阿门塞斯的阴影王国里走出来"

按照一种流行的看法，现代西方人再也不知道他想要什么，他再也不相信自己能够知道什么是好的，坏的；什么是对的，错的。施特劳斯认为，现代性的危机就存在于这样的事实之中，因此"去解答对错的问题"或者去寻求"社会最好秩序"的政治哲学在我们的时代被看做不可能和不必要的。② 海德格尔提出的对现代性的替代方案——对存在理解的回溯——回到前苏格拉底的精神，显得对形而上学思想暴虐的攻击不遗余力，但他也不再

---

① 海德格尔：《形而上学导论》，熊伟等译，商务印书馆1996年版，第156页。
② 参见列奥·施特劳斯：《现代性的三次浪潮》，丁耘译，见贺照田主编：《西方现代性的曲折与展开——学术思想评论》第六辑，吉林人民出版社2002年版，第86—87页。

对美好生活做追根究底。在他那里，虽仍有道德说教意味，但应该如何生活的问题说到底就是适应和顺从诸神规定的"存在天命"。政治哲学被解构了。施特劳斯可能就是由此断定，"海德格尔的历史哲学具有与马克思和尼采的历史哲学相同的结构：终极洞见来临的那个时刻开启了末世论前景"。很明显，当海德格尔以为，他以一种后来的物理学（physics）从未能够达到的深度和广度去思 physis（自然，存在），因而在我们看来已误将"前善恶"当作"超善恶"状态，从而比马克思或尼采都更彻底地切断了与政治前瞻的关联时，海德格尔存在论的"存在"，已同实践领域中马克思的"感性活动"（社会存在）区别开来。

在我们看来，海德格尔虽始终在自己的思想道路中贯彻了现象学的"面向实事本身"的原则，然而相关于他对于整个存在问题追问的仅仅是关于物的追问，因而通过海德格尔对物的本质特性所作的分析，人们能够领会海德格尔对世界的理解。此处的物就是事物本身，也就是存在本身。依黑尔德之见，海德格尔的现象学对"实事"的理解，在很大程度上错失了源初的 pragmata 的基本含义，即忽视了希腊人所理解的社会政治和伦理生活意义方面的"事务"，它是德文中所讲的对"实事"（Sache）的希腊式理解的应有之义。海德格尔对"事务"的拒斥，甚至可能蔑视，就是他的思想在政治世界面前失败的一个最深刻的原因。①

在此我们必须问：海德格尔能否在真正阐释人类生存的基本关涉时，既不去探讨人与"事务"的交道，亦不去提出争议的问题：何为正义？谁之正义？何为人类之完美？何为事关人类共同体命运的"重大事务"？

让我们从这些发问回到马克思。让我们看看马克思对于政治哲学的态度。如果按照一般的说法，西方的政治哲学传统明确发端于柏拉图与亚里士多德，那么同样可以明确的是，它的终点则是马克思。柏拉图在《理想国》的"洞喻"中，把人世间事务的领域，视为黑暗、混乱与欺诈因而是虚的、

---

① 参见孙周兴：《奥斯维辛之后思想的责任》，《开放时代》1998 年第 4 期。

掏空了实在性的"影子"，对于那些"追求更美好实在"、渴求真正实在（being）的人，必定会走出洞穴挣脱此世界。但问题的关键在于，柏拉图也清楚让生活在现世欲望界和难以免除"身见"的人理解他的"实在性倒置"的本体景观是很难的，这表明存在论上走出洞穴受阻。说明不顾众人的意见和利益，要从人类事务中抽身离去，找出事物自身的真实情状的哲学家们实际上不知道对众人而言什么是善，因此，柏拉图的《理想国》似可解读为对政治理想主义的颠覆。

我们猜断，柏拉图虽可质疑"洞穴生存"而会离开扎实的大地，回到洞穴却应该解释——像海德格尔那样——为出于柏拉图哲学的内在必然性。回到洞穴意味着转身离弃仅是涉及灵魂对正义的渴求或在"言辞"里的"理想国"。然而，真正说来，这已做了一个非柏拉图的假定。便意味着政治哲学的终结。青年马克思宣告，当"一个本身自由的理论精神变成实现的力量"，并且作为一种意志从阿门塞斯（Amenthes，埃及神话中死者和灵魂的居住地）的阴影王国里走出来，转而面对着那世界的、并没有意志而呈现着的现实时，一个本身自由的理论的精神，将会变成实践的力量。[1] 马克思知道，当哲学成为改造现实的武器，成为实践的哲学时，这是哲学的"损失"也同时就是它的实现。在此，马克思就哲学与实践（政治）的关系为自己提出了双重要求：改造哲学与改造世界。马克思为了使哲学在政治（人间事务）中得以"实现"，首先是以哲学方式，公开宣布放弃哲学，其次是按实践的方式改造世界，从而改造哲学化的心灵或人的自我意识。但是这绝不是说，马克思对传统的挑战的意义仅仅与克尔凯郭尔、尼采相同：反对哲学的所谓抽象化，反对哲学的"理性的动物"的人的概念。这里重要的是看到，就像阿伦特所指出的那样，当马克思认为，沉思与行动二者都仅仅是社会与历史的功能的时候，政治像哲学一样，行动像思想一样，都丧失了传统哲学中的意义。这意味着马克思哲学终结了自柏拉图以来一直就被一

---

[1] 参见《马克思恩格斯全集》第 40 卷，人民出版社 1982 年版，第 258 页。

种无休止的对属人（human）的事情的理解和非属人（non-human）的事情的理解、言辞和行动等之间的颠转所支配的思想格局。

西方哲学之所以差不多自动地跌落到由这些以对偶形式出现的概念系统决定了的思想格局，就在于这些以对偶形式出现的概念系统本身的可转换性，即它们在任何历史时刻无须现实的历史变革在结构因素中包含的这种倒转，即可"上下"或"下上"翻转，这些概念本身依然如故，不管将它们置于各种系统秩序的什么地方。以至于人们觉得，一旦柏拉图成功地弄出这些可倒转的概念和结构性因素，贯彻在整个哲学过程中的一件事就是："凡是一个哲学家说 A 之处，另一个哲学家就说 B，而后一个哲学家却说 A 时，那么前一个哲学家就说 B。"① 这种基本结构决定了西方哲学史进程仅仅只需一种概念性思考自身框架内的纯粹知识损益的经历，至于那种想从原有概念秩序中撕扯出来，却必又关锁入它的范围。看起来尼采就是重要的例证：他或许认为把柏拉图倒转过来，就可以回归前柏拉图的思想方式。

在这样的语境中，马克思对传统挑战的意义不可以按照一个颠倒了黑格尔，或者颠倒了"柏拉图与整个柏拉图主义传统"的想法来解释。事实上，柏拉图—黑格尔的这种"倒置实在"无须由马克思再颠倒过来，在马克思的视野里，传统哲学用来认知并权衡人类思想与行动的"理念"仅仅是具有功能性的"价值"。在《资本论》中，马克思谈到过"商品的形而上学"和"日常生活的宗教"：哲学思辨上的唯实论就根植于商品世界的社会现实之中。马克思对商品的分析其关键在于避免对隐藏在形式后面的"内容"做准柏拉图式的完全崇拜性迷恋：通过分析要揭穿的"秘密"不是被商品形式隐藏起来的内容，而是这种形式自身的秘密。这就是说，真正的问题是，为什么劳动采取了商品价值的形式，为什么在其产品中它只能以商品形式强化其社会品格？正是走向形式"起源"这一步，马克思远离了古典政治经济学家并发现了价值自身不具有任何意义，而是像其他商品一样，只是

---

① 海德格尔：《形而上学导论》，熊伟等译，商务印书馆 1996 年版，第 98 页。

存在于变化无常的社会关系和商业关系中，是一种相对性存在或社会历史存在。马克思深刻地说明了没有人能在遗世独立的状态下创造出价值。产品唯有在社会关系中才能具有价值。

当然，马克思对商品形式的分析并不只是一个纯粹的经济学问题。它对包括政治学在内的一般的社会科学都具有范导作用。这无疑也是由于，马克思的分析也受制于他那个时代的基本或结构性问题，最重要的是社会"超结构"（充当衡量其他价值的永恒标准）的相对贬值，以及对一切被给予之物的否定——即道德、法律和政治制度的贬值——和经济"基础"的倚重。与此相契，马克思在解读法国革命的特征时，"拒绝以政治术语思考"而将革命的成功视为经济发展的"上层建筑"效应，而不是国家史和政治史上的一段插曲。这也是马克思在《黑格尔法哲学批判》中，批判黑格尔和黑格尔的政治哲学时所使用的逻辑。黑格尔的唯心主义政治把国家提升到市民社会之上，但他的政治学根基其实就在市民社会——洞穴存在。在马克思看来，这是人为地把政治领域与社会经济领域分离开来，只能导致一种虚幻。与此相关柏拉图—黑格尔的"理想国"没能找到或关涉一种解决"贫困"问题的办法，它不表明他们依靠自己的哲学作为一个政治哲学家的失败？一旦马克思证实了国家的普遍性是一种虚幻，那么其限制、引导、教育人们的激情和利益的能力在市民社会中也就成了虚幻，于是需求、生产和交换系统在形成社会、政治和个人生活上就占据着主导地位。因此在这里，根本的政治问题的解决是否"科学"就不能局限于积累关于实现政策的可能方法的知识上。马克思从社会和经济而不是从狭窄的政治维度看待人类历史的展开和实现。几乎解构了黑格尔政治哲学的每一维度。

对于马克思来说，如果说资产阶级社会引为自豪的是它所培植的具有"文化"高度的客观的善——物质方面的进步，必然完善了符合共产主义政治结构的人的能力的发展，那么，反对的观点便是，如此自鸣得意的进步其实也是展开一个极为悲惨的叙事，它就发生在匮乏、暴力和剥削的符号下面。

面对这一政治生活的应然状态与实然状态之间的分裂，或者说是伦理与政治之间的分裂这一困境，似乎再自然不过的是，激发马克思主义的学者们仍然争论马克思是否认为资本主义剥削是不公正的事情。一方面，他似乎否认工资关系是不公正的；另一方面，他说资本家实际上偷窃了工人。要么是因为某种莫名其妙的理由，他不把偷盗看成非正义的事情，要么是他搞糊涂了。① 伊格尔顿对此评论说，诺曼·吉拉斯提出了解决马克思的困境的一个"绝妙办法"，"即马克思事实上的确认为资本主义是不公正的，但是他并不认为自己这么认为，他所以'并不认为他这么认为'，是因为他错误地信守狭窄的法理学的公正概念，他后来当然会抛弃这个概念。"② 如果我们把吉拉斯的说法推而广之，那么，在马克思思想中那个熟悉的所谓的矛盾就是众所周知的，这些矛盾通常被归结为"在作为历史学家的科学观点与作为先知的道德观点之间的"矛盾（Edmund Wilson），在把资本积累看做是"生产力发展的物质手段"的历史学家和经济学家与谴责用剥削和使人非人化的方式履行其"历史使命"的道德主义者之间的矛盾。③

如果将这一矛盾再进而阐释为微言大义，且马克思主义者差不多就摆明了马克思的"历史观妨碍了他以令人满意的方式来探讨价值问题"。这在夸克看来，归咎于马克思试图"把历史规律的局域化特性连接在从整体上将历史囊括在内的法则之上"，"将人类历史当作一个整体进行构想"，"马克思正是用此种方法来重新分析社会和政治正义问题，并想找出最终解决方案"，可是，在夸克那里，当马克思捍卫历史决定论——该理论认为善必然到来——的观点时，也就为人类事务范围内真正的问题提出了教条主义的解

① 参见特里·伊格尔顿：《历史中的政治、哲学、爱欲》，马海良译，中国社会科学出版社1999年版，第73—74页。

② 特里·伊格尔顿：《历史中的政治、哲学、爱欲》，马海良译，中国社会科学出版社1999年版，第74页。

③ 参见汉娜·阿伦特：《传统与现代》，洪涛译，见贺照田主编：《西方现代性曲折与展开——学术思想评论》第六辑，吉林人民出版社2002年版，第404—405页。

决方法，因而，"解决正义及制度合法性问题的方式走进了死胡同"。①

　　假如说，任何一种论证同时也是一个论域，那么，笔者对这种结论的技术细节在此不作详论，只想表明，这种在马克思主义思想史上可以很方便地表明为"两个马克思"观点的影响力并未消退，相反已被打磨成了不言而喻的论题。在这种基本情调中也许隐含着理解马克思的历史观的最重要线索。我相信马克思以深邃的洞察力提示了历史发展的基本趋势，这一点无疑是说马克思的思想中包含了马克思对于最佳社会形态的看法。但是这种看法从来不意味着认识的某种性质或状态如正确无误之类，因为我们没有一种知的途径知道这些趋势最终会产生什么结果。更无法像相信柏拉图—黑格尔那样假定根本的政治问题都允许有最终的解决方案。从"生存—实践"观来看，就像在过去对未来许多方面的预测那样，当这种结果出现的时候，它已无法辨认，这不是由于我们陷入了作为历史现象的人类事务真实性分析的困境，而是由于在我们直面历史性的某种事情，我们却依然以非历史的方式来对待它。这一点决定了我们更为充分地理解"社会历史是真正意义上的生成的历史"这一命题的必要性，并在一个更广泛的语义里，关联于海德格尔的存在之真理。

第二节　决断的政治

　　海德格尔的生存哲学与决断论的共生关系之实际视界，原本来自他对虚无主义的关切，用他自己的生存哲学来看，能否使生存本体论的决断范畴免除被转换成对德国时政的注释，归根结底是由人们决意承受的"命运"决定的。马克思的历史观中原本给"决断"留有的"位子"，可被理解为一种

---

　　① 参见让-马克·夸克：《合法性与政治》，佟心平等译，中央编译出版社 2002 年版，第 198—201 页。

堪称为机缘性、策略性的阶级斗争概念，马克思把人"活着"视为一个历史的原初事实，人们因为知道自己的需要而为自己认为正确的事情作出"决断"绝不是"次要的"。这源自于马克思与海德格尔的存在论区别。

一、一种决断主义的阅读

人们在解读《存在与时间》这一文本时，就会清楚它的确是一部论述存在论的历史或存在的历史的著作。然而，对于人们来说，假如存在可以说成有"历史"，难道它就没有"政治"？——一种"存在的政治"。如果我们这样问，是否可以有相当把握认为："一个人如果在读海德格尔时不提出政治性的问题，那他根本就不是在读海德格尔。"①

面对这些查问，心思缜密的人立刻会想起海德格尔和纳粹主义之间的瓜葛，我们注意到，论证一个纳粹化了的海德格尔总比把海德格尔非纳粹化显得容易。这一点至少就事情的表面而言并不奇怪，因为，在面对大屠杀的灾难性后果时，那种替纳粹主义有过任何关系的人所做的任何方面的辩护总显得是对这种恐怖行径的辩护，同时也表明了辩护者本人的道德判断力的低下。如此简单的联系虽然难以避免"道德现象悖论"，② 但仍然是可以同情的：迄今为止，道德问题仍然汇集着给人们思想造成现实压力的各方面难题，作为一种思想习惯，人们以为制造有问题逻辑比制造有问题的道德要安全得多。

实际的情形也的确如此，从 1945 年开始，特别是自从"海德格尔案件"中的种种事实在 1987 年变得广为人知以来，要求通过彻底地审视海德

---

① 理查德·沃林：《存在的政治——海德格尔的政治思想》，周宪等译，商务印书馆 2002 年版，第 22 页；朱利安·扬：《海德格尔 哲学 纳粹主义》，陆丁等译，辽宁教育出版社 2002 年版，第 11 页。

② 自从尼采在《偶像的黄昏》中对"自由意志"的批评之后，道德本体论的构建已无以可能。现代本体论的所谓"道德基础"的论证，无外乎仍是把道德判断引向非道德的判断，因而，在如何确定一个判断是道德判断时，必然导致道德判断和非道德判断的循环论证。

格尔哲学观的各种前提，以真正搞清楚他的政治姿态的思想基础的议论甚嚣尘上，继而从哲学上贬斥海德格尔，早已成为学界中流行的政治态度。与此同时，人们容易看到，在将海德格尔的哲学和他的政治判断和见解联系在一起的时候，没有哪一个词语比"决断"出现的频率更高了，通常它是以"空洞的决断主义"这样的词汇出现的，而且总是意含轻蔑。①

　　据朱利安·扬的说法，这个词语是由卡尔·洛维特在 1939 年第一次应用在海德格尔身上的。他又是从卡尔·施密特那里转引来的，用在海德格尔这里意在强调，就像他所认为的那样，在后期"存在主义"和施密特的"政治的决断主义"之间的相似性。这种诠释和沃林对 1936 年后的海德格尔所作的重要诠释虽然不一致——正如我们已经在《存在的政治》中看见的，按照那种诠释，海德格尔后期放弃了政治哲学反思的所有希望——但是，沃林仍把"决断"看做是"通向作为政治哲学的海德格尔主义之路"的桥梁。

　　设若这种诠释能够被广泛地视为有关海德格尔逼近了政治哲学的"标准"评述，那么，"决断论"与生存哲学之间至今依旧隐蔽着的历史哲学结论，将留待我们去重视和表述，部分是因为围绕在所谓的存在的政治问题周

---

① 在此设有一问，为了理解海德格尔思想的政治意蕴，人们就一定先求助于海德格尔在 20 世纪 30 年代所作出的那些令人难堪的公开言论吗？在《存在与时间》第 27 节海德格尔相当于将人描述为"本性上的政治动物"。此外，海德格尔哲学的"信仰"性质表明，在个人尚未以明确的信仰作为自己有所行事的最终依据之前，个人以常人的习俗、法则、学说等作为自己有所行事的依据。常人正是直接地以这些能够被概括为一些有所肯定和否定的论断为依据而有所行事。依据信仰的生存则与上述常人的生存样态相反，它恰恰要透过各种论断去追问关涉此在之存在的信仰，这其实正是从各种常人的说法中摆脱出来，而回归"本真性存在"的"决断"。这样的"决断"就是有"不得不"及其"形式化"的特点。也因此遭到听海德格尔演说的人的讥评"我决断了，只是我根本不知道为何而决断。"阿尔弗莱德·鲍姆勒在《男人同盟与学术》中把海德格尔的决断精神通俗化。他认为，行动并不意味着赞成什么的决断，它仅仅表示根据"命运注定的使命""投入某种方向"。马尔库塞评论道，人们因为知道自己的需要而为自己认为正确的事情作出的决断是"次要的"。这暴露出对"存在的历史性的再三强调，而显现出它自己的空虚"，参见马尔库塞：《现代文明与人的困境——马尔库塞文集》，李小兵等译，上海三联书店 1989 年版，第 298—303 页。

围的噪音阻止我们清晰地看到时代的政治困境中所蕴含的更为重要的历史哲学问题，部分也是因为对"决断主义"阅读的底据是多种多样的。这些底据决定了对于进行一种决断主义阅读总是不充分的。

二、虚无主义之克服与生存决断

诚然，已有大量关于海德格尔是一个决断主义者的解读，但值得注意的是，这些大量的解读给了这种决断主义的由头多源出于虚无主义。就是断称政治哲学在海德格尔思想中缺席的施特劳斯（Leo Strauss），也是由于他瞄准海德格尔思想对于政治学而言的更深刻的意义，是"来自他对虚无主义的关切"，所以施特劳斯愿在其主编的那部"政治哲学史"著作中，不仅考虑他，而且明确地说，海德格尔的思想是"现代思想的顶峰"。[1]

施特劳斯这一说法意味着什么？

我们可以用如下的方式来理解：如果人们不曾看到海德格尔欢迎希特勒1933 年的革命之类的事实与他的哲思之核的密切联系，人们可能会彻底误解海德格尔的思想。在某种最起码的层面上，海德格尔立场的政治意向在施特劳斯看来并不难察觉。然而，当人们这样做的时候只不过是思索了我们从伟大的思想家那里领会到的"些许一点东西"。或者更为直接地说，当海德格尔谋求一种政治意图时，当他谈论政治事务时，或当他使用政治语言时，我们可以更清晰地看出，在他的思想中，政治哲学是不存在的。[2] 这意味着将海德格尔的哲学与他的政治学联系起来时，恰恰说明，海德格尔哲学职份中的政治行动，首先是通过思考现代哲学丧失自身的开端——成了"主义"话语而不断在提出新的政治方案的所谓"政治的哲学"——寻回哲学生活的本分的诉求。然而，海德格尔坚定地把注意力转到前苏格拉底的诗人那

---

[1] 参见列奥·施特劳斯主编：《政治哲学史》下卷，李天然等译，河北人民出版社 1998 年版，第 1020—1055 页。

[2] 参见海因里希·迈尔：《为什么是政治哲学？——或回答一个问题：哲学何以要转向政治？》，载萌萌主编：《启示与理性——哲学问题回归或转向》，中国社会科学出版社 2001 年版，第 20 页脚注。

里，并不意欲追求一种"根源感"（rootedness）。我们须得理解"古代的和古老的事物本身并不具有任何重要性"。① 在此，事情（Sache）乃是思想的事情。

在《阿那克西曼德之箴言》中，海德格尔要求"我们"这些"现在正在急速地走向其终结的历史的末代子孙"，从历史的本质出发，亦即从"存在本身"方面来倾听这个古老的箴言。只有这样，我们才能确定，"此箴言谈论多样性存在者整体"。为了表明此点，我们须想到，"存在者不仅包括物。而且物也不只是自然物。人、人所制造的物、受人的所作所为影响而致的状态和事态，也属于存在者。魔鬼的和神性的物也是存在者。所有这些东西不仅也是存在者，而且比纯粹之物更具有存在者特性"。② 由此，海德格尔确定，亚里士多德—泰奥弗拉斯托将存在者假设为"狭义的自然物"是完全没有根据的。

很清楚，从海德格尔的视角看，他的思想的实践趋向却是在另一维度，即在最高的可能性的维度上，进入了相当于"政治"的层面。海德格尔抓住了时代真正的哲学问题——正在出现的一种在这个星球上的精神统一，这种统一处于人类计算技术思想所具有的把精神"智能化"的低级别上，并且由西方的技术胜利造就。海德格尔试图去准备一种在存在的基础上去探询行星的运行法则的根据。因而，在"箴言"一文中，"历史的终结"意指着"结束了一切并把一切带入一种越来越空虚荒疏的千篇一律的秩序"，这乃是现代性的本质，实质是技术统治的同质化生活世界的形成，及其自然主义、实证主义的凯旋（等于虚无主义）是欧洲的致命敌人。因此，在《形而上学导论》的前半部分，海德格尔反复证明了"世界的没落""虚无主义"和"技术的疯狂"之间的同一性。这种同一性的本质表现在不同的思想家那里有不同的表述，在海德格尔那里就是"诸神的逃遁，地球的毁灭，

---

① 孙周兴选编：《海德格尔选集》上卷，上海三联书店1996年版，第535页。
② 孙周兴选编：《海德格尔选集》上卷，上海三联书店1996年版，第541页。

人类的大众化，平庸之辈的优越地位"。① 它也意味着马克思曾预言过的，一个更完全地都市化、技术化的西方对全球的胜利——完全的敉平与一律。

乍一看，和尼采一样，海德格尔也把现代性状态作为某种"虚无主义"状态来分析，尼采自己把虚无主义规定成我们对迄今为止的"最高价值"失去信仰。可以说，尼采是最早从哲学上理解现代虚无主义的人，按海德格尔的说法，他把虚无主义当作西方历史的"内在逻辑"来思考。他认识到，不再相信任何事情、不再知道"为什么目的"而生存的现代人"宁可追求虚无，也不能无所追求"。② 意志因这种强大的虚无主义而"拯救"了自身。

然而，这种对现代性的诊断在海德格尔看来，仍是"在价值的思路中运思"，"不理解价值想法值得追问的来源"，而"没有达到哲学的本真中心的根由"。③ 对于海德格尔来说，虚无主义不会通过"价值哲学"而被克服，而只能——按照施特劳斯的解读——通过"生存之观念"取代了关于"善好生活的可敬意见"来被克服。

"意见"之为"意见"就是指向知识，而"生存之观念"隐含这样的意思：关于生存是"不可能有知识的，只可能有远高于知识（也就是关于所有的知识）的东西，即筹划或决断"。④ 在这一理解中，我们可以看到，当施特劳斯将生存主义和决断论作一种共生关系的把握时，也意味着把生存主义与实证主义——即认为只有科学知识才是真知识——对立起来加以界定，认定科学知识远非惟一的真知识，它终究只是多种多样的世界观中的一种形式而已。因而，从历史的角度看，生存主义尽管以各种不同的样式出

---

① 海德格尔：《形而上学导论》，熊伟等译，商务印书馆1996年版，第45页。
② 尼采：《论道德的谱系·善恶之彼岸》，谢地坤等译，漓江出版社2000年版，第132页。
③ 海德格尔：《形而上学导论》，熊伟等译，商务印书馆1996年版，第198—199页。
④ 列奥·施特劳斯：《作为严格科学的哲学与政治哲学》，《海德格尔式生存主义导言》，丁耘译，载贺照田主编：《西方现代性的曲折与展开》第六辑，吉林人民出版社2002年版，第133、103页。

现，但是，如果把它理解为这样一种观点，那么，它并不离谱：根据这种观点，一切理解和行动原则都是"历史性的"，就此意义而言，海德格尔的"历史性"探索的目的是要"解构"一切可能集中在"柏拉图—康德"名下的知识论的东西。任何知识论的东西都须奠基于生存的决断。也就是说，它们的根据"无非是无根基的人类决断或者命运裁决（fateful dispensa-tion）"①。对海德格尔来说，被指涉的能在所具有的界限乃由某人的历史境遇所决定，它们不能被"自然"或"理性"或"客体化"图式所设定。这里的论述清楚地表明，生存主义和决断论之所以存在着一种共生关系，这在相当程度上归因于那种给生存主义以支持的"激进"的历史主义。因而，施特劳斯心目中的那种"作为严格科学的哲学"实际所指就是海德格尔的"生存主义"，其别名称为"历史主义"。②

三、"决断"在海德格尔与马克思哲学中的原初"位置"

上面描述的思想随之浮现的是一种（存在的）历史动力学，按照海德格尔的看法，在不同的时代，存在给出或发送对于存在因而对于万物的不同领悟。为此不该用流行的虚无主义、技术主义和物质主义的同一化眼光来看待存在的历史中的各个时代。当海德格尔哲学将时间引入存在以后，它除了将自己作为时间的一部分来把握之外，还能做什么呢？这种哲学剥夺了哲学的普遍性和超时间性的要求，摧毁了宣称拥有客观支持——这支持或者是自然，或者是神，或者是理性——的一切已知的理想。如果存在的意义就是时间，也就不存在从时间逃向"可靠的存在"（名词化、实体化的存在）的可能性。它意味着哲学不能再像在黑格尔哲学个案中担负着提供答案的重任。对黑格尔来说，道成肉身的历史性已经为两千多年的历史所调和，现代性的

---

① 列奥·施特劳斯：《作为严格科学的哲学与政治哲学》，《海德格尔式生存主义导言》，丁耘译，载贺照田主编：《西方现代性的曲折与展开》第六辑，吉林人民出版社 2002 年版，第 133、103 页。

② 参见刘小枫：《施特劳斯的"路标"》，载贺照田主编：《西方现代性的曲折与展开》第六辑，吉林人民出版社 2002 年版，第 37 页。

本质就是世俗化了的基督性，因为世俗化是黑格尔有意识的意图、外显的意图。这样，在黑格尔那里，便存在着历史的终结和哲学的终结，并使他合乎逻辑地把哲学真理的观念与真正的哲学都是时代的产物的事实调和起来：真正的哲学属于历史中的绝对时刻，属于历史的顶峰。

海德格尔是以完全不同于黑格尔的方式对待哲学的。尽管海德格尔坚持说，对于什么是"哲学"，他有太多的茫然，但他的质疑却是无畏的。对他来说，黑格尔主张的永恒真理和历史性的真理之间悬着一个"虚无"——死亡就是那种虚无——的深渊，人的时间性在它面前暴露出了彻底的有限性。"决断"为这"虚无"的深渊提供了某种英雄式的选择方案，此谓"此在为自己选择自己的英雄榜样"。① 如果在海德格尔那里死亡把我们面对面地带向我们每一位都必须接受的有限性，诞生则在马克思那里展开了我们有限性的社会本性。我们历史性地生存着。海德格尔是继马克思之后，敢于把哲学从天上带回到地上，向我们讲述自己。向我们谈论"存在"和"死亡"（显现为虚无的存在）的人。

很有意思的是，当洛维特将《存在与时间》中以着重体印刷的"向死的自由"，以及以之为基础的、永远属于个人的本己存在，获得了"整体的能够存在"的能力，类比于战争的紧急状态下为总体国家牺牲个人生命的政治决断力时，② 施特劳斯对此说却不以为然。对施特劳斯来说，海德格尔在 20 世纪 20 年代后期与 30 年代早期对德国的、旋即对整个欧洲的时政产生影响，实属际会使命（Geschick）：自由主义的时代的政治困境表明，所有理性的自由哲学立场全都丧失效能。"为理性的自由主义寻找一个坚实的基础"，无疑要求哲学以一种无与伦比，以一种真正的解放和解构的纯化以拓展真正哲学的道路。这得求助于时代的大思想家的智慧。但对施特劳斯来

---

① 海德格尔：《存在与时间》，陈嘉映等译，三联书店 1987 年版，第 436 页。
② 参见洛维特：《施米特的政治决断论》，冯克利译，载刘小枫选编：《施米特与政治法学》，上海三联书店 2002 年版，第 64 页。

说，这里有个大麻烦："我们时代惟一伟大的思想家是海德格尔。"① 与此时代的哲学立场的权能的知识社会学判断相应，施特劳斯对时代的政治现实作了如下判断：国家社会主义的胜利之不可避免并不能归因于魏玛共和国的软弱。它"在德国胜利之原因与共产主义在俄国获胜的原因相同：那些人，那些意志最为坚定、顽强、性情最为粗鲁，对其同胞拥有权力的人，那些对直接相关的政治领域里的各种不同的力量有着最佳判断的人，他们成了革命的领导者"②。

人们对此不禁问，为什么？为什么现时代"惟一伟大的思想家"恰恰在此时此地与希特勒走在一起？

在这里，施特劳斯没有说，海德格尔的生存论哲学如何实质上就是纳粹。然而，用海德格尔自己的生存哲学来看，海德格尔能否使生存本体论的决断范畴，免除被用于"流俗的"历史"时刻"，免除被变换成德国的时政，归根结底是由人们决意承受的"命运"决定的。上述施特劳斯的观点也说明了这一点。他实际上已经暗示，纳粹的胜利是在"策略"，而不在"意识形态"。这无异于说，决定人类历史进程的只有那些果断的人，对于那些缺乏决断精神的人而言，意味着他只能违背自己的意志，变成了与异己势力和异己决断保持一致的顺从。把魏玛共和国的虚弱归结为经济（危机）的原因，这在施特劳斯看来，只是一种"半吊子的马克思主义者"③ 的观点。

如果把这些话语深入地追究下去，是否意味着施特劳斯在马克思那里发现了，人类社会事务的进程不仅由于经济—技术的逻辑而自我发生地发展，

---

① 列奥·施特劳斯：《海德格尔式生存主义导言》，《斯宾诺莎宗教批判·英译本导言》，载贺照田主编：《西方现代性的曲折与展开》第六辑，吉林人民出版社2002年版，第115页。

② 列奥·施特劳斯：《斯宾诺莎宗教批判·英译本导言》，载贺照田主编：《西方现代性的曲折与展开》第六辑，吉林人民出版社2002年版，第227页。

③ 参见列奥·施特劳斯：《斯宾诺莎宗教批判·英译本导言》，载贺照田主编：《西方现代性的曲折与展开》第六辑，吉林人民出版社2002年版，第227页。

它还包括历史—社会的主体—行动者亦即阶级相互间的冲突这一能动的关系？答案不会不是如此，如果我们考虑到施特劳斯以"机运统治的终结""将人首次成为自己命运的主人"，来刻画马克思的无阶级社会的到来的基本特征。① 引述出这种看法便无大错。如果人们更多地探讨一下，会发现在马克思那里，阶级斗争的概念本身提示了一个随机的或者机运的方面。这里只需举分析现实政治的上乘之作——《路易·波拿巴的雾月十八日》就够了。在带有某种程度的历史背景的现实政治分析的著作《路易·波拿巴的雾月十八日》中，马克思从战略上也就是从策略方面研究了阶级斗争。从这个侧面人们可以连接一边是建立在技术——经济形式分析的基础上的唯物史观理论，另一边是需要极其果敢的决策的政治实践，否则将存在脱节。

想想列宁在签署布列斯特—立托斯克这一割地赔款条约时所说"任何犹豫都意味着死亡"。再想想怎样来调和列宁式的决策——亦即在1917年4月作出的关于在10月17日举行革命的决定——的大胆性和关于社会经济力量的决定机制的观念？看来只有发挥被包含在阶级斗争概念中关于随机性或机缘性的潜在思想，人们才能实现对历史唯物主义理解的理论上的结合。的确，人们发现，唯物史观原本是历史阐释的基础，而不是历史阐释本身。马克思要证明，某些历史结果——共产主义——是历史发展的必然结果。但这是在何种意义上说出他的论断？在他看来，这并不是能用类似于纯经济——技术意义上的科学的历史分析来加以展示。若共产主义也能从人们习惯所称的"思"出发，套用逻辑来证明，那么它就是某种可以"接受"或"拒绝"的现成的东西。② 共产主义理想境界的开启，是一个实际的生存论问题。它是人类创造性活动的结果，是以人存在的方式去存在，是自由的人类筹划（决断）的结果，它不能被安置进一个理论化或知识论体系，对它的真正综合乃是不可能的。因为从生存论分析来看，历史必然性问题，只

---

① 参见列奥·施特劳斯：《现代性的三次浪潮》，载贺照田主编：《西方现代性的曲折与展开》，吉林人民出版社2002年版，第99—100页。
② 参见张文喜：《"实践"与"操心"的时间性阐释》，《学习与探索》2002年第3期。

有反思（从后思索）来看才能得到确切（知识论意义上）的答案，甚至那时也只是或只能是用套套逻辑来回答——尽管这在将历史规定为精神的黑格尔看来，并不是一种反历史的程序——因为没有其他事件发生，所以已发生的事件是不可避免的，其本应发生的事只是理论上的假设而已。

这样一种说明共产主义和它在未来的现实之间的关系是成问题的，它隐藏了另外一种朝完全不同的方向发展的思想，这种思想与我们上面所描述的思路无法协调。它替马克思想到的是未来纯粹经济—技术的秩序，如果具体地理解，马克思可能像孔德那样信仰"科学"，成了先天地听天由命的实证主义者，或如马丁在想，在马克思的"共产制的形式"中，"以强制手段'处决'了'自由'"，① 问题变得如此错综复杂的是，在海德格尔《关于人道主义的书信》高度赞许马克思认识到在"存在中的历史性因素的本质性"之后，却在晚期将马克思思想作了类似于马丁的判读。② 这一情况表明马克思的历史观中原本给"决断"留有的位子，③ 却被海德格尔们排除掉了，这是当代的马克思主义解读，在唯经济主义的决定论的思想禁锢和阿尔都塞的结构主义的影响下的重要例证。

四、死亡与活着：一个存在者状态的区别

从海德格尔的生存哲学来看，最本己的生存总是关联于一种"决断"，人是在某种"决断"中赢得自己的"本真存在"的。海德格尔虽然领悟到人类的个体的存在。从本质上说，永远是在特定时间和地点中的存在（此

---

① 马丁：《马克思、韦伯、施米特论人与社会的关系》，成官泯译，载刘小枫主编：《施米特与政治法学》，上海三联书店 2002 年版，第 117 页。

② 在《形而上学导论》中，海德格尔仍把包含着"决断"精神色彩的"精神"概念"智能化"理解成"马克思主义的极端形式"，在晚期的哲学讨论班中，则将马克思的思想实证主义化、技术主义化乃至消费主义化。参见 F. 费迪耶等辑录：《晚期海德格尔的三天讨论纪要》，丁耘摘译，《哲学译丛》2001 年第 3 期。

③ 洛维特在其《施米特的政治决断论》一文中，曾指出马克思"科学"社会主义的基础上存在着一种"决断的形而上学"，对此断语我们须根据对马克思主义由来已久的极端教条化的解读背景中细加体味。

在，或 Dasein），而具有现世和社会的性质，但是，他对本真性的理解终究没有使他深入拓展"共在"维度，就此来看，《存在与时间》所采取的立场具有个体论的意味，必须指出，在海德格尔那里个人与个体是有区别的，其间的区别就是"存在者状态"上的与"存在论"上的区别。如果可以用"常识世界"来称呼前者的话，那么个人就是"常识世界"意义上现成存在着的存在者；个体则是"存在论"上的个人的一种基本存在方式，而这种个体论意味的凸显焦点在于这样一种最终现象，即死亡随时降临以及人让自己置入虚无之中，"孤独地面对虚无"，"承受命运"。

此外，《存在与时间》为了一般性地提出存在问题而采取的立场，具有准宗教性质。"渴望完整性"的海德格尔①认为，死是"此在最本己的可能性"，人在领会性地对待自己的死亡进行的预演中获得整体的观点，即"作为整个能在来生存的可能性"② 的观点。由这一点出发，海德格尔说，"存在"只向勇气显示自己，仅仅靠"观察"是接近不了"存在"的。因为存在自身区分于存在者。这样来理解的存在却显现为虚无。死亡就是那种虚无。死亡或有限性，在海德格尔看来是"终极的事实"，或"历史学的事实"。它是一个人完全摆脱被无名的、庸常的公共世界的终日"闲谈"所掩盖的现实，彻底回到最终的东西，即回到生活中仍然存在着的事情中去的东西。

按此阐释，海德格尔与马克思对传统形而上学的哲学摧毁之间的不同似乎在于这样一个事实：是根据现实世界或共在世界去解释存在，还是根据主

---

① 盖伊曾把魏玛文化的创造者划归为"理性的社群"（理性的真诚批判者）、"神秘德国"（诗人如西里克、格奥尔格等）、"渴望完整性"（包括海德格尔几位"非理性主义"的哲学家在内的文化界人物）和"表现主义"的文艺思潮，"渴望完整性"的文化界人士的共同思想特色是：向往一种更完整而完美的人生。参见郭小棠：《权力与自由——德国现代化新论》，华东师范大学出版社 2001 年版，第 133 页。

② 海德格尔：《存在与时间》，陈嘉映等译，三联书店 1987 年版，第 303 页。对死亡的整体性问题，瓦尔特·舒尔茨的《近代形而上学的上帝》强调："关于死亡的整个分析具有解释学意义。它服务于此，即从此在终结而来看到它的整体性。整体性概念是理解《存在与时间》的钥匙。"

观的、惟一的、有限性的心理事实（心理本体）——从古典心理学的角度去解释海德格尔的生存论描述，虽被海氏本人设置了一些学理障碍，但仍具有收益——去解释存在。对于海德格尔来说，因为现实的共在世界是永恒的现成存在者，因而他无法真实地解释存在，所有真实的存在归根结底都是孤独地走向死亡的存在。尽管，在这里包含着他反对源自柏拉图的西方哲学传统中的普遍主义的思想，他却同这个传统一样，错误地蔑视或至少是忽视了存在的"政治"或现实的因素。

事实上，海德格尔不应当忽视的东西，恰恰是马克思最为重视的。人的现实生活的规定性就在于人类使用和制造工具。从广义而言，海德格尔的世界和公共性的概念，都源于马克思对人的历史理解的工具本体构建。在马克思看来，人的出生才是一个真正的"历史学的事实"，这一事实是原初给予，具有无可争辩的自明性。人之"向死的自由"、人之"会死的"规定来源于人活着、人"会活"，人不得不活这一原初事实。如果死是每一个体的某种孤独事件，生则是在某种社会历史环境中发生的。我们生是生在"这个世界"，死也是从"这个世界"离去，"这个世界"在任何个人出现于它之中以前便已存在，在任何个人离去后依然存在——一个对死者来说，不知生死为何物的世界。在那不知生死为何物的世界里，的确意味着无须赞成什么，无须反对什么。相反，在"生死事大"的现实世界，在对自己的死亡、对通向死亡的道路有先见之明的人类来说，死从表面上看似乎是"类对特定的个体的冷酷的胜利"，但作为"特定的类存在物"，只能通过"视觉、嗅觉、味觉、触觉、思维、直观、情感、活动、爱"，总之是"活着"，才能以一种全面的方式获得自己存在的整体。① 如果我们确实应该像海德格尔期望的那样分享人的时间性此在的整体，那么，它只能被看做是死亡彼岸的事情。人们因为知道自己的需要而为自己认为正确的事情作出"决断"就绝不是"次要的"。因此，马克思也很快把自己与海德格尔区别开来。

---

① 参见马克思：《1844年经济学哲学手稿》，人民出版社2000年版，第84—85页。

　　因为这个道理，马克思指望《资本论》能传到工人阶级的手中，成为工人阶级的行动理论。《共产党宣言》则是一份关于"政治可能性"的文献，一份供政治行动"决断"的文献，而不是主要关于"历史必然性"的文献：在"现在"和"无法预测"的发展过程中，存在一种联合体，"在那里，每个人的自由发展是一切人的自由发展的条件"，这种联合体存在于政治活动领域。这种政治信念从历史上把马克思的社会主义与无政府主义以及《共产党宣言》专门谴责的那些拒绝所有政治行动的社会主义区别开来。但是，仅此我们尚未达到此一根本洞见：历史唯物主义的中心论点是关于社会存在和社会意识之间的基本关系问题。它不是集中在哲学认识或道德问题上，与之相反，它集中关注人类社会历史事实的特性。即使列宁之前，马克思的理论就是作为社会行动的"主义"论述，不仅关注"从历史上看那些将要发生的事"，而且也关注"我们必须去做的事"，或在实际历史条件下我们不要去做"我们必须做的事"。20世纪苏联的经历本来也是可以从认识《共产党宣言》的政治决断论的意义中获取教训的。

第六章　历史性的永恒问题

在今天，说现代哲学在道德和知识学上已经破产了，这大概已是个老生常谈，人们常说，在经过启蒙精神洗礼后，倘有人竟然还相信世界上存在着永恒、不可改变的绝对价值，那么这简直就是对人类智慧的侮辱。人们还时常论证，当然更时常思想，形而上学的观点或柏拉图式的推论方式，就是在柏拉图时代伊始即令柏拉图棘手：柏拉图在《理想国》中说，"他那时代里，还有人认为应该以取自荷马史诗的箴规懿训为所有生活层面的圭臬"。这意味着，"柏拉图时代也有不作此想的人。荷马的世界观依然有些人奉行，但其他人已经不相信了"。"可见柏拉图时代有各种价值体系在争取思考者青睐"。① 换言之，"古代世界"的开端首先面临的是"诸神冲突"的问题。

因此，可以考虑海德格尔用诗（思）描述的"诸神共舞"的美妙的"前苏格拉底诗意世界"的另一种可能的读法：不如说韦伯的"诸神之争"的世界才是"前苏格拉底时代的世界"，由于可选的价值体系纷繁多元，一般人之笃信其某种价值为真确不及确信若无这种价值便不知要做什么那样多，芸芸众生是活在习之有素的价值世界里头的，但是对于柏拉图来说，为数众多的价值体系，显然不可能个个在理，认信某个价值的可信靠自身也当属意见：和那意见本身同样可以争辩，同样应付讨论，并且要求同样多的讨论。要判定某个价值为有害，或要判定它为谬误，需要一个不可能错误的裁

---

① 约翰·麦克里兰：《西方政治思想史》，彭淮栋译，海南出版社 2003 年版，第31 页。

判者。这样，柏拉图要构建自己心目中那种堪为道德政治淆乱的解毒剂——绝对价值，想必需要有一种内在紧张甚至彼此对立的立场。这一点，我们可以从柏拉图为苏格拉底设计双重面孔——"一面是抱持怀疑精神的苏格拉底，一面是柏拉图主义的苏格拉底"① ——中看出。据施特劳斯对"苏格拉底问题"的独家解释，这里的两个苏格拉底已永久地决定了西方思想的整个观念结构，并最终导致古典与现代、非历史主义的思想与历史主义的思想之间的争论。进一步说，如果人类的历史曾被认为是分歧的与变化的，则似乎不可能逃脱一种"历史地或非历史地思考"的指责。倘若因历史的变动不居而不再持信某种价值，便是作为相对主义的历史学家；倘若寻求于历史的事实知识者，便是作为实证主义的历史学家，如此等等，都会遭受历史的或非历史的思考的批评。

此情倘若属实，堪称兹事体大，就值得探讨一番。这里我们首先围绕施特劳斯的《自然权利与历史》一著，在该书中虽然没有出现海德格尔的名字，但所说到的"激进历史主义"除尼采外主要是指海德格尔当属无疑，对施特劳斯而言，我们现代人被卷入了虚无主义＝历史主义的困境中，由此涉及施特劳斯拒斥激进历史主义的论述，可以展现海德格尔与施特劳斯思想，即历史主义的与非历史主义的思想的基本差异。

在《作为严格科学的哲学与政治哲学》一文中，施特劳斯指明，"海德格尔的历史哲学与马克思和尼采的历史哲学有相同的结构"，然而，"海德格尔离尼采比离马克思更近一点"。如果说，与虚无主义＝历史主义的斗争，是继黑格尔的理性历史主义以后，尼采和马克思的使命，但按照海德格尔的看法，历史主义在今天非但没有克服，反而进入了其扩展与强固的状态。这个事实是否最终导致了现在无力抵御虚无主义，无论何时听到这个说法，我首先想到的就是阿尔都塞主张的马克思主义是"反历史主义的"，在阿尔都

① 约翰·麦克里兰：《西方政治思想史》，彭淮栋译，海南出版社 2003 年版，第31 页。

塞的这一主张中，无疑有正确的方面和不正确的方面，在如下意义上，我支持这一判断：马克思的经济学著作在批判资产阶级古典经济学及其资产阶级整个意识形态的范畴，是"非历史的、永恒的、固定不变的和抽象的概念"时，并没有纯粹否定黑格尔逻辑的建构作用。这意味着马克思看待理性并不是要么是惟一的、不变的，要么不存在，对虚无主义的抵抗力量正缘于此。

第一节 "在政治世界之中"

一、如何为哲人的生活方式辩护

当今西方政治保守主义的"教主"列奥·施特劳斯所谓的"苏格拉底问题"勾画的是：苏格拉底从"哲学"返归"政治哲学"的意义，说的是苏格拉底同前苏格拉底哲人有一个明显的不同，前苏格拉底哲人（包括"前苏格拉底"的苏格拉底或"少年"苏格拉底）两眼看天，把哲学作为一门最原始、最基础、最根本的"科学"，亦即作为追问"第一性根据"的"存在"这一万物的本质属性"是什么"的"科学"。换言之，以形而上学作为早期成熟形态的西方哲学乃是把那个在一切"什么"之前的"是"本身当作一个最普遍、最广泛、最根本的"什么"来把握的一个专门的科学知识体系。[①] 它不以实用为目的，哲学活动体现的是一种为知识而知识、为科学而科学的精神。用海德格尔的话来说就是"对超乎寻常的东西作超乎寻常的发问"，[②] 这不过是说，哲学对万事万物不断地追问"是什么"和"为什么"，最后，必然是从经验的层面上升到先验的层面，而越来越远离

---

① 宋继杰主编：《BEING 与西方哲学传统》上卷，河北大学出版社 2002 年版，第 74—75页。

② 海德格尔：《形而上学导论》，熊伟等译，商务印书馆 1996 年版，第 15 页。

我们的现实，这被施特劳斯说成是哲学的走火入魔，或说古代一开始的"非政治的"哲学是不充分的。哲学的这一品性对于任何一个政治社会而言必然是危险的、颠覆性的。

实际上，"前苏格拉底"哲学家留下了堪称"一团乱"的知识摊子，原本确定无疑的荷马世界的自然阶层——神、人、自然三个层系，被从四面八方挖空了墙脚，[①] 哲学作为追求智慧的纯粹知性活动，成了不受道德习俗、宗教法律约束的绝对自由的活动。因此，施特劳斯相信苏格拉底（政治哲学中的苏格拉底）转向研究人间事物——用今天的话叫做回到"常识"或"常识世界"——此转向意味着苏格拉底从他的前辈们的"狂热"（mania）回到了"清醒"（sobriety）和"中道"（moderation）。[②]

对政治行为的研究来说，清醒意味着基于对城邦活动本身固有的知识——而非对存在的第一原则或本原的思辨——来理解政治的诸原则。这一点正是隐含在施特劳斯所谓"苏格拉底的转向"中的洞见，苏格拉底乃是政治哲学的创始人。

断言苏格拉底是政治哲学的创始人，对施特劳斯来说，实际上意味着回答了最重要的问题：什么是哲学？它怎么能存在？它为什么必需？

人们会感到惊奇，在人类历史上，苏格拉底不是最早的哲学家，这意味着哲学先于政治哲学，哲学成其为哲学的，难道非得向"政治哲学"转向？但是，人们不应低估视苏格拉底为政治哲学创始人的观点的提示意义，即便在苏格拉底时代，哲学也是一门崭新的学问。它不像家庭、城市以及看来是有用的艺术那样和人类同生同长。在那时，它不能被认为是理所当然的事情。哲学本身的超政治、超宗教、超道德的取向决定了"前苏格拉底哲人明显无力为其哲学的生活提出令人信服的论辩，以及不能富有成效地捍卫这

---

① 参见约翰·麦克里兰：《西方政治思想史》，彭淮栋译，海南出版社 2003 年版，第 31—32 页。

② 参见列奥·施特劳斯：《自然权利与历史》，彭刚译，三联书店 2003 年版，第 124 页。

种生活样式"。① 施特劳斯给出的一个重要提示是：整个西方近世哲学一直到罗尔斯所代表的"哲学"，亦即一味以"哲学"为标榜而完全无视任何政治共同体以"意见"（"常识"）为基础，而不是以一个可以独立于外在世界而存在的实体性自我为基础。因而，当现代政治哲学家坚定地相信，可以用哲学"知识"取代政治生活中不断碰撞的"意见"来全面改造不符合真理，实际上是不符合他们自己的哲学的整个世界时，苏格拉底所开创的"清醒"和"中道"的"常识政治"终结了，现代哲学由此走上不断批判不符合真理的"政治"，其后果是导致"政治"的日益走火入魔即不断革命，以及"哲学"自身的日益走火入魔，即不断"批判"。② 哲学的期待和哲人本身的判断却免受检查，而这不得不在与政治的对峙中方可实施。

　　施特劳斯由此认为现代性的危机表现就存在于现代哲学和政治哲学走上的是一条不断走火入魔的不归路这样一宗事实中："现代西方人再也不知道他想要什么——他再也不相信自己能够知道什么是好的，什么是坏的；什么是对的，什么是错的，寥寥几代之前，人们还是普遍确信人能够知道什么是对的，什么是错的；能够知道什么是正义的（just）或者好的（good）或者最好的（best）社会秩序——一言以蔽之，人们普遍确信政治哲学是可能的，也是必要的。在我们的时代，这个信念已经回天乏力了。按照占支配地位的观点，政治哲学是不可能的"。因为它已丧失了对"理性有能力赋予自己的最高目的以效力"③ 的信心。这一对现代性危机的诊断触着了某种正确的东西，在现代，哲人所有的政治情境被抽身，并在"政治的外面"观看事不关己的政治，这就是现代人关于哲人的特性的主张，按照这种主张，当哲人谈论政治事务时，"政治哲学是不在的"。在这种意义上看，根据施特

---

① 迈尔：《隐匿的对话——施米特与施特劳斯》，朱雁冰等译，华夏出版社2002年版，第109页。
② 参见甘阳：《政治哲人施特劳斯：古典保守主义政治哲学的复兴》，见列奥·施特劳斯：《自然权利与历史》（中译本导言），彭刚译，三联书店2003年版，第59页。
③ 列奥·施特劳斯：《现代性的三次浪潮》，见贺照田主编：《西方现代性的曲折与展开——学术思想评论》第六辑，吉林人民出版社2002年版，第86—87页。

劳斯的观点，应对现代性的危机首先包括恢复那些关于对与错，正义和美好的根本问题的地位，即恢复真正意义上的政治哲学。

的确，现代哲人无论怎么另有想法，施特劳斯的见解终究启人良多，因为现代人都处处碰到这个历史事实：如果什么时候人们不能够就他们的政治目标在"常识世界"之内达成一致共识，那么什么时候就可能会发生流血事件。如果政治哲学失灵，那么甚至会发生民族间的冲突，因为他们在一些具有不同意见的问题上发生争执：对有关人们应该如何生活的观念的争执。历史的研究表明，政治哲学似乎就是从这一争执起步的。施特劳斯为他对现代性灾祸，尤其是对纳粹事件的洞见所鼓动，特别指出，哲学不能摒弃对回答"什么是美好生活"这一问题的关切。并且，在现代历史意识中如此感到习惯的施特劳斯，对这样一个人类的基本关切提出了人必须能将自身提升到他的历史限制之上的要求。施特劳斯感觉到韦伯的实证主义社会科学和海德格尔的激进的历史主义必定会导致虚无主义，在他们那里找不到对这一问题的关切，施特劳斯的研究表明，韦伯所谓"终极价值之间无可调和的冲突"仍不过是"理性还是启示"这一根本而"永恒"的问题之近来最有影响的形式罢了。但是，施特劳斯在自己创造的话语空间中，拒绝讨论这个问题的细节。因为，即便我们抛开启示的可能性，我们仍可以而且也必须按照"常识"所了解的社会世界那样去了解人们的社会生活和行动，韦伯甚至连这样去做的意图都没有。① 而海德格尔虽然在《存在与时间》中，已经展开了对"前科学、前哲学或常识世界"的分析，但施特劳斯显然认为，Dasein在"前维度"里头发生的生活，首先是"在政治世界之中"即在特定的"政治社会之中"，人和他人从来都是搅在一起的，而且天生就搅在一起的，可以说，正义问题实质上关涉我们如何对待他人。而他人往往忽略我们的利益。因此，正义问题的一个关节点，在很大程度上就是把人从自己的"特殊的"现世处境中解放出来，照此看来，海德格尔所谓的"闲谈"不过就

---

① 参见列奥·施特劳斯：《自然权利与历史》，彭刚译，三联书店 2003 年版，第79 页。

是施特劳斯心目中的柏拉图"洞穴"——政治社会的主流"意见"。这里要紧的是，海德格尔追问存在的意义虽属于哲学领域，但对它的哲学探究却是离不开哲人居于其中但却力图出离之的政治共同体里的政治、道德的意见的依赖。

然而，海德格尔不愿人们给《存在与时间》附加一些内容：这个是伦理学，那个是政治。这仍然是一种"超政治、超宗教、超道德的"哲学狂热，海德格尔其实无力看到哲学清醒审慎的必要性。在施特劳斯看来，这种审慎不是无所事事，哲学必须置身于那个维度，可是，海德格尔讲他的"前科学、前哲学或常识世界"，人和大家伙儿混在一起的这个世界，却根本没有存在"好坏""对错""善恶""是非"的标准，一切都浑浑噩噩，一切思想、领会与行动都是历史性的，一概无需问"我应当如何生活？"它们的根据无非是无根基的人类决断或者天命安排，此类观点透露了所谓哲学先于价值（政治）哲学，"我们的选择除其本身之外别无依据，并没有任何客观的或理论的确定性来支撑它；除了我们的选择之外，并没有任何别的东西把它和虚无、和全然的没有意义区分开来"。① 这一激进的历史主义的命题是黑格尔之后的思想拒绝"总体历史"观，而随之出现的生存主义的"历史主义"观念，它认为历史根本就没有方向，更没有目标，"一切思想原则与行动原则都是历史性的"。② 激进的历史主义甚至摧毁了"历史"本身。因为所谓"历史"至多是对"伟大瞬间"的期待，历史就像火山口，它不是生长出现并能预料，而是没有任何因果必然性的突然喷发。或用海德格尔自己的话说，时间性绽出为此在的历史性。这么说来，假设历史上有一个"绝对的时刻"，或"特殊时刻""这对历史主义是很关键的"，③ 按施特劳斯的观察，历史主义在依赖于"绝对的时刻"这一点上，就是在依赖

① 列奥·施特劳斯：《自然权利与历史》，彭刚译，三联书店 2003 年版，第 28 页。
② 列奥·施特劳斯：《现代性的三次浪潮》，见贺照田主编：《西方现代性的曲折与展开——学术思想评论》第六辑，吉林人民出版社 2002 年版，第 99 页。
③ 列奥·施特劳斯：《自然权利与历史》，彭刚译，三联书店 2003 年版，第 30 页。

"命运"，说到底，为所有选择的意志提供理由的是"命运"，"命运"为意志披上了一件存在历史的外衣。

如此看来，海德格尔的思想似乎就是彻底的历史主义，据此裁判，人们提出如下一连串的问题堪称顺理成章：在海德格尔意义上的"时间"和"历史"下，是否还有"正义"的可能？"此在"能不能成为追问"正义"的存在者？"存在"是否至少能暗示"正义"的某种可能或不可能？在"绽出"的"时刻"中，或在"绝对的时刻"中领会到此在和存在，是否还有"善恶"之别，"好坏"之分，"对错"标准？

显然，我们可以说，海德格尔激进的历史主义如果受到挑战，这挑战比较可能的来源是古典政治理性主义再生的要求，施特劳斯认为，"海德格尔的著作中没有政治哲学的位置，这可以归因于这样一个事实，谈及的那个位置被最高层面（gods）或者诸神（the gods）占据了"。① 这意味着海德格尔将人的一切选择归之于存在的启示。"我们不再能继续作为负责任的存在者而生活下去"。按施特劳斯所持的"神志癫狂"的尺度看来，西方现代性的"历史感"或"历史意识"发展到海德格尔的"源始时间"概念，就必然会堕入最彻底的虚无主义，而"虚无主义之不可避免的实际后果就是狂热的蒙昧主义"。②

二、"自然正确"与历史主义

按照施特劳斯的上述论点，当激进的历史主义声称，所有人类的思想都是历史性的，因而意味着对于把握任何永恒的东西来说都是无能为力时，实际上已彻底动摇了传统哲学的理论前提。决定性的一点是，传统哲学对自己的局限缺乏自觉，也同样明显有一个"任意武断"的前提，它是建立在那些"仅仅是'历史的和相对的'东西"之上的。说得再清楚一些，传统哲

① 列奥·施特劳斯：《作为严格科学的哲学与政治哲学》，见贺照田主编：《西方现代性的曲折与展开——学术思想评论》第六辑，吉林人民出版社2002年版，第103页。
② 列奥·施特劳斯：《自然权利与历史》，彭刚译，三联书店2003年版，第6页。

学预设了"存在"或"大全"原则上是可知的（knowable），而这一前提反过来又建立在另一个独断的前提之上，那就是：将最高意义上的"是"（to be）等同于"永远是"（to be always），这又意味着"是"（to be）是可理解的（intelligible）。激进的历史主义与之争辩了一个重要的真相："存在"或"大全"就其自身而论是人类永远无从把握也无从理解的。"是"在其最高意义上"并不意味着——或者，无论如何，它并不必然意味着——'永远是'"，因为"人类思想本质上依赖于某种不可预料的、永远不能成为客体或者永远不能被主体把握的东西"。①

仔细看来，施特劳斯与激进的历史主义的争论，显然不可能在激进历史主义对传统哲学前提的挑战上，尽管与海德格尔有分歧，施特劳斯仍将海德格尔对价值哲学的拒斥视为"面对了问题""敞开了一个深渊"。不言而喻，施特劳斯知道尼采和海德格尔思想的确看准了传统哲学的严重缺陷，施特劳斯自己基本赞同他们警觉到西方理性主义哲学已处于垂死边缘这一事实。但是，他不能接受尼采和海德格尔挑战传统哲学前提赖以进行推论的立足点，亦即历史主义声称它所表达的所谓"历史经验"——"某一特定时代的思想所固有的局限性乃是任何人类的努力都无法克服的"。

施特劳斯试图清楚地证明，这一所谓的"历史经验"不仅是思想史上的一种很"粗疏"的观念，而且还是"自相矛盾的"或者是"荒谬"的观念。"不超越历史，不把握住某种超历史的东西，我们就无法看到'一切'思想——亦即除了历史主义的洞见及其中所蕴含的一切思想——的历史性"。② 也就是说，"一切认识是历史的有局限性的"历史主义命题包含有"超历史的性质"。对于历史主义而言，便意味着，经由对历史相对性的思考，这个相对性已经超出了其自身。而一个彻底的历史主义者则将"超历史"的性质的东西漫无节制地相对化，这样，他从一开始就会把古典时代

---

① 列奥·施特劳斯：《自然权利与历史》，彭刚译，三联书店 2003 年版，第 31—32 页。
② 列奥·施特劳斯：《自然权利与历史》，彭刚译，三联书店 2003 年版，第 26—27 页。

的思想能直接就是"真的"这种可能性排除掉了。这是历史主义思维方式所具有的直接普遍的独断论特征。

当我们贴近些察看海德格尔的历史性思想，则我们怀疑，是否它真的放弃了所有"客观的"历史知识和所有永恒之物。

现在，追随施特劳斯的思绪，我们或多或少已经知道，"历史经验"并不成其为以理性的方式据以作为某种标准去分辨是非的恰当的立足点。但对此需要在理论比较的范围内作进一步论证。对施特劳斯来说，"历史的经验"本身乃是派生的和暧昧不清的，但是"历史的经验"不会使那些有关正确与错误的"简单经验的证据"消逝无踪，这种经验乃是以"我们的常识或对于我们的常识或自然世界的自然理解"为出发点。

谈到这里，搞清楚"常识"意指什么是必要的。对施特劳斯而言，希腊政治哲学表达了日常政治生活中常识洞见所积淀的知识。"常识"实际上就是指有德性者才可能知道的关于政治的知识和道德德性。在《城邦与人》中，施特劳斯指出，通过基于关于人类特性或行动中的人类灵魂的知识之上的习惯养成，德性被知晓。这样，亚里士多德的政治哲学也可以说成是描述了有教养者随处发现的人类品行所具有的一种未写出的"法律"。这种未写出的法律最终奠基于下述不容置疑的经验：灵魂统治身体，灵魂中有一个自然等级系统。这关于品行的未成文法律，并不需要从理性上或对人类或自然整体的理论说明之中"演绎"出来，以便得到认识，或成为本身便值得选择的东西。相反，那些对有教养者来说的常识知识是"前科学的"，在言说方式上是自明的，并独立于理论解释。所以，"原初的、苏格拉底意义上的哲学无需什么更多的东西来论证自己的合法性，哲学就是对于人的无知的知识"。① 这不仅不是哲学的短处，而反倒是不要再奢谈那些所谓的"永远是"和"可以理解的""存在"或"大全"。因而，倒是有可能去讨论那些"不变的"并"与人类思想相生相伴的""根本之谜"，"把理解这些谜视作

———————
① 列奥·施特劳斯：《自然权利与历史》，彭刚译，三联书店 2003 年版，第 34 页。

哲学的使命"。一经认识到我们对于最重要的事情的无知，我们同时也就认识到，那对于我们最重要的事情就是寻求有关最重要的知识或者说寻求智慧，苏格拉底所说的"自知自己无知"这句话，从知识的角度看，并不直接就是否定性的，用施特劳斯的话说，"对理性的否定本身必须是合乎理性的否定"，故此，这句话归根结底以苏格拉底对于"人应该如何生活"为立足点的，可以说，从柏拉图直到黑格尔，西方所有传统的哲学家都假定了他们哲学的最终问题指向，是对苏格拉底这个问题的回答。① 于此，哲学更显然是一种寻求智慧的活动，而不是探求智慧的结果。

　　一旦从这种哲学探索活动的旨归来考察施特劳斯那本涉及面极广的书，它《自然权利与历史》的书名可以告诉读者，在海德格尔的"时间"（"历史"）的视野里，人类的理性的确孤立无助，尽管如此，如果说人类的思想只是止步于此的话，那就只能获得一些关于古往今来的哲人彼此间相互争斗的历史事实，而且其中的任何一个都不比别的更优越，那当然也就不可能提出什么"自然权利"或者说"自然正义"问题。想必，人们会毫无困难地同意这种"归谬"式的理解。这意味着，激进的历史主义既然已经断定所有人类的合理的思想都是历史性的，那么它在原则上至少也承认了人类思想有能力获得某种普遍有效的知识的可能性。所以，接受历史主义的立场并不是决定历史性思想效力的正确基础。马克斯·舍勒也早在 1926 年便认为，历史主义经由极端化已经导致其自身的扬弃。因为当它怀疑客观的、历史的事实状态的知识的可能性时，它自己的条件亦被怀疑，而再次开通了形而上学之路。因此，历史批判也许确实能消除传统哲学的绝对主义要求，却无法消除"现在"的绝对主义。此外，对于海德格尔来说，对绝对真理的否认所导致的自相矛盾，只是从形式逻辑的论证中得出的结论，是非哲学的。因此，是否极端的历史主义导致非历史的存在论，仍存在着疑问。伽达默尔在《真理与方法》中，也对此在的历史性主题作出限制：海德格尔的历史主义

---

　　① 参见列奥·施特劳斯：《自然权利与历史》，彭刚译，三联书店 2003 年版，第38 页。

并非导致否认永恒与非时间，而是说，惟有基于基础存在论，此永恒与非时间"才是可被确定的"。不过，施特劳斯证明，古典哲学家以另外的，即非历史的方式思考，"历史性"乃只是现代的"一桩发明"，"一种人们对现象的任意武断的解释"，它是"现代自然权利论遭逢危机的最终结果"。① 依施特劳斯视之，现代的自然权利观实际上与源于苏格拉底—柏拉图的古典自然权利观毫不相干。因为，今天人们对于"自然权利"的需要，多半"取决于立法者和各国的法院的"② 需要。与此相一致，本来，源初的哲学乃是对于"永恒秩序的追求"蜕化成政治化的工具，所有的基本问题也仅仅蜕化为意志行动。现代性的危机就表现为试图通过"哲学"来改造"政治"，"把所有人都提到'哲学'的高度，结果却是'哲学'本身被'政治化'而变成了'公民宗教'，而'政治'则反过来被'哲学化'而成了所谓'科学的政治理解'"。③

从他自己的立场出发，施特劳斯强调，古典哲学与现代科学之间的差异，那种在现代科学及其以"自然"之控制的基础上理解人类生存的企图的失败，乃被归结为现代哲学与古典哲学的断裂。古典哲学是在自然的、前科学的认识中为自己提供根据的。但是，当胡塞尔最终所称的"生活的世界"与海德格尔提出的"日常发生的事情"（Alltäglichkeit）这个概念时，他们与古典思想对于世界的"自然"理解仍然是一致的。因此，人们大致会这么说，胡塞尔、海德格尔和施特劳斯均赞同：科学与哲学必须始于前科学与前哲学的经验、始于日常经验的世界，施特劳斯写道，哲学开始于对自然的研究，而政治哲学开始于哲学被从"天空"中拉到人的城邦里来。为了在其正当性或自然性中理解政治，克服现代性危机，我们应该回到它在古典时代的起源。"要重新建构起'自然世界'的本质性，古典哲学就其起源

---

① 列奥·施特劳斯：《自然权利与历史》，彭刚译，三联书店 2003 年版，第35 页。
② 列奥·施特劳斯：《自然权利与历史》，彭刚译，三联书店 2003 年版，第2 页。
③ 甘阳：《政治哲人施特劳斯：古典保守主义政治哲学的复兴》，见列奥·施特劳斯：《自然权利与历史·中译本导言》，彭刚译，三联书店 2003 年版，第69—70 页。

所提供给我们的信息就足够了，尤其是当那种信息再补充以对于《圣经》最基本的前提的思考之时，更是如此。利用那些信息，再加上对《圣经》某些前提的思考，人们就能够理解自然权利观念的起源了。"①

在这里，施特劳斯着眼于强调《圣经》与希腊理性哲学的对立，是西方文化不得不作为"我们的命运"来接受的。② 在《古典政治理性主义的再生》中，他将《圣经》与源初哲学之间的基本张力，视为"西方文明活力的秘密所在"。一旦认定了理性与启示不可能在一种哲学综合中得到调和，那么，能不能在一个"超越"《圣经》与源初哲学立场的水平上消除人类总是围绕什么是正义、什么是善等问题的争吵？能不能因为人们关于道德秩序不能达成一致看法，就证实根本没有一种道德秩序或我们不能获得关于道德的知识？人们变化不定的正义观，是不是就证明不存在自然权利，或者自然权利是不可知的？从施特劳斯的观点看，对上述问题的解答不可能不通过"理性与启示"之间的永恒的基本张力而得到。有人就说，施特劳斯思想方式的最大特点是：在其对哲学史中"苏格拉底转向"作出自己的理解的情况下，拒绝像海德格尔那样试图"在神秘的存在自身"中去寻求对"理性与启示"这种二元论的解释，施特劳斯只是"推测"西方命中注定的二元论是"人之中的"产物，并非是"存在的'基本二元论'的"产物。对施特劳斯来说，"希腊人对'人类自然'的源初发现，使我们能够断言所有人类进步根本上都受制于不变的人类本性"。③

这样一来，施特劳斯已经表明，激进历史主义之所以会有何为"美好的生活"的答案之不可能的观点，是因为它们都蔑视"不变的人类本性""永恒价值"一类的观念。他认为自己反对的那个敌人居然把"历史和哲学的终结"看做是在我们今天的思想中不可避免的，而且将此视为一个现

---

① 列奥·施特劳斯：《自然权利与历史》，彭刚译，三联书店 2003 年版，第 81 页。
② 参见刘小枫主编：《施特劳斯与古典政治哲学》，张新樟等译，上海三联书店 2002 年版，第 512 页。
③ 刘小枫主编：《施特劳斯与古典政治哲学》，张新樟等译，上海三联书店 2002 年版，第 512—513 页。

代的绝对优点。施特劳斯再一次自认持之有故地将此看做某种新独断论。

　　施特劳斯与激进历史主义和虚无主义的不懈斗争，有多少成功？这取决于如何理解自然正当/权利的语义，这是一个异常复杂的问题，但是，对于我们来说，清楚的只是，当各个社会都有他们各自的理想而在人类自己制造出来的法西斯在奥斯维辛集中营屠杀了成千上万的犹太人之后，要求有一个确定的、永恒的准则以给被召唤着去行动的人指明方向，或者对某一特定的社会理想保持一段审视批判的距离，这总是具有令人震撼的特殊力量，当古典哲学以其对正义的探讨而强调分辨是非的无条件时，施特劳斯之见，目光透过表面，看见真相。在此意义上，我们同意，"我们能够从过去的思想那里学习到一些我们在当代人这里无法学到的至关重要的东西"，正义的探讨的确是人类此在的基本需要。故此，施特劳斯把自然正确（natural right）看成与自然法（natural law）相对的自然权利（natural right）。"自然正确"依据的是自然而为正当的或正义的东西，它既不是被"意愿"为正确的，也不是被"约定"为正确的，它更不是出于"同意"或"承认"。传统的自然法，首先和主要的是一种客观的"法则和尺度"，一种先于人类意志并独立于人类意志的，有约束力的秩序。不难见得，以"自然权利"的名义摒弃价值"绝对主义"，实质上只是 17 世纪以来西方现代"自然权利"或"天赋权利"说及其带来的"历史观念"颠覆"自然正义"或"自然正确"观念的结果。

　　既然如此，历史主义的立场，实质上可以简化为：自然正义是不可能的，因为"完全意义上的哲学是不可能的。只有存在着某种与历史上变动不居的视域或洞穴截然不同的绝对的或自然的视域，哲学才成其可能"。① 可是，施特劳斯相信，哲学的可能性依赖于"基本问题永远是一样的"这个惟一条件。无论我们怎样对那些"基本问题"（如柏拉图提出理念的实在性问题，生、死、爱、正义等问题）加以反驳，然而这样一些问题从根基

---

① 列奥·施特劳斯：《自然权利与历史》，彭刚译，三联书店 2003 年版，第 37 页。

处仍在。只是这些问题只在特殊情境中方可彰显。施特劳斯的整个著述可以说是为了在当今人类走到现代性尽头，而重新唤起回到"古典时代"在一开始就面临的这些问题的意愿。

我们相信，施特劳斯把古典哲学的自然正确同现代的历史自我意识对立起来是有其重要意义的，人们在谈及这一意义时，会有意无意地提到什么，这是相当复杂的。像尼采所谓的不满于现代性的人那样，施特劳斯主张深刻同情古代，也许主要不是想"回"去，而是想要离开。有了更多一点的力量、轻巧、勇气与艺术性的力量，他们就会向上升，而不是回转。但是，无论谁由此种见解的表面趋向得出结论说，施特劳斯并不是一个反现代的古代思想的拥护者，那么，他将发现自己是错的。不过这是一个大的而且是另外一个问题了。

第二节　马克思主义与历史主义

现代解释学相信，当某个论题被凝固或打磨成了不言而喻的事，就是该让它恢复可争议的时候了。把马克思主义看做是历史主义，或更激进地把它看做是"极端历史主义""绝对历史主义"① 的论断就是如此。特别是当这

---

① 阿尔都塞根据自己对历史主义总问题的解释，认为卢卡奇、葛兰西等人，在把马克思主义看做是"历史主义"或"绝对的历史主义"观点中起了很大的作用。参见路易·阿尔都塞、艾蒂安·巴里巴尔：《读〈资本论〉》，李其庆等译，中央编译局2001年版，第134—165页。一提到马克思的历史理论，人们马上就认为是说明历史过程的理论，并且事实上，这种思维方法也支配着很多马克思主义者的思想。我们并不能说这种观点是对马克思的误解，但马克思同时也想论述别的问题。这是阿尔都塞想说的，按照他的解释，马克思是同时论述历史的结果及其现在的结构的，但是以往的解释却把现在的结构问题还原为历史的转变或隐藏在其背后。在阿尔都塞的这一说法中，给予了同时性高于历时性的方法论上的优先性。此外，结构主义常误认自己与马克思针锋相对，他们认为，"马克思主义对社会现实的解释充满了极端历史主义的色彩"。参见约翰·斯特罗克编：《结构主义以来——从列维-斯特劳斯到德里达》，渠东等译，辽宁教育出版社、牛津大学出版社1998年版，第11页。

一论断作为教条主义存在当今借以出现的面具时，就更是如此。我们在这里所感兴趣的是：对马克思进行历史主义的阅读是在怎样的条件下产生的及其这种阅读所固有的问题史。

一、历史主义的经与纬

历史主义是什么？在此首先是一个争论性概念。人们可以给它许多定义，这些定义既不真，也不假，因为问题完全在于它们究竟想触及什么样的"实事"的核心。譬如，波普在《历史主义的贫困》（*The Poverty of Historicism*）一书中和特勒尔奇（E. Troeltsch）在《历史主义与它的问题》（*Der Historismus und seine Probleme*）一书中，对历史主义的阐释就有颇为不同的意向性，后者更接近于意指我们在此谈的历史主义。因此，为了面向"实事"本身，我们暂且让历史主义这个词保持原状，看看能否说明历史主义总问题的征候性论点是什么。

一般说来，历史主义不限于一种关于历史的理论，它包含有一整套生存哲学、一种科学观（而尤其是人文科学与文化科学的科学观）与一种政治社会秩序观的独特的结合。这种说法的预设前提是，对于历史主义可有多种追问范围。在政治哲学和历史哲学的追问范围内，盖尔斯顿（W. Galston）的《康德与历史的问题》① 简略地说明了西方现代的"进步观念"及其后继的"历史观念"在历史主义的形成过程中所起的重要作用。我们发现，盖尔斯顿的说明是我们借以清楚说明历史主义脉络的恰当选择。它本身充满了"历史感"：从马基雅维利反叛古代为开端兴起的所谓"进步"观念到培根等早期启蒙哲学家的乐观主义的"历史观念"；从卢梭打破启蒙运动迷梦到康德接过"卢梭问题"而将"进步观念"改宗为自己的"历史观念"；从康德提出的"历史观念"破产到随之出现的"生存主义的历史主义"观念。

① See William Galston, *Kant and the problem of History*. The University of Chicago Press，1975.

我们注意到，盖尔斯顿在该书中，主要讨论的是康德提出的"历史"观念。在他的笔下康德也懂历史，这是因为康德哲学诉诸于现象与本体，自然（必然）与道德（自由）的区分，预制了康德的道德即自由的实现须在"历史"中完成。但太多批评者诟病康德的这一区分何等棘手，可以一言以蔽之：因为在康德的"臆测"里，自然的历史是"上帝的作品"，是从善开始的；而自由的历史是"人的作品"，是从恶开始的，① 历史的演进只能通过"天意"（Providence）借用"恶"来完成，但最后恶必然被根除。如果历史还没有完成，康德所能做的无非是推测那个期望的、但却无限遥远的历史顶点，不用说，这也是由"天意"而不是由人带来的。所以，"人间各种愚蠢的事情"从表面上是看不出任何特殊模式的，尽管如此，康德却用通俗的话语描述了可以推动人类进入"自由王国"的"历史发展机制"，即恶是历史进步的动力。

盖尔斯顿强调，正是康德提出的这个"历史观念"导向了黑格尔和马克思的"历史的狡计"概念，即所谓历史的进步并不是理性的稳定发展所推动的，而是通过人类冲突、革命甚至战争和各种意愿的相互作用而发生的，但人类最后必然达到"自由王国"。对黑格尔来说，历史终结于合理国家、后革命国家。黑格尔似乎说，愈来愈多的人随着了解自由是什么，以及国家形式的改变，而愈来愈享受自由。

但对心存疑虑的人而言，黑格尔哲学有个特殊的问题：我们怎么能说世界今天会比昨天自由，世界明天会比今天自由？我们如何能够知道人类的处境有没有这样的愈益改善？我们凭什么概念察觉到能够把历史的发展统一起来？我们又借什么可以阻止历史的倒退？这对担心乌托邦总是而且必然读错未来的黑格尔来说，要脱出这个困局怎么办？黑格尔深知，对此作出强迫的解释，并无益处。

然而，对我们而言，黑格尔已经被什么东西所强迫而对未来的"善"

---

① 参见康德：《历史理性批判文集》，何兆武译，商务印书馆1996年版，第68页。

给出了解释，黑格尔被什么东西所强迫？答曰，被一种解释传统，即一种教条所强迫。的确，我们在黑格尔的个案中，看到了"理性的狡计"的观念，部分源自犹太教与基督教弥赛亚主义传统。《圣经》不是告诉我们，有一天一切将大白，以色列子民的苦难，在他们进入许地之日将会意义大白；基督徒所受的苦难，将在他们进入天国那一刻大白。黑格尔有别于这些弥赛亚灵见之处，充其量只是在于他所称引的上帝不是《旧约》式的，在世界外面审判世界的神，而是"过程中的理性"，他从绝对精神的历史来重构实在的整全，让一切对立因素在历史形态中实现和解。这意味着历史的终结，而且这种过程在绝对精神实现方面有一个逻辑的终点，这便使他可以把这种绝对精神物化在自己的哲学体系中与每种哲学都是其时代的产物的事实调和起来，这话听在施特劳斯的耳朵里便被解释为："真正的哲学，最终的哲学属于历史中的绝对时刻、属于历史的顶峰。"① 这还意味着在黑格尔哲学中，哲学的认识，就是要认识到逻辑概念、自然与人的精神三者结合为一体的"绝对精神"，而当人的精神达到哲学认识时，就与"绝对精神"合而为一了。

在人所达到的精神的这一最高境界中，在黑格尔看来我们认识的目的就获得一种洞见，他说："永恒的智慧的目的就像在大自然的基地上一样，也在现实的、能动的精神基地上实现了。就此而言，我们的考察是一种神义论，是为上帝辩解，思维着的精神应该与消极的东西和解……实际上，再也没有比在世界历史中更要求这种和解性的认识了。"② 于此已可明见服务于"总体历史"的黑格尔关于"以人的理性和自由的形象"世俗地产生基督教原则的基本原理。

很清楚，从康德到黑格尔的德国唯心主义，尽管在形式和内涵上有不同

---

① 列奥·施特劳斯：《现代性的三次浪潮》，丁耘译，见贺照田主编：《西方现代性的曲折与展开——学术思想评论》第六辑，吉林人民出版社 2003 年版，第 98 页。

② 黑格尔：《世界历史哲学讲演录》，转引自卡尔·洛维特：《世界历史与救赎历史——历史哲学的神学前提》，李秋零等译，三联书店 2002 年版，第 67 页。

的样式，但它们均试图"寻求一种浸透着普遍有效的、普泛的理性善的伦理学，一种发生式的客观历史观，一种有机—动力式的自然概念，这个概念重新给自然设置大全的精神目的"。① 这种理论图式的一大作用是在不能重新恢复传统的此岸与彼岸关联的历史处境中，调解历史中或此岸中的自然与超验的精神之间的二元性紧张，后唯心论哲学（费尔巴哈、马克思、尼采）走向此岸的意志更为坚毅，就是顺理成章。②

　　基于这个理由，马克思公开承认自己是黑格尔的学生，这意味着观察黑格尔主义与马克思主义关系的可能方式，是探讨黑格尔的辩证法怎么革命性的思考风格，怎么会产生如此驯和的结论。马克思和恩格斯深知，黑格尔辩证法是一切独断主义的解毒剂。黑格尔作为哲学史家的一大贡献是显示思想的时代性，这并不要求现在主张一种哲学立场，去驳倒所有的过去了的哲学体系，对于黑格尔的辩证法来说，对待过去哲学体系的方式，只要提示它们与其时代的配合状况即可，时过境迁，它们就成为赘余了。世界观如此，世界观的结构亦然，国家的各种形式，一如各种思想形式，均是如此。历史向我们表明，罗马共和国是"现实的"，但其后把它排斥掉的罗马帝国也是"现实的"。法国的君主制在 1789 年前是"现实的"，其后的法兰西共和亦然。依据黑格尔哲学，"凡在人类历史领域中是现实的，随着时间的推移，都会成为不合理性的，按照黑格尔的思维方法的一切规则……凡是现存的，都一定要灭亡的"。③ 毫无疑问，这远不是从黑格尔哲学自身中得出的观点，黑格尔虽有见于此，却没有勇气将此想透，说普鲁士君主国是世界精神发展的完成，国家制度的理想。听起来难免奇怪，辩证法既然打破哲学上的一切形式的独断论，当然也意指关于国家的一切独断论也能为其所破。但在黑格尔这里似乎认为，独断论解释在某些方面是必不可少的，甚至是值得取用的。

----

① 　E. 特洛尔奇：《德国唯心论》，转引自刘小枫：《现代性社会理论绪论》，上海三联书店 1998 年版，第 181 页。

② 　参见刘小枫：《现代性社会理论绪论》，上海三联书店 1998 年版，第 185 页。

③ 　《马克思恩格斯选集》第 4 卷，人民出版社 2012 年版，第 222 页。

从理论上考察，黑格尔设想历史的终点和完成是绝对观念在历史中的实现，绝对观念也就成了普遍历史的统一以至历史本身有所归旨或本身可理解的标识。黑格尔之后的思想拒绝历史可能有终结或完成的想法，也就是说，它们将历史理解为未完成的、不可完成的，但是，人们又不得不看到，世界史是历史研究的真正中心问题，就连"理论的历史主义"（也即"历史学派"的学说）也认识到，根本不存在任何其他不同于世界史的历史，因为个别的唯一意义只能由整体所规定。值此，面对整个世界史理想的可能性的困境就是：鉴于尚未给出整体，普遍历史的理解究竟如何是可能的？如果人们的目标是期待对历史关联的整体有一全观，则会令人怀疑，因为对我们这种短暂的生命而言，整体是不能给出的。

我们发现，在应当怎样对付这一问题而又不失于任意性的考虑，后黑格尔哲学的关键在于与黑格尔那种先验构造世界史的做法决裂，兰克、德罗伊森和狄尔泰论证说，理念永远不能完全或完美地表现于历史之中，并没有什么理念能够把历史的发展统一起来，"正是人类存在在时间中的展开才具有它自身的创造性。正是人类的丰富充满和多种多样才使人类自身在人类命运的无限变迁中达到高一级的实在。历史学派的基本假定可能就是这样被表述的"。[1]

现在的关键却是另一个问题，历史学派一经否定了理念的规范意义（如果不是它们的存在的话），也就使历史过程的合理性与进步性成了无根基的信念。根据施特劳斯的意见，"历史学派成功地动摇了普遍的或抽象的原则，它曾经认为历史研究将会揭示出特殊的或具体的标准来。然而，不存偏见的历史学家只能承认，他们无法从历史中得到任何规范——根本就没有什么客观的规范。……惟一能够继续存在的标准，乃是那些纯属主观性的标准。它们除了个人的自由选择之外别无其他依据。从而，在好的与坏的选择之间的分别并无任何客观标准可言。历史主义的顶峰就是虚无主义"。[2] 但

---

① 伽达默尔：《真理与方法》上卷，洪汉鼎译，上海译文出版社 1999 年版，第261 页。
② 列奥·施特劳斯：《自然权利与历史》，彭刚译，三联书店 2003 年版，第18—19、25 页。

需要注意的是，在施特劳斯论述的上下文中，历史主义的所作所为源自某些普遍原则隐隐使得大多数人无家可归，而崇尚历史原则像是要使得世间的人们在"此世"就有完完全全的家园感，结果反倒使人们完完全全地无家可归。照历史主义的看法，所有人类的思想都是历史性的，因而对于把握任何永恒的东西来说都是无能为力的。在这里，历史主义忽略了历史性标准是从相对与绝对或特殊与普遍的对立中建构出来的，这意味着"历史—永恒"这一组概念中的两个术语就"属于同一问题式"，故这一对立仍然存留于对它的一切解决之中。由此便很清楚，为什么伽达默尔在《真理与方法》中有理由称呼海德格尔的历史性理论为一种"第二层次的历史主义"，因为海德格尔认识到，历史主义植根于此在的存在中，意欲克服这种历史主义是没有意义的，人们必须将其看做原则：惟一确定的知识，便是此在之不确定的知识，甚至是此在之历史性的不确定的知识。故伽达默尔把海德格尔的历史主义读作为"一种相对主义的历史主义之反省的、深思熟虑的形态"。

但是，正是在这一意义上，施特劳斯说，"历史远没有证明历史主义的推论的合法性，毋宁说它倒是证明了，一切人类思想，而且当然地，一切的哲学思想所关切的都是相同的根本主题或者说是相同的根本问题，因此，在人类知识就其事实与原则两方面所发生的一切变化中，都潜藏着某种不变的结构"。[1] 而且，只有对个别与一般、特殊与普遍、历史与永恒这样的哲学史问题有比较痛切的理解，才能够比较真实地看到历史主义出现的背景、来源及特点。这一视野显然肯定了"历史性的永恒问题"的存在。换言之，历史主义既然已断定所有的人类思想都是历史性的，它也就承认了人类思想有能力获得某种永恒有效的洞见，历史主义与非历史主义原是一币两面。

按照上面给出的提示，就足可以解释历史主义所造成的非常观感，历史主义在其所有形式中——尤其是，在由早期的（理论的）历史主义（即18

---

① 列奥·施特劳斯：《自然权利与历史》，彭刚译，三联书店2003年版，第18—19、25页。

世纪末与 19 世纪唯心主义的反理性主义）向激进的（"存在主义的"）历史主义的过渡中——都或明或暗地否认了历史的客观性的可能性。在某种意义上，历史主义乃是 20 世纪表现"战后年代的历史思想危机"的一种学说，并且是"20 世纪的思想对实证主义与自然主义所起的反作用的一个方面"。① 就此而论，存在主义的"历史主义"观念，是欧洲人不再相信康德、黑格尔的"总体历史"观念的必然产物，但存在主义的"历史主义"却偷偷仿效了黑格尔那种古典的先例：历史主义明里否定了黑格尔所谓的历史终结已经到来，暗中却假设了历史上有一个"绝对时刻"，在这一"绝对时刻"，一切思想的根本性质——即一切思想所具有的历史性——都暴露无遗。因此，对于存在主义的"历史主义"来说，"历史"乃是某个"绝对时刻"的突然来临或"绽出"（Ekstase），这种"绽出"既无法预料，更没有因果必然性，而只能彻底归结为乍然发生的"命运"。所谓"历史"意识最终不过就是一种"乌托邦式的理想"，本身就包含着内在矛盾。

二、"绝对时刻"与"历史的终结"

现在我们面临的是最后一个性质相同但可能更为复杂的问题：马克思主义是不是历史主义？依阿尔都塞之见，这一问题涉及"作为整体来看的马克思著作的意义问题，最终涉及现实历史和马克思主义理论之间的关系"。②

我们占了后见之明，知道在过去时代对马克思主义的基本命题的教条主义的阐释，使得把马克思主义看做是历史主义或绝对历史主义的论点有了相当程度的合理性。正是在德国的左派中间，起先是罗莎·卢森堡、梅林，1917 年革命以后又有许多理论家，如卢卡奇、葛兰西等，在反对第二国际

---

① 参见伊格尔斯：《二十世纪的历史学——从科学的客观性到后现代的挑战》，何兆武译，辽宁教育出版社 2003 年版，第 268 页。
② 路易·阿尔都塞、艾蒂安·巴里巴尔：《读〈资本论〉》，李其庆等译，中央编译出版社 2001 年版，第 134 页。

的机械论和经济主义的重要斗争中，提出了对马克思的人道主义和历史主义的解释。在这种意义上，把马克思设想为历史主义者，在很大程度上是批判反思的结果，其使命是抵制一切"书本"或教条主义的马克思主义。这种斗争至少使人们很容易看到马克思主义有两种不同的版本：生产力与生产关系的矛盾运动预先规定了一个对历史的客观解释；反之，参照阶级斗争和被剥削阶级在革命中的决定性作用，我们对马克思主义的解释就理所当然把人的行为放在首位。这之中发生的争议不是何为真理，而是何为"正统"（"正统"就是我们今天说的"意识形态"），与这两种"正统"的马克思主义相比勘，存在主义化的马克思主义就是绝对历史主义，它不包含历史规律，不包含也不可能包含整体决定论，最终甚至不能用大写的历史来讨论历史，因为大写的历史意味着在时间长河中有一个或多个确定的演变方向。这种去掉了决定论的马克思主义更像是激进历史主义的马克思主义解释。

我们可以在萨特、梅洛-庞蒂那里清楚地看到，他们从未分析过生产力与生产关系的问题，萨特改口的说法是历史性已定物的惰性总体一般说来成为个人的真实存在在生存上的前提（这个被萨特指称的"惰性总体"看起来像是马克思所说的每一代人总是要遭遇到的上一代人留下来的物质生活条件）。在《辩证理性批判》中，萨特将作为社会存在基础的"生产方式决定论"看做只是一定历史条件下出现的特定状况，而不是传统马克思主义所理解的那种社会历史的"一般"规律；至于梅洛-庞蒂，他在《人道主义和恐怖》与《辩证法的冒险》这两本书中可以说是完整地引述了阶级斗争的马克思主义，并对无产阶级的暴力做了令人不安的证明，但没有引述生产力与生产关系的马克思主义。依雷蒙·阿隆之见，这是理所当然的："主观性的马克思主义必然是阶级斗争的马克思主义，而不是生产力与生产关系的马克思主义，即客观化的马克思主义。"①

---

① 雷蒙·阿隆：《论治史——法兰西学院课程》，冯学俊等译，三联书店 2003 年版，第 50 页。

　　紧接的问题是，如何从阶级斗争过渡到给予历史一个意义？照理说，对于存在主义类型的哲学来说，提出这样的问题很可能就是不合法的：它本属一个形而上学的问题，只有在黑格尔传统的哲学中该问题才有其合法性。但是，在《人道主义和恐怖》中梅洛-庞蒂仍然是情不自禁地沉溺于某个黑格尔历史时刻，那就是：无产阶级作为一个阶级去拥有对于"历史的秘密"的洞见，自动起革命理论家们所描述的那种世界历史的作用。这位思想家采纳了年轻马克思的无产阶级本身具有内在普遍性的提法，[①] 他不仅渴望通过无产阶级把合理性注入历史中而超越历史随机性，而且渴望找到在现实历史中决然找不到的"绝对"，一种存在于黑格尔哲学中的东西。但是，在其后的《辩证法的冒险》中，梅洛-庞蒂却取消他以前给予无产阶级的优越权，他谈到政治学正处于一个自由主义和历史唯物主义都已经丧失其声誉的时代，前者因为它拒绝当下的历史分析，满足于以一系列武断而盲目的攻击来抗争历史的随机性；后者因为它遵从致命的信念是，存在着达到某个历史终点的可能性。虽然如此，但他仍然如此矛盾地替马克思作辩护，反对那种对马克思作出极端"布尔什维克主义"的解释。他认为不妥的是，把马克思看做是"历史的终结"论者。

　　梅洛-庞蒂自己并非不知道马克思谈到过史前史的终结。这么一种限定有其暧昧，因为清楚的一点是，马克思关于史前史的终结的创造性断言不正实际上被如梅洛-庞蒂之流误读成"历史的终结"及对其后所有未来的误读吗？[②] 这种误读，理由也是十分简单的，如果说梅洛-庞蒂可倚重韦伯的历史意义是主观建构的观点，历史原本没有终极的基础和根据，那么，正统马克思主义关于历史意义最终被客观地给定的信仰，是以最少数的答案解答最大数目的问题，在本质上变动不居的历史世界观中确立其信念，只是一种可

---

① 参见《马克思恩格斯选集》第 1 卷，人民出版社 2012 年版，第 1—16 页。

② 在西方思想家对马克思主义的理想主义基础和关于未来社会的略图的解读中，有太多的论者，将其纳入一种末世论信仰，将马克思主义以科学预言形式出现的共产主义看成是终极洞见正在来临的那个时刻，马克思自然也就仍然受到《旧约》局限的犹太人。这种读法自然不是一种"闲谈"，我们需要认真对待。

怕的简化，它已经退化为神话。

沃林不能不问，"似乎曾经做过最大许诺的那种世界观——历史唯物主义——一旦丧失其声誉，那么人们怎样才能继续赋予历史以可知性呢？"① 对于这一问题的回答，梅洛-庞蒂想必只能再度模糊其意。事实上，无论是梅洛-庞蒂还是萨特，存在主义的马克思主义对此问题的回答并无二致：对历史的感知因感知者的境况是被个别化的，因而其中的任何一种感知并没有真实性的特权。在这里，正如詹姆逊所见，"存在主义发现自己处于某个危险的十字路口。它要么受诱惑而屈服于忽视个体历史境况的某种先验哲学的方向，要么受诱惑而屈服于惟一地全神贯注于历史性的方向"。② 所以，基于这一独特的困境，萨特和梅洛-庞蒂希望马克思主义是一种人道主义，至少由于它深刻揭露了统治着当代世界的社会不公正的各种历史条件，萨特提出了对马克思主义的历史主义解释——尽管他拒绝赋予这种解释以这样的名称。他声称，马克思主义是"不可超越的""我们时代的哲学"，因为"它所表现的历史环境没有被超越"。

在这里，萨特所讲的"不可超越性"的、"同时代性"的结构，对于阿尔都塞的征候性解读来说，是对马克思的误解。按阿尔都塞的解释，如果说，历史主义意指我们的思想方式完全是由我们所生活的历史环境决定的，那么展现出连马克思都接受以历史主义意识形态的姿态并不难，难就难在从这种意识形态中拯救出马克思思想的积极的一面，其中的关键在于摆脱这样一种观念，按照这种观念："历史理论作为理论可以从属于'历史时代'的'具体'规定，借口是，这种'历史时代'是历史理论的对象。"③ 这种观点是以"同质时间"或"连续时间"论为前提的，它本质上是黑格尔哲学的时间观念。

---

① 理查德·沃林：《文化批评的观念》，张国清译，商务印书馆2000年版，第181页。
② 弗兰西斯·詹姆逊：《萨特思想中的道德问题》，转引自理查德·沃林：《文化批评的观念》，张国清译，商务印书馆2000年版，第199页。
③ 路易·阿尔都塞、艾蒂安·巴里巴尔：《读〈资本论〉》，李其庆等译，中央编译出版社2001年版，第118页。

在黑格尔的时间论中，时间是同质连续的，原因在于这是理念的辩证发展的连续性在现实中的体现。这意味着普遍存在的不变理念，先验地保证了现实历史的连续性。在根植于理念的连续体之上，相继登场的是种种具体的"时代"。理念的连续性就成了"历史时代"划分的依据，作为时间连续体切割的"时代划分"，是以同质的时间性思想为前提的。而黑格尔的时间的同质连续性范畴又是以"时间的同时性"或历史的"在场"范畴为前提的。我们可以从后者看到黑格尔哲学中的"历史存在结构"，它是这样一个结构，"历史时代就是社会整体的存在"，"社会整体的一切环节始终共同存在于同一时代，存在于同一现实存在之中，因而是在同一现实存在中的同时代的东西"。① 故此，黑格尔才能说"任何事物不能超越它自己的时代"。同理，在本体论上，黑格尔的历史哲学是不存在未来的可能性的。它反对提"前历史时代""前关于概念未来发展的意识"以及"一切关于未来的知识"。② 这样，就很容易理解正是持"总体历史"观的黑格尔的思想自身引发了"彻底的历史主义"。③

可是，人类岂能没有未来！几乎所有的人都反对黑格尔的结论，马克思认为，声称历史之外没有优势的地位，只有在历史之中宣称的最后时刻才能达到充分的自我意识的思想，表达的仍然是对"必然王国"的错误认识，这样的表达潜隐着易位于"彻底的历史主义"的逻辑，以契合一种日益增长的可怕意识——所有的思想都相关于一种特殊的历史视界。因此，关于历史究竟是否可理解或者说究竟有没有可能进行客观的历史探讨这一疑问，就

---

① 路易·阿尔都塞、艾蒂安·巴里巴尔：《读〈资本论〉》，李其庆等译，中央编译出版社 2001 年版，第 103—104 页。

② 路易·阿尔都塞、艾蒂安·巴里巴尔：《读〈资本论〉》，李其庆等译，中央编译出版社 2001 年版，第 105 页。

③ 弗兰西斯·福山追随科耶夫，为我们描绘了一个已经显示彻底历史主义的黑格尔：人没有永恒的不变的人性，人是一种具有创造性和自我创造的存在，不受制约且没有限制，通过这种解释，福山赠给黑格尔一顶"第一个历史相对论的哲学家"，或说第一位历史主义哲学家的帽子。参见弗兰西斯·福山：《历史的终结及最后之人》，黄胜强等译，中国社会科学出版社 2003 年版，第 69—71 页。

构成为一项严峻的时代挑战。

不可忽视的是，于 19 世纪末叶——在尼采，但不只是在他那儿——出现的对于异常地、历史地起作用的精神科学的一种不安感，这就是被人们普遍地称为过度负荷的历史主义，尼采的彻底历史主义明显反智，对他而言，历史知识唯有服务于现在的生命才能被证成。他不仅否定历史研究与学术性历史学的可能性和效用性，而且整个地否定柏拉图以来西方思想的基础——即存在着一种与思想家的主体性并无任何联系的客观真理。尼采，正如马克思一样，要我们随时小心"意识形态"，也就是那些有意无意设计来为自利行为圆说的信念系统，而其说词自称它们的行为有利于整个人类。但是尼采并不分享马克思的这一信念：揭示已经进入知识之中的意识形态的各种因素，就可以通向客观真理。"客观的科学知识是可能的"和"科学知识是以普遍的陈述来表达各种现象之合规律的行为"，这两个根本概念大致是马克思对近代资本主义社会批判奠定其基础的前提，如下事实就基于这样的前提：在马克思成为"马克思主义者"以后所采用的共产主义目标，是从对资本主义的本质和资本主义发展的逻辑——"资本的限制就是资本本身，即资本主义生产方式"——分析中推导出来的，而不是从关于人类本质和人类命运的哲学，实际上是末世论中推导出来的。

无疑，我们不能把马克思的"推导"作普遍的历史主义——进化主义的解读，那样做就仅仅意味着，历史上首次使生产力的快速发展成为可能的资本主义生产关系，在"某一时刻"会成为生产力进一步发展的障碍；生产力已经超出了其框架，它需要新的社会关系形式。要想揭示这种解读的不可能性，我们只需要提一个简单的问题：如果我们能把握这"某一时刻"，严格的分析只能导出一个答案：在"某一时刻"，人"将自身把握为那绝对精神"，这个绝对精神在黑格尔式知识到来之前被称为"上帝"。换言之，如果人能精确地定义这"某一时刻"，人就给历史强加了一个界限，而"历史"——如果我们能在自相矛盾的意义上这么说——是没有界限的。因为人并不完成自己的生成、除非他已完全满足而停止于其所是者，亦即意味着人的极端堕落状态。

因此，我们可以得出结论说，马克思根本否定人类未来已被预先规定，历史的未来——从而也就是现在和过去的意义，说到底，取决于如今解释马克思主义历史概念上所引起的永恒的还是历史的或同时性和历时性的思维方式。

第三节 历史性观念

据说，历史哲学肇始于圣奥古斯汀。又据说，早在《旧约》里，就已有了历史哲学，它成了圣奥古斯汀思考人类命运时所取法的一个范本。《旧约》不光讲述，而且还解释说明了犹太民族的命运——实际上，在社会历史的意义上，命运所标示的就是社会历史必然性——要知道这也就是历史哲学了。然而，西方人对"历史性"达到反思的自我意识是较晚的事，黑格尔的著作中才有了"历史性"这一概念，进入 20 世纪上半叶，通过海德格尔等人，"历史性"逐渐成了哲学的基本概念，以至当代现象学学者德·布尔说："发现历史性被当作欧洲精神的特征之一。"①

而据我所知，尽管对历史性的关注成了黑格尔和海德格尔哲学的核心问题之一，然而他们各自对历史性的理解却存在着巨大差别，问题是海德格尔的历史性概念在多大程度上改变了我们对以黑格尔为代表的传统历史哲学问题和主题理解的理论框架。这是我打算关注的问题指向。我将首先呈示一下海德格尔称作"历史"的东西，从此出发去解说"历史性"问题。

一、历史学与本真的历史性

从"观念存在论"着眼，一个观念的存在总是牵连着另一些观念的存

---

① 德·布尔：《从现象学到解释学》，李河等译，中国社会科学出版社 1994 年版，第 99 页。

在，如果某个（某些）观念的存在使得另一个（另一些）观念的存在成为可能，则前者的存在赋予后者存在的资格，前者在结构上支撑着后者。① 当我们说到"历史性"观念的存在，其中便以"历史"观念的存在作为前提，"历史"观念承诺着"历史性"观念。

然而，在这里我们实际上需要做的并不是给"历史"这一似乎更基本的观念作所谓的"什么是什么"的明确规定，我们需要意识到，关于"历史"观念的"知识"（其实并不是知识）与关于"实在"的知识，虽然在表达形式上相似，其性质却完全不同，关于"实在"的"知识"就是关于对象的解释，而解释者仿佛是知识的旁观者，问题是，这种解释本身又怎么解释呢？最后，人们发现，关于"实在"归根结底不可能有一种超出"人们就是这样想的"解释。② 因此，只要倾向于知识的旁观者理论，亦即把实在看成外在于我们，需要用某些方法予以发现的"存在者"，这样，首先在"历史科学"的意义上使用"历史"这个词，可算是一种基本和通常的用法。也正是在这种意义上，人们说近代科学史学的创立，或者说史学专业化的完成，基本上导源于19世纪初主张"必须按照历史的本来面目写历史"的兰克的工作。

如果这样来理解，近代的历史认识方式毫无疑问已经陷入了相类于对物理事物或"视觉上的事物"的形式认识，乃至人不再能看到自己的真实生命。③ 如果这样来理解，一切历史哲学都毫无例外地在哲学上和真正的历史思想无关紧要，海德格尔似乎有见于此，首先要对此前无异议地这样来使用"历史"这个词，作出"历史"（发生史，Geschichte）和"历史科学"（历

---

① 参见赵汀阳：《走出哲学的危机》，中国社会科学出版社1993年版，第39页。
② 关于对象的知识，也就是所谓的关于"什么是什么"的解释，传统哲学往往只是从一个"文本"出发，从"上下文"追问到整个概念系统，又追问到意义变化的整个历史。这只不过是从一个小"文本"扩大到一个大"文本"。如果说大"文本"能够解释小"文本"，那么大"文本"由什么解释？如果只是停留于"解释世界"，最后只能中止在"人们就是这样想"答案上。
③ 参见海德格尔：《存在与时间》，陈嘉映等译，三联书店1999年版，第451—452页。

史学，Historie）的明确区分，以使在"历史"的含义中，暂先排除"历史科学"这一含义。①

我们看到海德格尔心目中的"历史"一词的德语用法，原本衍生于具有"发生""缘起"含义的"geschehen"。而"Historie"则是从表示"探求、知识、言谈"的"historia"（希腊语）变化来的。把二者区分使用时，"Geschichte"用来专称实际发生的历史，"Historie"用来指对历史的记载、反省和研究。与此相应，"geschichtlich"和"historisch"分别译为"历史上的"和"具有历史学性质的"或"历史学的"。②

在《存在与时间》中，海德格尔之所以格外强调"历史"这个词既不意指"关于历史的科学"，也不意指"历史学的对象"，就在于历史的历史学把握的可能性，在存在论上"源出于此在的历史性"，③ 海德格尔的历史观因完全源于此在的时间观，所以"事实的历史""目的论的历史"被"还原"掉了，只有出自此在的解释学处境的构时历史可以作为我们理解终极的视域。（张祥龙，1996）或者说，"不管是认识者还是被认识物，都不是'本体论上的''现成事物'，而是'历史性的'，即它们都具有历史性的存在方式"，④ 这等于说，我们自己是"历史性的"才研究历史。"只要历史性对此在还讳莫如深（If this historicality remains hidden from Dasein, and as long as it so remains），此在就没有可能对历史进行历史学追问与历史学揭示。没有历史学并不证明此在没有历史性；没有历史学，这作为此在存在建构的残缺样式，倒是此在具有历史性的证明。"⑤ 其实，历史主义（史学主义）的兴起倒表明历史学正致力使此在异化于其本真的历史性。"本

---

① 参见海德格尔：《存在与时间》，陈嘉映等译，三联书店1999年版，第428页。
② 参见海德格尔：《存在与时间》，陈嘉映等译，三联书店1999年版，第425页脚注；高田珠树：《海德格尔——存在的历史》，刘文柱译，河北教育出版社2001年版，第192页。
③ 海德格尔：《存在与时间》，陈嘉映等译，三联书店1999年版，第428—432页。
④ 伽达默尔：《真理与方法》上卷，洪汉鼎译，上海译文出版社1999年版，第336页。
⑤ 海德格尔：《存在与时间》，陈嘉映等译，三联书店1999年版，第24—25页。

真的历史性不一定需要历史学。无历史学的时代本身并非也就是无历史的。"①

毫无疑问，在这里海德格尔仍像一贯的做法那样，在文字上太受诱惑，总想发掘出一些不同寻常的文字意义，但是他自己原本是要反对"历史主义"将此在的历史性"连根拔除"，而多只是"热衷于文字学上'就事论事的'阐释的做法。"就此来看，"历史主义"实际上只是个欺人的名称，因为它实质上是把"直观的、机械的思维方式"应用于历史学，约克曾指出这种历史研究方法的困难之处在于，直观的、机械的思维方式"比较容易找到表达的语汇，这一点可以从大量词汇来自视觉现象得到解释……反过来，深入到生机根底处的东西则脱开了公开流传的表现形式，从而一切语汇都不是通常所能理解的，而是象征性的"。② 于是，应用这种历史研究方法的历史学家"把历史学理解为文物箱。那里没有可触的东西，这些先生们就从不涉足……他们在骨子里是些自然科学家；而且因为缺乏实验，他们更变成了怀疑论者"。③ 约克由此清楚地洞见了那时兴起的历史主义的历史感所造成的"历史性的隐瞒"，即隐瞒了任何历史性存在的可能性之根据，或者说隐瞒了"把存在者层次上的东西"与"历史学上的东西"一道带入一种更源始的统一之中的根据。但要获得这种更源始的统一，海德格尔追随约克的思想洞见到：追问历史性的问题是一个追问有历史性的存在者的存在建构的存在论问题。

由于海德格尔认同约克强调历史认知主体与认识对象的统一关系，这种历史知识以隶属性来规定历史性。因而，是生活着（Lives），而不是整个心理物理的给定状态（存在，is＝自然的现成存在），是历史的萌发点，或者是历史性的中心问题。

---

① 海德格尔：《存在与时间》，陈嘉映等译，三联书店 1999 年版，第 447 页。
② 海德格尔：《存在与时间》，陈嘉映等译，三联书店 1999 年版，第 455 页。
③ 海德格尔：《存在与时间》，陈嘉映等译，三联书店 1999 年版，第 452 页。

二、从阴影显现光亮

当然，我们这里所关心的不只是"历史性"在海德格尔那里已本体论化。海德格尔所坚持的和约克所洞见到的"可能状态"这一历史的基本性质，即历史性的东西是那种不把过去认为是封闭的客观性，而是认作为仍可以完全被成就的"可能状态"（Virtuality），意味着历史知识中最好的一部分是"隐蔽了来源的知识"（knowledge of the hidden sources），因此，说到历史，造成景观、触动眼目的东西不是"要事"（the main thing）。"神经"（nerves）看不见，正如一般本质性的东西看不见一样。① 在这里显现了海德格尔对整个历史性的讨论的基本诉求：超越"光的形而上学"。

众所周知，奥古斯丁等人早就用"光"这个比喻来说明词与物的关系：词既指明对象，又指明自身，就像光使他物成为可见从而自己也就成为可见。词与光相似之处正在于通过词我们"看见"了事物，即理解了事物。伽达默尔指认出，西方传统形而上学是一种"光"的形而上学，整个柏拉图主义就是建立在光亮与黑暗对立的基础上的，在西方近代哲学中起着决定作用的"反思"概念（Reflexion）本来就属于光学领域。光使"看"和"可见之物"结合起来，因此，没有光就既没有"看"，也没有"可见之物"，其根据就在于构成光存在的反射性。②

光可以转喻真理，希腊文的"aletheia"即"无蔽状态"（unhiddenness），而"无蔽"亦即澄明、曝光、被照亮，此乃真理之本义，可用来表述海德格尔所谓的"在者之在"。海德格尔认定，把"aletheia"译为"真理"，已经对希腊人的深刻洞见有所掩蔽。"aletheia"意义上的真理更合乎字面的意思是"自由"及其与它相联系的"让存在者存在"，"让存在——即让存在

---

① 参见海德格尔：《存在与时间》，陈嘉映等译，三联书店1999年版，第453页。
② 参见伽达默尔：《真理与方法》下卷，洪汉鼎译，上海译文出版社1999年版，第615—617页。

者整体存在——是解蔽又遮蔽着的"。① 解蔽与遮蔽两者其实分不开，柏拉图的"洞喻"就既包含遮蔽与解蔽的意思，也包含有真理与自由（敞开、让存在）的关系，但柏拉图所突出的是从黑暗走向绝对的光明，对他来讲也就是追求"至善"，黑格尔通过辩证法以逻辑思辨的形式表达的也是类似的追求。

可见，光的隐喻被用于西方形而上学领域是一以贯之的。海德格尔作为哲学论证和话语的传统模式的解构者，在哲学话语上采用了一种开放性的、生产性的、"非论证性的和暗示的方法"，而不是努力通过哲学论证和分析的传统技巧来呈现自己的立场。海德格尔揭露了哲学的专门语言被希腊语的语法结构预先决定，并且经希腊—拉丁时代对这些语言的使用确立了本体论的含义，他抱怨这种语言不够表达"真正的"思想，为了从总体上克服形而上学的逻辑和语言，黑格尔不仅"引起海德格尔进行自卫"，而且"海德格尔后期哲学的发展几乎在任何地方都要遇到一种最终回到黑格尔立场的批评"。② 对于这一点，一旦我们承认了黑格尔的绝对知识是把形而上学导致其完成的，则我们也就不会觉得奇怪。

按照海德格尔的分析，在大讲"历史"的黑格尔那里，时间本身从而作为"时间性"理论的基本的变化形态的"历史性"无意义可言，而只是概念主体辩证发展的一个外在形式，或者说，黑格尔只是"让逻辑自身产生出时间和历史"。在黑格尔那里，历史本质上是精神的历史。精神本质上是概念。当黑格尔将建立历史科学的理想奠定在逻辑和概念的推演之上时，实际上是逻辑在引导黑格尔的历史，逻辑是界定性的，它旨在结束和排除，用后结构主义者的话来说，"是扼杀"。这也等于说，黑格尔用逻辑与历史一致的方法，扬弃偶然性、杂多性和个别性而把握所谓的"世界精神的单一和同一本性"，其要点在于将或然知识变成必然知识，随之，这种必然知识

---

① 孙周兴选编：《海德格尔选集》上卷，上海三联书店 1996 年版，第 220—230 页。

② 参见伽达默尔：《哲学解释学》，夏镇平等译，上海译文出版社 1994 年版，第 22 页。

伴随着一种形而上学的世界理解：这里没有昏暗的或模糊的世界，相反，逻辑的世界是明亮和清晰的；即便黑格尔没有说过可以从理性逻辑中推论出历史的细节，但他确实又说过从纯粹的哲学前提能够推出历史的轮廓和大致结构。黑格尔讲述的是一部没有"噪声"和"狂乱"的历史，对于黑格尔，全部历史说到底都只能是意义的历史，即一般大写的理性的历史。按照海德格尔的读解，黑格尔的这一思维方向从根本上起就失误了。① 海德格尔无疑会认同德里达的如下观点：即一般理性和意义之绝对性正是上帝的别名，人们都知道没有上帝，有限思维永不能获得排除疯狂等的"权力"。而且，事实上它永远只能在历史中通过暴力去排斥疯狂；或更确切地说，这种排斥及这种实事与原则的"差异"就是"历史性"，是历史本身的可能性。② 正因如此，德里达要求我们注意到，"在唤起'存在的声音'之后，海德格尔又提醒我们，它沉默、无声、隔音、无语……存在的本义与'存在'一词之间的断裂；意义与声音之间的断裂；'存在的声音'与'语音'之间的断裂；'存在的呼唤'与它的发音之间的断裂；这种确定基本隐喻而又在表明隐喻的不协调性时怀疑这种隐喻的断裂，清楚地表明了海德格尔在对待在场形而上学和逻各斯中心主义方面的模糊立场"。③ 的确，在思所面对的世界中，海德格尔愈来愈觉得存在的真理不断隐身而去。

我们发现，德里达对海德格尔之思的幽暗深闭的所在揭示是很深刻的，但是他由此所假想的揪住了海德格尔重新走向旧本体论的这条德国庸人的辫子，多半受了阿多诺的指点，阿多诺在其论战性的《本真性的行话》一书中，也提到了这样的看法。在阿多诺看来，海德格尔式的生存哲学话语："设法通过不涉及所用词语的内容，来使人们从整体上体认到并接受这一话

---

① 在海德格尔看来，以黑格尔为代表的一般大写理性的历史哲学假定可以通过发现隐藏在历史演变下面的"节律"或"模式"，来寻找飘游于特殊性之上的普遍性规律，致力于从人类历史中找到一种"超越历史"的时间模式，在这一意义上，本真的历史性也就错失了。

② 参见德里达：《书写与差异》上册，张宁译，三联书店 2001 年版，第 96 页。

③ 德里达：《论文字学》，汪堂家译，上海译文出版社 1999 年版，第 29 页。

语所要表达的东西。"所以，"这种行话的词语听起来就好像是他们说出了高于其意指之物的什么东西……只要深谙这种行话，无论谁都不必说出他的所思之物，甚至不必严格地思考它。"①

一目了然的事实是，这种蕴含着改换整个传统思维场景的潜能的基础存在论的语言形式，却不被阿多诺看好。对于阿多诺来说，存在学说是自相矛盾的："它既论及存在物，同时又使它本体论化"，这种矛盾也决定着这一学说和历史的关系。从实质上看，这是一种有限存在的时间性与本体的永恒性的矛盾。关键在于海德格尔本体论中的"历史性"被非法引进思辨所导致的深层悖论。② 阿多诺认为，对不可表达之物的直接表达是没有的，海德格尔将哲学的真正任务规定为思考存在，然而在他那里存在抵制任何思想的规定性，存在地地道道是先验之物，"一个绝对抽象的怪物"。③

很明显，阿多诺这里的分析，必然仍是基于传统的意识哲学范围。因为，海德格尔自己充分意识到"任何一种存在之理解都必须以时间为其视野"，当他致力于从时间性去解释存在、真理、历史时，他的目的已不再是与胡塞尔试图建立第一哲学一样了，原因在于这种时间性不是"意识"的时间性或先验的源始自我的时间性。虽然在《存在与时间》的思想展开过程中，最初的确让人觉得好像只是一种先验反思的增强，好像达到了某个高级的反思阶段，时间被显示为存在的境域。④ 但是如果上帝不存在，如果第一哲学只是虚构，那么海德格尔在形式上采纳它们以便击垮它们仍然会是必要的。这就是从阴影知道光亮的道理，所以海德格尔才说，"存在原初地显现于遮蔽着的隐匿之光亮中"。⑤

---

① Theodor W. Adorno, *The Jargon of Authenticity*, trans. by kurt Tarnowski and Frederic will. (Evanston: Northwestern University Press, 1973), pp. 8-9.

② 参见阿多诺：《否定的辩证法》，张峰译，重庆出版社 1993 年版，第 128—129 页；张一兵：《无调式的辩证想象》，三联书店 2001 年版，第 195 页。

③ 阿多诺：《否定的辩证法》，张峰译，重庆出版社 1993 年版，第 108 页；张一兵：《无调式的辩证想象》，三联书店 2001 年版，第 195 页。

④ 参见伽达默尔：《真理与方法》，洪汉鼎译，上海译文出版社 1999 年版，第 330 页。

⑤ 孙周兴选编：《海德格尔选集》上卷，上海三联书店 1996 年版，第 235 页。

三、"历史空间"与"事件"

我们必须赞同阿多诺的一点是，"海德格尔由于把哲学的不可表达的方面当作他的直接论题，因而自始至终把哲学挡在'废除意识'的范围之内"。这里的根本原因在于笛卡尔的"我思"以来的传统是完全与"时间"割裂的，这造成了近代哲学中的"时间的缺场"。在近代哲学的意识分析中，"历史性"概念被当作近乎"时间性"概念来使用时，几乎总是被看做是无意义的，在时间之流中任何一个东西都被看做是变幻莫测的。据此，我们无法谈论任一东西的存在，因为谈论任一东西都需要确定的观点。时间性不能表明任一东西的存在，相反，它表明每一东西不存在。时间性至多只是表征了混沌。这样，意识哲学难免给人留下一种假象：当对任一事物作历史性理解时，我们必定是处于一个非历史性的位置上，"位置性意识"决定着我们只能以空间性方式去理解时间性方式，否则我们因和历史事件存在着一段距离，历史学的对象就不存在。所以，作为历史性理解所需的一切非历史性条件不能反过来由历史性来解释。①

显然，就近代哲学的"意识"而言，空间性具有本体论上优先性。海德格尔认为，传统哲学没有就时间本身来规定时间，而是用空间中的运动来规定时间。这个问题渊源于自然科学的时间规定：物理学研究的对象是运动的规律性。而运动是在时间中进行的。他特别注意这个"在……中"（in）。他说这个"在……中"具有空间的意味。自然科学也包括日常生活都用具体空间意义的"在……中"（in）来规定时间有着历史的根源。自然科学的研究必定具有某些永恒的空间性原则，否则其研究结果只是一片混沌。因此，在海德格尔早期对时间的分析中，已经意识到自然科学的研究首先进行的是本体论的工作：构建自己的对象（物理对象、时间、空间等等），构建自己的世界（用数学作构架，建立起上述诸元素的关系）。但是自然科学与

---

① 参见赵汀阳：《走出哲学的危机》，中国社会科学出版社 1993 年版，第 33—38 页。

人文科学的区别恰恰在于它的本体论前提。要对历史性展开讨论，原则上不能把历史只是作为一门科学的对象来研究，而应当从原本就具有历史性的东西出发，历史的历史学把握之所以可能，只有从历史事物的存在方式，从历史性以及从历史性植根于其中的时间性才能得到回答。要言之，历史的专题化是以"在人文科学中建设起历史世界"为前提的。①

因此，我们在这里就必须提出这样一个问题，即海德格尔所带来的历史本体论的重建，是否有益于某种历史诠释？与此相关联，就传统哲学视域而言，因为思想在时间中存在，却无法在时间中理解存在，所以，时间性可以转换为空间性方式被理解，反之则不然。而海德格尔认为，这样理解的时间只是流俗时间，是恰恰适合于黑格尔的本质上是概念的精神的发展的。② 概念或逻辑是空间性的。因此，当海德格尔尝试建立历史科学的时间概念时，作为历史空间的存在概念原本是否要连带提出？

无须作周详的讨论就可以清楚，对历史空间的存在概念的讨论，并没有超出甚至是必然归属于海德格尔历史性的生存论存在论建构。因为，当海德格尔说，存在使存在者存在成为可能，指的就是存在为存在者提供而不仅仅被置入（"在历史中"）"空间"。这意味着海德格尔的由传统哲学的"存在"转向"成为存在"的本体论直接表明：存在领会为存在者的历史空间，这要求人们注意到：存在者从根本上来说具有历史本质，即具有历史性。海德格尔自己业已注意到了存在所具有的各个历史维度，而这正好是奥特之所以称存在为历史空间的根据所在。因为存在不是一个有别于诸如生成、表象、思维、道德义务等历史性因素的静态概念，它也不是很多人所认为的那样被提升为历史的绝对主体，而凌驾于它们之上并与之对立。相反存在包含着它们。这里的关键在于看到：海德格尔的旨趣在于把先前被理解为静态的各种范畴理解为历史的、动态的。或者说，传统中静态的范畴变成了意指存

---

① 参见海德格尔：《存在与时间》，陈嘉映等译，三联书店1999年版，第426页。
② 参见海德格尔：《存在与时间》，陈嘉映等译，三联书店1999年版，第483—492页。

在"事件"的历史性概念。由于存在者的存在是作为"事件"来发生的，因此存在者的存在相当于历史的发生（occurrence），因而存在的空间性乃是"作为整体的历史空间，即一切事件的境域与总和。"因此，当海德格尔谈到"存在"不是一个问题，而"成为存在"才是能够提出的有意义的问题时，"事件"这个词在海德格尔的历史诠释中也被赋予全方位地理解历史性概念的征候。

"事件"的德语词是 Ereignis，这个词在海德格尔研究者那里根据语境有多种译法，它在词源上与 Auge（"眼睛""看"）有关。从"瞥见"这一词根含义，海德格尔引申出了这个含义，即在一瞥之间，把……召唤到自身从而拥有。里查森将这种"看"理解为"相互对看"，这是极富见地的判断。"事件"的含义最终成了"拥有"，它主要强调事情本身所固有（eignen）的东西的显现。存在被委托给了人，人是存在的看护者。为了实现自身，人必须委身于存在。存在向人的思想的显露、存在向人的语言的召唤，就是这种相互拥有。正是在这个意义上，存在的显露是"事件"。①

对于海德格尔来说，"Ereignis"一词在这里的意思不再是我们通常所谓的事情、事件。这个词既然还包含有"生成发生"的含义，"它所命名的东西只是在单数中发生——不，甚至不再在单个数中发生。而是独一无二的"。② 因此，恰如"事件"唤起言与言说一样，思入存在之真理中的思想作为思想乃是历史性的。这也意味着"没有一种'系统'的思想，也没有一种由过去的各种意见组成的历史学（Historie）可供图示。但也并不像黑格尔所见的那样，仅有一个体系，可以把思想的规律搞成历史的规律，同时又可以把历史扬弃在这个体系中。更原初地看，却有存在之历史，而思想就

---

① 参见布尔特曼等：《生存神学与末世论》，李哲汇等译，上海三联书店 1995 年版，第 138—139 页；孙周兴选编：《海德格尔选集》上卷，上海三联书店 1996 年版，第 656—657 页。

② 孙周兴选编：《海德格尔选集》上卷，上海三联书店 1996 年版，第 656—657 页。

是为对这种历史的思念（Andenken）——为历史本身所居有——归属于存在之历史"。①

在此语境中，我们须特别注意海德格尔所思的"历史"与"事件"之间的字面和意义的联系。从这种联系出发，我们可以将海德格尔的"事件"一词的含义作进一步深说，它表示不可见的、偶然的、随机的、独特的、具体的、历史的……东西。不消说，在这一意义上，黑格尔的辩证法倾向于把海德格尔意义上的"事件"的作用减到最低程度，把历史发展中由"事件——事故"激励的异质发生性（他称之为否定性）整合到根据内在逻辑发展、并触发保证这个发展的自我发生性中。

展开来说，对于黑格尔而言，虽然从现象和有限意识来看，人的行为和历史无非是一幕热情的冲动的表演，但是，从本质上看，历史却是理性的表演，因为理性在利用热情本身作为实现它的目的的工具。这里正是黑格尔把历史规定为精神的关键，从这点出发，黑格尔企图把对人的行为及其历史发展的一切说明约化为决定性的说明（亦可理解为把空间作为时间来加以思考）。由此衍生的约化知识论是以"神性理性"的无限性，可绝对与时间性和真理性调和为前提的。黑格尔自己曾说过，如果说，思想与空间相调和曾经是所谓笛卡尔式理性主义之目标的话，时间与思想之调和乃是哲学自19世纪以来的任务。② 所以，19世纪黑格尔在历史推演层面上的影响到了20世纪有了双重结局：历史推演必定会不可阻挡地转变成那种所谓的客观历史研究，黑格尔在哲学的绝对知识里所想到的存在的完全自我透明性，就是新黑格尔主义者意识自己为历史学家的根据，今天，这种历史研究随同其语文学、考古学、文化史学等的附录也一道构成了圣经学的主要内容。然而，第一次世界大战结束之际，圣经学还是被克尔凯郭尔突破了，与此同时，海德格尔把历史研究还原到其生存论根基上去，亦即视存在本身就是时间，这样

① 海德格尔：《关于人道主义书信》，见《路标》，孙周兴译，商务印书馆 2000 年版，第 395 页。
② 参见德里达：《书写与差异》，张宁译，三联书店 2001 年版，第 95 页。

一来，海德格尔称黑格尔的绝对认识为"本体—神学"① 也就会毫无困难；黑格尔的本体神学把一切存在者都还原为存在，又把它们全部与存在混淆起来，但反过来存在又与一个最高的存在者混淆起来，这最高的存在者是自身的原因，又是其余一切的第一因。这一思想和逻辑结构不是仅属于黑格尔哲学的，它是一切形而上学的本质。只是在海德格尔看来，"形而上学在体系中首次由黑格尔把它的绝对地被思的本质表达出来了"。② 所以，海德格尔得出结论说，在达到"绝对知识"的漫长的历史过程中某种"东西"被抹杀了，这某种东西恰恰曾推动了这历史，它就是"历史"本身。换言之，意识和对象的绝对同一性对于有限的历史性的意识来说是不可能达到的，存在和客观性的全部意义只有从此在的时间性和历史性出发才能被理解和证明。因此，海德格尔用"Ereignis"这个词表达了这样一个更丰富的思想：任何存在者的存在性都不是现成的，而只能"在一种相互牵引、来回交荡的缘构态中被发生出来的"。③ 所以，海德格尔常常凭借深究《存在与时间》中的"此在""存在""决断""命运""时机"（timing）等词的含义来展示存在者的生成发生的意义，凸显存在本身不是静态的"是的状态"（is-ness/Seiendheit），而是显现和隐蔽成为一体而缘起的存在史，至此再来看《存在与时间》，就会清楚它确实是西方哲学史上专门论述存在论的历史或存在的历史著作。

① 参见刘小枫选编：《海德格尔与有限性思想》，孙周兴等译，华夏出版社 2002 年版，第 107 页。
② 海德格尔：《关于人道主义书信》，见《路标》，孙周兴译，商务印书馆 2000 年版，第 396 页。
③ 张祥龙：《海德格尔思想与中国天道》，三联书店 1996 年版，第 163 页。

第七章　虚无主义

现代思想史上的"人观""上帝观"及其"历史观"的嬗变，是虚无主义问题意识的深层背景，尼采、海德格尔和马克思可算是对虚无主义回应的征候性思想家。从海德格尔提出的存在问题出发，虚无主义的本质能否被确切地追问与思考？由此问题，我们注意到，他们都在希图克服虚无主义的道路上，找到了自己的方向，但他们努力的结果并不相同。

虚无主义究竟意指什么？如果我们不是先入为主，那么虚无主义就不是"意欲虚无"，即包括自身在内的万物的毁灭。这只是精神疾患者的幻想的解释，按照施特劳斯说法，虚无主义是对文明本身的拒斥，这当然意味着虚无主义者要懂得文明的法则（价值），否则虚无主义者很可能只是纵酒主义者或恐怖主义者。依据尼采，导致虚无主义出现的根源，就其本质上说，并不是文明的价值自身的零落，而是相反，这些价值本身内在地就是虚无主义的。虚无主义是一切形而上学的预设：从上帝到上帝的弑杀者，从上帝的弑杀者到最后的人。价值可以改变、更新，甚至消失。那不会变的，不会消失的是自始至终支配这一历史，产生所有这些价值（及其缺席）的虚无主义视角。这样就明白了，欧洲的虚无主义实际上是欧洲历史的潜在原理，或者说，欧洲历史的显现化过程便是虚无主义。

现象学大师们从中嗅出了虚无主义的渊源——历史主义，按照胡塞尔的看法，历史主义的谬误在于，如果将它贯彻并运用的话，那么终究只能走向怀疑的主观主义。原来，如果从历史主义的立场来讲，所谓的真理是不存在的，今天被证明的理论到了明天就会被看成是无价值的，譬如，可以把亚里士多德看做为不懂物理学未开化的古人，因为就像库恩在 1947 年发现亚里士多德对近代力学毫无所知那样。这样来看，虚无主义的另一渊源就是解构主义。不过，解构主义的大师不会同意我们的这一阅读方式，用德里达自己的申辩说，解构不是绝对的消解，它同时也是建构。从建设性的角度说，解构就是"哲学的某种非哲学思想"。

第一节　存在问题：透视虚无主义的一个视点

一、虚无主义：形而上学的预设

从雅可比在 1799 年第一次引用"虚无主义"这一词以来，这个词已有相当不同的含义并已被置入一个杂语世界。人们或是将它当作"流行的标语"，或是将它视为"谴责性的骂人语"。然而，具有讽刺意味的是，当人们习惯于这样来使用"虚无主义"这一词时，却仅仅是将它视为"具有一种虚无主义的意思，也即一种否定的、遁入一无所有的虚无之中的意思"。[1]因此，人们觉得这个词是自相矛盾的：因为它只是一个没有对象的空洞概念，同时却自命为意在谋求社会法权的"主义"，也即带价值论断的社会化思想言论。人们在感觉到这种矛盾之后，不仅不再停留于在"无"（nothingness）和"一无所有"（nothing）这两个词之间作某种语义游戏式的区分，即"我们显然很难否定还没有得到第一次肯定的东西"。而且在深度意义上强调对这个词的使用原应以存在问题为线索。例如，笛卡尔、康德、黑格尔、柏格森和马克思就不仅拒绝"脱离存在思想'无'，而且还因诸多原因对之很不满"，这里的不满就在于：依照否定的、遁入一无所有的虚无主义之中这个"虚无主义"名称，它"甚至不能用来决定与这个'一无所有'

---

[1] 海德格尔：《尼采的话"上帝死了"》，见海德格尔：《林中路》，孙周兴译，上海译文出版社 1997 年版，第 225 页。

紧密相关的语言是否有什么话要说，或正好相反，没什么要说"。"甚至不能用来决定'没什么'（nothing）是否就不能先于语言本身"。① 有鉴于此，我们对"虚无主义"的追问首先需要有个"正当的视点"。

什么才是追问虚无主义的"正当的视点"？对此，由于不同的哲学家的论述方式之故，它们都具有极其不同的意义。从许多方面看，重新解释人类社会的历史，乃是现代思想史上的重要线索。虚无主义的问题域定位于人观和上帝观及其历史观的嬗变。尼采和海德格尔可算是对虚无主义回应的征候性思想家。但是如果我们固执于虚无主义的浅显、贫乏和毫无生气的外表，那么我们容易忽略的事实是，他们俩都对虚无主义进行挑战，而不是去推动虚无主义的发展。格尔文认为，将尼采读成虚无主义者从而对尼采作错误解释似乎还可以理解，因为他在有的论述里把自己与虚无主义等同起来。但把海德格尔看成是虚无主义者是没有道理的。事实上，即便是海德格尔版的尼采也具有极度的复杂性，按照海德格尔的说法："当尼采不断地把他自己描述成一个虚无主义者的时候，他并不是意指崩溃或者湮灭和堕落；相反，他把虚无主义想成是一种肯定性的指向未来的东西。"② 因此，海德格尔以为，尼采意义上的虚无主义绝不是指那种完全否定地被设想的状态，这里的关键在于理解尼采的"上帝死了"这句话并不是落在"世界观斗争"这一层面上，海德格尔试图解释尼采"上帝死了"这句话，其主要的思想动机是锚定在存在问题。对于海德格尔来说，只有从他自己时代向他提出的中心问题——存在问题——为出发点，才能正确阐明尼采所理解的虚无主义，从而表明尼采是如何对待虚无主义的。

这样，依据海德格尔，随着存在的意义这一主导问题，人们在把握虚无主义时就站到了一般哲学的基本问题上：由此可见，导致虚无主义发生的并

---

① 布隆舍：《经验的局限：虚无主义》，见刘小枫、倪为国选编：《尼采在西方——解读尼采》，孙宜学等译，上海三联书店 2002 年版，第 147 页。
② 转引自朱利安·扬：《海德格尔·哲学·纳粹主义》，陆丁等译，辽宁教育出版社 2002 年版，第 216 页。

不是基督教信仰学说的跌落意义上的无信仰的时代精神处境，而是形而上学本身的性质所决定的。对于海德格尔来说，形而上学不仅仅意指哲学的一门"专门学科"，而是就"存在者整体区分为感性世界和超感性世界并且感性世界总是为超感性世界所包含和规定"① 而言，并在西方形而上学开端处就已确立的世界基本结构，这一结构的核心问题就是"存在和存在者之间的差异"，这一"差异"之所以成为核心问题，是因为从这一前提中产生的存在概念是依持从"存在者的种类"这一视点出发来对待存在意义这一问题，它不可避免地使存在概念抽象化，以至于人们总是只能把存在处理为一个对象性的存在者，形而上学是蛊惑人们拒绝对存在意义的探讨而陷落到存在者研究的最深刻的思想根源。显而易见，欧洲历史的基本运动还无意中把这种拒绝掩藏起来。因此之故，"人们不断在一种形而上学之后又建立另一种形而上学的基础，这从根本上来说是没有基础的"。② 海德格尔洞见到，形而上学就是这样一个历史空间，"在其中命定要发生的事情是：超感性世界，即观念、上帝、道德法则、理性权威、进步、最大多数人的幸福、文化、文明等，必然丧失其构造力量并且成为虚无的"。③ 因此，形而上学是虚无主义的基因。

需要指出的是，海德格尔对尼采的解释历经十多个年头，其中绝对不具有一个统一的立场。海德格尔之所以对尼采的思想抱有长时间的热情，缘于尼采在一定程度上使存在意义的研究与其他科目分离开来，在谈及"存在"时，尼采认为，"世界是没有目的的，没有最终状态的，而且无法达到'存在'的程度"。④ 也就是说，存在没有意义，没有目的。它是不在场的或虚无的。或者说，存在并不是什么人们可以把捉的东西。可是，奠基于价值评

---

① 参见海德格尔：《林中路》，孙周兴译，上海译文出版社 1997 年版，第 227 页。
② 海德格尔：《尼采》，转引自恩斯特·贝勒尔：《尼采、海德格尔与德里达》，李朝晖译，社会科学文献出版社 2001 年版，第 17 页。
③ 参见海德格尔：《林中路》，孙周兴译，上海译文出版社 1997 年版，第 227 页。
④ 参见尼采：《权力意志——重估一切价值的尝试》，张念东等译，商务印书馆 1991 年版，第 159 页。

估之上的世界观力图保住存在的稳定性和从事加固活动。与此相反，针对存在的发问使世界成为世界图像的要求，海德格尔在《尼采》中说："对于存在来说，一无所是……"然而，在"谁是尼采？"这个问题上，人们往往容易将尼采的"重估一切价值"的呼吁理解为是一种关于价值的理论。取自格尔文的说法："扎拉图斯特拉的狂热呼吁听起来就像社会进步言论，或者有时被看做自由言论。"① 其结果是当尼采的著作流布于世之时，关于价值的谈论也成了"大众化的事情"。海德格尔评述说："由于尼采把虚无主义理解为那种对以往的最高价值的废黜的历史的规律性，而又在重估一切价值的意义上来解说这种废黜，这样照尼采的解释，虚无主义就植根于价值的统治和价值的崩溃中，从而也就植根于一般价值设定的可能性之中。价值设定本身是以强力意志为根据的。因此之故，唯从强力意志的本质而来，尼采的虚无主义概念和'上帝死了'这句话才能得到充分的思考。"②

根据海德格尔这里的尼采解读明显具有双重矛盾的姿态所发挥出来的思想，尼采就的确是海德格尔意义上的"柏拉图主义者"了。

这种矛盾具有含混性：与海德格尔谈论"尼采的形而上学是价值的形而上学"这一情形相应的是："永恒轮回""强力意志""重估价值"虽然是尼采的学说，但它们是否就是尼采想说的真理，倒一时难以确定。海德格尔说，尼采没有对强力意志与永恒轮回之间的关系彻底想清楚。但海德格尔对尼采未解释的东西也并未有所言说。

如果我们想要为尼采的"重估价值"寻找一种经脉不在海德格尔所谓形而上学"颠倒"的解释之定位上，那么扎拉图斯特拉的"如是说"无疑说得很清楚："你们，价值评估者啊，你们用自己有关善恶的价值和言语行使你们的强力；这就是你们隐而不彰的爱和你们灵魂的光辉、战栗和激奋。

---

① 参见格尔文：《从尼采到海德格尔——对海德格尔论尼采作品的批评性评论》，见刘小枫、倪为国选编：《尼采在西方——解读尼采》，孙宜学等译，上海三联书店2002年版，第518、518—524、527—529页。

② 参见海德格尔：《林中路》，孙周兴译，上海译文出版社1997年版，第238页。

然而从你们的评价中产生一种更强的强力，一种新的征服：因它之故，蛋和蛋壳破碎了。谁决心成为善恶中的创造者，就必须先当破坏者，必须把种种价值打个粉碎。"①

这样的"如是说"，是在尼采标题为"超越自我"的段落中告诉我们的，所谓"超越自我"，听起来是在重弹康德的论题，实际上事关欲使"一切存在当顺从"自己的"智者"——柏拉图《理想国》中所谓的哲人王——向"不智者"（民众）隐瞒上述真理，"超越自我"就是哲人克服想向民众宣讲真理的冲动。因此，我们听到"凡在我们的真理中能打碎的就打碎吧！"②

当尼采坦率地说，没有真理，因而除了本质上的混沌可以确认外，也就没有普遍解释和评价时，他和柏拉图的根本区别在于："对柏拉图来说，有多个原本与预定的形式（prediscursive vision），多少可以规范我们的言说以便区分有益与有害、高贵与颓废、真实与虚假。对尼采来说，就没有这样的原本。原本即混沌。随之也就意味着'有益'与'有害'、'高贵'与'颓废'、'真实'与'虚假'都是派生概念。它们就是解释。"③

这一思路，带来以下推论：尼采可能致力于一种虚无主义的修辞，权且只是对真理的传统理解所作的恰当反应，他的"重估价值"本质上不是关于道德的批判，或者说，把价值评价抛在世界观一边，而是对存在问题提出的要求：我们可以从以下相关方面看出，尼采驳斥了哲学伦理学的可能性，亦即道德科学的可能性，此种科学据说可以传授以惟一真正的道德。哲学家们"完全没有看到真正的道德问题——这些真正的道德问题只在比较许多道德时才出现。"因此，"伦理学的真正的基础"的寻求困难确实很大，情形必然是：任何一种道德都是建立在某种对"自然"、也对"理性"的专制

---

① 尼采：《查拉图斯特拉如是说》，黄明嘉译，漓江出版社 2000 年版，第 125 页。
② 尼采：《查拉图斯特拉如是说》，黄明嘉译，漓江出版社 2000 年版，第 125 页。
③ 参见罗森：《尼采的"柏拉图主义"》，见刘小枫、倪伟国选编：《尼采在西方》，孙宜学等译，上海三联书店 2002 年版，第 131 页。

之上。尼采尤其将他的批评指向了"屈从于专断的法则"的无政府主义者：所有有价值的东西，例如，自由、勇敢、安全等，也像伦理、道德一样，都是借助于专断的法则才得到发展的。① 换言之，对非自然和非理性的礼法的持久的服从恰恰是"道德的自然律令"②。道德观告诉我们什么是应该做的，但仅仅从道德观出发，我们就会丧失对存在的意义的理解。

在《尼采的扎拉图斯特拉是谁?》和《什么是思考》这两个作品里，海德格尔通过研究尼采始终坚持的一个观点——若要认识到一个人的存在，那他就必须去克服报仇的心理——去阐明对存在意义的解释是对道德范围的限制为前提的。

海德格尔为什么认为克服报仇思想对从存在者的考虑转向存在意义的考虑很重要？我们可以看到，海德格尔作了明显的两点分析：第一，从存在意义上讲，报仇以及它的反面的宽恕，都是超道德的（在道德范围之外的）观念，这种存在与道德的分离对存在意义的探讨特别重要。它表明道德判断与存在判断是有差别的，忽视这差别就会走向虚无主义。第二，海德格尔特别注意到尼采关于报仇是对时间、对时间之过去的厌恶的分析。从存在论上讲，要是谁愿做报仇的奴隶的话，那他就被锁在过去的观念里。他是为过去而存在的（回忆和忘却），那么在这时间模态里，这个人就一点自由也没有。对海德格尔来说，人是时间性的存在，尼采关于报仇是对时间、对时间之过去的厌恶的分析，就摆脱了从心理和道德层面的描述，而使其归并到存在论范畴，由此他也就使存在问题明朗化了。③

在此，我们可以说，海德格尔出于自己对存在问题的兴趣，他并不想把

---

① 参见尼采：《论道德的谱系·善恶的彼岸》，谢地坤译，漓江出版社 2002 年版，第 233—236 页。

② 参见施特劳斯：《注意尼采〈善恶的彼岸〉的谋篇》，见刘小枫、倪为国选编：《尼采在西方——解读尼采》，孙宜学等译，上海三联书店 2002 年版，第 38 页。

③ 参见格尔文：《从尼采到海德格尔——对海德格尔论尼采作品的批评性评论》，见刘小枫、倪为国选编：《尼采在西方——解读尼采》，孙宜学等译，上海三联书店 2002 年版，第 518—524 页。

尼采的作品归入伦理学、价值理论或社会批评这些传统的类型里去。但是摆脱传统思想的历史影响总是困难的。海德格尔提出了尼采的最大也是致命的错误就在用形而上学的原则——权力意志代替了形而上学的存在/上帝。既然权力意志是形而上学的观念，那么存在论的不同之处就消失了。从而尼采是一个自己不知情的柏拉图主义者。海德格尔再强调说，"如果就存在本身来看，那种按照价值来思考一切的思想就是虚无主义，那么，就连尼采对虚无主义的经验——即认为虚无主义就是最高价值的废黜——也是一种虚无主义的经验了"。① 这等于说，虚无主义原封未动。但依据海德格尔，尼采的虚无主义自身是形而上学的"最终阶段"，因为形而上学的另外可能性在此范围内不再可见，如果形而上学通过尼采以一确定的方式自身剥夺了其自身的本质的可能性的话。② 德里达就此对海德格尔本人在尼采身上表现出的矛盾情况直言不讳地说："在拯救尼采的同时海德格尔也失去了他。他想要在拯救他的同时解放他。就在证实尼采思想的独特性的时候，海德格尔尽一切努力表明尼采思想重复了最有力的（因而也是最一般的）形而上学图式。"③

二、存在问题中的"永恒轮回"

根据海德格尔的看法，既然西方思想家的根本错误是没有能够最终克服形而上学，而这种错误不可避免地导致虚无主义，其根源在于西方思想长期以来的指导问题是存在者的问题，那么若要避免虚无主义，我们就应该把存在的问题放在第一位。这里的第一位的意思并不是价值位序意义上的，海德格尔不仅把存在放到前价值状态中作现象学描述，而且对追求价值或颠覆价值的做法都加以反对。按海德格尔的意思，只要我们意识到，海德格尔的存

---

① 海德格尔：《林中路》，孙周兴译，上海译文出版社 1997 年版，第 264 页。
② 参见海德格尔：《林中路》，孙周兴译，上海译文出版社 1997 年版，第 216 页。
③ 德里达：《阐释签名（尼采/海德格尔：两个问题)》，见汪民安等主编：《尼采的幽灵——西方后现代语境中的尼采》，社会科学文献出版社 2001 年版，第 244 页。

在问题与价值无涉，我们就不会滑向虚无主义的泥坑。

但是，海德格尔的存在问题不能免遭空洞无物或缺乏具体性的指责。因为，现实生活的确表明，一切存在者均可纳入从事估价的人的范围之内。人每天与之打交道的东西，也就是人本身的存在，完全被看成为"价值"，"存在"就此变成一种世界图像。对于海德格尔来说，尼采仍然是一个建立世界图像的哲学家。海德格尔把尼采的永恒轮回与权力意志归并为一，尼采的思维的确像是被特别图像封闭起来了。因为尼采的永恒轮回思想把时间这一维度给删去了。时间在这里成了一个循环的圆圈，这意味着将来只不过是渺茫无际的现在和过去的重复。一切都是一再重复，原封不变，无穷循环，将来发生的事情自然也就没有什么意义，我们的所有作为、所有经历也因反复循环都成枉然。就连尼采试着瓦解传统形而上学的"存在""自由意志""真实的世界""目的"和"进步"观念之举，也是徒劳无益，总之，如果一切事物根据永恒轮回法则运动，那么所有意愿的行动都等于一种实际的不行动。难道这不是虚无主义的本质？这不正是人类要回避的无意义状态吗？

但是，既然什么都没有意义，那还有什么永恒轮回呢？从存在问题出发，我们必须把永恒轮回了解为多义的。一方面，它使原本在形而上学世界中还存在着某种"虚假"的价值的世界的生成变化和人类的自下而上变得毫无意义。原本就被形而上学所敌视的生活世界就陷入更为可悲的境地。另一方面，正是借助于这种分析，人们才能对虚无主义的最终本质加以理解。格尔文就此用一个通俗的例子加以说明："比如戏剧里的合唱部分在一开始就把以后将要发生的事情全部概要地告诉观众。观众对此有什么看法？莎士比亚的《罗密欧和朱丽叶》就是这样。因而，一个非常自然的问题是：剧作者把剧中以后发生的事预先告诉观众，这不会破坏整个剧情，使戏剧失去吸引力吗？听完《罗密欧和朱丽叶》的序词以后，观众被预告他们因为家庭世仇的原因都最后死去了，观众为什么不溜走呢？我们被告知说，剧作者的这一手法会使我们从戏剧情节本身的兴趣转移到意义的欣赏。""这是我们欣赏艺术的奇怪的真理：我们越是少依赖情节的发展，我们理解得越多。""正像戏剧里的序词把我们的兴趣从情节转移到悲剧本身的意义一样，永恒轮回的意志会集中于对存在意义的本身的领会而不是对简单事件的欣赏。"同理，"若要既分析又理解人类存在的某一个阶段、某一方式或某一实例的话，要做到的就是让存在的意义设法从其他所有的诸如形而上学、伦理和社会的考虑中摆脱出来"。正因为这一点，把普通人对事件的感兴趣与尼采的"超人"或海德格尔的本真的"此在"对"意义"感兴趣区别开来。① 在这一意义上，尼采的永恒轮回说可以被用来探讨存在意义的存在之真理，并作为人类存在的最高的肯定形式。

三、虚无主义的克服：对可能未来的前瞻

从某种特定的意义上说，现代人征服了它的世界，但是发现自己因为这一胜利而变成一个没有任何东西让它可以归属。它是"无家可归"的——一个早在 19 世纪马克思对异化现象的分析中就被看到的现象。从这个观点和角度，海德格尔认为："马克思达到了虚无主义的极致。"我们对马克思的理解与海德格尔的争端就缘于这一观点。

在《德意志意识形态》中，马克思受到施蒂纳的激发看到了，人自己不能成为"超人"，企图创造"超人"无异于企图谋杀现实的人。这就是说，当施蒂纳将整个客观世界解释为应当占有的、纯粹的"个人"的"财产"时，同样将这个占有者和他的特征"置于虚无之上"。在历史进程中，随谋杀上帝而来的并不是超人，而是从事感性活动所谓"革命实践者"的杀"人"——一个费尔巴哈意义上的"类的存在"。

马克思的这一思想可以溯源到《黑格尔法哲学批判》。正如在尼采那里一样，谋杀上帝是这个作品的前提。这就是马克思讲的"对宗教的批判是其他一切批判的前提"的意思。"反宗教的批判的根据就是：人创造了宗

---

① 参见格尔文：《从尼采到海德格尔——对海德格尔论尼采作品的批评性评论》，见刘小枫、倪为国选编：《尼采在西方——解读尼采》，孙宜学等译，上海三联书店 2002年版，第 527—529 页。

教，而不是宗教创造了人。就是说，宗教是那些还没有获得自己或是再度丧失了自己的人的自我意识和自我感觉。但人并不是抽象的栖息在世界以外的东西。人就是人的世界，就是国家，社会。"一旦清楚地看到这种关系，人的现实性就清楚了。"一个人，如果曾在天国的幻想现实性中寻找超人，而找到的只是他自身的反映，他就再也不想在他正在寻找和应当寻找自己的真正现实性的地方，只去寻找他自身的假象，只去寻找非人了。"① 由此看来，"马克思离尼采相当近，人们一读这段话，首先就猜到'超人'这一象征是用来标明上帝的。因为，上帝的确不存在：在费尔巴哈宗教心理学的意义上说，'上帝'是人间最美好的东西在天国的投射。但是，如果在天国的这种投射是幻觉的话，投射的内容就并非是幻觉。人间最美好的东西是真实的；它必须——马克思由此超越这种把宗教提示为幻觉的投射心理学——被拿回人间"。② 因而，宗教的天国不能被还原为同自身一致的单个的人们（"类存在"），它只能被还原为真正的、全人类的社会。"天国的批判"不能像在费尔巴哈那里一样，变为对尘世的祝福。马克思的宗教批判是由不断追问"理想"得到激励的。他从现实的历史出发，肯定了历史（尤指资本主义的历史）是在市民社会之世俗生活中完成的，但他从来也没有说解放就是这些世俗生活本身。近代的虚无主义使人们失去的是神的彼岸世界，但也没有使人得到人间的此岸世界。宗教的批判应当成为"尘世的批判"，将彼岸世界的天国改变成历史未来的彼岸，也就成了马克思继续进行宗教批判的基础。马克思虽接受了费尔巴哈对天国的批判，但是，他又使之具有更加现实的形式。他同样以人类的当前状况及其历史未来之间的可以消除的矛盾来代替天国和尘世之间不可克服的二元对立。

但是，对马克思而言，这并不是作为人类历史的顶峰，或作为历史的终结，人类历史远未完成甚至尚未开始。这就是我们所谓的历史的史前史。通

---

① 《马克思恩格斯选集》第 1 卷，人民出版社 2012 年版，第 1 页。

② 沃格林：《谋杀上帝》，见刘小枫、倪为国选编：《尼采在西方——解读尼采》，孙宜学等译，上海三联书店 2002 年版，第 60 页。

过质疑被黑格尔认为合理的矛盾解决，马克思接受了对一种美好未来、一种自由王国的前瞻。这里我们发现，尼采与马克思错综复杂的缠结，无论尼采是否了解马克思的著作，作为人的生存和人的存在的哲学家，他们就像在一个交叉点上在虚无主义的问题上相遇了。但他们在克服虚无主义这个道路的交叉点上相遇并又分道扬镳：尼采强烈地质疑了共产主义的前景。他将共产主义的"人类社会"式的人看成末人（the last man），也就是说是人的极端堕落状态。因为在他看来，共产主义的任务不是产生文化和伟大高贵的个人，而是尽可能多地制作"孤立者"和原子，并把"自由"送给他们每一个人。在这种看法后面隐藏着的仍是对马克思主义的流俗成见：马克思主义基于现实生产方式的矛盾结构，强调未来的必然性所导致的"同质化的单一社会形式"之结果。它意味着人类在最低水准上的统一、生命的完全空虚，没有高贵，没有个体，只有"孤独的一群"。而尼采认为，如果人类还有未来，就必须设想"超人"：所有关于人类伟大的既往设想都无法使人面对全球时代的无限增长的使命。超越、克服所有先前人类类型的可能性已经向当代展现了，其原因并不是说当代比以往任何时代都优越，恰恰相反，它是一个有着最大的危险、因而也是有着最大希望的时代。虚无主义的终结就是当代的没落。

施特劳斯为此注意到尼采《善恶的彼岸》的谋篇，并指出在尼采这种"新型的无神论者"那里，对可能未来的前瞻基于这样一种事实："人的生命是全然没有意义的，是缺乏依凭的，生命只是在其前和其后的无限时间之间的一瞬，在此前和此后的无限时间当中，人类是不存在的，也将不会存在下去。"① 简言之，那注定要毁灭的自由王国必然在其自身内部包含其毁灭自身的种子。

我们在这里没有必要去研究这种看法是否受了黑格尔的真正的"发展"

---

① 参见施特劳斯：《注意尼采〈善恶的彼岸〉的谋篇》，见刘小枫、倪为国选编：《尼采在西方——解读尼采》，孙宜学等译，上海三联书店 2002 年版，第 34 页。

是一种不断地自我"回复"的思想的启发，或者指明尼采曾指望能够用自然科学的方法严格"证明"永恒轮回这一思想，是否完全跟自然科学的现状相符合，因为，事情并不复杂，尼采的思想以被公认为虚无主义而告失败，显然与其受制于他对永恒轮回学说的"科学意义上"的证明①有瓜葛，恩格斯指出："自然科学预言了地球本身的可能的末日和它的可居住性的相当确实的末日，从而承认，人类历史不仅有上升的过程，而且也有下降的过程。"② 这种预言先行判明了一种自由王国的前景肯定要因人类及其所有意义的毁灭而终结。但是，恩格斯所强调的却是，"无论如何，我们离社会历史开始下降的转折点还相当遥远"，③ 而且"在我们的视野的范围之外，存在甚至完全是一个悬而未决的问题"。④

无须多言，与尼采不同，在马克思主义那里，通过"从必然王国向自由王国"的飞跃，克服了黑格尔乃至整个柏拉图主义传统，这种克服是以"消灭哲学"即消灭形而上学而恢复"感性活动"或者"实践"为标志的。这种同时可以称之为"生存——实践观"的核心思想在于，它要求在每一种具体的社会历史情境中解决社会发展的道路问题，因而，作为"自由人的联合体"从来不具有理想的终极性质，即使共产主义也是如此。所以，马克思说："共产主义是最近将来的必然的形式和有效的原则。但是，共产主义本身并不是人的发展的目标。"⑤ 对马克思来说，这意味着反对任何一种"人类没有未来了"的结论，⑥ 在马克思那里，"整个所谓世界历史不外

① 根据萨洛美的说法，尼采曾有一段时间希望自己能到维也纳或巴黎的大学里研究自然科学，以能够用自然科学的方法来严格证明"永恒轮回"思想，这一想法在尼采的笔记中也有反映。
② 《马克思恩格斯全集》第21卷，人民出版社1965年版，第308页。
③ 《马克思恩格斯选集》第4卷，人民出版社2012年版，第224页。
④ 《马克思恩格斯选集》第3卷，人民出版社2012年版，第419页。
⑤ 《马克思恩格斯全集》第3卷，人民出版社2002年版，第93页。
⑥ 黑格尔断言，他的哲学体系终结了一切哲学问题，他认为，通过建立后革命国家、承认人的权利或者说承认每个人的尊严，以及一个君主制的国家元首，这样构造起来的社会是终极社会。正因为哲学的完成已经成为可能，历史便已经终结了。马克思是黑格尔此一论点的有力反对者。

是人通过人的劳动而诞生的过程，是自然界对人来说的生成过程……所以关于某种异己的存在物、关于凌驾于自然界和人之上的存在物的问题，即包含着对自然界的和人的非实在性的承认的问题，实际上已经成为不可能的了。无神论，作为对这种非实在性的否定，已不再有任何意义，因为无神论是对神的否定，并且通过这种否定而设定人的存在；但是，社会主义作为社会主义已经不再需要这样的中介"。① 这意味着，马克思完全不在海德格尔的形而上学谱系中，勾销海德格尔的马克思解释的关键在于注意到，马克思已经直言，在理念和天空下面，人从来没有真正在世界中生存过。马克思也同尼采、海德格尔一样，试图使这个理念的天空彻底坍塌，致力于"植根于大地之中"的恢复或回归，这就是对虚无主义的克服。

第二节　解构和虚无主义

海德格尔的反现代主义和德里达的后现代主义倡导的解构之向度是多维的，从大的方面看，多少可以分为"摧毁性"和"建设性"这两个向度，这两个向度往往是交织在一起的，从根本上说，它反映了他们同西方形而上学传统的张力，那个传统深刻地为形而上学的历史，即作为西方历史的"内在逻辑"的虚无主义的历史运动所建构和决定，因此之故，海德格尔通过现象学的解构寻找"存在的历史"和对现代性作反抗，要求他保留对虚无的宽容。

一、解构的建设性向度

依照一种颇为盛行的误解来说，"解构"是后现代主义关注的中心，而后现代主义是专事"摧毁"西方社会的精神之墙，这样来了解解构主义的

---

① 马克思：《1844 年经济学哲学手稿》，人民出版社 2002 年版，第 92 页。

方式清楚地表明了它是否定主义的、悲观主义的和虚无主义的。诚然，解构主义还剩有阐释的目标，那么持反对意见的人便说，解构之三令五申的"不确定性"，使它的阐释变成一种毫无意义的"杂耍"。

　　然而，须得确认，这种广为流传的说法，是论者之确定信念的表达，凡信念就总是不容争辩的，谁反对它而试图证明，最终还是被禁锢在它的精神视域中，谁就只是复而加剧和巩固了盛行的误解而滞留在前面说到的那一入手处，这样一来，当论者把反传统的后现代哲学与解构主义呼其同名时，常常会使人觉得哲学总是不断地被误解包围着，继而不断地从误解中突围，于是，人们愈是希望破释疑难，去谬扶正——在德里达看来，这恰是驱使批评家写作的动机——结果是，某种阐释愈是具思想力度，愈具有权威意味，引发的语词战争便也愈多。因而，这样的解构永无休止，仿佛它从来不引向对真理的肯定。或许"重建"之类的事情在这条路上会时有发生，但它带来的只是更进一步的解构。如果要问，这样的解构主义要走多远，德里达在那里说："我们将会是语无伦次的，但不是自动把自己托付给语无伦次。这种不可思议的体系的可能性将会出现在地平线上。"①

　　的确，从其职业生涯开始，德里达就深为这类东西的可能性所迷恋。但是，如果我们将极其复杂的争论简化而对德里达的信念作一回应，那么我们不能置以下情况若罔闻："在夜间一本封闭的书中的文字并没有混淆而且还清晰可辨。"同样，"读德里达的著作也是如此，我们对那些在夜间、在白天、在任何时段内，在所有的文本中维持西方形而上学思想的东西惊叹不已"。所以，海德格尔、德里达总是不断地追问：是什么使得这个系统是"西方的"？②

　　不过，这一问题的答案无法通过依次地阅读西方思想文本而找到——不

---

① 转引自乔治·瑞泽尔：《后现代社会理论》，谢立中等译，华夏出版社 2003 年版，第173 页。关于建构与解构的关系，可参见张文嘉：《自我的建构与解构》，上海人民出版社 2002 年版。

② 参见爱德华·赛义德：《福柯与德里达》，汪民安译，见汪民安等主编：《后现代性的哲学话语——从福柯到赛义德》，浙江人民出版社 2000 年版，第442—443 页。

论用何种方法，但是，颇有意味的是，德里达对他的历史处境，对他的著作同某类著作的无关性持一种有意的疑虑：他曾说，他的解构工作的一部分属于历史的结构，即远早诞生于他的学院解构主义，稍往上溯，海德格尔、弗洛伊德和尼采等人，就他们对传统语言的解构而言，当属解构主义的精神版图。再看上去，倘若以解构来命名西方思想史上的怀疑主义传统，那非得溯源到前苏格拉底。因此，宽泛意义上的解构主义并非德里达首创，事实上，哲学史上的"解构"总是相对于"建构"而言的。一如尼采所说，毁灭和创造是很难根本分开的。如果这是真的，解构之谓虚无主义就很像是一个新开端的源泉。在这种视点上，所谓"解构"，按照德里达的说法，便是一种"双重写作"和"双重阅读"。"通过一种双重姿态，双重科学，双重文学，来在实践中颠覆经典的二元对立命题，全面移换这个系统。惟基于这一条件，解构主义将提供方法，'介入'为它批驳的对立命题领域。"[1] 我们看到，解构主义的主张者在"这个系统的术语内部操作"，"'解构'哲学因此即是用最为谨慎和内在的方法，通盘考查其概念的结构谱系，同时从它无以命名或描述的某一外在角度，确证这段历史在通过这一与它利害攸关的抑制来构筑自身使为历史的过程中，可能掩盖了什么，排斥了什么"。[2]

在这里，对于上面所勘探出来的德里达自己的立场与西方形而上学思想系统之间的相关联系，我不打算详细地描绘。我首先必须简要地表明，解构主义的目标是要打破西方形而上学思想系统，但这并不是为了将它破坏掉，而是把它的建筑蓝图抛在一边，发明各种各样对它的误释和误读，以备将来建立起新的东西（再—建构，re-konstruieren）。人们虽未说出，其实通过这插入进来的前缀"kon"（共同……合……）就已经表示出德里达的老师海德格尔早已指明的"解构"（Dekonstruktion）的建设性向度：通过把古代存

---

① 转引自乔纳森·卡勒：《论解构》，陆扬译，中国社会科学出版社 1998 年版，第72 页。

② 转引自乔纳森·卡勒：《论解构》，陆扬译，中国社会科学出版社 1998 年版，第73 页。

在论传下来的内容解构成一些"原始经验"（这些"原始经验"所从出的是那些"最初的、以后一直起着主导作用的存在规定"），使我们通达"此在的历史性"的源头或重新领会传统的根基。作为对存在的探索，解构"没有要摆脱存在论传统的消极意义"，它倒应该反过来"要标明存在论传统的各种积极的可能性"，而这总意味着"要标明存在论传统的限度"，"要把硬化了的传统松动一下"，这种解构的工作不是要"否定地对待过去，它的批判针对'今天'，针对存在论历史上占统治地位的处理方式"。① 海德格尔继续说道，解构"并不想把传统埋葬在虚无中"，相反，"它有积极的目的。它的否定作用始终是隐而不露的，是间接的"。② 同样，德里达也说，解构不是处于虚无中的封闭，而是向他者的敞开。③

面对许多一下子就挤上前来的对解构的"解释"，必须坚持已指出来的现象实情，即倘若以建构主义来命名传统哲学和相应地以解构主义来体认海德格尔的反现代主义和德里达的后现代主义，那么依海德格尔的说法，始终耽搁了存在问题从而把此在的历史性"连根拔除"的传统哲学——建构主义，就走向了虚无主义。此时，我们才听懂追随尼采步伐的海德格尔把"虚无主义"描绘成"欧洲历史的基本运动"。④ 在这个历史过程中，传统哲学中的"我思""主体""我""精神""人格"等概念曾主导对存在的基本看法和问题的提法，但同时，人们从没有就它们的存在和存在结构发问，反而在存在论上对主体作出了实体性的解释。对海德格尔来说，西方现代性危机的爆发就缘于此。

因此，在其中显而易见，所谓现代之后，就是尼采—海德格尔通过解构传统西方思想，即解构自我（主体）建立"路标"之后，在此"之后"，德里达也同尼采—海德格尔分享着对于现代性危机的某个诊断，德里达完全

---

① 海德格尔：《存在与时间》，陈嘉映等译，三联书店1999年版，第26—27页。
② 海德格尔：《存在与时间》，陈嘉映等译，三联书店1999年版，第27页。
③ 参见理查德·沃林：《文化批评的观念》，张国清译，商务印书馆2000年版，第295页。
④ 海德格尔：《林中路》，孙周兴译，上海译文出版社1997年版，第225页。

同意尼采对于"欧洲虚无主义"的理解,[①] 他认为,并不是对于西方价值（唯心主义、形而上学、宗教）所进行的如此激烈的批判才导致了虚无主义或某个毫无意义的危难局面。相反,那些价值本身"就已经是虚无主义的,并且恰恰是它们把我们逼向了深渊"。[②]

照此,严格地说,虚无主义并不是一种学说、信条,它尤其不意味着对这个术语的表面理解,即引导我们去想象的一切东西消解在纯粹的虚无中。"尼采所理解的虚无主义就是以往的最高价值的废黜。但是,尼采同时也'对以往一切价值的重估'意义上的虚无主义采取了肯定的态度。"[③] 就虚无主义的原因而言,它是道德、善和美（在设定真理的"超感性"的意义上）这些"在自身中"有效的东西,被设定为超感性领域之最高价值的同时,命中注定了它们贬值的可能性,之所以如此,是因为一部历史,它所遵循的法则（逻辑）就是:年青一代会对前辈让他们相信的东西（理念）有所不满,考虑到"无过、无不过"并非年轻人的德性,他们会要个极端的字眼——"虚无主义"——作为价值重估的新设定以表达他们的渴求。"极端的虚无主义"承认"在自身中没有永恒的真理",如果它魇足于此洞识,仅仅注意到迄今以来最高价值的贬值和沦丧,它仍是"消极的"。与此同时,还存在着一种"积极的"虚无主义,它通过将自身从以前的生活方式中的偏移来干预与反叛。[④] 尼采阐释了柏拉图及其"民众柏拉图主义"——基督教,同时尝试着揭示出,"对理性范畴（理念）的信仰是产生虚无主义的原因"。

对于我们的论题来说,对虚无主义的这样说明并不够。严格地说起来,这里还没有"触着"虚无主义这回事,这种对虚无主义研究有困难,难就

---

① 参见理查德·沃林:《文化批评的观念》,张国清译,商务印书馆 2000 年版,第295 页。

② 理查德·沃林:《文化批评的观念》,张国清译,商务印书馆 2000 年版,第295 页。

③ 海德格尔:《林中路》,孙周兴译,上海译文出版社 1997 年版,第 230 页。

④ 参见汪民安等编:《尼采的幽灵——西方后现代语境中的尼采》,社会科学文献出版社 2001 年版,第 209 页。

难在恰恰就是要在一种积极的意义上使这种研究对虚无主义本身成为批判的。接下来我们会看到，对现代文明本身的激进批判者并不都是虚无主义者。

谈及文明，这个字眼立刻表明了这样一种历史过程：将人变成公民而非奴隶；变成城邦而非乡村的居民；变成彬彬有礼而非粗野凶暴的人。它实际上就是黑格尔所说的，个人意识在其自身中重新发现先前人类已经走过的历史形态，使自己成为一个完善的、真正有教养的人。引导一个个体从其未受教养的立场变为有知识的"普遍个体"，这个任务通常在实践理性与理论理性、即道德与科学的统一意识下来理解，或者说科学与道德，并且这两者的统一就是文明的支柱。但是，应该指出，文明是有意识的理性文化，它包含着自在的自然不可能有的新东西，这意味着文明与人的生存未必是一回事。文明有一个自然基础，文明的创造，对于自然自身的盲目必然性而言，无疑属于自由的范畴；但对于把人造就为人之理想状况的能力而言，它仍落在必然王国的范围之内。自然原本只是文明所发现而非创造的，文明依赖于这个基础，对这个基础它了解甚少、影响甚微。若用一种象征性的表述，文明会对自己这样说："我做了自然未曾教导我如何去做的事，但我却也并未由自己预先设计好这件所做之事，就好像我在混沌无意义的自在自然的荒漠上走出一条路来的，但我却感到是在一种我所不知的力量的推动下走出一条路来的。我对这条如此走来的路径以及它目前所至的境地感到十分惊讶。"① 这里的"自然"应读为"存在"，按萨特的读法"存在即虚无"，"虚无"即"没有意识"，在"理性之外"，而这也意味着即使按其效用来评估人之行为，当人为了使得自然有效地屈从人的控制而在自然的表面下面刨根问底时，为了统治自然，人就得去服从自然的法则。说得更确切的就是，"从存在本身中才能够出现一种对那些必然成为人之律令和规则的指示的指派"，此外的一切律令始终只是人类理性的制作品而已。它仅只是在存在者上建立

---

① 王德峰：《哲学导论》，上海人民出版社 2000 年版，第 10 页。

了一个有限领域，人在其中可以得到一种有限的选择。照此看来，"比一切制订规则的工作都更重要的，是人找到逗留人存在之真理中的处所。唯这种逗留才允诺对牢靠的东西的经验。"并且，唯存在的真理"赠送出一切行为的依靠"。① 海德格尔的存在之真理使人想到荷马的史诗和赫希奥德（Hesiod）的诗歌所表明的古希腊人的法律起源，"当时，法律被认为是由神颁布的，而人则是通过神意的启示才得知法律的"。②

在这一点上，海德格尔的存在，很容易被人们引向宗教启示。但它与宗教的启示的区别在于："它使自然或作为 physis 的存在成为自我启示性的，从而消除了自然与上帝之灵或道的区别"，③ 不言而喻，海德格尔必然否定人类判断的意义，他从传统哲学沉思人转移到沉思存在，因为只有存在本身，而不是有限的人，能够让存在从虚无中产生出来，人作为人虽然能够提出"究竟为什么是存在而不是虚无"这个海德格尔用以结束他关于"虚无"的报告的问题，但却不能正面回答它。此中相关的不是什么小事，而是一件要从有待敞开的存在本质中去规定人的存在的大事，故海德格尔明白地显示：由于人在运思和生存之际推进到绝对的界限上，推进到他的此在以及存在者整体的界限上，自以为能够预先规定他的存在和世界的存在概念，人显然就借助于一个概念（也即"存在"概念）俨然在思想上超过其界限达到了一个在世界之上而不是之中的地方，对于海德格尔来说，一切人道主义及其希图人类对完全对象化世界之控制的现代神人同性论致命地疏远存在，但是这种疏远是不可避免的，"存在之历史承担并规定着任何一种人类的条件和境况"，④ 因此，存在本身导致了人对于存在的遗忘。换言之，不是人类自身的局限，而是存在本身导致了人的错误与无知。这复又说明存在史呈现

① 参见海德格尔：《路标》，孙周兴译，商务印书馆 2000 年版，第 425 页。
② 参见 E. 博登海默：《法理学：法律哲学与法律方法》，邓正来译，中国政法大学出版社 1999 年版，第 3 页。
③ 参见梅耶斯：《施特劳斯与海德格尔》，徐英瑾译，见刘小枫主编：《施特劳斯与古典政治哲学》，上海三联书店 2002 年版，第 508 页。
④ 参见海德格尔：《路标》，孙周兴译，商务印书馆 2000 年版，第 367 页。

为存在的遗忘史。

在这里，海德格尔将存在暗含的权力与人的意志分离开来。但这只确保了人在存在论上的无能为力，人的主体性迷误与虚无主义也被归因于发生"在存在本身中而绝不是在人之此在中成其本质的"。① 由是观之，海德格尔以一种对实存（existence）与本质的有预谋的混合，将自然与文明、理性与启示、思想与行动、自由与命运之间的传统二元对立融合进无所不能的"元主体"（metasubject，理查德·沃林语）——存在。通过把这种二元对立的"概念"结构调换为存在这一"语言观念的乌托邦"，海德格尔以不可理喻的方式克服（解构）了西方命中注定的两极对立的"概念"结构。此间透露出晚期海德格尔哲学，受到对虚无主义现代性感到绝望的驱使，尽管他对"存在—神—逻辑学"作出了强烈的批判，但是从来没有放弃对西方文明的"根基的返回"：就是回到人与诸神和谐相处着的起源。这种新思维所预设的最深层的冲动是基于现代人对历史进步信仰的衰微而使自身陷入彻底的无根基状况，因而，也许最紧要的是把握住所要走的大方向，但对于具体的道路却没有清晰而确定的想法，或许海德格尔在此提供给他的追随者们的只是一个提示，仅仅是提示，它不可说。海德格尔本人知道自己已闯入漆黑一团的区域并真诚地相信：一切思想的演进如果没有经过向前科学（prescientific）世界（前概念、前反思的世界）的返回，向那个我们不再触手可及的最本原的真的返回，就会沦为现代信念的俘虏。

二、对传统思想"历史的"或"非历史的"理解的可能性

行文至此，人们无法摆脱如下疑问：假如人们暂且认同海德格尔、德里达所总是认为的：解构绝不是一种纯粹消极的或虚无主义的努力，解构绝不排除"积极的"结果的实现，那么人们自然也会同意海德格尔（而德里达，

---

① 参见海德格尔：《路标》，孙周兴译，商务印书馆 2000 年版，第 424 页。

由于效法海德格尔，暂匿名）所阐述的"新思维"的正当性。问题是，天真读者的视野与思想者视野之间的差距之大，就像对世界的普通认知相比于现代数学物理学对世界的认识。更何况海德格尔认为，他所提出来的回到希腊哲学的根的任务在传统哲学范围内找不到任何基础，是一种"另类"思维。这就是说他试图将希腊哲学，特别是亚里士多德的哲学连根拔除，然而，这样做的先决条件是要揭露希腊哲学的根源，他却又预设这根已不复存在，似乎它原本是一种"尚未被思的东西"而光秃秃地摆在那里，而非传统和现代哲学的视野下所呈现出来的样子，这一预想为海德格尔制造了一个很大的麻烦：他所阐述的"新思维"还能指望回溯到假定在传统和现代哲学出现之前曾经有过的"天真"状态吗？

依我之见，有充分的理由把非历史的思考的可能性看做是一种空洞的可能性，只因为此在就其存在来说就是"历史的"，无人否认归根结底人作为有死者在时间中生存，且本质上通过其历史造就其自身，所以当代诸人文科学的理论都把对此在的历史性专题生存论阐释作为前提。在这一意义上，按施特劳斯的观点，"海德格尔之回溯到古希腊，乃是受到彻底的现代性精神的支配，即关于人类生存的历史主义情怀"。① 我们从这种回溯中看到：海德格尔通过对柏拉图、亚里士多德和前苏格拉底哲人的解释贯彻着一种历史性的原则：存在的意义被规定为存在的真理，而存在的真理展现为存在的语言，它们都具有"历史性"。因此，海德格尔感到，对一位古代思想家的理解是必然要忍受语言暴力的。"翻译"就像跳跃一个鸿沟，此鸿沟绝不仅仅是成百上千年之久的"年代学——历史学的距离"，此鸿沟更深更宽，首先是因为我们与传统的决裂，使我们"濒临其边缘而立，此鸿沟才如此难以跳跃。我们是如此紧临此鸿沟，以至于我们得不到足够的助跑来做此种间距的跳跃；我们因此容易做太短的跳跃——如果在缺乏一个充分坚固的基地的情况下竟

---

① 参见梅耶斯：《施特劳斯与海德格尔》，徐英瑾译，载刘小枫主编：《施特劳斯与古典政治哲学》，上海三联书店2002年版，第493页。

还允许起跳的话"①。因此，海德格尔肯定，因为人类的生存和思想的彻底历史性，决定了一个人对一位思想家的理解不可能像这个人对自己的理解，更谈不上像古希腊哲学家理解他们自己那样去理解他们，这意味着坚决地要回到哲学的开端就是要创造性地对古希腊哲学的思想加以"变形"，并且因此造成对古希腊哲学家的理解不同于他们的自身理解。②

细究起来，海德格尔之所以按照这种诠释学前提行事，是因为他相信自己与前人不同，已经认识到一切思想根本的历史局限性，从而在决定性方面海德格尔依靠生存哲学上的有根有据的优势地位，以为自己可以更好地理解前人。这段话暗示了回到前苏格拉底思想家并不是要狭义的字句疏通、解难释疑以追问哲人的意图，"一如古希腊思想家理解自己那样去理解它"，若止步于要诠释什么古代文本或大思想家的晦涩词句，便将局限于现代性对存在真理的遗忘。

然而，有人，譬如施特劳斯会问：不能像过去的思想家理解他们自己那样去理解他们，如何逃脱"现代性偏见?"设若这一施特劳斯式的问题成立，就反现代性的彻底性而言，海德格尔与施特劳斯相比，想必施特劳斯是个赢家。对于施特劳斯而言，海德格尔之思中的激进的历史主义立场，就它坦诚地承认不能离开历史"洞穴"（历史境域）作时代批判这一点而言，它构成了对时代最尖锐的批判，但是，它本身也是一个现代发明，是最强大的时代偏见。联系到柏拉图的洞喻，施特劳斯判定，历史主义是当代人所迁入的、在原洞穴之下的一个更深、更具有间隔性、人为性的洞穴：激进历史主义的例子表明，正是那种认为一切哲学思想毕竟受缚于历史境域的思想决定着离开当代洞穴的艰难。施特劳斯认为，每一个有批判精神的人都必须慎思明辨，历史主义的观点岂能豁免于历史主义自身的批判，当现代人解构历史连续性观念，倡导间断性、断裂，历史反而成了理解历史的障碍，与此相

---

① 孙周兴选编：《海德格尔选集》上卷，上海三联书店1996年版，第539—540页。

② 参见施特劳斯：《作为严格科学的哲学与政治哲学》，丁耘译，见贺照田主编：《西方现代性的曲折与展开》，吉林人民出版社2002年版，第104页。

反，对于施特劳斯来说，"现代人与之断裂的哲学传统本身就证明了古代以及中古哲学之政治行为的特殊的历史影响"。① 因此，与同样要求"返回希腊精神"的海德格尔相区别，施特劳斯对传统的解构首先要求"诠释学上的诚实"（hermeneutische Offenheit）或者说遵循这样一种准则："就其本身来理解过去的每个时代，万不可用异于那个时代的标准来评判那个时代；必须尽可能地就其本身来解释每个作者；用来解释作者的术语必须是能够译成作者自己的语言方可，这些术语得是作者自己所使用的，并且在作者身处的朝代是很常见的。对作者观点惟一的真实呈现，最终只能是由作者自己的明确陈述而产生。"② 也就是说，对于施特劳斯回到哲学的开端，就必须从海德格尔对存在史的呈现返回到哲人之意图的呈现，一句话，尽最大努力，就像先哲们理解自身那样来理解他们，只有这样，才可能从他试图理解的先哲那里学习宏旨要义。

依我之见，施特劳斯的这一原则如果是针对海德格尔的历史性的原则——这一原则所确立的历史基础是神秘的、飘忽不定的存在，那么在这里他显然可能是为现代性困境——让人的意志优于理性、彻底怀疑不变的人性、视历史而非理性为真理、无神论及其视以往所有思想的无真正根据的"根本深渊"最真实，它们的根据无非是无根基的人类决断或者天命安排、虚无主义的挑战、本真性与非本真性的同源仿佛是"沉沦"还是"决断"、不信还是信仰都同样是人的此在自己的事，如此等等——的洞见所策动，按照施特劳斯的估计，尼采，尤其海德格尔并没有忠实于自己回到古典思想传统的意图，而他们之所以不忠实于自己的意图，乃是由于他们还局限在现代性的前提——历史主义之内，他们虽然看准了现代理性主义哲学传统的严重缺陷，但是他们忽略了哲学的"自然潜能"，从而忽略了越过理解上的历史

① 迈尔：《隐匿的对话——施米特与施特劳斯》，朱雁冰等译，华夏出版社 2002 年版，第 180 页。

② 施特劳斯：《写作与迫害的技艺》，林国荣译，见贺照田主编：《西方现代性的曲折与展开——学术思想评论》，吉林人民出版社 2002 年版，第 215 页。

藩篱进行古今哲学对话的可能性。施特劳斯相信，"这种对话所最终依据的并非历史境域之融合，而是相似天性（Nature）之遭遇。"① 也就是说，一种具有"超历史普遍性"乃是对话之所以可能的原因，因而施特劳斯赋予解释学还原具有排他性的论证功能，提出了人必须能将自身提升到他的历史限制之上，从而明辨是非的要求。这无异于将分辨是非作为人类的基本关切而拒绝海德格尔的揭示与遮蔽之两者共生的存在真理观。

不难看出，施特劳斯对现代性的危机所作出的反应，就是致力于研究历史上的政治哲学，尤其是古典政治哲学，政治哲学的努力就是要寻求分辨是非的标准的真正知识，以试图发现现代政治学说的前提，并从中找到克服现代性危机的理论基础。显然，海德格尔的"解构传统"的榜样虽曾激励过施特劳斯，却又未征服他。施特劳斯解释说，在以希腊为基础的传统哲学必须被超越的问题上，海德格尔的深刻之处在于：他看到了"我们对上帝所体现的形式是什么的了解"是混沌不清的，因为，我们无法通过我们的"经验的直觉知识"去理解它们。而且，海德格尔也不假定，"我们对希腊哲学具有直接的了解，对于有待超越（通过对传统哲学的质疑，对传统的理解也成了有问题的了）的古老思索的地基具有直接的了解"。② 之所以如此，关键的问题在于：海德格尔希望把诸如"永恒真理""绝对主体"之类的基督教的最后残骸从哲学中清除出去。③ 但是，具有讽刺意味的是：海德格尔的"新思维"对人之此在的分析不是从其与自己的同类、社会、科学或者上帝的关系开始，而是从人的"向死而生"或"畏"开始，而这是圣经确实并且必定要主张的。对于施特劳斯来说，这是海德格尔对人的理解植

---

① 迈尔：《隐匿的对话——施米特与施特劳斯》，朱雁冰等译，华夏出版社 2002 年版，第 184 页。
② 施特劳斯：《斯宾诺莎宗教批判·英译本导言》，汪庆华译，见贺照田主编：《西方现代性的曲折与展开——学术思想评论》，吉林人民出版社 2002 年版，第 239 页。
③ 参见海德格尔：《存在与时间》，陈嘉映等译，三联书店 1999 年版，第 264 页。

根于"圣经对人的理解"的表征。①

　　乍一看来，我们在施特劳斯的看法中，不能不看到海德格尔之思的"信仰"成分。记忆中没有人像施特劳斯那样申说："对于任何哲学而言，植根于信仰都是致命的。"② 可是，依我看来，海德格尔热衷于谈论"死"或"从死亡出发的时间"倒并不是基于施特劳斯所指的意义上的问题，因为由黑格尔及他之前的整个西方哲学传统所展开的理性，如果说不是实际上没有发现生命中还有许多未见、未触、未闻的"事件"，起码也是对它一无所"知"，因为无论科学如何发达，死永远是人无法揭开的谜，它是概念形而上学之外的异域，是"自然观点"下陌生的、沉默的、隐、不可见的，以至于是虚无。当海德格尔说 Dasein 是人的存在，不仅指 Dasein 是面向死的在，Dasein 自身就是隐喻意义上的死，荒谬的或非理性的在。海德格尔认为，当他以现象学的方式恰如其分地描述出异域景致时，实际上就是躬临我们对我们的自然世界的前科学或前哲学的理解，那种理解并非容易得到，因为我们现代生活的这个世界已经被哲学和科学深深浸淫，然而，这一实情反倒提醒我们，科学和哲学自身有一片更源始的、更浩瀚的视野，那便是前科学或前哲学的世界或能求得"存在"是什么这一问题的答案的视野，在海德格尔这里，这是意味着要进入早先的思想力量之中，但不是"已被思的东西中，而是在一种尚未被思的东西中寻求这种力量"，对海德格尔来说，这导致了一个毋庸置疑的结论："已被思的东西要从尚未被思的东西中获得其本质空间，但只有已被思的东西才为尚未被思的东西做好准备。"③ 从海德格尔基本音调来听，通向存在问题的回答的这条道路不是与历史的断裂，即按今天的哲学去理解过去的思想，也非按过去的思想对自身的理解来理解

　　① 参见施特劳斯：《斯宾诺莎宗教批判·英译本导言》，汪庆华译，见贺照田主编：《西方现代性的曲折与展开——学术思想评论》，吉林人民出版社 2002 年版，第 244 页。
　　② 迈尔：《隐匿的对话——施米特与施特劳斯》，朱雁冰等译，华夏出版社 2002 年版，第 180 页。
　　③ 孙周兴选编：《海德格尔选集》上卷，上海三联书店 1996 年版，第 825 页。

它，而是要把传统思想释放出来，从而是对传承下来的东西的"居有和转换"，① 这种对历史的居有就是海德格尔所谓"解构"的意思。

在这种意义上，我们同意，海德格尔的现象学意义上的解构可以作为克服现代性不可或缺的手段，因为我们既不能够用现代的手段来克服现代性，又不能直接致力于注释过去的文化遗产以向古人学习"自然理解的思想方法"，即便施特劳斯现在也不能说他能够恰如柏拉图理解自己那样去理解柏拉图。如伽达默尔已经指出，施特劳斯自己在现代历史意识中如此感到习惯，以至于不能用一种自然理解的思想方式来为古典哲学的权利辩护，② 言下之意，施特劳斯把海德格尔看做历史主义哲学发展的极致，又意味着替虚无主义干事，注定已经是搞错了。不仅如此，海德格尔对"此在"的绝对历史性的捍卫，决不是以取消形而上学——海德格尔意义上"好"的形而上学或取消真理的问题为前提的，相反，他还要用现象学的解构方法追溯到形而上学问题的背后，去敞开一个我们尚未看见的空间——原始未开化性的"生存世界"。

因此，当我们更加仔细地考量海德格尔寻找"存在的历史""存在的真理"（即使他往"存在"上面画叉，其痕迹还是"在"）等实际上所指的东西时，我们对他所作出的解构的目的严肃性的所有保证应当会多几分信任，但这一点却并不意味着海德格尔作为我们时代"文明的医生"，已经治好我们这个世纪的"疾病"——"虚无主义"，说起来，海德格尔"在死中找到了思考虚无的可能性"（列维纳斯语）不免陷入一片荒漠中，解构实际上朝着这个方向真正能走向多远？它的方法是如何适合于对超出语言学的论题和框框套套的理解的？

比起想搞清楚这些论题的思想努力来，眼下的另一个问题还要更困难些：虚无主义与"无"密切相关，还是与"存在"密切相关？在此，我不

---

① 孙周兴选编：《海德格尔选集》上卷，上海三联书店 1996 年版，第 600 页。
② 参见严平选编：《伽达默尔集》，邓安庆等译，上海远东出版社 2003 年版，第 418 页。

想而且也不能进一步追踪这些问题的深远弧线。不过，考虑到虚无主义不可能走到终端并在这个终端找到一个结果（因为，当我们思考"无"时，我们仍在思考存在），应当为在此做一个结论：当海德格尔决定正面围剿虚无主义时，他的思想能够启发我们看清虚无主义所设的陷阱或一个秘密通道，通向死或虚无，因此，海德格尔寻找"存在的历史"，"存在的真理"的思想姿态要求保留他对虚无的宽容。

第八章　哲学家存在的责任

　　自从哲学诞生以来，哲学以提问和回答如何区分真实与虚假、本质与现象来维系它的知识传统。然而，两千多年来的西方哲学传统留给人们的印象是：哲学家在不断地提出问题，却没有一个问题解决得令人满意，所有问题不是悬而未决就是变得无效，以至于哲学家们似乎都在做着同一件事情：不断地提出同样的问题，这是不是在做无用功？是不是在吃回锅白菜？

　　这是一个很普遍的怀疑，认为同样的思想被一再地重申，再不可能有什么新鲜的了。尽管哲学那样的提问冲动会继续存在下去，这自然是由哲学本身的性质或原罪所决定的。在今天我们很可能跟古希腊人没有什么两样，那些根本的问题依然摆在那里，相信或不相信人类能区分现象和本质，这在两千多年前和今天都可被接受。这绝不仅仅是出于"事物并不是我们眼中所看到的那个样子"的哲学假设，而是与哲学家穷根究底地建构世界的意义密切相关。如果借用马克斯·韦伯的话，所有明确的历史叙述，或多或少使用与现实对应的理想类型，即使用意义的历史模式。所谓理想类型是使用明确的一种模式来叙述历史。如果不采用理想类型，因为没有制约，各种无序的事物容易产生分散与混乱的结果。即使采用了理想类型，也可能不能很好地说明历史，那往往是因为采用了与现实不相宜的理想类型使然。

　　由于一种源自笛卡尔式的信念，胡塞尔现象学追求一种在其理论自身中，能支持所有其他主张的基础。"纯粹自我"就是胡塞尔现象学采用的终极思考的理想类型，这种终极思考表现为：将一切不言而喻的东西（成见、前设）看做是可疑的、难以理解的，应当悬搁的。但是，世界的存在是预先给定的不言而喻之惟一整体。从此如何把握世界存在这种普遍的不言而喻性，因而对于胡塞尔来说，却是"一切谜之中最大的谜"转变成一种明晰的、可理解性，就成了胡塞尔现象学的惟一诉求。这一诉求在海德格尔看来是根本不可能的，它遗忘了意识之存在问题，而将"主体"预设为根据，它对世界的存在之阐释指向的是"天空"，而不是"大地"，海德格尔存在之思的深邃源于大地本质上的"自行锁闭"，在我看来，他的精神视域离马克思比离胡塞尔更近一点。马克思的历史唯物主义与海德格尔的形而上学批判，一起毁构了西欧形而上学或"哲学"的构架与结构。正如海德格尔要把哲学的真理还原于原初的自然一样，马克思回避并排除传统哲学，而指向被歪曲了的"社会生活"或"社会实践"。可以说，19 世纪的马克思，还有尼采向"哲学"外部逃离的意图，首先在现象学领域，尤其是在海德格尔哲学中重新被提了出来。

但是，这并不意味着他们当中有一个可以用来证实另一个，因为他们所承担的哲学"责任"不同，路易·阿尔都塞在"保卫马克思"的名义下说道，"马克思既没有生下来就要当思想家，也没有选择要在由德国历史集中于大学教育中的意识形态世界中进行思考。他在这个世界中成长起来，在这个世界中学会行动和生活，同这个世界'打交道'在这个世界中解放出来"。解放不是从一种思想到另一种思想的解放，而是一种寻求"现实道路"的解放。自此观察，海德格尔哲学仍然有一种天生的"解释学"的取向，这就是说，它总是很明显地想方设法地去追问"存在"的意义，这种追问的合理性在于："存在"的确是无意义的吗？这本身就是一个似乎合理的疑问。两千多年来，我们从未停止过而且也许永远不会停止问起如此问题，在这个意义上，海德格尔哲学的开端早已存在于哲学历史的传统中。

第一节　理性之光和存在的澄明

一、在"作为严格科学"的现象学本质特性上能否达到明晰

就现象学的追求所做的流行思考，大多都把现象学的全部尝试理解为以探究明证性（Evidenz）为目的的普遍科学活动。的确，当胡塞尔在传统的笛卡尔真理意义上提出真理就是明证性时，显然，"明证性"概念对于他的现象学来说是至关重要的，因为正是这一概念规定了现象学的根本目标和本质内容，即寻求认识的绝对无可置疑的前提和依据。明证性的获得在这位现象学家那里也就是"面向实事本身"。在同一意义上说，"面向实事本身"这个准则乃是明证性原则的命令性表达，胡塞尔将其看做是对于作为哲学家的真正存在来说的责任的一种呼吁。换用克劳斯·黑尔德的话来说："在明证性原则中蕴含着这样一个要求，即：哲学家有责任对世界之显现作出解释。"①

可以说，胡塞尔对哲学家的这种责任所作的一而再、再而三地强调，意味着现象学在究元的意义上无非就是对终极责任的担当。对胡塞尔来说，人类需要终极关怀，因为"人类的真正存在只是作为指向终极目的的存在而存在，而且如果它确实能实现，也只有通过哲学——才能实现"。② 简而言之，终极之于哲学乃关乎"人的生存有意义与无意义的问题"，这里，哲学也就承担了对所有的人都具有普遍性和必然性的问题给予理性洞察的使命，在这个意义上，以理性昭示终极乃是胡塞尔现象学天然的责任。

通过我们对胡塞尔的现象学之终极责任的考察表明：明证性（Evidenz）

---

① 克劳斯·黑尔德：《世界现象学》，倪梁康等译，三联书店 2003 年版，第 164 页。
② 胡塞尔：《欧洲科学的危机与超越论的现象学》，王炳文译，商务印书馆 2001 年版，第 28 页。

就是明察，在日常用法中，它往往可与 Klarheit 混用，有"清楚明白"之意。胡塞尔对这个词的用法体现出西方理性传统一脉相承的红线：从苏格拉底的理性论证和笛卡尔的清楚明白的感知，到莱布尼茨的充足理由律和康德的纯粹理性批判，直到胡塞尔的现象学的"看"，都关联着一种对思想的明晰性的诉求，对胡塞尔来说，哲学在我们时代正面临被怀疑论、非理性主义和神秘主义压倒的危险，因此，只要哲学提出"作为严格的科学"的要求，它就必须把明晰视为理性和哲学的特征。而将深邃的遮蔽认作是"不完善"或者是"混乱的标志"。① 这也意味着，只有在使哲学接受真正科学的形式和语言，并且将深邃转变为一种"简单的、完全清晰的、被阐明的秩序"，思想才是可能的。如此思想和情绪不仅涉及近代哲学的理想，而且涉及全部的现象学，因为胡塞尔以后的现象学家大都用明晰来标识现象学："凡现象学的都是明晰的"，虽然"并非所有明晰的都是现象学的"，② 从这一意义上，无论是胡塞尔本人还是大多数追随者，无不从显（在场）的角度来理解现象学。

至于海德格尔，在这一点上，虽然并不是不加分析就作全盘否定，但是，他假定，胡塞尔在寻求认识本质的直观明晰性时尚未看到，他的这一诉求，从不达致什么结果，从不抵达某个目标，总是处在途中。因为，海德格尔看出，胡塞尔的方法要求"绝对主体性"作为哲学的事情，恰恰就在哲学已经把其事情带到了绝对知识和终极自明性的地方，隐藏着不再可能是哲学之事情的"有待思的东西"，从生存论、存在论来看，胡塞尔试图从不确实性中求确实性，从模糊性中求明晰，从变化中求永恒，从根本上还须深入到一切意向性构成的存在"基础"，这个存在必须被给予，以便通过它去询问它的意义。海德格尔的想法清楚地表明了，胡塞尔的终极思考是一个在理性主义范围内无法抵达的目标，源于胡塞尔的现象学仍具有科学批判的特

---

① 参见胡塞尔：《哲学作为严格的科学》，倪梁康译，商务印书馆 1999 年版，第 67 页。
② 倪梁康：《会意集》，东方出版社 2001 年版，第 65 页。

征，以此考量，科学理性永远不等同于理性本身。

既然科学理性没有达及终极的能力，哲学以科学理性言说终极，就并非天经地义。在西方哲学中，胡塞尔、海德格尔恐怕是少数深谙"还原精神"或"返归步伐"的思想家。但海德格尔的"返归步伐"比其导师要古老而久远得多，它来自希腊语源和新约语源的融合，在海德格尔看来，胡塞尔的范畴直观学说，在某种程度上已经指向更本源的存在，但是，胡塞尔没有看到的是，"无前设性""无成见性""面向实事本身"本质上依赖于"已然起着支配作用的敞开性，即澄明"。于是乎，按照海德格尔的观点来看，所有明确或不明确地响应"面向事情本身"这个呼声的谈论，都已经在其进程中并且借助其方法而进入澄明的自由之境中了。但形而上学与科学对于澄明却一无所知：就胡塞尔的意向性构成方式仍然受制于主体认识客体这个大模式，仍然没有摆脱反映模式或观看比喻来说，胡塞尔事实上误解了澄明（Lichtung）与光的联系。因为，在胡塞尔那里，"本质"（Eidos）或者形式的光亮没有被思考为来自一种原始黑暗的馈赠。因此，以传统的光之比喻为衬托，海德格尔指出，"光可以涌入澄明并且在澄明中让光亮与黑暗游戏运作。但决不是光才创造了澄明。光倒是以澄明为前提的"。"倘若没有澄明，就没有光亮。就连黑暗也少不了这种澄明"。故此，海德格尔得出结论：形而上学与科学虽然谈论理性之光，却并没有关注存在的澄明。即使理性之光关涉于澄明，但却无以构成澄明，正相反，它只是为了能够照耀在澄明中的在场者才需要这种澄明。① 这里，海德格尔不光揭露了形而上学与科学之方法的真实情形，而且溯及了形而上学与科学理性之未被思及的基础。不过，在这里，海德格尔并不意在否定形而上学与科学理性及其他的不断努力，只是说明有另一种思想，形而上学连同科学看不到最终以这种思想为基础，这也就决定了它们不能运用这种思想探讨：哲学以理性言说终极的方式是否成问题？

---

① 参见孙周兴选编：《海德格尔选集》上卷，上海三联书店 1996 年版，第 207—208 页。

　　何以见得？很重要的一点是我们应该认识到，当笛卡尔的"理性"概念正统的继承者胡塞尔尖锐批评实证科学和历史主义"缺乏来自绝对洞察力的全面的、而且是终极的基础"时，他操持着的仍然是柏拉图的语言，在胡塞尔看来，为所有理论和知识"确立终极的基础"的关键在于面对世界的我们的"态度"作不同于自然主义（把理性"自然化"）和历史主义（把理性"历史化"）的彻底地变更，也就是说，它要求我们从没有根据的确信以及断定向后撤身，将世界按照显现于意识的原样重新认识。这意味着排除掉一切朴素的信念和科学的成见，将考察场所打扫干净而重新置入"空地"，从这一过程中发现的先验主体性就是胡塞尔现象学认定的无法再往前追溯、具有终极意义的、认识的绝对源泉。

　　不用说，这一现象学的还原伴随着奥根·芬克所察觉到的"对存在于我们最深处的'身体无法移动状态'给予一击的那种到达根源的变革的痛苦"。这种痛苦在围绕对存在的意义的提问的海德格尔看来，说明了"无论是先验的还原还是形式的还原，不仅在还原上无法建立，而且恰恰是通过还原而失去"①。这是一种多么刺激的处境！所以，就是胡塞尔本人，直到他生命的最后十年还再三地说，对于还原的适当说明还没有制定出来，在写给茵加登的信中他不得不说，还原不仅在现象学中，而且在一切哲学中都是一件最困难的事情。② 于是，胡塞尔现象学中萌生了神学信仰的旨趣，"实际上胡塞尔差不多是指派给还原一个宗教皈依般的作用"，③ 以至于为了澄清现象学的出发点几乎耗尽了他一生的精力。

　　为何如此之难？简单地说，异样（异域）的、陌生的思想，对于解释

---

① 海德格尔：《时间概念的历史导论》，转引自今村仁司等：《马克思、尼采、弗洛伊德、胡塞尔》，卞崇道等译，河北教育出版社 2002 年版，第 191 页。
② 参见赫伯特·施皮格伯格：《现象学运动》，王炳文等译，商务印书馆 1995 年版，第 185 页。
③ 赫伯特·施皮格伯格：《现象学运动》，王炳文等译，商务印书馆 1995 年版，第 185 页。

者是一种冲突的自我理解。它涉及如何克服我们的思考习惯，即如何放弃所有的自然态度，解决关于认识论的权利问题，胡塞尔大致正确地看到了，人们通常误以为，一切自然的自明性，一切客观科学的自明性，都属于"不言而喻的东西"的领域，实际上这些不言而喻的东西具有其不可理解的背景。已经很清楚：恰恰是所谓的精密科学没有成为"严格的"科学。从根本上说，它们能够成为真正科学的根据需要哲学上的检验。对于自然科学素朴崇拜的一个结果就是：科学搞不清楚本身的基本概念。因此，胡塞尔说："有关自然的自然科学知识并不提供有关自然的任何真正阐明性的、任何最终的认识，因为它根本不研究处于绝对关联中的自然（在这种关联中自然的现实的真正存在显示出它的存在的意义），因此决不能在主题上达到这种存在"，① 更遑论它可能彻底地把握自然的终极意义。这一点与科学忽略了用描述的方法阐明直接现象有某种事实的联系。现象学应当承担起这个任务。此外，在胡塞尔看来，威胁作为严格科学的哲学的第二条思路则是在历史主义影响下哲学蜕变为世界观哲学。故此，胡塞尔攻击历史主义，因为历史主义只根据单纯的历史事实来证实或反驳一种知识的有效性和可能性，最终导致普遍的相对主义的怀疑论和成见，从而在成见的压迫下"将看到的东西解释为不存在"。②

　　从这种意义上讲，胡塞尔的现象学的"纯粹现象"被说成是非个别的东西，即通过本质还原而得到的经验现象的普遍本质，以及被现象学还原所净化的，即将其实在性用括号括起来的、非实在的东西。显然，胡塞尔的这种现象学的现象，与传统哲学的自然之境或反映论所讲的现象比较，它是不可见的、处于隐蔽的状态，就此而言，胡塞尔采用"现象学"一词并不名副其实：所谓现象学并不是显学，显实际是隐，此乃理解现象学的困难性之始。但是，胡塞尔却过于乐观地认为，通过现象学的分析可以把握到传统哲

---

① 胡塞尔：《欧洲科学的危机与超越论的现象学》，王炳文等译，商务印书馆 2001 年版，第 229 页。
② 胡塞尔：《哲学作为严格的科学》，倪梁康译，商务印书馆 1999 年版，第 70 页。

学所忽视或盲目的原初的东西，现象学要从知识的最后根源、从真正看到的和被理解为洞察的原则推衍出全部的知识，把它的权利授予清楚看到的东西——没有明察也就没有知识——这种东西因此就构成"原型"，或构成先于一切理论的东西，或构成确立最后规范的东西。①

根据以上分析，胡塞尔现象学的主旨在于把握现象学意义上的"可见的"或"显的"东西。现象学意义上所"见"或"显"绝不是从人的肉体凡身的身心感受角度"自然而然"见到的。"自然观点"的所"见"对于现象学而言恰恰是"隐"的、不可见的。并且，恰恰因为现象首先与通常显现着的东西相对，它藏而不露，所以才需要现象学。而我们看得清楚，如何区别现象学的现象概念与流俗的现象概念，这是一生致力于纯粹性和终极性思考的胡塞尔的所有努力。因此，海德格尔晓得，现象学的真正意思也可表达为：从遮蔽中找出被遮蔽的东西，以其发现其为"敞开的东西"即真理（aletheia）。正是在这个意义上，我们才能理解海德格尔的说法：现象学只有在胡塞尔奠基的地基上才是可能的。② 这就是，只有在胡塞尔创立现象学方法之后，对于"自然观点"和"历史主义"而言还隐绰未彰的、陌生的、沉默的，以至于是虚无的东西，才赢得源始的"掌握"，从根本上讲来，现象学只关乎一个"实事"，那就是：一种被给予的敞开状态之维度的发现或重新发现。

与海德格尔的看法形成鲜明对比的是："作为先验主体性的意识"是胡塞尔哲学中占优先地位的课题。胡塞尔把预先给定的敞开状态之维度发现，宣布为在先验自我这个绝对存在领域中"构造"出来的。海德格尔则对现象学的原始观念彻底化，他以为胡塞尔倘若要真正作出终极性的思考，就必须提出和解答一个关于意识之存在的问题。海德格尔宣称，存在乃是现象学

---

① 参见赫伯特·施皮格伯格：《现象学运动》，王炳文等译，商务印书馆1995年版，第177页。

② 参见海德格尔：《存在与时间》，陈嘉映等译，三联书店1999年版，第45页。

的"实事"。"存在论只有作为现象学才是可能的"。① 对于存在问题缺乏领会的胡塞尔不懂得：存在论与现象学并不是两门不同的哲学学科。相反，胡塞尔坚持认为，"存在论"并不代表关于存在者的存在的科学，而主要是代表他的纯粹逻辑的一个分支，即研究支配一切存在者的普遍范畴的本质科学（形式本体论），随后就是用来研究每门科学中的最高范畴的不同本质特性的"区域性"本体论，简言之，胡塞尔现象学支持的存在论显然只限于研究存在者的一个有限范围，而不能与"存在本身"打交道。即使胡塞尔晚年提出"生活世界"学说，将他的意向边缘域的思想推向历史维度，认为在一切科学的观念反思认识之先已有一个授予意义的"匿名"境域的构成，但这学说本身依然受制于先验主体性的统辖，而没有解答意识之存在的问题。所以，胡塞尔终生没有离开思想明晰之路。海德格尔则在一种完全不同的意义上领会存在论，他把胡塞尔的问题全部交给各门科学，依据现象学原理，海德格尔断定，那种必须作为"事情本身"被体验到的东西，并不是"意识和意识的对象性"，而是"在无蔽和遮蔽中的存在者之存在"。

这种不同的精神视域促使海德格尔根据存在史而对哲学当前处境作出规定，其基本的思想是：海德格尔以前的所有思想家都没有觉察到一切根据的真正根据，也就是根本深渊。② 照海德格尔的解释，通译为"主体"的Sub-jectum，原义（也在希腊意义上）为"根据""基础"，并不专指人，以它特指人这种典型的存在者，乃是柏拉图主义的传统。对于这一点，海德格尔在希腊的"无蔽"（aletheia）概念中找到著名的证明，对他来说，"非—遮蔽状态"（Un-Verborgenheit）这一词语构成，包含着一个最初的提示：世界境域的显露是与一种自行隐匿（Sich-Entziehen）或者自行隐瞒（Sich-Vorenthalten）交叠在一起的。世界的出现，敞开状态之维度本身的敞开，其特征就是构成与一种原始的遮蔽的反运动。这意味着，在胡塞尔固执于对

---

① 海德格尔：《存在与时间》，陈嘉映等译，三联书店1999年版，第42页。

② 参见孙周兴选编：《海德格尔选集》上卷，上海三联书店1996年版，第207—208页。

象的意向意识而起着作用的追求明证性的意志应该幡然悔悟。在海德格尔的胡塞尔解释中，从一开始就看到了："面向实事本身"这个准则，即明证性原则本身所包含着"实事"通常总是自行遮蔽着的，否则，把"实事本身"即现象提示出来的要求就是无意义的。

但是胡塞尔却把这种遮蔽状态归因于自然态度中的意识的对象束缚性，胡塞尔现象学正是欲以一种意志行为把意识从其对象束缚状态中解放出来，因而存在自身还聚集在以往的本质性终极中，这一终极一直还带有传统形而上学的烙印：近代意志原则的支配地位以及"作为无条件的求意志之意志的绝对主体"论的世界关系，就是从此终极中发挥出来的，在海德格尔看来，这绝对的主体性不仅没有克服历史主义，而且它正在进入促使历史主义的扩张和稳固阶段，它成了虚无主义的完成者。海德格尔知道，要让"我们这些或许是哲学的最后末代子孙"① 从虚无主义的噩梦中醒来，首先得把"存在"之本质从"它以往的、为形而上学所烙印的本质的终极之中"拯救出来，以便"绝对主体性"重新奠基于"大地"这一西方形而上学尚未败坏了的基础和适应一种反意志论的明证性原则。

为此，海德格尔对明证性原则做了彻底的思考，在某种意义上，这种彻底的思考也是海德格尔的存在之思从明晰走向深邃的道路的过程。在解释"阿那克西曼德之箴言"时，海德格尔通过把日常德语有"西方"含义的Abendland 一词，拆分为 Abend（傍晚）和 Land（土地），进行重新解释。这一解释透露了海德格尔的终极关怀：我们正生活在一个过渡的历史时代的前夜，背后有形而上学时代，我们把注意力转向了古希腊哲学将可重新开出一足以奠立历史的开端之可能性，西方思想的无根基状态之克服即始于这种可能性。② 此可能性乃借着存在之"自持"（Ansichhalten），即借着"隐遁"（Entzug）而成为可能。③ 若从这个意义上讲，情形或许是，西方哲学的终

---

① 海德格尔：《林中路》，孙周兴译，上海译文出版社 1997 年版，第 332—335 页。

② 参见海德格尔：《林中路》，孙周兴译，上海译文出版社 1997 年版，第 333 页。

③ 参见克劳斯·黑尔德：《世界现象学》，倪梁康等译，三联书店 2003 年版，第 168 页。

结，极可能意味着东方思想的勃兴。这也印证了从起源讲，无所谓东西文化的判然二分。假如我们已可听闻"本有"（Ereignis）之鸣响，得以把隐遁作为隐遁亦即以之为"奥秘"而经验之，我们对于全然不可支配者的向度才复有感动，奥秘才复有保存着一份超越"越来越空虚荒疏的千篇一律（等于虚无主义）之技术统治的同质化生活世界"的富藏，另有一种"能够创始"的力量并得以准备就绪，它可让此在从中获得力量。

我们这里比从其他地方都更清楚地看到，海德格尔的现象学问题把当代的没落看成是毁灭人类伟大之条件——植根于大地（Bodenständigkeit）——的后果。施特劳斯因此发现："海德格尔的哲学属于那种无限危险的时刻，此时人类丧失其人性的危险较之以往任何时代都要大，因此——危险与救赎总是紧密相连的——哲学可以有这样的任务：致力于 Bodenständigkeit 的恢复或者回归，或径直准备一种崭新的 Bodenständirkeit：一种超越最极端的Bodenlosigkeit（无根基）的 Bodenständigkeit，一种超越最极端的无家可归状态的在家状态（being at home）。"① 可以说，海德格尔的存在史思想整体皆受此思想所引导。

二、"自然"的原初发现及其终极思考之深邃

如果说，近代哲学力图做的是为哲学寻找一个不可动摇的基础，那么，"海德格尔所做的恰恰是对这个基础提出疑问"。② 这个基础即是理性。海德格尔要克服理性，这既不是要走到理性主义的对立面——非理性主义或反理性主义，也不是欲找到一种新的理性方式——更适于言说终极的理性方式，而是要深入到理性或主体性由之而来的根源——大地（我们通常称之为"自然"）中去，最终将理性消溶于原始的存在经验，消溶于对存在本身的神秘拥抱。这想必是说，大地具有冲破形而上学的神圣力量，哈贝马斯在

---

① 列奥·施特劳斯：《作为严格科学的哲学与政治哲学》，丁耘译，载贺照田主编：《西方现代性的曲折与展开》，吉林人民出版社 2002 年版，第 107—108 页。
② 比梅尔：《海德格尔》，刘鑫等译，商务印书馆 1996 年版，第 3 页。

《现代性哲学话语》中评论海德格尔时说："自从 18 世纪结束以来，现代性话语有一个重要主题：社会约束力量的松弛，私人化和分裂——简言之，片面的理性化对日常实践的破坏，激发了对一种相当于宗教的统一力量的需要。"

根据这里提出的海德格尔阐释，说在世界之显现中有一种遮蔽在起作用，就绝不是海德格尔纯粹杜撰出来的东西。实际上，它乃是海德格尔看到胡塞尔的明晰之途无法走通才另辟深邃之径使然。海德格尔眼中的大地不是什么比喻的或者抽象的、寓言的大地，大地正如它在生活世界中具体地显现给我们的那样，构成了我们脚下的基地。马克思曾说，只有当我们用自己的双脚站立在大地上面，我们才认为自己是独立的。[1] 我们人可以通过感性活动之改造世界，"穿透"作为基地的大地之中去，因而将光明带到大地内部的黑暗之中，但是，海德格尔于此提出，我们能够进入黑暗之中并在黑暗中迷途徘徊的前提是：大地自身是黑暗的和封闭的。按照这一论断，黑尔德提示说：我们在生活世界中的经验显明："事物都显现在一个空间中，与大地的封闭性和黑暗相反，这个空间是开放和光明的维度。这个开放和光明的空间就是天空。在天空之下，物质性的事物才能显露出来，因为它们在天空之下为自己找到了一个位置。"在这种意义上，海德格尔对天空和大地作两极化对峙起来，就如同他把自己的思想与传统区别开来一样，传统哲学（对我们来说，它就是主体性哲学）的生活世界阐释首先总是指向天空这一视角，"只要天空为一切对我们的感官显现出来的东西提供位置的话"，传统的经典作家就乐意用天空这个概念来指称世界整体。[2]

这至少意味着，在传统哲学那里，我们得以理解生活世界意义上的"时间"乃是"空间"，而且是理性的数学空间，如果我们用这样的空间的

---

[1]　参见马克思：《1844 年经济学哲学手稿》，人民出版社 2000 年版，第 91 页。

[2]　参见克劳斯·黑尔德：《世界现象学》，倪梁康等译，三联书店 2003 年版，第 206—207 页。

术语来谈论历史，这就必然导致对时间充满敌意。① 我们也可以从这一视角，去理解海德格尔何以从"死亡"出发谈论时间，在通常情况下，我们把死亡与长眠、黑暗相提并论，这是因为，死亡无非就是永远打断我们白昼的日常生活的同义语。这一说法自然而然包含着，我们每个人的"日常性"生活的每天重复得以实现是在黑夜的遮蔽状态和睡眠的遗忘中成为可能的。这表明，自然科学把时间理解为可计数和可测度的"现在之点"的连续序列，就像把空间理解为一个位置连续体一样，在原初的意义上，只是派生于黑夜与白昼的不断周期性再生的经验。这样我们才清楚，天空之为一切物质性的东西提供位置而成其为一个"空"的敞开维度，作为一切显现者在其中显现的敞开域，或者成其为一个区域，不仅仅因为天空是一个"虚空的空间"可以放其他东西的位置组成的整体，而首先是因为，在那里有时日的变换、昼与夜的更替以及四季交替过程中发生的事件，因此，就现象学而言，世界不是静态现成的容器，不是事物，更不是像某人可以随心意赠送出去的一种赠品。而是一种紧张与和谐、冲突与调停的发生，天空与大地这两个世界区域乃是世界发生出来的两个方式，也即作为自行开启与自行封闭之间的冲突。海德格尔的存在哲学就是作为发生事件的天空与大地间的"思念之思"。它是圣思，并首次开启了进入一种关于自在存在的后主体主义理解的通道：自为存在的世界（the world as being-for-itself）总是试图努力使自在存在（being-in-itself）的大地澄明，但大地拒绝任何企图洞察它的努力。这种拒绝，哈贝马斯在《现代性的哲学话语》中认为是出于海德格尔要保持一种没有方向启示的力量，而又尚未付出世俗化的代价，内中存在着一种面对神圣丧失的焦虑，在这种称之为新的异教的神秘主义中，启示堕落为魔术。② 显然，海德格尔的存在之思没能令哈贝马斯之流满意。

但是，直到今天还在持续地对海德格尔哲学遁入一种漂浮的宗教语态的

---

① 参见张文喜：《自我的建构与解构》，上海人民出版社 2002 年版，第 247—249 页。
② 参见单世联：《哈贝马斯现代性理论述论》，载包亚民主编：《现代性与空间的生产》，上海教育出版社 2003 年版，第 213 页。

失误的批评，不应使真正深思熟虑的人们对以下事实视而不见，这就是：海德格尔的劳作为两千多年来的西方哲学建造了使其趋向终结的金字塔——大地，并且因此事实上已经开启出克服现代的世界失落的大门。人们尽管有权要求海德格尔对反意志论的明证性原则的含义的沉思，应当避免把有责任说明的意志与唯意志论的过度的意志混为一谈，但是站在海德格尔存在之思自认为远离了科学事务的立场上，这种要求就陷入与其批判形而上学的愿望的反面。

　　大概在这一意义上，马克思会认可的。马克思把现代定义为现代生活的抽象性与二重性，他对文化和社会现代性的高度矛盾极其敏感，因此，不值得奇怪，深刻和神圣的主题并不只是海德格尔的生存历史观的专利品，而是黑格尔和马克思之后所有德国思想的特征。如果综合黑格尔、马克思、尼采、韦伯的理解，显然，他们共同面对现世神权统治的正当性基础丧失这一现代性问题。而马克思把日常实践作为核心，从此终极关怀之于哲学理性的内容被认为是趋向于人类社会解放的生活形式，马克思不仅没有接受资本主义世界为一世界，而且宣称劳动对象化的后果只是产生异化而无法实现其理性理想，所以，马克思呼唤着自然，被文化与科学所失落、遗忘、碎片化了的自然，被人类为成为主体而摆弄的自然，在人类经过资本主义社会极端抽象变形后，人类终将重新发现自然。即便是人本身成为主体的劳动能力（至少是没有经过培训的劳动能力。在马克思看来，所有劳动力都可以"还原"成这种劳动能力）像人的身体一样并不是劳动的产品，相反，它与视力、听力、运动力一样都是大自然的馈赠。不言而喻，这里的自然并不是"被抽象地理解的、自为的，被确定为与人分隔开来的自然界"，① 而是显现为人类栖居的历史性的家园，也就是没有分离的、表现者与被表现者合一的自然，这是说，在马克思始终强调劳动自身意义实现这一基本范畴的光照下，自然应被理解为"显露在外的并且对光、对感性的人敞开的感性"与

---

① 马克思：《1844年经济学哲学手稿》，人民出版社2000年版，第116页。

"它自身所隐藏的神秘的意义"的统一的自然。① 于此马克思虽没有提及但实际上已预示了"对自然的支配"与"对自然的取用"之间的冲突。按照列斐伏尔的看法，这个冲突在"被支配的空间"与"被取用的空间"中展开。资本主义空间具有"以可再制者为取向"的性质，"当空间具有此种性质，被占有、控制与朝向'可再制者'的时候，那么它将很快见到自己被'不可再制者'包围了：例如自然、场所、地域性"，无疑，列斐伏尔这是在直白：空间是使任何事情不在同一个地方发生的一种自然手段。他深刻地分析了资本主义空间的矛盾，揭示了其中产生异化的真相："资本主义和新资本主义的空间，乃是量化与愈形均质的空间，是一个各元素彼此可以交换（exchangeable）因而能互换（interchangeable）的商业化空间"，按照他对马克思的诠释，将世界"翻转过来"意味着迈向将会是一个"差异的空间"——"社会主义的空间"；借此将"取用置于支配之上，将需要置于命令之上，将使用置于交换之上"②。这将会导致人们从现代主义者所谓的"可读性、可视性和可理解性的"空间幻象中解脱出来。③

对于列斐伏尔这些在马克思思想边缘处的表达，我们必须简短地提一下其中最重要的一点：任何有能力对马克思的社会历史理论做准确把握的人，都会看到：对资产阶级理性模式的批判是始终贯穿马克思著作的中心话题，这一中心话题至少意味着物质技术的嬗变并不能普遍化地解释为社会生活中自由的扩大，而社会自由的进步也不能还原为生产发展的进步。与马克思主义的某些诠释者的分析相反，马克思绝没有"太过关注物质生产的狭隘领域"，④

---

① 参见马克思：《1844 年经济学哲学手稿》，人民出版社 2000 年版，第 117—118 页。
② 亨利·列斐伏尔：《空间：社会产物与使用价值》，载包亚民主编：《现代性与空间的生产》，上海教育出版社 2003 年版，第 51—57 页。
③ 参见迈克·迪尔：《后现代血统：从列斐伏尔到詹姆逊》，载包亚民主编：《现代性与空间的生产》，上海教育出版社 2003 年版，第 106 页。
④ 德布拉·萨茨：《马克思主义、唯物主义和历史进步》，鲁克俭等译，载罗伯特·韦尔（Robert Ware）等编：《分析马克思主义新论》，中国人民大学出版社 2002 年版，第 307—33 页。

使生产劳动陷于一抽象的平面化的一元论，马克思也像海德格尔一样沉潜到先于理性主义的那个至深根源来察看理性主义的界限，我赞同哈贝马斯的看法：马克思认为在物质和社会历史进步关系问题上明显缺乏明晰性，① 我相信，当有人指责马克思主义是一种社会进化论、经济主义、技术决定论、唯生产力论，以便把其和 19 世纪末 20 世纪初的西方主流现代性理论混为一谈时，他无疑是想让"马克思声称他已经最终揭示了所有历史（包括当前与即将到来的往后）的神秘，而且还揭示了可能来临的秩序的轮廓，在这个秩序并且通过这个秩序，人们将能够或被迫首次过上真正属人的生活"。② 这样的诠释是根本错误的，它和对马克思的"戏剧化"认知态度一样，是以把现实当作异化和预想一个没有异化的本真状态之二元分立为前提。海德格尔无疑会说，这"没有达到有可能与马克思主义进行一种创造性对话的那个维度"。根据海德格尔在《关于人道主义的信》中的观点，马克思强调的"异化"与"世界历史"的关系原则上已进入存在之真理的道路，所以马克思的历史观比其他历史学优越，这是否意味着像施特劳斯所说的"海德格尔的历史哲学具有与马克思（还有尼采）的历史哲学相同的结构：终极洞见正在来临的时刻开启了末世论前景"。③ 在我看来，对此问题作答，取决于我们是对本质上的不一致作同样不一致的表达，还是要对一致作遮蔽的表达。

第二节　寻找家园

德国史家莫斯（George Mosse）在他的经典之作《德意志意识形态的危

① 参见德布拉·萨茨：《马克思主义、唯物主义和历史进步》，鲁克俭等译，载罗伯特·韦尔等编：《分析马克思主义新论》，中国人民大学出版社 2002 年版，第 307—331 页。
② 列奥·施特劳斯：《作为严格科学的哲学与政治哲学》，丁耘译，载贺照田主编：《西方现代性的曲折与展开》，吉林人民出版社 2002 年版，第 106 页。
③ 列奥·施特劳斯：《作为严格科学的哲学与政治哲学》，丁耘译，载贺照田主编：《西方现代性的曲折与展开》，吉林人民出版社 2002 年版，第 107 页。

机》中指出，追求一种"根源感"，是 18—19 世纪以来的德意志"民族"运动所表现出来的一套意识形态，它勾画人与社群、人与自然的紧密相关感觉，及其一种属于中古的浪漫化、清纯高雅的农村乡土生活。这套意识形态本质上勾连着反现代主义，并认为现代主义破坏了人的本真性、人与自然的有机关系，导致了文化总没落。与这种可以叫做地理上的拔根——乡村的拔根状态相对应的是"民族"的根源感觉的消失。因此，人必须寻"民族"之根，以使人投入自然的创生力量，从而结合、提升、刺激自我的完成，转化为一个有创造性的个体。莫斯的结论是，国家社会主义这样一次反传统习惯的革命就是"民族"运动的充分表达。①

莫斯的分析是众多研究国家社会主义思想源流中较有代表性的。此后又常常被再三端出来。明显的是，对海德格尔——这位追问存在的哲学家——在从存在论走向赞成纳粹政治的道路上，到底在哪里犯了错误的勘察，人们也往往是在此种视界内设定它的观点的：被理查德·沃林悲叹为留给世人的"一份黑白颠倒的乡愁"，② 指的就是海德格尔的"家乡"概念和国家社会主义的联系；同样地，在维克托·法里亚斯眼里，对有所美化的应付世界技术化之政治制度意义上的国家社会主义的解释，也在无意或有意间要求作为被海德格尔神圣化的乡土主题的主导性规定；③ 在这同一个问题领域内，海德格尔同土地和祖国的密切关系，则成了阿多尔诺进入形而上学体验的入口。

所有这一切说法都让我们猜度：海德格尔的家乡概念的意义必须在此视野中得到评断，抑或是相反的情形呢？在这里我首先主要通过阿多尔诺对海德格尔存在哲学的批判，来细解海德格尔乡土情结为什么被人们视为与纳粹有关，然后在更深的层面尝试阐明海德格尔思想中家园的意义。

---

① 参见郭少棠：《权力与自由——德国现代化新论》，华东师范大学出版社 2001 年版，第 139—140 页。
② 理查德·沃林：《文化批评的观念》，张国清译，商务印书馆 2000 年版，第 217 页。
③ 参见维克托·法里亚斯：《海德格尔与纳粹主义》，郑永慧等译，时事出版社 2000 年版，第 282—285 页。

一、"返乡"之路和精神祖国

对于阿多尔诺来说，本体论，起码是海德格尔的本体论"如同在地球上所有居民所轻信的意识形态中手段篡夺了目的一样，在今天兴起的形而上学中需要也篡夺了所缺乏的东西……形而上学的辩护者和他们所蔑视的实用主义联起手来，这种实用主义先验地溶解了形而上学"。① 最终，不再有任何目标，能够把民众的历史性此在的一切力量联合起来，能够使一切力量为着这个目标发挥出来。在这样一种因世俗化的过程而使形而上学坍塌崩溃的时刻，"阿多尔诺提出形而上学的经验是否仍然可能"？ 这也是问，现时的德国哲学，在海德格尔否定了"石化"了的存在者本体论之后，形而上学本体论的需要究竟是不是取消了呢？

阿多尔诺为了避免肤浅地和仅仅表面地回答这一问题，他在《否定的辩证法》中首先考量的是"什么是形而上学的经验"？ 这个问题。他的回答是："如果我们不屑把它摆到所谓的原始宗教经验上来认识，我们就很可能像普罗斯特那样在幸福中来想象它，而这种幸福是像水獭村、水村、后悔庄、月泉之类的村名所许诺的。人们认为到那里去就能如愿以偿，仿佛那里有这种东西。实际上到了那里这种许诺便像彩虹一样消失了。"② 但是，人们并不失望，因为，这样的情形是人们自找的，人们只爱他未曾拥有的东西，爱他所求之不得的东西。这个观念的另一种说法是：人们自愿选择的不幸却是他体验幸福的条件。阿多尔诺发现，这正是在一个更深的层面中，通过海德格尔的"返乡"之路（返回原初的本真的实存情境）引致了，在海德格尔的形而上学中不自觉地显露出一种非常可笑的"向不可还原性的还原"。阿多尔诺认为海德格尔消解了一切传统形而上学本体论之后，实际上却在更隐蔽的层面上又铸就了"不在确定的内容上固定下来"的一种新本

① 阿多尔诺：《否定的辩证法》，张峰译，重庆出版社 1993 年版，第 373—374 页。
② 阿多尔诺：《否定的辩证法》，张峰译，重庆出版社 1993 年版，第 374 页。

体论。在新本体论中"无形性似乎是不可辩驳性。谁拒绝跟着做，谁就会被怀疑为没有精神祖国、没有存在家园的家伙，谁就是卑鄙的"。① 阿多尔诺指认，形而上学就"活"在此处，艺术多少已预见到了这一点。从此处追随尼采的目光，他说："尼采的著作充满了对形而上学的抨击之词。但其任何一句话都不如查拉图士特拉的'纯粹的傻瓜，纯粹的诗人'这句话更忠实地描绘了形而上学。"② 因此，阿多尔诺以为，海德格尔的那些"使命""召唤""关切""诗意的生存"的行话的可怕之处在于，人们有意在强迫自己遗忘这种行话与纳粹的现实关联。

在阿多尔诺的"批判"的眼光里，奥斯维辛集中营之后的德国意识形态中，使诗和思合为一体的海德格尔哲学是某种更危险的东西：在这里，主要危险是艺术和生活之间的批判张力的松懈，阿多尔诺写道："奥斯维辛之后写诗是野蛮的"，社会理论的写作只有在其批判的、否定的张力被保持的情况下，才是可容忍的。从历史哲学的角度，阿多尔诺清楚地知道，他把走向艺术——音乐——当作克服形而上学的避难所的做法，与海德格尔相去不远。但是，海德格尔的存在论的整个建构是一种"捏造"，是一种"波将金的村庄"——"一个虚假的漂亮村庄"。③ 它根本上置现代性现状于不顾，他的整个人生的心境情调（Stimmung）是"怀旧"，其表现为寻找一个不可返回的起源，整个海德格尔的"大地"意识形态就是试图寻找已经失去的形而上学之所在的情形。

为了解释这一点，在说明海德格尔，他的方式深陷在对古老的乡村文化进行浪漫无边际的理想化的情调中，阿多尔诺描述了自己在"阿莫尔小溪"这个村里度过的童年的体验：那古老渡船越过茵河的声音总是在他身边回想，向新的对岸进发时发出的悠扬的汽笛信号。人们就是这样摆渡的，从一个世界渡到另一个世界；在高高的山头上，他体验到，夜幕降临时，山下刚

---

① 阿多尔诺：《否定的辩证法》，张峰译，重庆出版社 1993 年版，第 57 页。
② 阿多尔诺：《否定的辩证法》，张峰译，重庆出版社 1993 年版，第 405 页。
③ 阿多尔诺：《否定的辩证法》，张峰译，重庆出版社 1993 年版，第 115 页。

刚装上电灯的村镇如何像闪电一样，一下子就亮了起来。诸如此类的经历为后来他自己在纽约这样的大城市的现代性状况所震惊做了准备。① 在这里。阿多尔诺的阿莫尔小溪之路，使人不禁想起海德格尔的"田野小径"以及他的童年经验：海德格尔充满感情地写道："平淡无奇的乡村，同它那性格坚韧、自信以至显得古怪冥顽的村民一起，聚集在这山凹之中，如静静地沉睡着一样。即使这里的教堂钟楼也与众不同，它不像它的众多兄弟那样从高处眺望着广阔的大地，而是带着它的迟缓，将自己隐没在黑红色的屋顶之下……"②

在"呼吸过城市里的空气"的海德格尔这一对乡村景致的描述里，已经"预示了本真本已性和非本真本已性的差别"③。对于阿多尔诺和海德格尔来说，他们童年的经验涉及的是真实的故乡，但同时又是"想象的形而上学经验之乡"。后来在他们的思想中进一步得到发展的许多主旨动机，都根源于此。也正是在这一意义上，法里亚斯把海德格尔激进的冲动说成是有深厚的个人历史基础的，照他的说法，像海德格尔把"一切伟大的本质的东西"都看成"家乡"的产物一样，海德格尔晚年对存在的经典解释也应该从这一意义上理解：在海德格尔希望《明镜》周刊不要在他还在世时发表的那篇著名的采访谈话中，海德格尔把为思而保留的任务描述为"准备"，即让救世的"上帝"——我们惟一的依靠——在那里出现或者为在没落中上帝之不出现准备场所。④ 海德格尔从青年时期就自觉地以维护乡土文化为己任，为抵御现代文明的侵蚀，青年海德格尔号召人们坚持亚伯拉罕精神，亚伯拉罕身上那股原始自然的精神深深影响了他。亚伯拉罕是海德格尔

---

① 参见阿多尔诺：《阿莫尔小溪》，吕迪格尔·萨弗兰斯基：《海德格尔传》，靳希平译，商务印书馆1999年版，第554—555页。

② 海德格尔：《思想经验》，转引自吕迪格尔·萨弗兰斯基：《海德格尔传》，靳希平译，商务印书馆1999年版，第31—32页。

③ 吕迪格尔·萨弗兰斯基：《海德格尔传》，靳希平译，商务印书馆1999年版，第32页。

④ 参见孙周兴选编：《海德格尔选集》下卷，上海三联书店1996年版，第1306页。

引以为豪的第一个家乡人，海德格尔认为亚伯拉罕"才是命运的主宰"。①
因此，对于海德格尔这样一个人来说，技术（扩大到全球规模的技术）化
了的世界的基本问题总是不可能用技术来加以解决，愿意像亚伯拉罕那样就
意味着向亚伯拉罕的"命运"学习。

然而，在这个地方，人们必然会急切地提出如下问题：从整体上来看，
假如技术全球化的境况是灾难性的，一个思想家总不应该说：这是天命，你
们只消等着。那么如何才能寻找一条出路，为人类此世生活寻求确信？换种
问法，海德格尔，您凭什么把您的存在总是同知其"不能持久的事物"牵
扯在一起，比如说和一些概念如"家""生根"，或类似的古老乡村文化的
概念牵连在一起。"行星技术与家怎么合得在一起呢"？② 海德格尔难道不是
凭存在哲学的"完全不确定的东西"，达到了让"命运"成为阿伦特所说的
"显得无节制的、疯狂的追求"才做到这一点的吗？

不过，海德格尔不会同意人们对他的上述质询，他以为，假如人们
"不把人在行星技术世界中的处境看成是不可解脱不可避免的宿命，而是恰
恰认为思想的任务，能够在它的限度之内帮助人们与技术的本质建立一种充
分的关系"③ 的话，那么这里的关键是倾听语言的允诺。语言必须以它的方
式向我们允诺自身，即允诺它的本质。如果达到了这一点，我们就能用语言
形成一种运思的经验，而要形成这种经验，我们必须踏上通向思与诗的近邻
关系的途中，必须先返回到我们真正已经逗留的诗与思之近邻关系的处所。

诚然，海德格尔绝不会把对这一处所的返回视作为一件容易的事情，依
据海德格尔："向着我们已经存在的地方的返回，比起向我们尚未在和永远
不会在的地方的匆忙远游，不知要困难多少倍——除非我们是那种与机械相

---

① 维克托·法里亚斯：《海德格尔与纳粹主义》，郑永慧等译，时事出版社 2000 年版，
第 286 页。
② 孙周兴选编：《海德格尔选集》下卷，上海三联书店 1996 年版，第 1311 页。
③ 孙周兴选编：《海德格尔选集》下卷，上海三联书店 1996 年版，第 1311—1312 页。

适应的技术怪兽。"① 因为这里的关键在于此在被理解为历史性此在，而任何一种存在之理解都以时间为其视野，这样，当海德格尔的存在论不再把存在与永恒性、无时间性等同起来，或者把易逝性、瞬间抛进非存在时，也就意味着不再把永恒与时间性对立起来，更准确地说，在海德格尔那里，永恒建立于时间性之上，"对永恒的思考要求我们去思考瞬间，也要求我们把自己置身于自身存在的瞬间之中"。② 只有在这个时候，柏拉图主义才得到了克服。

因为就它在此值得提到的而言，考察一下形而上学及其历史就不难使我们获得另一番教益。哲学自从柏拉图构建了他的"相"论而对"短暂"进行了形而上学的批评以来，就把"相"（"真实世界"）视为永远那么存在（always is），不像现实世界（"虚假世界"）中分有"相"的事物总是"在同一时刻""在"和"不在"（becoming, perishing）。柏拉图知道，没有凡人能够永远保持不变，因此他受爱（eros）的激励无论做什么，都向往那种来自把自己完全地奉献给所爱者——永恒——的名声（《会饮篇》，208d）。基于这样一种假设，对于不朽的向往就是柏拉图讲的最高的、最纯粹的爱的形态。柏拉图的那个纯精神性的、灵魂性的"爱"，它让凡人的精神往上飞，以免掉到易朽的肉体里头来。按照柏拉图的想法，他所属的身体和世界，是灵魂远离其起源的地方，所以灵魂在囚禁它的躯体里并不是"在自己家中"，人的本性要重新实现还是要靠灵魂重新飞翔起来，重新找到它真正的处所。

依海德格尔，这样说时，存在就被说成是与永恒同一的东西，而对这种同一性的"把握"依靠的是"回忆"，一种本质上归属于表象的活动。从柏拉图主要用"看"之意象建构与描述他的"相论"这个特点来看，"相"类似于可理解性的图像，而"相"能把什么东西归于图像则柏拉图从不去问。

---

①　孙周兴选编：《海德格尔选集》下卷，上海三联书店 1996 年版，第 1093 页。

②　海德格尔：《尼采》上卷，孙周兴译，商务印书馆 2002 年版，第 436 页。

但大致不错的是，归于精神活动的记忆活动，可以被理解为技术活动的内在化。比如说，要求建造纪念碑就是要把记忆托付给技术化了的物质的痕迹。从此一意义看，柏拉图认为"记忆"是"人对降解前的理念世界的回忆"。"回忆"实际上意味着"怀旧"，迫使人去追索像失去的家乡一样的起源。但是，柏拉图的"太阳喻"和"洞喻"之意象控制下的"真实世界"，因为不存在任何我们——柏拉图牢狱的那些囚徒——为了到达"真实世界"而要走出"虚假世界"的一个"范围"，而变得不可达到，至少是未曾达到过。因此，按照海德格尔的想法，"在自己家中"始终只是可能的，或者至少不是不可能的。但海德格尔事实上所经验的是，研究"永恒"哲学的我们处处都"不在家里"，只是无家可归，亦即作为非诗意的居住。"这种无家可归状态尤其是从存在之天命而来，在形而上学之形态中引起的，通过形而上学得到巩固，同时又被形而上学作为无家可归的状态掩盖起来"。①

于是就有了返乡的要求。"而这种返乡乃是德国人的历史性本质的将来。"紧接着海德格尔重述了那句在德国人当中流传甚广的说法，"德国人是作诗与运思的民族"。② 海德格尔深信，现代技术世界的转变，德国人当负一种特殊使命，在他的眼里，当人们开始思想时，"他们说德国话，否则用他们自己的语文就搞不下去"。③ 这一点首先意味着在海德格尔的意识形态里，德国民族是个最具"形而上的民族"，④ 同样本质重要的是德国语言被认为和希腊语言一样是"最强有力同时最富精神的语言"，⑤ 所有这一切都被海德格尔归结为德国这个民族作为历史性的民族将担当起现代技术世界转变的特殊使命，而这一转变只有从人有个家，并且求助于欧洲传统的革新及其在这个传统中生了根中产生出来。

① 海德格尔：《路标》，孙周兴译，商务印书馆2002年版，第400—401页。
② 海德格尔：《荷尔德林诗的阐释》，孙周兴译，商务印书馆2002年版，第32—33页。
③ 参见孙周兴选编：《海德格尔选集》下卷，上海三联书店1996年版，第1314页。
④ 海德格尔：《形而上学导论》，熊伟等译，商务印书馆1996年版，第39页。
⑤ 海德格尔：《形而上学导论》，熊伟等译，商务印书馆1996年版，第56页。

也许正是在这里，海德格尔的这些几近老生常谈的对德国人的自我描述，给人一种强烈的印象，那就是：这是一种由"地方化"来起决定作用而带有局限性的、褊狭的思想。比如在阿多尔诺带有形而上学抒情风格的评论里，海德格尔的"田野小径"就是一种廉价的"地方地理知识课"。① 而当海德格尔以本真本己性的名义为这种文化上的优越性幻想所驱使时，德国人独一无二的内在化的精神气质不仅给予了超越国界的世界精神领导权的根据，同时也给予诗人和思想家在国家内部的精神领导权的根据。因此之故，诠释家们可裁定，《存在与时间》出版后的海德格尔已明确表示，人类的社群存在（只是）由语言决定的。他们想从海德格尔的基础存在论内部猜度出"支持希特勒吞并其他讲德语的民族之类政策"② 的意图。

二、"家乡"：根据存在之历史的本质来思

长期以来，形形色色的意见认为，海德格尔的哲学客观上为德国法西斯的对外侵略提供了理论上的依据。但究竟是希特勒利用了海德格尔的哲学，还是海德格尔执意投靠希特勒，一直是世人争论的焦点。我认为这种争论必须将海德格尔本人的信仰和思想与他让别人拥有的信仰和思想区分开，必须适当考虑海德格尔哲学以及它怎样影响政治，或者说，它怎样不影响政治，虽然这种区分是很困难的。不过，这并不是我们要在海德格尔哲学范围内找到"家乡"概念那个适切的位置和语境。

应当指出，后期海德格尔的观点即语言是人的家园，或者说语言决定人的生存方式可能导致了他对德国语言的热爱是很自然的。因为恐怕没有一个人在他的感觉上会否定语言规定我们能够体验的世界的范围这一看法，"想象一种语言就意味着想象一种生活形式"，③ 由之可以推演出，与生活形式

---

① 阿多尔诺：《阿莫尔小溪》，吕迪格尔·萨弗兰斯基：《海德格尔传》，靳希平译，商务印书馆 1999 年版，第 555 页。

② 祖特克：《海德格尔：哲学与政治》，转引自丹尼尔·贝尔：《社群主义及其批评者》，李琨译，三联书店 2002 年版，第 37—38 页。

③ 维特根斯坦：《哲学研究》，李步楼译，商务印书馆 1996 年版，第 12 页。

浑然一体的语言是人的真正家乡，更准确地说，是要死者的家乡。谁人不爱自己的家乡？但被海德格尔持以为真的是："家乡"的概念主要不是乞灵于回归出生地——由"国家""母语"及童年的无忧无虑感组成——的梦想。"家乡"的意义是在存在历史意义上被思考的，它既不是爱国主义的，也不是民族主义的。正如在给贝尔弗雷特的那封《关于人道主义的书信》中所阐述的那样，人作为人要立于敞开之地，"人就居住在神之近处"。而当荷尔德林创作《还乡》时，他所忧心的是：他的"同胞们"在寻找他们的本质。他却绝不在他的民族的利己主义中找这种本质。所以，后期海德格尔对希腊语也高度赞赏，这不仅是语言层面的，也是真理论的，当然也是本体论的。因为在海德格尔看来，希腊语绝没有后来的拉丁语那样的"石"化，希腊语是在这个上下浮动的，它还牵动着前面的东西，它与德语（尤其是高地德语，那种地方话的德语）的词的结构一样，还能看出好多原本的东西。海德格尔甚至认为，现代人的生存决定于古希腊语词的原意的重新发现，并且带些夸张地断言，西方的命运可能取决于前苏格拉底时代对动词 to be 的翻译。①

与其说，这是海德格尔以希腊语和德语与"存在"有特殊关系为理由而钟情于这两种语言的"武断"，不如说，这是一种眼光。海德格尔用它试图重新认识从希腊思想的最早丰碑那里闪烁出来的微光，即那些我们将之同阿那克西曼德、巴门尼德和赫拉克利特的名字联系在一起的思想。

海德格尔的深刻洞见之一，就是他在曾经构成形而上学的古希腊思想所走过的道路中，辨识出这样一种类型的知识欲的根源：它首先表征为西方科学及其表象性思维以及建立在这种理想之上的定格化即理念化的僵固的本体，当希腊语言把主词和它的宾词区别开来时，它因此已是一种预置，以便"实体"成为主词。但是，这种意味着定格的僵化区分根本不能正确地回答"存在是什么"的基本问题。这里似乎只要举出亚里士多德的哲学就足

---

① 参见海德格尔：《林中路》，孙周兴译，上海译文出版社 1997 年版，第 353 页。

够了。

从一定意义上讲，亚里士多德对柏拉图的形而上学作出的改变，从来不是一种僵化的方法所致，但这种改变比起他自己所以为的要少得多。亚里士多德原本是可以在那样尖锐地追问理念从经验之中生长出来的过程中，将其化解到生成中去，并由此把生命的世界看成是变体，在这一意义上，亚里士多德是现代人（跟我们主题相关的现代人），他使感性世界的事物挣脱了柏拉图"相论"中摹本的地位，同时承认它们与"理念世界"相反，具有某种偶然性，对于我们现在的问题语境来说，这种将偶然夹杂在本体论里，把存在看做是十分混杂的做法是具有特殊重要性的，因为借此亚里士多德学派的哲学已经明白要把尘世的知识和符合永恒的神圣的知识区分开来：在人的世界里，不再有可以被说成是永恒的或者是绝对必然的东西。这种区分暗含着亚里士多德或许可以借着对"实体"——这个可以生长一切的本源、本体，依海德格尔和伽达默尔，它可以译成德文的在场（Anwesen），实指"农庄"，即一切在场的始基①——的考察，把思想从永恒的重压下解放出来。但是，亚里士多德哲学批判了形而上学的纯粹性和两个世界的分割（感性世界和理念世界，短暂与永恒），使其陷入了时间的混合、混杂所导致的本体论与方法论背道而驰的困境。因此，尽管亚里士多德为现象界的"个体"争得了存在的权利，但仍然不安于语言不能表达存在。只有当我们领会到亚氏思想乃至一切形而上学的与此相似的不安时，我们才能够了解亚里士多德仅在天文学的研究中就得到了作为终极根据的"不动的推动者"的全部根由：追求确定性乃至绝对的确定性，系于"不动者"的追寻。由此，我们久已习惯于用一个统一的概念框架（存在的定格化、逻辑化）来把握世界的变幻不定，人总是不能摆脱神，哲学不能摆脱宗教，一切论证都需要直接的不可论证的根据，一切解释都需要现成的不可解释的解释，在开

①　参见张志扬：《现代性理论的检测与防御》，社会科学文献出版社 2000 年版，第38 页。

端处无存在可言。质言之，"存在"在柏拉图主义的意义上，始终是与"生成"相对立的。一切生成变化的东西，作为非持存之物，都不具有任何存在。

与之相反，熟谙海德格尔哲学的人都知道，他的思想的革命意义远远不仅表现在，他承认生成着的东西具有值得重视的现实意义，而且，海德格尔把西方哲学的试图止住生活经验本身，把它变成一个对象的思想历史解释为不断增长的存在之遗忘的历史，并且"从存在之被遗忘状态的经验"而来命名"家乡之本质"。① 以这样一种沉思，海德格尔从引以为豪的第二个家乡人——荷尔德林那里获悉了"家乡"一词是在一种"历史性的居住"的意义上被思的，在这方面，我们可以用海德格尔的"家乡"这一术语，来表示马克思的唯物主义历史观所阐明的"居住的需要"——它是人和自然的关系所显现出来的根本性的关切之一；同时，我们可以发现，马克思改造了来自黑格尔的末世问题（eschatological question）：人如何既能与自己相一致又与世界相一致？马克思期望着人最终达到与世界、与自身和他人的和谐一致，而达到这一点就要认识并克服人的现世命运中的异化及根源。这里，人在充满和谐的社会关系中，就是"在家"，海德格尔没有像马克思这样深入"共在"层面，他更多的是在哲学存在论上返回希腊的提案中来理解"家乡"一词的。因此，所谓"德国的"不是对世界说的，以便引到"世界靠德国的本质来康复"这样一个德国人的具体使命上来，荷尔德林（还有尼采）已经"在德国人要从历史上找出他们的本质来这个使命面前提出一个疑问号"，"德国的"在他们那儿是"对德国人说的，以便德国人从对各民族的命运性的归属状态与各民族一道变成世界历史性的"。② 这就是说，"德国的"思想与具有同一渊源的欧洲传统必然会有"背景"之间的关系，比如，在法国，笛卡尔主义，即坚持理性对"res extensa"（广延之物）的

---

① 海德格尔：《路标》，孙周兴译，商务印书馆 2000 年版，第 398 页。
② 海德格尔：《路标》，孙周兴译，商务印书馆 2000 年版，第 398—399 页。

支配作用的幻想，与在德国历史性思维占着统治地位，都源于由希腊原始哲学舞台上未得以展开、未作出区别所致。也就是说，法国的理性主义和德国的历史性思维仍是在柏拉图的存在和赫拉克利特生成之争的延续，还在同一城邦中相互争论。尽管今天的学院哲学没有认识到它们之间对立的、隐蔽的和活生生的联系，但不管愿不愿意，有一个基本点必须理解，那就是在德意志意识形态中，德意志从不是一个自在的德意志，它总是与世界其他地方有关联的德意志。对海德格尔本人是如此，以前对赫德尔也是如此。

因此，海德格尔深信，"现代技术世界是在什么地方出现的，一种转变也只能从这个地方准备出来"，海德格尔说："在欧洲人的时运际会之始的古希腊，技术登上了它所坚持的去蔽之最高的巅峰。技术使众神当下在场。使神的际会与人的际会的对话清晰可见。"① 所以，追问存在问题无它，只不过把存在问题的历史透视清楚同时再次把开端作为开端来思想的"返归步伐"，对于海德格尔来说，这是一次拜访希腊故乡之梦，在这里，希腊根本不会只是一个地缘的或"史学"上的僵死的"客体"，更不会是一个异化了的人的"工业的掠劫物"，为寻求"原初的希腊的东西"，海德格尔告诉我们，不是去希腊国踏勘，不如说，需要"直接的体验"，正如海德格尔自己在给凯斯特纳的一封信中所说的那样："我可以对'希腊'的某些东西进行思考，而不需要去观看它。我现在必须思考，如何把用内在的眼光看到的东西，用适当的话将其固定化。它们的汇集提供了最纯真的本土之乡。"②

但是，海德格尔之所以多次放弃走上地域意义上的希腊之行的路途，跨出"梦幻的门槛"（凯斯特纳语），还与他"被想象成众神隐身之所的国土，是不是只是一个纯粹思想之物呢？"③ 的怀疑分不开，实际上是一个"向希

---

① 海德格尔：《技术与转向》，转引自吕迪格尔·萨弗兰斯基：《海德格尔传》，靳希平译，商务印书馆 1999 年版，第 534 页。

② 《海德格尔与凯斯特纳通信集》，转引自吕迪格尔·萨弗兰斯基：《海德格尔传》，靳希平译，商务印书馆 1999 年版，第 535 页。

③ 海德格尔：《驻留》，吕迪格尔·萨弗兰斯基：《海德格尔传》，靳希平译，商务印书馆 1999 年版，第 535 页。

腊人学习"或者"对希腊的'怀念'"是如何可能的问题的隐喻。

在海德格尔看来，"返源"（返回本源）的确是思想本身要求的。因为我们今人以及我们之前的若干代人早已经遗忘了对无蔽状态的关注，这之中形而上学的存在者解释成了横亘在希腊人与我们之间的重要屏障。笛卡尔创造了肯定思想的独立性的现代哲学，它觉得自己能够找到一个先验主体就够了，并认为思想是从它自身出发的。黑格尔解释说："随着笛卡尔，我们才真正踏进了一种独立的哲学。……在这里，我们才可以说到了自己的家园，可以像一个在惊涛骇浪中长期漂泊之后的船夫一样，高呼'陆地'……"①海德格尔看到，在笛卡尔或黑格尔的现代性已经把思想安放在它"自己"的世界中并排除一切"返源"的时候，现代人，已不再居住在世界的家园中，他也不再懂得居住即诗意地栖居的含义，人在今天不了解自己所失去的，也就不能特别经验并承受这种"居住"了，虽然，他们以在从技术上加以征服的方式居住，却已经在精神上拔根了，根据海德格尔对"家园"的理解，西方的现代性唤醒了"自我意识"的同时，也唤醒了"民族意识"。人们或许更愿意在一种"人类学"或"地缘政治"意义上来解释"民族"理念，但"民族意识"不是一种自然而然就会有的意识；人也不会因地域、种族、环境的不同而在"民族"上把自己与"异族"画出一条界线来。不如说，"民族主义"实际上就是像大到国家的边界、小到四（3）班/（2）班或你家/我家同隔壁邻居之间的那堵墙，所构成的我们当下生活世界中的各种界限一样，是一种想把一群人结构化的意识形态。我们这个解释为批评海德格尔的政治思想的基石是"民族"这一广为流传的观点，找到了合适的语境，事实上，海德格尔可能早于 1934 年就"拒绝'民族主义'的思考方式"，② 而且从存在历史上来思"无家可归"状态这一世界命

---

① 《黑格尔全集》，转引自海德格尔：《路标》，孙周兴译，商务印书馆 2000 年版，第 505 页。

② 朱利安·扬：《海德格尔·哲学·纳粹主义》，陆丁等译，辽宁教育出版社 2002 年版，第 17 页。

运，盖肇因于现代性所挑起的与民族传统文化相分离，这种分离伸入至希腊的传统中。再往后，与民族传统的联系没有得到恢复，希腊却被人遗忘了。结果是对向当下开放的希腊精神的背叛，就形成了这样一种文化：一种在非常狭隘的环境中得到发展，一种很大程度上以技术及其技术所产生的影响为取向的文化，因极富实用主义色彩，生活总是让目的性带着走。随之丧失了与这一世界的关联又丧失了通往另一个世界的门径，现实性扼杀了可能性，就像一个生趣盎然的孩子，目的性太早、太强了，就限制了他的发展，乃至什么也学不会。在那里，也才出现这样的矛盾：如今人们相信，一个乡下的小学生，也比赫拉克利特懂得多，因为他能够记住，地球是围绕太阳运转的。但是，人们在课堂上讲述的这个太阳，与他每日所见的太阳了无相干。原因就在于那个"科学"要讲的"太阳"是种对象，是没有世界的东西，你能讲的东西别人都能讲，习常的言谈成了流行的言谈，每一个言谈者的语言很快适应了生活的普遍平均化。反过来，科学技术同质化的生活世界又加剧了使他与他的周围世界（Umwelt）相脱节，就像老师强迫小孩以鹦鹉学舌的方式说"我们是炎黄子孙"，一切看上去似乎被真实地领会了，说出来了，而其实却不是如此。这时候他们与其自身的历史相脱节，这样一种现成性的方式决定了，我们的文化中那些不是尚未被拔根的，就是已经处于被部分拔根的人拔根的活动中。

当然，海德格尔不是把这无根基状况的最终开端推给亚当、夏娃被逐出伊甸园这一事件，也未像霍克海默和阿多尔诺的《启蒙辩证法》中那样，将其归之于奥德赛，① 而是将其归之于遥远的古代，即柏拉图及其后继者。从柏拉图那个时代起，人们就顺从于对思想作"技术性的"解释，作为思想之要素的存在，在对思想的技术性解释中被牺牲掉了。当思想不是归属于存在而"应思的东西""在"扭身而去时，思想就沦为"技艺""教育工

---

① 参见马克斯·霍克海默、西里多·阿多尔诺：《启蒙辩证法》，渠敬东等译，上海人民出版社 2006 年版，第 44—81 页。

具"和"文化活动"，"哲学就渐渐变成一种根据最高原因来进行说明的技术，人们不再运思"，① 其后果是灾难性的：一个人可能归属于某个所谓有教养的圈子，但却对人类命运的思考只囿于提出什么应当做，以及怎样才得以实行之类的苍白的观念范围之内。

从这个问题本身来看，为了召唤无家可归的现代人回归存在，海德格尔要求我们"必得去学会思"。他断定，"在我们这个激发思的时代的最激发思的东西显明于：我们尚不会思"。"我们尚不会思是因为，应被思的东西从人那里扭身而去，而绝不是仅仅因为人们没有全力转向应被思的东西"。② 着眼于思与存在的关系，"扭身而去"是一个关涉于"记忆"与"遗忘"的双重隐喻：一是当"应被思的东西"召唤我们去思时，却拒斥对象性地抵达它的企求；二是无论我们是否记得，或者是否全然忘却，"扭身而去的东西仍然在场"，它在招引我们，有感觉但没有意指，我们几乎已失去了语言，像是漂泊异乡而无家可归。在海德格尔看来，"被召向扭身而去的东西"是人之根本，就人的这一本质来看，人是指号——"没有解释的指号"，③ 因而，我们要让自己去学着思时，首先要求学会倾听语言言说，"回过头来思必须思的东西，这是诗的根和源。这就是为什么诗是各时代流回源头之水，是作为回过头来思的去思，是回忆。"④

从这些令人诧异的话，我们首先可以体会到，海德格尔试图揭露希腊哲学的根源，或者说要揭露希腊哲学本来的样子，这样做的条件是对神话和逻各斯之对立观念的消除，并落脚于对"回忆"之真实性的肯定。因为，从一般知解力来看，"只存在记忆，而过去则完全不存在。过去从来不可能现时地存在，从来不可能在场"，对现在之所谓"先前"在场的引证，只是作

---

① 参见海德格尔：《路标》，孙周兴译，商务印书馆 2000 年版，第 371 页。
② 参见孙周兴选编：《海德格尔选集》下卷，上海三联书店 1996 年版，第 1210 页。
③ 参见孙周兴选编：《海德格尔选集》下卷，上海三联书店 1996 年版，第 1212 页。
④ 参见孙周兴选编：《海德格尔选集》下卷，上海三联书店 1996 年版，第 1214 页。

为寓意根源的记忆。① 然而，在海德格尔这位关于记忆的诗性哲学家看来，记忆的本领并不存在于那种把过去牢牢把持在表象中的能力（此种能力正是柏拉图及其后继者当作维持永恒"同一性"的先验保证），而是存在于某种神秘的共同归属之中，依照德里达的读法，在海德格尔的《什么召唤思？》中，"思想（Gedänke）之所思（Gedächtes）、记忆（Gedächtnis）、始终不渝的感激（Dank）和心灵（Herz）可以互换。他一如既往，对集中所有这些词语的拢集或聚集之意义作了强调"。② 但是，海德格尔关于"记忆乃是思之聚合"不是说，记忆仍然担当着趋向同一的功能。德里达补充说，该聚合不聚向"在场状态"，"它甚至不聚集存在，它呼唤和引起思考"。说到这里，我们可以不失时机地从中总结出，记忆如同"允诺"，也是"面向未来、展望未来的"；记忆也聚向"会到来"的东西，它趋向"将来"。③ 所以，从这个意义上看，如要能思，如要返回希腊精神，我们就应该学习从过去中解脱出来。这难道不矛盾吗？我们的时代是技术时代，它是与保留人、事物的痕迹、保存它们的可见表面或有声有像的表达技术发展是同时代的。也许并不矛盾。这里，我们必须追随海德格尔，任何将思和科学技术作出僵持对立的区分，本身就缺乏思的态度。这样我们才能听懂海德格尔所说的，"倘若人的无家可归状态就在于人还根本没有把真正的栖居困境当作困境来思考"，他们应该怎么办呢？海德格尔回答："一旦人去思考无家可归状态，它就已经不再是什么不幸了。"④

---

① 参见德里达：《多义的记忆——为保罗·德曼而作》，蒋梓骅译，中央编译出版社1999年版，第69页。

② 德里达：《多义的记忆——为保罗·德曼而作》，蒋梓骅译，中央编译出版社1999年版，第100—101页。

③ 德里达：《多义的记忆——为保罗·德曼而作》，蒋梓骅译，中央编译出版社1999年版，第151页。

④ 孙周兴选编：《海德格尔选集》下卷，上海三联书店1996年版，第1024页。

第三节　马克思主义的当代性

一、反复阅读和讨论马克思主义的理由

在马克思主义研究的学术版图和精神家谱中，正如我们看待久已退出历史舞台的"第二国际的马克思主义"和已明显走向终结的"西方马克思主义"一样，"意识形态化的马克思主义"也逐渐为思想学术界所摆脱。但是，这并没有给我们提供"不去阅读且反复阅读和讨论马克思"的借口，[①]某种程度看甚至反而转变为在高水准上阅读和讨论马克思主义之新的思想动力。所以我们能够很快地认识到，20 世纪 70 年代以来，西方发达国家盛行的所谓"新马克思主义"只是"知识界精力的一次新的突然爆发"，它是西方知识界试图按照他们所理解的马克思主义理论对当代发达资本主义国家现实作出新的理论解释。它产生了各种各样的问题。丹尼尔·贝尔指出，"对马克思学说的探讨和重新解释已经涉及到每一个领域……主要的出发点是哲学。在这里，叫做'经典马克思主义'的东西一直是最热烈争论的主题和彻底修正的对象"。[②] 其语境或问题意识可以归结为"什么是今天的马克思主义"？

整体而言，诸多智力非凡的西方学者不是死抠书本，而是始终站在时代和学术的前沿，对新出现的现实问题及时作出理论回应。这是马克思主义之所以对当代西方人文社会科学产生巨大影响的主要原因。

其实，马克思主义在经典作家那里也并没有钉死在几条命题上。倒是历

[①]　参见德里达：《马克思的幽灵：债务国家、哀悼活动和新国际》，何一译，中国人民大学出版社 1999 年版，第 21 页。

[②]　丹尼尔·贝尔：《当代西方社会科学》，转引自黄楠森等主编：《马克思主义哲学史》第 8 卷，北京出版社 1996 年版，第 2 页。

史上后来对马克思主义的阅读挑起了这种印象。这些阅读把马克思主义弄到"自己"的船上，或者至少拽到了跳板的中间，它是"搜集整理式的"，也就是说，是对马克思主义经典作家的意见和看法的描述。这种描述的方法，通常在"辩证法"的名目下为人所知。但是谁去搜索与连接这些伟大思想家的各种看法与观点？谁去抓住那能引导我们进入纲目的线索？是那些天真地以为自己是"唯物主义者"或"辩证法者"。在他还没有搞出名堂来，也就是为马克思主义搞出一份哲学公式来之前，就加剧和巩固了盛行的误解，就已经抓不准或走错了路。

通常，如果不总是这样的话，法国的解构主义大师德里达、德国"最有影响的思想家"哈贝马斯、英国首相布莱尔的"精神导师"吉登斯和美国后现代主义代表人物詹姆逊等，就不会遇到麻烦：他们均是通过一种替代立场去思考"有谁敢谈论一种马克思的精神，或者更严肃地说，谈论一种马克思主义的精神"① 之类的问题。应该说，对这类问题的思考具有对"正统"马克思主义看法的某种反教条主义的提示意义，但是，这种思考中最令人诧异的一种说法是由德里达提出来的。他是这样来提出问题的："我们不是非得要求得到马克思的同意才可以去继承他的观点：继承这样那样的观点，不过这并不是要去继承来自于他的观点而是要去继承通过他、借助他来到我们面前的观点。我们不是非得要假设马克思与他本人的意见是一致的（他似乎对恩格斯吐露过自己的心声：'我并不是一个马克思主义者，这一点是确然无疑的。'为了说明同样的东西，我们还必须引用马克思作为权威吗？）。"②

在此语境中，不管德里达本人愿意怎么想，解构主义实际操作起来的确产生了一种对"公认的"马克思主义"公理体系"的不可克服的"歪曲"

---

① 德里达：《马克思的幽灵：债务国家、哀悼活动和新国际》，何一译，中国人民大学出版社 1999 年版，第 8 页。

② 德里达：《马克思的幽灵：债务国家、哀悼活动和新国际》，何一译，中国人民大学出版社 1999 年版，第 49 页。

影响，这种"歪曲"虽因应着思想或精神的每一种本质形态都具有模糊性的特点而势所必然，但情理不通的是：德里达借助于马克思多次谈到的那些形态转化中的一种形态转化——照德里达看来，"形态转化"乃是马克思一生中那些最著名的概念之一——使得一种"新的""马克思主义将不再保持过去为人们所习惯借以辨别之并且批驳之的旧面目了"。①

这里当然不可忽视的是，凡一种形态与其他形态越是不可比较，发生误解的情况就越多。如果这些讲法得到了更为仔细的考虑，我们可以清楚地看到，德里达丝毫没有在"人们现在害怕他们将认不出""所谓的马克思主义"的担心面前感到发憷，相反在他看来，人们应当害怕的是"那种从未放弃马克思的遗产的非马克思主义者，那些准备换岗接班，不过却隐藏在忧心忡忡的反共产主义专家们尚未练好本事去撕掉其伪装面具的形象背后或引号之中的，隐秘的马克思主义者、假马克思主义者或准马克思主义者"②。德里达的意思似乎是：既然问题的关键不再是什么是"本来"的马克思或者"原版"的马克思，那么，如果不理解马克思的对立面，就没有可能推进马克思的思想立场。而"推进"必然只能在忠于马克思思想的基础上进行，然而，绝对忠于"本来"的马克思，就只能意味着禁止我们打开马克思的作品，阅读必然只能是既在又不在"原本"的语境之中进行，所以，德里达深知，阅读即产生差异或误解。

于是，一切都重复地集中于这一问题："究竟什么是现代的马克思主义者?"这是一个马克思生前就已经存在的话题，很久以前被言说，特别被浪漫主义者言说，他们在自己的时代里视自己为"现代"，可以说，今天的"新"和"现代"既是意识的这些形式和表达方式的剧烈化，又是意识的这些形式从一个完全不同的方面说的。

---

① 德里达：《马克思的幽灵：债务国家、哀悼活动和新国际》，何一译，中国人民大学出版社 1999 年版，第 73 页。
② 德里达：《马克思的幽灵：债务国家、哀悼活动和新国际》，何一译，中国人民大学出版社 1999 年版，第 73—74 页。

总的说来，"究竟什么是现代的马克思主义？"这一现实的、尚未解决甚至在解构主义看来，是无法解决的理论问题的落脚点，是同人们肯定马克思主义理论中"存在着非科学或超科学的解释方式"相联系的。德里达说，某种弥赛亚式末世论的解放战争在今天乃是"世界性的战争"，"马克思主义立刻就变得既不可缺少同时在结构上又是不够充分了"，一种"弥赛亚式的末世论"必须被用来"去分析技术——经济学中因果关系之间新的结合点"，① 以使马克思主义适应于新的形势和意识形态的新思想。

二、把价值判断变成本体论判断

值得注意的是，最近几年来，以多样的方式对马克思提出"革新"的立场背后，隐藏着在以"价值为中心"中寻找"活的"马克思主义的根源之可能性，坚持认为历史唯物主义"以科学预言的相反形式坚持着信仰的特征"（卡尔·洛维特语）。由于此"革新"的立场是以一个经过当代生存论本体论的洗礼，而使人人都明白将马克思作科学和意识形态之间荒谬的区分为取向的，所以这种"革新"所指示的问题似乎可以这样来提：马克思主义是否还能够是一门科学，因为它也许根本就不像一门科学。

在此有两个观念需要重申。第一，由于人类心智的恒固趋向是去质疑理论论断是否可信，当心它是否仅是一个政党暗地里的手腕或偏见，像黑格尔和海德格尔告诉德意志人关于他们自己的故事那样，鼓吹某种国家支持着某种迷信一般的力量。所以，撰写有关系统知识的大多数哲学家会把自己的精神视域限制在他们所说的"成熟的科学"之内，以便让比较牢靠的科学做些事情，即推断。在有些人看来，正是从这一意义上，马克思倚重于他的"科学性"的工作，而形成马克思主义的严密完整的科学体系。1848 年革命性危机使他看到了哲学的局限，而主张必须批判哲学赖以生存的现实。因

---

① 德里达：《马克思的幽灵：债务国家、哀悼活动和新国际》，何一译，中国人民大学出版社 1999 年版，第 84—85 页。

此，他在《资本论》中采取了更多"实证的"姿态，他开始思考经济和历史材料，这些材料成了马克思判定何者可能、何者不可能的基础。由于这一点，马克思为其他的知识代表人物所敬仰和承认，这绝不是偶然的。因为，正如布朗肖特所说，马克思是"一个科学人物，他符合学者的伦理"。①

但是，按照德里达的诠释，布朗肖特的评论在另一方面又是易于被误解，因为，他在那个时候强调这一点，仅仅是为了比较清醒地提醒人们不要因为马克思的语言的必要"断裂""言论无法让自己互译"而认为要"反对知识"，而是要"反对科学的意识形态，这种意识形态常常借科学的理论的名义试图统一或纯化马克思的'好的'文本"。② 如果说布朗肖特在此似乎与阿尔都塞强调绝不能把意识形态论题和科学的论题混淆起来的旨趣有一致之处，那么根据他的观点，事先预防这种混淆之危险的前提是：科学主义的思维方式不能伸展到所有的领域。我们必须阻止具有乌托邦性质的科学信仰。

这里进一步包含的问题乃是，在今天这个时代里存在并且增长着的一种危险，就是科学主义的思维方式的统治。在科学主义庇护下，人类被化约成了自然物质，并因此听命于支配自然物质世界的法则，把科学法则视为唯物主义观念的根基。由此加强了一种错误的假象：人类的存在（包括一切思与言）受制于物理法则，而物理法则是任何人都无法超越的。

对此人类尽管也表现出某种不安的情绪来：对于一些神学家来说，人类能否获得拯救取决于能否超越（是字面意义而非隐喻意义上的超越）物理法则。马克思则认为，对社会历史的认识总包含着超出科学认识界限的因素，"物理学家是在自然过程表现得最确实、最小受干扰的地方考察自然过程，或者，如有可能，是在保证过程以其纯粹形态进行的条件下从事实验

---

① 德里达：《马克思的幽灵：债务国家、哀悼活动和新国际》，何一译，中国人民大学出版社1999年版，第48页。

② 德里达：《马克思的幽灵：债务国家、哀悼活动和新国际》，何一译，中国人民大学出版社1999年版，第48页。

的。"马克思要在《资本论》研究的是"资本主义生产方式以及和它相适应的生产关系和交换关系。到现在为止，这种生产方式的典型地点是英国。因此，我在理论阐述上主要用英国作为例证"①。马克思又说："我们在理论上假定，资本主义生产方式的规律是以纯粹的形式展开的。实际上始终只存在着近似的情况"②。

在此，马克思也是援当时较为"成熟"的物理学来喻说自己对资本主义生产方式研究的科学性，一方面，表明这种研究所具有的适应近代科学性模式的特征，就此来说，没有理由认为马克思不相信历史演变规律，他相信达尔文主义，相信经济科学；另一方面，马克思感到这种研究只在一种有限的意义上才是客观化的，通过对英国这一典型的资本主义生产方式的分析能够帮助我们弄懂资本主义制度的运动方式，但是这一事实并不能消除一个疑问：在英国这样的实例中被阐明的发展是否对一切地区都有效，它又会产生哪些变体。这一事实意味着绝不能不加批判地把自然科学的认识方法移植到社会和历史领域。进一步讲，如果说把物理学视为"成熟的科学"，那么成熟与不成熟之间的区别又是什么？我猜想，这种区别缺乏扎实的理解。库恩在《科学革命的结构》中，就把"范式"这一几乎近似于"成熟"的概念视为一个个体或群体的成就所必须设定的标准。他声称他不知道社会学、经济学或心理学是否有范式。同样，与对整个问题的这种提问密不可分的是卢卡奇的一个观察：由于社会民主党在个别领域里找到"精确的"描述，找到对个别情况"永远适用的规律"，而使自己置身于"一般的"资本主义中，人们视而不见的是：整个《资本论》恰恰就在"使问题适用于社会的总体"这个问题而言是一部"未竟之作"，在卢卡奇看来，"这部著作正好在这个问题必须展开的地方中止了"。③

我认为，可以承认卢卡奇的这种意见有一部分是有根据的，因为，撇开

---

① 《马克思恩格斯全集》第44卷，人民出版社2001年版，第8页。
② 《马克思恩格斯全集》第46卷，人民出版社2003年版，第195页。
③ 参见卢卡奇：《历史与阶级意识》，杜章智等译，商务印书馆1992年版，第80—81页。

他是通过黑格尔来诠证马克思这一理论动机不谈，他已清楚地指明：如果我们把历史唯物主义看做是科学的方法而当然地把它运用于前资本主义时代时，我们必须觉察到这样做时，马克思本人已在无数地方提到过的一种"十分根本而又重要的方法论上的困难"。① 这种困难在于：社会的自然规律支配社会的最纯粹的甚至可以说是惟一纯粹的形式就是资本主义的生产，如果像青年海德格尔那样——阿多诺特别指出——对资本主义这个存在直接性的当下持一种非批判的态度，而把主观的概念抽象存在的至上性结果实体化，那么就将在历史中形成的事物永恒化了。因而，历史唯物主义同资本主义社会相联系，及其马克思和恩格斯在评价过去的非资本主义社会的特殊结构和特殊发展规律时所持的谨慎批判态度决不是偶然的。② 马克思和恩格斯的这种态度对我们的论题有决定意义的性质是，马克思主义理论中肯定存在着非科学或超科学的解释方式（卢卡奇误导地将其称之为《资本论》中的"思想预言的结构"③）。但是，在另一方面可能是马克思本人关于科学性的解释方式的明确声明掩盖了它同这些方面的联系。如果这一点被看清楚了，那么今天马丁（Alfred V. Martin）怎能正确无误地说，"马克思使关于社会主义的宣告成为一种科学论证，他想以此'证明'新秩序的必然到来。这种'证明'的前提是对'这种'本身具有乌托邦性质的科学的信仰。这种思想方式把实证主义的态度与无意识的想象结合起来，与孔德关于秩序的学说具有一种结构上的相似性"。④ 这样一来，马丁试图把马克思主义并入自然科学之中，"自然科学的观察方式——一种科学的观察方式，便在马克思主义中不再与别的方式并列"，马丁相信，马克思由此"使自己的视野变得相当狭窄，所能看到的只是（抽象的）经济人"。倘若它提到了心理学，那

---

① 卢卡奇：《历史与阶级意识》，杜章智等译，商务印书馆 1992 年版，第 316 页。
② 参见卢卡奇：《历史与阶级意识》，杜章智等译，商务印书馆 1992 年版，第 317—332 页。
③ 卢卡奇：《历史与阶级意识》，杜章智等译，商务印书馆 1992 年版，第 335 页。
④ 马丁：《马克思、韦伯、施米特论人与社会的关系》，成官泯译，见刘小枫选编：《施米特与政治法学》，上海三联书店 2002 年版，第 87 页。

也纯粹是经济心理学，而且是论战性的。"对于完全不依赖于外在的、物质的存在（因而在这种意义上说是'自由的'）的内在性，马克思在方法上全无意识"。①

我们晓得，从其理论角色着眼，马克思主义（历史唯物主义）的确只是提供了对人类社会基本矛盾的一种解释方式，"它是按其真正的本质理解过去事件的一种科学方法"。② 卢卡奇的这一论断实际上预设了后来的"西方马克思主义"把马克思主义应用于马克思主义自身的理论意向，并从此出发来理解马克思主义的当代性的诉求。在这一种意义上，通常所作的马克思同弗洛伊德的比较至少有一点是合适的：弗洛伊德的心理学理论所关心的是解释人类精神健康的障碍，它也没有提供一种"全面"的心理学，如果弗洛伊德非要赋予它这样的一种角色，那么它只能配给人类生活提供一种苍白无力的解说。同样确实的是，马克思的基本问题意识与世界性的现代化问题（资本主义与社会主义）和现代性问题（现代社会之文化批判）关联在一起，很清楚，他也没有在整体上去表达社会生活的病理学，那几乎不会有什么结果。

在这里，我想说明的是，那种过去坚持认为"马克思主义哲学是完整严密的科学理论体系"的固定的观点，必须在上述语境中经受彻底的批判。只有在上述语境中，人们才可能有足够的敏锐去发现这种固有观点（其诉求是寻求发现固定不变的观念或绝对的东西）中的意识形态成分。因此，情况似乎是这样，马克思主义哲学不可以"以具体科学为基础"的哲学自命，事实上，马克思为了从事真正的资本主义历史经验研究，越是意识到自己思想中隐伏的先入之见——马克思视自己为无产阶级的理论家，下述情况就越是明显：这种研究所致力于的经验性知识总是以一种存在论（或本体论）为先声的，那种相信马克思主义哲学在思想上已彻底摆脱了存在论

① 马丁：《马克思、韦伯、施米特论人与社会的关系》，成官泯译，见刘小枫选编：《施米特与政治法学》，上海三联书店 2002 年版，第 93 页。

② 卢卡奇：《历史与阶级意识》，杜章智等译，商务印书馆 1992 年版，第 306 页。

（本体论）的人，可能会是完全不可理解的①，因为，正如卡尔·曼海姆分析：我们只能在我们有能力提出智慧和揭示性问题的限度内，从既定的现实中抽象出具体化的含义。

这样，我们对问题的描述就进入了第二个观点：马克思的社会历史理论与道德和政治价值根本不相抵触，在这里，我想说，马克思拒绝那种看法，即认为他把社会主义设想为"更高"阶段时，"价值判断就溜了进来"。这样一来，一个一目了然的事实是，"以科学的名义"来索解马克思主义的当代生命力，原本只是为了在"诸神之争"的现代性这一无从逃避的人类命运中，能够逃避阶级利益的影响，从而为解决现实中可能存在的两种最为对立的理念——资本主义和社会主义——的冲撞扫平道路。因此，按照卢卡奇的说法"历史唯物主义总是为以下目的而被加以运用：在资产阶级用各种意识形态成分来修饰和掩盖了真实情况即阶级斗争状况的一切场合，用科学的冷静之光来透视这些面纱，指出这些面纱多么虚伪、骗人，多么同真相不一致"。② 可见"科学"不能免于价值的"纠缠"。

但是，问题在于：为什么科学，只有科学，能够透视意识形态的面纱。毫无疑问它是以科学和意识形态的差别或对立以及认为只有科学知识才是真正的知识为根据的。但要使这种判断有效化或无效化本身并不是没有前提的。按照当代生存论、本体论的观点来看，作为历史性存在的人之理解和行为的所有原则都是历史性的，也就是说，它们的根据来自人的决断或者历史的裁决。既然人类的思想都在这一指出的意义上是历史性的，那么科学知识要成为真正的知识，首先必须对科学方法的有效性进行相当彻底的论证。然而，今天更值得关注的是问题的另一个方面：当阿尔都塞谈到马克思之所以

---

① 马克思主义哲学按其本质只能是而且必须是一种从存在论的角度对其赋予尺度和品位，不可以"以具体科学为基础"的哲学自命。参见张文喜：《自我的建构与解构》，上海人民出版社 2002 年版，第 13 页。

② 卢卡奇：《历史与阶级意识》，杜章智等译，商务印书馆 1992 年版，第 307 页。

成为马克思就是因为他建立了科学的历史理论以及意识形态和科学之间的历史差别的哲学①时，他是否应去考察这里究竟是否存在真实的问题，他是否应该比别人更有意识地看到把自己所知的东西与自己所信的东西区别开来的困难，从而也更专注地把所信的东西尽量转化成可靠的知识以便去正确地行动。我们也许可以这么说，阿尔都塞对以下的问题全都视而不见：科学和意识形态如同阿尔都塞那样一种划分所表达的另一面意味着什么？如果这种划分没有与一个庞大的形而上学体系结合起来，如何可能？很明显，人们把马克思主义作为非评价性的科学思维已不经意地变成了反对某种思想观点的武器，此例表明近代科学的教导以何等方式浸染着意义，即无视价值判断是包括在这样一种划分之内的。

有鉴于上述实情，我们倒是可以猜度：把价值判断常常划归为意识形态范畴的那些具有科学主义情结的马克思主义者，以及那些仍然相信有可能在思想上彻底避免本体论价值承诺的人会因为意识到这一点而惊恐不安，这就直接导致了马克思主义与伦理学的关系之全面而广泛的争论。由于这种争论背对后现代主义对当代人文社会科学知识体系之根基所提出的根本挑战，它的前景尚不明朗。但是人们由此挑明了马克思主义具有两面性。一方面，它是一种试图理解全部人类历史和未来走向的"宏大叙事"或"大一统"学说；另一方面，它也能够发动对各种"大一统"学说的最猛烈的批判，无法想象这种批判是离开某种价值立场的。决定性的差异在于：有意识或者无意识地假定了这种批判中的那个价值偏好。或者说，也许就连马克思主义哲学分析所说的东西，也必须被理解为价值的先行承诺，因此，我们不得不去努力理解马克思的如下看法：我们的工作在于有助于使未来不同于过去，而不在于断言知道未来应该必然一致于过去的那些东西。基于此，熊彼特的如下说法就是大而无当，他说，马克思固然也出了不少错，但其预测之准、预

---

① 参见路易·阿尔都塞、艾蒂安·巴里巴尔：《读〈资本论〉》，李其庆等译，中央编译出版社 2001 年版，第 6 页。

测实现比例之高都是罕见的，所有社科学者都希望达到他那么高的命中率。① 事实上，马克思主义一直不乏支持者，绝不是人们所声言的"他的预言已经应验，只是你我太过痴呆而看不出"；或者"马克思根本不曾作过什么预言，因此，说他的预言落空，并非实情"。这一分歧在历史自身范围内是无法解决的，历史发展自身不包含关于一种整体的、终极的意义的指示，只有像基督教那样，借助于一个绝对的开端和一个绝对的终结之间的联系，历史作为一个整体才有一种意义，马克思断然否认神明天意，而把宗教信仰转变为反宗教的世俗历史的客观规律。对世俗历史的客观规律的说明，并不是对历史"连续性"的说明之同义语，因为"只有在一种无始无终的运动这一前提条件下，连续性才真正是可证明的"，因此，卡尔·洛维特指出，这种历史思维仍然没有"基督教的创世和完成的因素"。②

对这回事情的说明，难免造成马克思主义诠释学上的敞开性、显白—隐微的两面性。这就是阿尔都塞所谓在理解马克思时，要注意到"单纯的字面上的阅读在论证中只能看到文本的连续性，只有采用'症候读法'才能使这些空白显示出来，才能从已说出的文字中辨别出沉默的话语"。③ 人们常说，马克思在对待道德问题上态度模棱两可、似是而非，甚至是自相矛盾的。一方面，马克思主义宣称提出了一个对社会历史的科学解释，其理论指向是理解、分析社会历史之支配性规律，而不是对社会历史做道德评判或提出一个社会应向何处去的理想概念。因为道德观和道德理想被马克思视为一种特定社会条件的产物和反映，一种意识形态。另一方面，马克思的著述显然没有局限于所谓"历史的客观必然性"论证，他的著述充满着或明或暗

---

① See J. Schumpeter, *Capitalism, Socialism and Democracy*, New York, Harper and Brothers, 1942.（主要参见第一部分的第三章）
② 卡尔·洛维特：《世界历史与救赎历史——历史哲学的神学前提》，李秋零等译，三联书店 2002 年版，第 229—230、247 页。
③ 路易·阿尔都塞、艾蒂安·巴里巴尔：《读〈资本论〉》，李其庆等译，中央编译出版社 2001 年版，第 94 页。译文改动依张一兵：《问题式、症候阅读与意识形态——关于阿尔都塞的一种文本学解读》，中央编译出版社 2003 年版，第 88 页。

的道德评判，他的后继者也是如此。这意味着，从流俗所谓马克思主义者对"马克思主义哲学史"的"贡献"返回到马克思之意图，"马克思究竟怎么思考伦理学"这一问题是没有答案的，"因为马克思本人也不知道他自己究竟是怎么看的"。①

这里有人张扬了这样一个问题，马克思的矛盾或模棱两可出于"历史唯物论的问题性"，这一问题性"并非在于其强调经济因素的决定性，而在于把纯然个体性的价值关涉转换为超个体的、历史客观的规律论述，由此支撑（看似演绎出）个体的信念论断。这种转换的机制正是经验理性的僭越性的历史客观规律本身，韦伯拒绝的恰恰是这种转换的正当性，因此，经验理性的社会认识过程中的个体价值偏好反而被明确地指出来了"②。这无疑是说，马克思为了使自己的学说得到支持并达到自己的社会理想，要顾及同时代人的"知识型"（福柯语），即"除科学知识外即无知识"的论断所包含的近代实证经验理性的诉求，而不遗余力地隐藏自己对社会历史的道德判断和评价的立场。这样的事实决定马克思的思想体系的规则并不是马克思的思想表白出来的部分，也许这就使得去确定到底什么是马克思在对待道德问题上态度的严肃理论尝试变得困难的原因所在。于是就有这样的主张，马克思主义伦理学不可能由马克思本人写出来。③

但是，我们有必要在此肯定：这并不关联着所谓马克思主义是那种拒绝充当"历史的先知"或"价值无涉"的社会理论。④ 如果我们不把对历史的科学解释和实践道德信念两个维度看做各自独立、互不相关，而是把它们看做统一体中两个同等重要的组成部分，那么我们就能从马克思的著作中看到：马克思把自己的道德判断及其社会理想诉求变成了本体论判断。它是以

① 罗伯特·韦尔、凯·尼尔森编：《分析马克思主义新论》，中国人民大学出版社 2002 年版，第 51—67 页。

② 刘小枫：《现代性社会理论绪论》，上海三联书店 1998 年版，第 232 页。

③ 参见张文喜：《自我的建构与解构》，上海人民出版社 2002 年版，第 358—376 页。

④ 参见罗伯特·韦尔、凯·尼尔森编：《分析马克思主义新论》，鲁克俭等译，中国人民大学出版社 2002 年版，第 67 页。

存在与应当的统一、科学与伦理学的统一为特征的。因此，面对韦伯提出价值判断不能从理性上被肯定的论断，马克思也许会这么说，由于客观性（事实）之形而上学的基础的瓦解，任何对社会历史的科学说明的可能性，并不是因为在它之中所包含着的超出科学认识的界限之先知的因素，不论坚持科学与伦理学之间有一条形而上学鸿沟的人，会多么执着地质疑历史唯物主义的信念基础，这种信念仍然是由我们很熟悉的"生活形式"的规范来指引。可以肯定地说，对社会历史的科学说明的难点，与其说在于它试图认识已经不存在或还没有存在过的东西，毋宁说在于如何消除那种科学主义情结将科学和伦理学的区别置于一种独立于生活世界之外的所谓形而上学层面上，因为，马克思的方法被指责混淆了事实判断和价值判断，犯了"自然主义的错误"，① 或肯定了弥赛亚和先知式的意识，归根结底源于科学与伦理学的截然区分的前黑格尔哲学。我们看到，黑格尔将伦理学问题置于其庞大的哲学体系内部处理，其意在于将关联于伦理学问题的主体实践置于宇宙演化规律（世界精神）中，这也相关于马克思处理伦理学的重要实情。

---

① 参见罗伯特·韦尔、凯·尼尔森编：《分析马克思主义新论》，鲁克俭等译，中国人民大学出版社 2002 年版，第 76 页。

结语：哲学的终结？

　　最后说起来，我在这里谈论哲学即形而上学的终结，生怕你们会对我说，就是在这里又做着已经做了的事情，这是无用功啊！其实，这种想法不仅适宜于这里的谈论，自从有了人，自从人思想，"言尽矣"！已是到了后现代，我们来人世太晚！于是，人们在忙着考虑"哲学还能提出什么问题？"但紧跟着这种抑郁的体验却是一个乐观的观点：海德格尔当初思维活动的开端，不正是在重复19世纪后期出现的、去发掘现实的现实性运动吗？在这个运动中马克思发现了黑格尔精神背后的经济、尼采发现了道德背后的本能、达尔文发现了历史背后的生物进化，等等，海德格尔则似乎只是想尽其可能地将此运动彻底化。所谓"彻底化"，首先在于海德格尔不再想以发展出"世界观"为己任，不再想做一个思想家；其次海德格尔的言之所表是"新的"：海德格尔巧妙地在"未曾言"和"已然言"之间开辟言路，其方式是"创造性"的。

　　我们在"创造性"前面审慎地用了"方式"这一字眼，而不是"思想"，前者关乎"创意"，后者关乎"造形"，海德格尔不仅不会顾忌别人谴责他是形式主义（想想在柏拉图那里，受过辩证训练的心智，也才会追求"善的形式"！），而且作为"我们时代惟一伟大的思想家"（施特劳斯语）的确也无法专美——在写书时既"创意"又"造形"。这只是在哲学家们认真地对待时间以前，即像早期海德格尔一样，使我们对于我们自己的有死性的关切成为诸忧虑操心的中心以前，哲学的"创造"曾经被如此勘定。不知孔迪拉克（Condillac）在哪儿说过，就连创世界也没有创思想难！这一首要的存在实情完全符合海德格尔所谓言说和思想处于存在的支配之下及其对此在的基本建构——"在世界之中存在"。对于后期海德格尔来说，克服形而上学的问题，在于如何改变——不是出于人为，而是仰赖某个类神的存在——相似的说话方式，以便不假定某个形而上学。通过不同的说话方式可以形成别样的思想，思想除了是语言所从事的事务以外别无其他！

这种论点大体上会使马克思等人仍然视海德格尔为先验传统中人，关键在于，对形而上学思维方式的拒斥的确发端于语言哲学，就此来说，马克思与海德格尔两人都反对语句和世界上的类语句实体之间的符合一致，但是，拒斥形而上学，更根本地在于消灭产生形而上学奠基于其上的制度。也就是说，当把形而上学作为说话方式时，以"说"为入手处，确实可以部分地消解形而上学，我们在罗蒂那里知道，一个哲学问题会不自觉地采纳融入于某套语汇中的某些假定，在该套语汇中那个问题得到了支持性的陈述，因此，在那个问题自身得到考虑之前，应该先对那些假定进行质疑。可是，从整体上看，哲学萌生于诸继承下来的典章制度和诸集团之间的利益冲突。马克思能够使自己对形而上学的总批判显得尖锐有力的惟一办法，是构筑达到认识现实机制这一社会分析的新模式。

和海德格尔、马克思一样，我认为，关于哲学之终结的谈论只是意味着"终结了"柏拉图主义，我们坚信，形而上学即柏拉图主义已经式微，并且不大可能重整河山。但是，"终结了"柏拉图主义不等于"终结了"哲学。我们还可以说，即使我们试图不与形而上学发生关系，却一再地发现我们做不到这一点。也就是说，我们能够同时——"同时"这一语词就是我们普通人在实践世界中没法放弃的形而上学语词之一——活在"形而上"与"形而下"的两重世界，甚至好几重世界之中，只是欠缺自我反思能力的心智，可能在几个世界之间来去而不自识那形而上学作为诗意幻想的世界，想必这种现象实情不是出于康德式的形而上学的规定，而是社会和文化使然。社会和文化终结之前，没有完全的某种形而上学的终结。做题眼为"哲学的终结"的文章，题目就该带着一个问号。当然，也许在后现代语境中，论者更为乐道——我说"乐道"，与人人相信有别——的是：21 世纪应该用诸如"我们应该享有哪些团体的愿望？我们将成为哪类人？"① 这样的文化认同问题，去取代诸如"我是什么？我该做什么？我能希望什么？"这样的康德式问题。

既然如此，我需要强调一下，在这里我所拥有的机会，并不是只能如此说或不能如此说之类的一个简单的比较，书必有终，这终点也就只能是象征性的。此所谓后现代语境中的"书的终结"。

---

① 杜威在《哲学的改造》中，满足于这样一个事实：20 世纪已经没有空闲去谈论终极实在的本质，其重要的原因在于：弗洛伊德对内心道德冲突的考虑、不同社会生活形式的人种学描述、在文学和艺术中的实验派等，更容易用他的问题去代替康德的问题。（参见海尔曼·J. 萨特康普编：《罗蒂和实用主义哲学家对批评家的回应》，张国清译，商务印书馆 2003 年版，第 4 页）这自然不是杜威的独家智力所见，而是像杜威那样的一些人不再喜欢讲一些关于崇高关系的故事。

后　记

　　本书是我的同名著作的重版，也是对我早些时间出版的博士论文中涉及过的论题的进一步探索，因为这一论题在我和一些人看来很有意义，故决意花一段时间打磨。当然，论题本身的意义不能直接拿来证明我的工作的成效，相反，当我试图阐明它的意义而把某些东西抓住时，我却同时感到它也包含了经由具体化而来的异化，这可能就是海德格尔在拘于存在本身却执意确认不在，或安东尼·吉登斯在描述审美向度是如何创造时，提出用"文本的间离性"概念取代"文本的自律性"概念的原因。基于这些带有方法意味的提示，我似乎就可以有效地在多种话语之间能动地"振荡"，我希望这种"振荡"的一个方面，将马克思哲学和海德格尔哲学两者之中的一些思路联系起来或区别开来，并希望通过新的提问形式，书中能够描绘出新的诠释学境域和理解视域；另一方面，考虑到海德格尔哲学中政治的（价值的）生存向度的阙如，马克思与海德格尔之间存在较大的思想异质性，我把不少精力放到寻求他们之间统一的努力上，希望逃离对他们研究业已形成的现成框架。

　　在写作之初，我就没有打算详尽地探讨这一重要问题，先贤有言，"如果某人在书中阐述了所有那些问题，那他实际上就是在向成千上万的人教授"（Moses Maimonides），毕竟任何写作是在时间之内、在光和昼夜的交替之间发生的，因而是有限的创造物。

　　但在停止写作而面对自己的感情建筑物时，我的确希望"体验"到因对这个论题有所阐明而得到的安宁。

　　最后，我要感谢马克思，感谢海德格尔，感谢所有我崇敬的思想家，有了他们，来到人世才不孤寂；也借此机会向那些辛勤的海德格尔著作翻译者、研究者，马克思研究专家表示感谢，他们以肉眼看不见的形式推动了我的思考。我还要感谢中国人民大学哲学院给予出版基金资助，感谢责任编辑毕于慧女士认真辛勤的付出。

张文喜

2023 年 10 月